Exilforschung · Ein internationales Jahrbuch · Band 21

I0130886

EXILFORSCHUNG

EIN INTERNATIONALES JAHRBUCH

Band 21
2003
FILM UND FOTOGRAFIE

Herausgegeben im Auftrag der
Gesellschaft für Exilforschung / Society for Exile Studies
von Claus-Dieter Krohn, Erwin Rotermund,
Lutz Winckler, Irmtrud Wojak und Wulf Koepke

edition text + kritik

Anschrift der Redaktion:

Prof. Dr. Erwin Rotermund
Grenzweg 7
55130 Mainz

Prof. Dr. Lutz Winckler
Vogelsangstr. 26
72131 Ofterdingen

Satz: Fotosatz Schwarzenböck, Hohenlinden
Druck und Buchbinder: Bosch-Druck, Landshut
Papier: säurefrei, aus chlorfrei gebleichtem Zellstoff hergestellt;
alterungsbeständig im Sinne von DIN-ISO 9706
Umschlag-Entwurf: Thomas Scheer / Konzeption: Dieter Vollendorf
© edition text + kritik im Richard Boorberg Verlag GmbH & Co KG, München 2003
ISBN 3-88377-746-3

Eine detaillierte Auflistung aller bisherigen Beiträge in den Jahrbüchern
EXILFORSCHUNG sowie ausführliche Informationen über alle Bücher
des Verlags im Internet unter: www.etk-muenchen.de

Inhalt

Vorwort

Film und Fotografie werden von der Exilforschung in den letzten Jahren verstärkt wahrgenommen. Als Formen einer international vernetzten Kulturkommunikation standen sie lange im Schatten einer auf »nationale Identität« ausgerichteten Exilforschung. Der vorliegende Band, dessen Filmteil auf die in der Hochschule für Film und Fernsehen *Konrad Wolf* (Potsdam-Babelsberg) und im Filmmuseum Berlin veranstaltete Jahrestagung der Gesellschaft für Exilforschung im Frühjahr 2002 zurückgeht, untersucht die Produktions- und Rezeptionsbedingungen von Film und Fotografie im Exil, erforscht am Beispiel von Länderstudien und Einzelschicksalen Akkulturationsbedingungen der Medien Film und Fotografie sowie Integrationsmöglichkeiten von emigrierten Filmregisseuren, Schauspielern, Kameraleuten, von Fotografinnen und Fotografen und thematisiert die verzögerte Rezeption des Exilfilms und der Exilfotografie in der Nachkriegszeit.

Heike Klapdor und *Wolfgang Jacobsen* leisten einen Beitrag zur Mentalitätsgeschichte des Exils. Sie fragen,»nach einer Haltung gegenüber Krisen, die sich im Spannungsfeld von Illusion und Realität herstellt, die sich bewegt zwischen Wirklichkeits- und Möglichkeitssinn, zwischen Analyse und Imagination«. Ausgehend von Briefwechseln aus der Sammlung des einflussreichen Filmagenten Paul Kohner im Filmmuseum Berlin skizzieren sie eine Phänomenologie der »Illusion« als »Kraft des Wünschens« und der »Fähigkeit zum Gegenentwurf« bei emigrierten Filmschaffenden, die in Hollywood Fuß fassen wollten. Am abenteuerlichen Schicksal der 1939 in die USA eingewanderten Filmschauspielerin Lien Deyers können sie zeigen, dass der konkreten Flucht aus der gefährlichen Realität »mit dem illusionären Denken eine metaphysische Auswanderung« aus der Wirklichkeit korrespondiert, die »eigenwillig und so überlebensnotwendig wie lebensgefährlich ist«.

Helmut G. Asper arbeitet heraus, dass sich die großen Erwartungen der nach Frankreich emigrierten Filmschaffenden nur teilweise erfüllt haben. Für renommierte Regisseure wie Fritz Lang und Billy Wilder und Produzenten wie Paul Kohner und Erich Pommer blieb Paris eine Zwischenstation. Die deutschen Filmemigranten wurden in der krisenhaften Situation der französischen Filmindustrie als bedrohliche Konkurrenz empfunden; man erreichte entsprechende staatliche Restriktionen gegen sie. Dennoch konnten Regisseure wie Siodmak, Ophüls und Pabst zwischen 1933 und 1940 eine beachtliche Zahl von Filmen drehen und sich bei Kritik und Publikum durchsetzen. Dies war nicht zuletzt das Verdienst von aus Deutschland emigrierten Produzenten. Trotz aller Anpassung, die bei der Produktion für den französischen Markt unumgänglich war, versuchten die Filmexilanten, »ihre in der Weimarer Republik gewonnenen künstlerischen Erfahrungen, ihren ästhetischen Stil und auch ihre politischen Überzeugungen weiterzuentwickeln«. Ihre antifaschistische Einstellung sowie ihr Emigrantenschicksal vermochten sie allerdings nur durch Anspielungen und geschichtliche Parallelen (Max Ophüls, *Le Roman de Werther*, 1938, G. W. Pabst, *Mademoiselle Docteur*, 1937) zu artikulieren.

Günter Agde behandelt die Produktionsfirma Meshrabpom-Film, die ab 1933 »für viele Emigranten aus Deutschland zum wichtigsten Arbeitgeber, zur attraktiven Projekte-Schmiede und Überlebenshilfe« wurde. Aufgrund ihres Sonderstatus – sie war als deutsch-russische Aktiengesellschaft Teil der Internationalen Arbeiterhilfe (IAH), die sich unter Willi Münzenberg in den 1920er Jahren zu einer bedeutenden Organisation entwickelt hatte – genoss sie in der von der Planwirtschaft bestimmten sowjetischen Filmproduktion eine relative Autonomie, die die Fortführung avantgardistischer Tendenzen ermöglichte. Dem wurde allerdings im Zuge der Durchsetzung der Doktrin des Sozialistischen Realismus auch im Filmbereich von offizieller Seite entgegengearbeitet. Die einzelnen Phasen der staatlichen Restriktion bis zur plötzlichen Liquidierung von Meshrabpom-Film am 6. Juli 1936 sowie die verheerenden Folgen für die deutschen Emigranten werden detailliert verdeutlicht.

Auch *Ronny Loewy* erschließt mit seinem Beitrag über Filmemigranten in Palästina ein erst seit kurzer Zeit von der Forschung erschlossenes Terrain. Seine vorläufige Bilanz beziffert die Filmemigration auf insgesamt 120 Personen, darunter 19 Produzenten, 12 Regisseure und ebenso viele Kameramänner und Filmkomponisten. Zum wichtigsten Genre zählen Dokumentarfilme, die von den zionistischen Gründungsfonds finanziert wurden und den Emigranten einen Eindruck vermitteln sollten von der Geografie Palästinas, den Siedlungsprojekten, dem dortigen Alltag und dem religiösen Leben. Sie stehen im Kontext der Alija. Die ersten Filme entstanden bereits Ende der 20er Jahre in Deutschland und bildeten den filmästhetischen und thematischen Ausgangspunkt der in den 30er Jahren unterm Eindruck des erzwungenen Exils in Palästina, mit Unterstützung des Jüdischen Kulturbunds und in technischer Koproduktion mit Berliner Ateliers der Palästina-Filmstelle der Zionistischen Vereinigung in Deutschland produzierten Filme. Zu den wichtigsten zählen *Awodah/Arbeit* und *Mangina Ivrit/ Hebrew Melody* von Helmar Lerski, *Hatikwah. Dokumente einer Hoffnung, Built in a Day/Ein Tag – ein Werk* und *Der neue Weg* von Georg Engel. Von diesen Filmen sind Kopien vorhanden, während von einer großen Zahl wei-terer Dokumentar- und Werbefilme nur noch die Titel überliefert sind. Der Krieg erzwang infolge des Mangels an Rohfilmen eine Einstellung der Filmproduktion. Sie begann wieder mit Helmar Lerskis Film *Adamah/ Erde* im Jahr 1948, der die Geschichte eines jungen Holocaust-Überlebenden in Palästina/Israel erzählte und damit die Thematik des Nachkriegsfilms ankündigte. An ihm sind vor allem Filmkünstler, Techniker und Produzenten der jüngeren Emigration, darunter auch einige Emigranten aus Deutschland wie Baruch Dienar, Lasar Dunner, Rolf Kneller u. a. beteiligt.

Vor andere Anpassungsprobleme sahen sich emigrierte Theaterregisseure, Theater- und Filmschauspieler gestellt. Neben der Sprachbarriere waren es die vom mitteleuropäischen Theater abweichenden künstlerischen Konzeptionen und Organisationsformen, die die exilierten Dramatiker und Theaterpraktiker zumal in den Vereinigten Staaten zur Anpassung zwangen. *Erhard Bahr* beschreibt diese Problematik am Beispiel des gegenüber New York weniger bekannten Exiltheaters in Los Angeles und zwar anhand von englischsprachigen Inszenierungen dreier »Giganten des Regietheaters« der Weimarer Republik. Während Max Reinhardts Freiluftaufführung von *A Midsummer Night's Dream* (1934) durch das Zusammenkommen von »amerikanischem Enthusiasmus und europäischer Imagination« zu einem auch finanziell beträchtlichen Erfolg wurde und Brechts Inszenierung seines *Galileo Galilei* sich als »eine vielversprechende Einführung des Epischen Theaters« in den USA erwies, scheiterte Leopold Jessners Präsentation des *Wilhelm Tell* an der mangelnden sprachlichen Kompetenz der Exilschauspieler. Im Unterschied zu diesen ambitionierten Unternehmungen widmete sich der »vierte Typus des in Los Angeles vertretenen Exiltheaters«, die deutschsprachige *Freie Bühne* Walter Wicclairs, vornehmlich der Unterhaltungsdramatik.

»Zwischen dem Berufsleben und mir«, sagte Fritz Kortner, »stand die englische Sprache«. Dieser Satz, der für zahlreiche emigrierte Schauspieler zutraf, hatte keine Gültigkeit für den 1939 nach London geflüchteten österreichischen Bühnenkünstler Martin Miller. *Charmian Brinson* und *Richard Dove* legen detailliert dar, wie der ehemalige Provinzakteur und Kabarettist Miller, der bei seiner Ankunft in seinem Asylland nur geringfügige Englischkenntnisse hatte, binnen kurzer Frist zu einem der gefragtesten Theater- und Filmschauspieler Großbritanniens wurde. Neben der schnell erworbenen fremdsprachlichen Kompetenz bildeten seine mimetischen Fähigkeiten die Basis seiner exeptionellen Karriere. Es war seine erstmals im von ihm begründeten österreichischen Exilkabarett *Das Laterndl* vorgetragene Hitler-Parodie *Der Führer spricht*, die ihm zu zahlreichen Engagements bei der BBC und auch zu seiner ersten Filmrolle in England verhalf. Insgesamt hat Miller an 54 Filmen mitgewirkt. Einer seiner größten Bühnenerfolge war die Rolle des Dr. Einstein in der jahrelang gespielten Komödie *Arsenic and Old Lace*.

Das tragische, in Theresienstadt und Auschwitz endende Schicksal Kurt Gerrons zeichnet *Katja B. Zaich* nach. Gerron, der über Paris und Wien nach Holland flüchtete, war als Filmregisseur und Schauspieler in den Niederlanden zunächst ähnlich erfolgreich wie Martin Miller in Großbritannien. Zwischen 1935 und 1937 führte Gerron Regie in drei niederländischen Filmen, zuletzt in Zusammenarbeit mit dem holländischen Schriftsteller A. M. De Jong. Bis zum Kriegsbeginn und noch unter der deutschen Besetzung trat Gerron, der die holländische Sprache auf der Bühne beherrschte, in zahlreichen Operetten und Revuen auf. Nach 1941 beschränkte sich seine schauspielerische Tätigkeit auf den jüdischen Kulturbetrieb, zuletzt auf das Sammel- und Deportationslager Westerbork. Im Februar wurde Kurt Gerron zusammen mit seiner Frau nach Theresienstadt deportiert, wo er das Kabarett *Karussell* gründete. Die Nationalsozialisten verpflichteten ihn als Regisseur des Propagandafilms über Theresienstadt. Nach Beendigung der Dreharbeiten wurde Kurt Gerron nach Ausschwitz deportiert und dort, wie zuvor der größte Teile der nach Holland geflüchteten deutschen Juden, zusammen mit seiner Frau ermordet.

Die Beiträge von Peter Roessler und Carola Tischler befassen sich mit der Darstellung des Exils im Nachkriegsfilm. *Peter Roessler* bringt den vergessenen Film *Die Frau am Weg* (1948) in Erinnerung, dessen Motive »Flucht, Verfolgung, Widerstand« im vom Heimatthema dominierten österreichischen Nachkriegsfilm kaum ihresgleichen haben. Literarische Vorlage des von den Remigranten Walter und Irma Firner sowie von dem Regisseur Eduard von Borsody stammenden Drehbuchs ist Fritz Hochwälders 1944 im Schweizer Exil verfasstes Drama *Der Flüchtling*. Durch einen Vergleich von Original und filmischer Adaption beantwortet Roessler die Frage, ob der Film »mit den bekannten Schablonen« breche oder ob »hier nur das Thema der Flucht vereinnahmt« werde, »um es mit den üblichen Retuschen zu versehen«, eindeutig: Die Verlagerung des Geschehens aus einem Niemandsland in die österreichische Bergwelt, die Umdeutung der Frauenrolle zum Symbol eines als Opfer verstandenen Österreich und die Anonymisierung des erotisch attraktiven Flüchtlings bewirken klischeehafte Harmonisierungen im Stile des Heimatfilms der Nachkriegszeit. Allerdings lassen einige Terrorsequenzen ahnen, »was der österreichische realistische Film hätte sein, wie er gegen die Mystifikation der Vergangenheit (...) hätte arbeiten können«.

Carola Tischler beschäftigt sich mit der filmischen Darstellung des Exils in der DDR. Sie zeigt am Beispiel des 1975 im Zuge der kulturpolitischen Auflockerung entstandenen Films *Zwischen Tag und Nacht* ideologische Spielräume in der Auseinandersetzung mit dem deutschen Exil in der Sowjetunion auf. Im Zentrum des Films steht ein fiktiver Dialog zwischen Erich Weinert und Gustav Regler, die den stalinistischen Terror thematisieren. Der Film gelangte unzensiert in die Kinos der DDR, stieß aber auf den Wider-

stand der sowjetischen Filmzensur, die für die Aufführung in der Sowjetunion Streichungen erzwang. Der Misserfolg des Films beim Moskauer Filmfestival und beim Publikum der DDR hatte, so die These der Verfasserin,
weniger politische als filmästhetische Gründe, die sich aus seiner konventionellen Machart erklären.

1997 und 1998 fanden in Bonn und Wien die beiden ersten großen Ausstellungen zur Exilfotografie statt und machten mit Biografie und Werk zahlreicher in der Bundesrepublik und in Österreich »vergessener« Fotografinnen und Fotografen bekannt. Die von den Veranstaltern Klaus Honnef und
Frank Weyergraf bzw. Anna Auer herausgegebenen Ausstellungsbücher *Und
sie haben Deutschland verlassen ... müssen* bzw. *Übersee. Flucht und Emigration österreichischer Fotografen 1920–1940* waren erste Schritte auf dem Weg
der Erforschung und Dokumentation der Exilfotografie. Sie wurden ergänzt
durch den 1998 für das *Handbuch der deutschsprachigen Emigration* verfassten Überblicksartikel von Irme Schaber. Die den zweiten Teil des Jahrbuchs
eröffnenden Beiträge von Klaus Honnef und Anna Auer knüpfen an den im
Zusammenhang mit den Ausstellungen gemachten Erfahrungen an, resü-
mieren deren Ergebnisse bzw. verweisen auf weiterführende Aspekte der
Erforschung der Exilfotografie.

Klaus Honnef erklärt die Herausforderungen, vor die sich die geschichtliche Aufarbeitung der Exilfotografie gestellt sieht, mit dem »ungefestigten
Status« der Fotografie »innerhalb der Hierarchie der Bildkünste«. Diese Tatsache habe jungen Künstlern ohne berufsspezifische Ausbildung, darunter
auch vielen Frauen, den Zugang erleichtert, zur grenzüberschreitenden
»Beweglichkeit« und Spontaneität des Mediums beigetragen, erschwere aber
gleichzeitig die Spurensicherung: Archive und Sammlungen wurden hier
noch weniger angelegt als in anderen Exilkünsten, deren Status als unbe-
stritten galt. Ihnen gegenüber hatte die Fotografie allerdings den Vorzug, dass
die Bildsprache international war und mit der Ausbreitung des Bildjour-
nalismus in den frühen 30er Jahren die Nachfrage nach fotografischen Bildern – Reportagen, Porträts etc. – deutlich anstieg. Frankreich, Großbritannien und die USA hatten mit *Vu* und *Regards*, der *Picture Post*, mit *Vogue*
und *Life* Zeitschriften, die sowohl einheimischen wie emigrierten Fotografen eine publizistische Infrastuktur boten und die Entwicklung einer internationalen Bildsprache begünstigten. Eine Ausnahmerolle spielt, wie
offenbar auch im Film, Palästina bzw. Israel, dessen Bedeutung für die Exilfotografie zuerst in der Bonner Ausstellung sichtbar wurde. Klaus Honnef
unterstreicht denn auch die wichtige Funktion ehemals junger, der zionistischen Bewegung angehörender Fotografen wie Naftali Avnon, Alfred Bernheim, Sonia Gidal, Charlotte Meyer, die mit ihrem fotografischen Werk
die »visuellen Bausteine für den Gründungsmythos des Staates Israel« gelegt haben.

Die Forschungen *Anna Auers* zur österreichischen Fotografenemigration bestätigen in vielen Punkten die von Klaus Honnef gegebenen Hinweise auf die medienspezifischen Zusammenhänge von Fotografie und Emigration: die relativ leichte Zugänglichkeit, Beweglichkeit und Experimentierfreudigkeit des »neuen« Mediums, die internationale Vernetzung der Fotoagenturen und -zeitschriften und die nicht zuletzt damit gegebene Bedeutung Frankreichs, Großbritanniens und der USA als Exil- und Aufnahmeländer. Fotografinnen und Fotografen wie Gerti Deutsch und Alfred Lammer konnten sich so erfolgreich in England, Trude Fleischmann, Lisette Model oder John Popper in den USA integrieren; gleiches gilt für Erica Anderson, Helmut Lerski und Wolf Suschitzky, die von der Fotografie zum Film überwechselten. Palästina war auch für österreichische Fotografen ein wichtiges Exilland: David Andermann baute die Fotoabteilung des Press Information Service des neu gegründeten israelischen Staats aus, David Rubiner und Shimon Weissenstein zählen zu den bekanntesten Fotojournalisten. Erich Lessing und Harry Weber kehrten nach Österreich zurück und begannen dort, der eine als Magnum-Fotograf, der andere als Chefreporter einer Illustrierten, ihre Karriere als international anerkannte Fotodokumentaristen bzw. Pressefotografen. Die Anpassungs- und Integrationsfähigkeit des Mediums zeigt sich nicht zuletzt am Erfolg emigrierter Unternehmer: Für die USA kann Anna Auer mit einer Reihe von Beispielen aus der Fotoindustrie aufwarten, in denen Erfindern, Technikern und Managern die Gründung von bedeutenden Herstellungsfirmen, Fotolaboren, Handelsorganisationen und Galerien gelang. Der vielfach belegte Transfer von Foto-Technik und -Wissen in die Exilländer, verbunden mit einem lebensgeschichtlichen Neubeginn der emigrierten Fotografinnen und Fotografen dürften, neben den Blockaden im öffentlichen Bewusstsein der Ursprungsländer, eine der Ursachen für die stark verzögerte Rezeption der Exilfotografie in der Bundesrepublik und in Österreich sein.

Das Spannungsverhältnis von Emigration und Immigration, von individueller Biografie und weltpolitischen Konjunkturen, von fotografischem Engagement und medienspezifischen Abläufen untersucht *Irme Schaber* am Beispiel des in die USA emigrierten Fotografen-Ehepaars Hansel Mieth und Otto Hagel. Beide spielen zunächst eine wichtige Rolle in der sozialkritischen Foto-Reportage über Arbeitslosigkeit, Armut und Migration in den USA der 30er Jahre; Hansel Mieth wird 1937 in die Redaktion von *Life* aufgenommen. Um der Routine des professionellen Alltags zu entfliehen, ziehen sich beide aufs Land zurück. Anträge, im Krieg als Fotoreporter zu arbeiten, werden zurückgewiesen, so kehren sie erst nach 1945 in die Pressefotografie zurück. Irme Schaber stellt eine ihrer Fotoreportagen vor. Hansel Mieth und Otto Hagel waren 1948 und 1949 zu Familienbesuchen nach Süddeutschland zurückgekehrt; aus den persönlichen und politischen Erfahrungen entstand eine Fotoreportage über das Nachkriegsdeutschland, die zunächst in *Life* und wenig später in der *Neuen Münchner Illustrierten* veröffentlicht wurde. Das von spürbarer Empathie für die porträtierten Familienangehörigen, deren Mitbewohner und Bekannten getragene Projekt zeichnet in Bild und Kommentar ein kritisches Bild der deutschen Nachkriegsmentalität: Traditionsbewusstsein überlagert die geschichtliche Zäsur von 1933, Kriegsschuld wird mit einem vagen Nachkriegspazifismus abgegolten, das andern angetane Unrecht wird als selbst erlittenes Unrecht artikuliert. So belegt Hagels und Mieths fotgrafischer Befund die später von Alexander und Margarete Mitscherlich diagnostizierte »Unfähigkeit zu trauern«. Die *Life*-Reportage übermittelt diese kritische Bilanz zu einem Zeitpunkt, als das offizielle Deutschlandbild der USA im Zeichen des Kalten Kriegs bereits umgeschwenkt war auf das positive Muster des antikommunistischen Verbündeten. Diese Trendwende wird deutlich im redaktionellen Kommentar zur fast gleichzeitigen Veröffentlichung der Reportage in der *Neuen Münchner Illustrierten*: Hier wird die Serie nicht als Dokument verweigerter geschichtlicher Selbstkritik, sondern als Ausdruck des optimistischen Neubeginns vorgestellt. Auf die McCarthy-Ära reagiert das seit Beginn der 40er Jahre unter FBI-Überwachung stehende Paar mit erneutem Rückzug und dem Versuch, die »Idee von selbstbestimmten Leben und Arbeiten« im kleinen Kreis Gleichgesinnter zu verwirklichen. Die alternativ zur Gesellschaft gesuchte existenzielle und künstlerische Integrität machten Hansel Mieth und Otto Hagel zu Vorläufern der Protestgeneration der 60er Jahre, mit der sie auch persönliche Beziehungen verbanden.

Auch *Wilfried Weinke* bemüht sich in seinem Beitrag über die Hamburger Fotografen Emil Bieber, Max Halberstadt, Erich Kastan und Kurt Schallenberg um die Rekonstruktion von Lebensläufen. Seine Untersuchungen, die der Vorbereitung einer umfassenden Ausstellung zu Leben und Werk der genannten Fotografen dienen, stehen im Kontext der verzögerten Erinnerungsgeschichte und wollen dem offiziellen Vergessen entgegenwirken. Die vier zwischen 1878 und 1898 geborenen Fotografen verbindet, neben ihrer Hamburger Herkunft, eine Reihe von weiteren Merkmalen: Es handelt sich um etablierte Fotokünstler mit eigenem Atelier, die sich als Porträtisten, als Theater-, Architektur- und Modefotografen einen Namen gemacht hatten und in den 30er Jahren zur Aufgabe ihrer Tätigkeit und zur Emigration gezwungen wurden. Alle versuchten im Exil – in den USA, in Südafrika und Australien – einen Neuanfang als selbständige Fotografen. Während Erich Bieber nach dem Krieg wieder in den Besitz seines in Hamburg zurückgelassenen Bildarchivs kam und durch seine Besuchsreisen dort eine gewisse Publizität erlangte, blieb die Geschichte der anderen Fotografen lange Zeit vergessen. Weinke kann zeigen, dass einer der Gründe der verhinderten bzw. unvollständigen Rezeption in der Person Fritz Kempes zu suchen ist, der –

nach einer Vergangenheit als Propagandafotograf der Wehrmacht und Autor des vom Oberkommando der Wehrmacht (OKW) herausgegebenen Fotobuchs *Das Gesicht des deutschen Soldaten* – zum offiziellen Geschichtsschreiber der Hamburger Fotogeschichte aufstieg. Das am Hamburger Beispiel nachgewiesene Zusammenspiel von kollektiver Verdrängung und offizieller Geschichtspolitik bedürfte weiterer, die Exilfotografie insgesamt einschließender Nachforschung.

Das Interview mit Wolf Suschitzky, das *Julia Winckler* aufgezeichnet hat, unterstreicht die Bedeutung einiger bereits genannter Aspekte der Exilfotografie und erweitert das Themenspektrum. Das Interview zeichnet die Geschichte der Vertreibung und Vernichtung einer jüdischen Familie aus Wien nach. Der Vater Wolf Suschitzkys wurde als Buchhändler und Verleger sozialistischer Literatur bereits in den 30er Jahren in den Selbstmord getrieben, Buchhandlung und Verlag wurden 1938 »arisiert«. Wolf Suschitzky und seine Schwester Edith Tudor Hart, eine Bauhausschülerin und bekannte Fotografin, konnten nur einen Teil der Familie nach England retten, wo sie selbst in den 30er Jahren Zuflucht gefunden hatten. Wolf Suschitzky begann hier seine Karriere als Fotograf und Kameramann. Sein weiterer Lebenslauf und sein umfassendes, bisher erst in Ansätzen aufgearbeitete Werk dokumentieren eindrucksvoll die »Beweglichkeit« der Medien Fotografie und Film und die Akkuluralitionsbereitschaft ihrer Akteure. Suschitzky hat als Fotograf für britische Zeitschriften und Illustrierte gearbeitet und als Kameramann an mehr als 100 Dokumentar- und Spielfilmen mitgearbeitet. Sein Lebens- und Berufsweg ist ein Beispiel für die gelungene Integration in die Gesellschaft des Gastlands. Dieser Erfolg ist aber nicht zu trennen von der besonderen Fähigkeit des Exilanten, sich einen »fremden Blick« auf seine Umwelt, den nur scheinbar vertrauten Alltag des Gastlands mit den spezifischen Problemen von Minderheiten, Außenseitern und Unterprivilegierten zu bewahren.

Soll abschließend versucht werden, Desiderata der Forschung festzuhalten, so ergeben sich als vordringliche Aufgaben die Weiterführung der biografischen Erkundung sowie die Notwendigkeit der Sicherung, Archivierung und Dokumentation der Spuren film- und fotokünstlerischer Tätigkeit im Exil. Die methodische Herausforderung dieses spät entdeckten Bereichs der Exilforschung hängt mit der Spezifik der Medien zusammen: Film und Fotografie gehören zu den »neuen Medien« der ersten Hälfte des vergangenen Jahrhunderts, die in der akademischen Wertehierarchie erst spät ihren Platz gefunden haben. Ihre Produktion und Verbreitung ist international vernetzt, als technische Medien unterliegen sie industriellen Herstellungs- und Vertriebsformen, die vielfache Übergänge und Spannungen zwischen Film und Fotografie einerseits und den kommerziellen Medien Presse, Reklame, Mode sowie der Unterhaltungsindustrie andererseits erzeugen. Die Erforschung dieser Zusammenhänge erfordert interdisziplinäre Kenntnisse und Methoden und verlangt nach einer medienwissenschaftlichen Komparatistik, durch die die traditionelle Exilforschung herausgefordert ist.

Wolfgang Benz

Ernst Loewy: Vom Buchhandelslehrling in Tel Aviv zum Pionier der Exilforschung

Der deutschsprachige *Liberty Bookstore* in der Allenby Street, geführt von einem aus Wien stammenden Herrn Stein, der kein gelernter Sortimenter ist, aber in Palästina spielt das keine Rolle, gilt in den 30er Jahren als »eine der größten und besten Buchhandlungen in Tel Aviv«.[1] Dort beginnt Ernst Loewy im März 1938 als Lehrling. Den Eltern beschreibt er die Wirkungsstätte im Selbstbewusstsein des neuen Mitarbeiters: »Wir haben englische, hebräische und deutsche Bücher – nur moderne Literatur, Klassiker überhaupt nicht, außer englisch Shakespeare. Ältere Sachen werden auch gar nicht verlangt. Dazu kommen einige Kunstbücher, Philosophie, Psychologie, Medizin, Sozialismus, Fachkunde, Architektur, kaufmännische Sachen, sehr viele Wörterbücher, Sprachbücher, ein Paar Kinder- und Jugendbücher, Judaica, Atlanten und Lexika. Ich glaube beinah, das ist alles. Was außerdem verlangt wird, müssen wir uns eben beim Grossisten besorgen oder bestellen. Ein paar (Titel) antiquarische Belletristik haben wir auch. In der Leihbibliothek haben wir hauptsächlich deutsche, etwas englische, wenig hebräische Literatur – nur die moderneren Sachen. Dazu ein paar halbwissenschaftliche Sachen und eine größere Abteilung: Politik, Geschichte und Biographisches. Die Neuerscheinungen sind stets vollständig da, während ältere Sachen wie Werke von Thomas Mann, Gerhart Hauptmann etc. nur in den Hauptwerken vertreten sind.«[2]

Auf Nachfrage erläutert Ernst den Eltern seine Tätigkeiten: »Verkaufen, in der Leihbücherei arbeiten, im Kontor arbeiten, ein bisschen Buchführung, einige Gänge machen (kassieren, zur Bank gehen, mal ein Buch fortbringen oder beim Grossisten oder Verleger besorgen).«[3]

Stolz fügt er hinzu, er habe gerade Arnold Zweig kennen gelernt, der ebenso wie Sammy Gronemann, der aus Deutschland kommende zionistische Jurist und Schriftsteller, Kunde im *Liberty Bookstore* ist. Rückblickend äußert sich Loewy freilich enttäuscht über das Etablissement: »Eine Kundin wünschte das neueste Werk von Thomas Mann (es muss *Joseph in Ägypten* gewesen sein), es war nicht vorhanden. Mein Chef verlangte von mir, ich möge der Dame stattdessen einen jüngst erschienenen Unterhaltungsroman empfehlen. Ich war fassungslos. Auch der Buchhandel, erkannte ich, war Kommerz – wie das meiste, das um mich herum geschah.«[4]

Der idealistische Bildungseifer des jungen Mannes, der den Buchhandel als Beruf im Pionierland Palästina als Ersatz für die ihm verschlossenen höheren Bildungsstätten gewählt hatte, war durch die Realität gedämpft, aber nicht aufzuhalten. Die Bedingungen literarischen Schaffens in der Diaspora auf der Seite ihrer Rezipienten nimmt Loewy, der mit Thomas Manns *Tonio Kröger* um diese Zeit sein erstes aufwühlendes Leseerlebnis hat, das ihn prägt, als Teil seines Berufsalltages wahr: »Die Exilliteratur lernte ich in der Zeit meiner buchhändlerischen Tätigkeit in *Statu nascendi* kennen. Fast täglich nahm ich bei Walter Zadek, damals Besitzer der Grosso-Buchhandlung *Biblion* in Tel Aviv und noch ohne Prophetenbart, die eben angekommenen Neuerscheinungen von Querido, Allert de Lange und anderen Exilverlagen in Empfang. Dazu gehörten, um nur ein paar Beispiele herauszugreifen, die Romane von Klaus Mann und von Lion Feuchtwanger, von Anna Seghers und von Arnold Zweig, von Irmgard Keun und von Hermann Kesten, von Joseph Roth und von Oskar Maria Graf, die Reportagen von Egon Erwin Kisch, aber auch die politischen Schriften etwa von Konrad Heiden und Rudolf Olden.«[5]

Ernst Loewy wechselte nach einiger Zeit zu einer anderen Firma, *Kedem-Books* Buchhandlung und Verlag, vormals Berlin, geleitet von Herrn Bronstein, einem gebürtigen Russen, der mit Trotzki nicht nur den Namen, sondern auch das Aussehen teilte. Loewys Lebensinhalt sind Bücher, weil sie ihm das Studium ersetzen und Heimat geben. Tagsüber verkauft, abends verschlingt er sie. Ein Foto zeigt den 18-jährigen als ernsten strebsamen Jüngling, der in angedeuteter skeptisch intellektueller Attitüde einen sehr erwachsenen Eindruck macht. Ernst Loewy beginnt auch zu schreiben und beteiligt sich an der Redaktion einer Exil-Zeitschrift, die zwischen 1943 und 1945 insgesamt zwölfmal in Tel Aviv erscheint: *Heute und morgen. Antifaschistische Revue* heißt das linke Blatt. Ernst Loewy, dessen Sympathien der Sowjetunion gehören, die Deutschland vom Hitler-Regime befreien wird, steht 1942/43 in Diensten der britischen Armee. Er ist Zivilangestellter in einem Depot, die Tätigkeit hat mit Nachschubfragen zu tun und ist beendet, als die Einheit Ende 1943 nach Ägypten verlegt wird und die in Palästina heimischen Zivilarbeiter entlässt. Ernst Loewy ernährt sich 1943 bis 1948 als kaufmännischer Angestellter, dann, nach der Gründung Israels, wird er gezwungenermaßen Soldat der israelischen Armee. Als Bibliothekar und Archivar im Presseamt der israelischen Regierung hat Ernst Loewy ab 1950 eine Wirkungsstätte, die eher seinen Neigungen entspricht. Aber Palästina, dann Israel, blieb in 20 Jahren Aufenthalt immer Exil, wurde nie Heimat.

Die Eltern waren, unmittelbar nach dem Novemberpogrom 1938, mit Touristenvisa nach Palästina gekommen und hatten sich dort notdürftig etabliert. Der Vater, der in jungen Jahren auf diesem Gebiet Erfahrungen gesam-

melt hatte, machte sich 1942 selbständig, und zwar als Buchhändler in der
Allenby Street 78 in Tel Aviv. Im Februar 1957 sind die Eltern nach Deutschland zurückgekehrt und lebten in Frankfurt am Main.

Halten wir inne, um nach Ursprüngen des Lebenswegs und nach den Motiven der Entscheidungen zu forschen, die den 16-jährigen nach Erez Israel,
den 36-jährigen wieder nach Deutschland bringen.

Ernst Loewy kam am 25. April 1920 in Krefeld als einziger Sohn in einer
mittelständisch-bildungsbürgerlichen jüdischen Familie zur Welt. Der Vater,
von böhmischen Landjuden abkommend, die entlang der bayerischen Grenze lebten, war Textilvertreter und galt als streng, ja herrisch, und soll in der
Familie keinen Widerspruch geduldet haben. Sein Verhältnis zu ihm schildert Ernst später als spannungsgeladen, weil Subordination von ihm verlangt
wurde. Die Familie der Mutter – Handwerker und gewerbetreibender jüdischer Mittelstand – war seit Generationen in Krefeld ansässig. Religiöse Werte hatten äußerliche Bedeutung, der Besuch der Synagoge war vor allem ein
feiertägliches Ritual. Wirklichen Wert hatten aber alle Bildungsgüter. Trotz
eines Patriotismus, der nur Deutschland galt – gewählt hat der Vater sozial-
demokratisch –, gab es eine Sammelbüchse in der Wohnung, deren Ertrag
der Unterstützung des Zionismus diente.

Nach der jüdischen Volksschule in Krefeld wird das Realgymnasium für
Ernst Loewy zur antisemitischen Katastrophe. Ende 1935 verlässt er die An-
stalt ohne Mittlere Reife. Was dies in der an Bildungsgütern so stark orientierten Familie bedeutet, ist unschwer zu ermessen.

Mit der Jugend-*Alijah*, das beschließen die Eltern im Herbst 1935, als mit
den »Nürnberger Gesetzen« die rechtliche und bürgerliche Deklassierung
der deutschen Juden einen ersten Höhepunkt erreicht, soll Ernst nach Palästina auswandern und irgendwann, auf Anforderungszertifikat, die Eltern
nach Erez Israel nachkommen lassen. Ziel der Jugend-*Alijah* war die Siedlung, Voraussetzung dazu waren ein Minimum an zionistischem Bewusstsein, etwas Sprachkenntnis und einige landwirtschaftliche oder handwerkli-
che Fähigkeiten.

Zur Vorbereitung auf das Siedlerleben reiste der 15-jährige Ernst Loewy
mit vier Kameraden aus Krefeld – wie er waren sie auch Mitglieder des Jüdischen Pfadfinderbundes – im Dezember auf das Gut Schniebinchen bei Forst
in der Niederlausitz zu einer kurzen *Hachscharah*, der Ertüchtigung, zugleich
als Probezeit von vier Wochen Dauer. Für die Jugend-*Alijah* durch die zustän-
dige Jüdische Jugendhilfe angenommen, geht Ernst Loewy im März 1936
auf die Reise nach Palästina. Die Gruppe aus 30 Jugendlichen (unter ihnen
zwölf Mädchen) wird in München zusammengestellt, von Triest geht es per
Schiff nach Haifa, dann ohne weiteres direkt in die Gemeinschaftssiedlung
Kirjat Anavim in den judäischen Bergen bei Jerusalem, in der 150 Menschen
russischer, polnischer, deutscher Herkunft leben.

Ernst, dessen Weltbild sich in diesen Jahren formt, der sich vom Elternhaus emanzipiert (trotz des intensiven Briefwechsels mit Krefeld), der seine Adoleszenzkonflikte in fremder Umgebung austragen muss, bemüht sich redlich, dem Gemeinschaftsleben in der *Kwuzah* und der landwirtschaftlichen Arbeit gerecht zu werden. Aber er leidet, vor allem am Desinteresse der *Chawerim* an geistigen Dingen und am Mangel an Privatheit. Am 8. Mai 1936 schreibt er den Eltern: »Über das ganze innere Leben der *Kwuzah* bin ich persönlich äußerst enttäuscht. Die Menschen, die hier leben, sind reine Proletarier, die weiter nichts kennen als nur ihre Arbeit, das Essen und das Schlafen (...) Am Tag arbeitet man, nachts schläft man, und am Schabbath geht man spazieren. Mit geistigen Dingen beschäftigt man sich nicht. Es gibt keine Vorträge, man liest keine Bücher. Hier ist das reinste Proletariat.« Der nach geistigen und kulturellen Erfahrungen hungernde junge Mann, der in München noch in letzter Minute das Deutsche Museum besucht hat und das als grandioses Erlebnis im Brief an die Eltern schildert, kommt zu dem Schluss: »Ich glaube, daß der Mensch auch persönliche Ziele haben muß, und dieses gibt es in der *Kwuzah* nicht, es gibt nur eine Gemeinschaft (...) Ich muß Euch leider sagen, daß mir das Leben in einer *Kwuzah* nicht gefällt.«[6]

Die Lust zur Literatur, wobei sich zur Obsession des Lesens bald der Drang zum Schreiben fügte, und die Erfahrung des Exils wurden Lebensinhalt für Ernst Loewy. Der 36-jährige kehrte Ende 1956 mit seiner Familie nach Deutschland zurück. Die Bundesrepublik genoss das Wirtschaftswunder, Frankfurt war die eigentliche, die ökonomische Hauptstadt, ausgerechnet dort bauten die Loewys ihre neue Existenz auf. Ernst und Rega, die sich 1940 kennen gelernt, die 1945 geheiratet hatten und 1946 den ersten der drei Söhne bekamen, waren in einer ihnen ideologisch weit entfernten Gegend gelandet. Ernst Loewy hatte in Israel der Kommunistischen Partei nahe gestanden, hatte ihr unter Zweifeln vorübergehend sogar angehört, Rega hatte im weit links stehenden Kibbuz gelebt, fühlte sich als nonkonformistische Kommunistin. Beide sahen in der DDR »jenes Deutschland, das das Erbe des Exils angetreten hatte und sich an der Tradition des ›anderen Deutschland‹ zu orientieren suchte. Auch hofften wir, daß der Militarismus hier keine Chance mehr hätte«. Enttäuschungen als Bürger im Land des real existierenden Sozialismus blieben den Loewys erspart, weil der Arbeiter- und Bauernstaat sich den Remigranten aus Israel verweigerte, sie gar nicht aufnahm.[7]

In der Bundesrepublik hat Ernst Loewy Wirkungsfelder gefunden, die seiner Passion für die Literatur entsprachen: Als Leiter der Judaica-Abteilung der Frankfurter Universitätsbibliothek, dann, von 1964 bis 1983, als Referent im Deutschen Rundfunkarchiv und – dies vor allem – als Schriftsteller. Denn die Arbeit im Angestelltenverhältnis hat nur den Broterwerb zum Zweck, auch ist sie mit Kränkungen verbunden wie in der Bibliothek, in der

Ernst Loewy schmerzlich den Statusunterschied zwischen einem akademischen Bibliotheksrat und dem Diplombibliothekar im »gehobenen Dienst«
erfährt. Die letztgenannte Qualifikation erwirbt er, dessen palästinisch/isra-
elischen Lehrjahre in deutschen Hierarchien nicht zählen, im Jahr 1960, um
seinen beruflichen Alltag zu stabilisieren und den Formalien einer Beschäftigung nach dem Bundesangestelltentarif zu genügen.

Im gleichen Jahr unterzieht sich der 40-jährige einer »Prüfung über die
Zulassung zum Hochschulstudium ohne Reifeprüfung«, vulgo Begabten-
abitur. Mit der Vermutung, dass der Professor, der ihn prüfte, nur ein einziges Mal in dieser Funktion tätig war, kokettierte der Abiturient gern, denn
es war kein Geringerer als Theodor W. Adorno, der Ernst Loewy die Zugangs-
berechtigung zur Universität verschaffte (Prüfungsgegenstand war – natürlich – Thomas Mann). Außer gelegentlichem Seminarbesuch konnte der so
schmeichelhaft Geprüfte von der Berechtigung zum Hochschulbesuch freilich aus beruflichen Gründen kaum Gebrauch machen.

Auch im Rundfunkarchiv ist der Alltag dienender Natur. Aber wie hat der
Thomas-Mann-Verehrer Loewy die Chance genutzt, mit dem schlicht als
»Verzeichnis« titulierten Produkt seines Fleißes ist er in die Gesammelten
Werke seines Idols geraten.[8]

1966 erscheint die Dokumentation *Literatur unterm Hakenkreuz*[9] und
1979 die große Anthologie literarischer und politischer Texte aus dem deutschen Exil.[10] Damit hat Ernst Loewy der wissenschaftlichen Beschäftigung
mit dem literarischen Exil in Deutschland den entscheidenden Impuls gegeben und sie dann in der Gesellschaft für Exilforschung etabliert. Von 1984
bis 1991 war er Vorsitzender, dann bis zu seinem Tod Ehrenvorsitzender.

Die Gesellschaft lag ihm sehr am Herzen, wenn man das so zurückhaltend
formulieren kann. Vor der Hartnäckigkeit des liebenswürdigen Mannes, dessen Habitus an einen leitenden Bibliotheksrat, Archivdirektor oder Professor der Literaturwissenschaft denken ließ, gab es kein Entrinnen. Wenn er
einen Plan gefasst hatte, war Widerstand dagegen sinnlos. Ein Besucher der
Frankfurter Buchmesse, es war Ende der 80er Jahre, der im Gewühl der Lite-
raturbeflissenen auf Ernst Loewy stieß, mit ihm erfreut in ein angeregtes
Gespräch geriet, wurde in eine stille Ecke gedrängt, um das Beitrittsformu-
lar der Gesellschaft für Exilforschung unter Aufsicht des Vorsitzenden zu
unterschreiben.

Als Ernst Loewy dann daran ging, sein Haus zu bestellen, besuchte er das
solchermaßen rekrutierte Mitglied der Gesellschaft für Exilforschung eines
Tages in München, um mir bei einem langen Spaziergang im Nymphen-
burger Schlosspark klar zu machen, dass im Vorstand der Gesellschaft eine
Position zu besetzen sei, und zwar mit mir, weil gewisse institutionelle Res-
sourcen zur Anbindung der Geschäftsführung an den leistungsfähigen Apparat eines Instituts benötigt würden.

1987 holte ihn die Universität Osnabrück erst als Gastdozenten und dann als ständigen Lehrbeauftragten und verlieh ihm 1989 die Ehrendoktorwürde. Das erfüllte den Geehrten mit Genugtuung, denn damit war anerkannt, was er trotz der fehlenden formalen höheren Bildung geleistet hatte. In charakteristischer Bescheidenheit meinte Ernst Loewy, er verkörpere »ein Schicksal, das für die Zeitläufte als exemplarisch bezeichnet werden kann«, deshalb verstehe er die akademische Würde als Ehrung, die »nicht nur den bescheidenen eigenen Leistungen« gelte, sondern den vielen, die sie hätten erwerben können, »wenn nicht die nationalsozialistische Gewaltherrschaft ihre Ausbildung unterbrochen und sie selber ins Exil (oder ungleich schlimmer: in einen grauenvollen Tod) getrieben hätte«.[11]

Im Dank zur Verleihung der Ehrendoktorwürde hat Ernst Loewy zwei Konstanten seiner Biographie – der intellektuellen wie der privaten – benannt, das Überschreiten von Grenzen und das Sitzen zwischen den Stühlen. Das als Summe seiner Existenz zu beschreiben, und zwar durchaus selbstbewusst und der errungenen Erfolge bei aller Zurückhaltung gewiss und sich ihrer ebenso erfreuend wie der Zuneigung und Liebe eines unüberschaubaren Freundeskreises – das war ihm ein Anliegen, und ein so wichtiges, dass er sich selbst zitierte. Er hatte es in gleichen Worten schon im Herbst 1980 bei der Jahrestagung des P.E.N. Zentrums in Bremen gesagt. Nirgendwo kommt das Ganze seiner persönlichen Entwicklung, seines privaten Lebens und seiner Existenz als *homme de lettres*, dessen Biographie vom Gegenstand seiner Leidenschaft, der deutschen Literatur und ihrem Exil nicht zu trennen ist, besser zum Ausdruck als in dieser autobiographischen Notiz: »Es gibt erzwungene, freiwillige und freiwillig-erzwungene Grenzüberschreitungen. Die letzteren sind die, die man sich selber auferlegt, die einem weder prophezeit noch nachgesagt werden, hinter denen weder gnadenlose Willkür noch heroische Entschlüsse stehen. Es sind dies die stillen, meist allerdings aus Widersprüchen sich herausdifferenzierenden Optionen jener, die zwischen irgendwelchen Stühlen sitzen, gelegentlich auch zwischen allen, die verfügbar sind.«

In der »widrigsten aller Zeiten« hielt Ernst Loewy unbeirrbar an jener »imaginären Heimat« fest, die die Exilliteratur ihm täglich vor Augen führte. Dem jungen Buchhändler in Tel Aviv war die Exilliteratur Trost und Heimatersatz, dem Remigranten zwischen den Stühlen blieb sie Lebensinhalt. »Als der Nationalsozialismus an die Macht kam, war ich noch zu jung, um bereits etwas gelernt oder gar geleistet zu haben, gleichzeitig aber auch schon zu alt, um das bereits Gewordene, an mir Erfahrene verwischen oder gar auslöschen zu können. Ich war geprägt von einer Kindheit, die keine Fortsetzung fand, von einer Adoleszenz, in die Kindheit kaum eingehen konnte. Das war ein Bruch, der viele Narben hinterlassen hat. Sie konnten heilen oder nicht, sichtbar blieben sie allemal. Ungleichzeitigkeit erwies sich vielleicht als das her-

vorstechendste Merkmal. Verspätet und/oder verfrüht, den Dingen nach-
hinkend und/oder sie vorausschauend: So bietet das eigene Spiegelbild sich
dar. Grenzüberschreitungen ein Leben lang.«[12]

Am 17. September 2002 ist Ernst Loewy in Frankfurt am Main gestorben.
In einem Nachruf heißt es: »Wir schätzten seine Sanftmut, bewunderten seine Energie und verehrten ihn wegen seiner Menschlichkeit«. Dem ist nicht
viel hinzuzufügen. Seine Lebensleistung summiert sich darin, dass es ihm
gelang, die Exilforschung zu institutionalisieren. Alle seine Tugenden – Akri-
bie, Beharrlichkeit, Unbeirrbarkeit – und Leidenschaften – die Liebe zur
Literatur und der Wissenschaft – sind gebündelt in dieser erfolgreichen
Anstrengung. Unmittelbar augenfällig geworden sind sie in einem Hilfs-
mittel, das vielen unschätzbare Dienste leistete und immer noch leistet: Der
»Nachrichtenbrief« der Gesellschaft, den er 1984 bis 1993 herausgab, ist
Kompendium, Periodicum, Bibliographie, Informationsbörse im ersten Jahr-
zehnt der organisierten Exilforschung gewesen und dann als Reprint zum
unentbehrlichen Nachschlagewerk geworden.[13]

In der Laudatio zur Ehrenpromotion verwies Heinrich Mohr auf die ungewöhnlichen Umstände, unter denen Ernst Loewys literarisch-wissenschaft-
liches Werk entstand, nämlich in der Einsamkeit ohne Mitstreiter und neben
der auf Broterwerb gerichteten eigentlichen beruflichen Tätigkeit. Zusammen habe dies den Pionier zum anachronistischen Außenseiter gemacht:
»Loewys Arbeiten sind dort angesiedelt, wo die etablierte Germanistik so lange sich verweigert hat. Er hat mitgeholfen, die finsterste Vergangenheit kenntlich zu machen und Gegenrede und Gegenbilder, die in der Literatur des
Exils in großer Vielfalt sich finden, dem literarischen und dem politischen
Bewußtsein unserer Zeit präsent zu machen.«[14] In der Begründung heißt es,
Ernst Loewy habe wesentlich mit dazu beigetragen, »dass – mit beschämen-
der Verspätung – Literatur und Kultur des Exils als Aufgabe wissenschaftlicher Forschung deutlich und in daß Bewußtsein der Öffentlichkeit in der
Bundesrepublik integriert wurden.«[15]

Dieser Text ist die Druckfassung eines Vortrags, der am 22. März 2003 auf
der Jahrestagung der Gesellschaft für Exilforschung gehalten wurde.

---

1 Ernst Loewy: *Jugend in Palästina. Briefe an die Eltern 1935–1938.* Hg. von Brita Eckert.
Berlin 1997, S. 151. — **2** Ebd., S. 156 f. — **3** Ebd., S. 158. — **4** Ernst Loewy: »Jude, Israeli,
Deutscher – Mit dem Widerspruch leben«. In: Ernst Loewy: *Zwischen den Stühlen. Essays und
Autobiographisches aus 50 Jahren.* Hamburg 1995, S. 26. — **5** Ebd., S. 29. — **6** Loewy: *Jugend*

in Palästina (s. Anm. 1), S. 57 f. — **7** Ernst Loewy: »Jude, Israeli, Deutscher«. S. 46 f. — **8** Ernst Loewy: *Thomas Mann – Ton- und Filmaufnahmen. Ein Verzeichnis.* Frankfurt/M. 1974 (= Thomas Mann: *Gesammelte Werke in dreizehn Bänden,* Supplementband). — **9** Ernst Loewy: *Literatur unterm Hakenkreuz.* Frankfurt/M. 1966, 3. Aufl. 1977 (Taschenbuchausgabe 1969, Neuausgabe 1983). — **10** Ernst Loewy: *Exil: Literarische und politische Texte aus dem deutschen Exil 1933–1945.* Unter Mitarbeit von Brigitte Grimm, Helga Nagel und Felix Schneider. Stuttgart 1979, Taschenbuchausgabe in 3 Bänden, Frankfurt/M. 1981–1982. — **11** Universität Osnabrück, Fachbereich Sprach- und Literaturwissenschaft (Hg.): Verleihung der Ehrendoktorwürde an Ernst Loewy. Osnabrück 1989, S. 18. — **12** Ebd., S. 34 f. — **13** Gesellschaft für Exilforschung (Hg.): Nachrichtenbrief 1984 bis 1993 mit Gesamtregister, 3 Bände, München 1995. — **14** Ebd., S. 15 f. — **15** Ebd., S. 16.

Heike Klapdor / Wolfgang Jacobsen

»Dear Paul, I had real bad luck.«
Von der Illusion des Glücks im Exil

»Herrn Fritz Lang (Regisseur), Hollywood – Los Angeles«. Name und Land
scheinen als Adresse völlig auszureichen. Fritz Lang erreicht dieser nur mager
adressierte Brief im Oktober 1938 an seinem Wohnort Santa Monica, wo
sich der Regisseur nach seiner Emigration 1934 niedergelassen hatte. Der
Brief kommt aus Europa, geschrieben hat ihn Syma Nischa Poliborska, ein
14-jähriges polnisches Mädchen aus Baden bei Wien: »Ich wende mich an
Sie, lieber Herr Lang (,) mit einer großen Bitte: Helfen Sie mir! Ich kann gut
singen, und habe schauspielerische Talente. Nach Hollywood zu kommen
war immer schon meine Sehnsucht, mein Traum. (...) Sie haben ja sicher
sehr viel Protektion in Amerika, und wenn Sie wollten, könnten Sie mich
mit Gottes Hilfe als Schauspielerin herausfordern, (...) und ich könnte sofort
fahren. Ach es wäre ja so schön. (...) Helfen Sie mir, Sie werden es nicht
bereuen. Seien Sie der gute Engel und bitte bitte helfen Sie mir. Ich werde
Ihnen ewig dankbar sein. Sie werden sich wahrscheinlich wundern, daß ich
gerade an Sie geschrieben habe. Aber, ich habe einmal Ihr Bild gesehen und
ich hatte sofort so großes Vertrauen zu Ihnen. Ich fühlte, daß Sie mir mit
Gottes Hilfe helfen können. Ich schicke Ihnen von mir Bilder, sie sind nicht
besonders gut. Ich habe dunkles Haar, blaue Augen (,) bin 168 cm groß, wie-
ge 48 kg. Die, die mich kennen, sagen (,) ich hab' eine gute Gestalt und gute
Beine. Ich sehe viel älter aus als vierzehn Jahre. (...) Ich bin mit meinem Brief
schon zuende. Seien Sie mir nicht böse, daß ich Ihnen geschrieben habe, aber
ich konnte nicht anders. Es trieb mich förmlich dazu. Um eins möchte ich
Sie bitten, schreiben Sie mir bitte sofort ja oder nein. (...) Aber Sie schreiben
doch ja, nicht wa(h)r? Tausend Grüße und Handküsse an Ihre liebe Frau
Gemahlin. Sie und Ihre Filme sind einzig. (...) Ihre auf eine baldige Antwort harrende Nischa. – PS. Schreiben Sie mir einiges über das Leben in
Hollywood.«[1]
Was hätte Fritz Lang ihr schreiben können?
Dass »das Dorf Hollywood entworfen (ist) nach den Vorstellungen / Die
man hierorts vom Himmel hat«? Dass dieser Himmel » für die Unbemittel-
ten, Erfolglosen / Als Hölle« dient? Dass » Am Meer (...) die Öltürme (stehen)« und die Engel, denen »man begegnet allenthalben« – denn »Die Stadt
ist nach den Engeln genannt« –, »nach Öl (riechen) und goldene Pessare (tragen)«? Dass »Über den vier Städten die Jagdflieger (kreisen) / Der Verteidi-

gung in großer Höhe / Damit der Gestank der Gier und des Elends / Nicht
bis zu ihnen (– den Engeln –) heraufdringt«?[2]

Das wäre Brechts Antwort gewesen. Aber ob aus des Dichters oder aus des
Regisseurs Feder – diese *Hollywood-Elegien*, diese kapitalismuskritischen Kla-
gegesänge über ein am Pazifik und im 20. Jahrhundert ausgemachtes dan-
teskes Inferno, das Mädchen in Wien hätte sie nicht verstanden, weil es sie
nicht hätte verstehen wollen: Die Kraft eines naiven Optimismus hält an der
»Sehnsucht«, die Hollywood bedeutet, fest, am »Traum«, der Hollywood
heißt: weit über eine existenzielle, das physische Leben rettende Dimension
hinaus verkörpert Hollywood Glück: den Weg aus der Vorstadt in die licht-
gleißende Mitte der Welt, die Flucht aus der schwarzen Armut in den strah-
lenden Reichtum, den Aufstieg aus der verachteten, hässlichen Anonymität
in die begehrte, glänzende Einzigartigkeit, die Name, Persönlichkeit, Star-
ruhm versprechen. Die Filmschauspielerin Hedy Lamarr, wie der Brief 1938
in Amerika eingetroffen, mit dem dunklen gewellten Haar der zehn Jahre
jüngeren Nischa eigentlich nicht unähnlich, hatte schließlich auch einmal
mit dem Namen Hedwig Kiesler in Wien gelebt.

Das Mädchen aus Wien glaubt, die Bedingung des Glücks zu erfüllen:
Maße und Gestalt, die der Rohstoff des Ruhms sind und die in Bewegung
gesetzt »schauspielen« bedeuten. Nischa fügt dem handschriftlichen Brief am
Ende zwei anrührende, kleine, private, ungelenk ausgeschnittene Fotografien bei, die ein sehr junges Mädchengesicht mit einer natürlich charman-
ten Gabe zu lächeln zeigen. Der Kontrast zur Blick und Begehren fesselnden
werbewirksamen professionellen Fotografie weiblicher Filmstars ist größer
nicht denkbar. Und dennoch: Das junge naive Mädchen sieht sich so, glaubt
sich berufen. Dass der Außenblick eine unüberwindbar große Kluft zum
Innenblick auftäte, wird ignoriert; im Gegenteil: das Selbstbild wird als
Fremdbild angenommen. Die Realisierung dieser Projektion ist das Bild, dessen Illusionsmacht das Wiener Mädchen auf geradezu idealtypische Weise
erliegt: Ein (Zeitungs-)Bild des Regisseurs Fritz Lang reicht ihr aus, um in
ihm einen Philanthropen, einen Retter, Helfer, einen »Engel« zu finden. Zwei
winzige private Fotos, meint sie, könnten dem Adressaten genügen, in der
Briefschreiberin einen neuen Filmstar zu sehen. Das Medium, das die Macht
der Bilder konstituiert und das, indem es die Bilder dynamisierend aneinan-
ander reiht, eine Schein-Wirklichkeit, eine zweite, illusionäre Wirklichkeit
erzeugt, ist der Film.

Die junge Wiener Briefschreiberin ist eine Kinogängerin, sie kenne Langs
Filme, schreibt sie. Ihr Bewusstsein repräsentiert die Wirkungsmacht des
Films: Gespeist aus den fiktiven Entwürfen einer Wirklichkeit auf der Lein-
wand erweist sich der Film als »Traumfabrik«[3], als Illusionsmaschine, die die
Fiktion für Wirklichkeit annehmen lässt und die die Betrachterin in der Vor-
stellung zur Teilhaberin werden lässt, die – dann real als Schauspielerin – am

Bilderteppich mitwebte und so die Verführung durch die Bilder, den Film fortführte.

Dass die Engel von Los Angeles »mit blauen Ringen um die Augen / (...) allmorgendlich die Schreiber in ihren Schwimmpfühlen (füttern), Unter den grünen Pfefferbäumen (...) auf den Strich (gehen)«, dass »Die Engel von Los Angeles / (...) müde (sind) vom Lächeln«[4], bleibt ausgeblendet, willentlich.

Was hätte Fritz Lang diesem Mädchen aus Wien antworten sollen und können? Der »Engel« hat Nischa nicht geantwortet. Auf dem Briefumschlag steht handschriftlich: »no answer«.

Das Märchen vom »Froschkönig« beginnt mit dem wunderbaren Satz von den »Zeiten, wo das Wünschen noch geholfen hat«[5]. Ob als exakt definierbare historische Epoche der Emigration aus dem nationalsozialistischen Deutschland nach 1933 oder als universell begriffene anthropologische Kategorie – das Exil als Entität des Individuums bedeutet auch einen sozialen Gestus, eine Mentalität. Emigration heißt Vertreibung, Flucht, nicht Auswanderung, und markiert eine unfreiwillig erfahrene Bedrohung, eine umfassende Infragestellung der Existenz. Das Individuum muss darauf auch mit einer Haltung reagieren, muss einen Modus der Interpretation und Reaktion finden. Und hier rückt die Illusion ins Zentrum einer Mentalitätsgeschichte[6] des Exils: die Kraft des Wünschens, die Fähigkeit zum Gegenentwurf. Die Kraft des Wünschens lehnt sich auf gegen den Widerpart der Wirklichkeit, die in der Regel gleichbedeutend ist mit materieller Not und tatsächlicher Aussichtslosigkeit. Die Mentalitätsgeschichte des Exils fragt nach einer Haltung gegenüber Krisen, die sich im Spannungsfeld von Illusion und Realität herstellt, die sich bewegt zwischen Wirklichkeits- und Möglichkeitssinn, zwischen Analyse und Imagination.

Die Briefwechsel aus dem Exil dokumentieren die Mentalität der Exilierten im Griff zum Konjunktiv, zum futurischen Vokabular, sprachlich variiert als: »Risiko«, »Unsicherheit«, »Chance«, »Aussicht«, »Möglichkeit«, »Gelegenheit«, als: »Wunder«, »Glück«, »Zufall«, als: »Feuertaufe« oder als »Glücksspiel«, als Haltung des Hoffens, Glaubens, Versuchens, des Sich-Trauens, der Zuversicht. Von Bord der S.S. Washington kündigt der Komponist Ralph Benatzky seine Ankunft am 28. Mai 1940 in New York an: »Lieber Freund Kohner, (...) bitte geben Sie mir sofort (...) Nachricht, ob Sie es für gut halten, dass wir gleich nach Hollywood kommen, oder ob Sie glauben, wir sollten in New York bleiben. Wenn irgend eine Aussicht auf ein Geschäft in Hollywood wäre, würden wir sehr glücklich sein, und Sie sollen so gut sein, mir gleich darüber zu schreiben, ob welche Chancen bestehen.«[7] Fünf Jahre später wird er verbittert darüber sein, »(...) mir nicht einmal die ›Chance‹ zu geben, die man hier angeblich jedem gibt«[8]. Der Kameramann Franz Planer teilt Kohner im Mai 1937 aus Wien mit: »(...) im Oktober hoffe ich nach Amerika zu gehen – sollte der jüdische Gott bisl helfen.«[9] Kohner antwortet, er sei »(...) völlig überzeugt, dass Sie bei Columbia eine bessere Zukunft haben als bei Metro, (...) und die ›Chance‹ ist mehr wert als alles andere«[10]. – »Mein lieber Herr Kohner! Also meine Würfel sind nun mit Hilfe Ihrer gütigen Mitwirkung gefallen! (...) Ich habe mir ja große Dinge vorgenommen, damit ich Ihnen ebenfalls keine Schande mache, ich hoffe, dass mir Gott die Kraft gibt, Hollywood so zu erobern, wie es mir Gott sei Dank bisher in allen Ländern gelungen ist! (...) Ihr Schreiben vom 15. August hat mich (belehrt), dass die Chance mehr wert sei! (...) Ich glaube, ich hoffe, dass Sie es mit meinem Engagement nicht zu bereuen haben werden.«[11] Den Briefwechsel nachvollziehend, fährt der Leser leicht zusammen: Welches Gewicht hat die Antwort, welche Bedeutung hat die Reaktion! Nährt sie die Illusion oder durchkreuzt sie sie mit der harten Bleistiftmine des eingetragenen Warenzeichens »Realität«? Der Dramatiker Hans J. Rehfisch wendet sich 1938 von London aus, wohin er 1933 emigrierte, an Kohner mit der Bitte, seine Amerika-Pläne zu unterstützen: »Ich glaube selber, daß ich nach Amerika gehöre, aber ich habe mich bisher nicht getraut, ohne nähere Beziehungen hinüberzukommen.«[12] – »My dear Dr. Rehfisch: (...) I am definitely interested in trying to bring you to America, which is the place where you belong. However, I want to tell you that the present moment is the most inopportune time for any such effort, due to the terrible slump in production and the resulting situation in Hollywood, where every second person is out of work. Unfortunately, Mr. Louis B. Mayer brought over from Europe, on his last trip, some three dozen people who are running around like chickens with their heads cut off, and of course are never getting a chance.«[13] Der Adressat, der sich sowohl seiner einflussreichen als auch seiner begehrten Position bewusst ist – die Agentur Kohner am Sunset Blvd. ist die Drehscheibe der Emigration in die USA –, der Adressat nährt die Illusion nicht. Was hätte er dem 14-jährigen Mädchen aus Wien geantwortet?

Vielleicht das, was er der ebenso jungen, unbekannten Schauspielerin Maria Osten antwortet, die ihm 1938 mit der Bitte, sie an die Studios zu vermitteln, schreibt, obwohl sie sich »keine falschen Illusionen« macht, deren »große Sehnsucht (aber) Hollywood (ist), und ich möchte mit aller Energie zum Film«[14]: »Sehr geehrtes Fräulein Osten: Wir bestätigen den Empfang Ihrer gefl. Zuschrift vom 8. (Juni 1938), nebst anliegenden 4 Photos. Wir bedauern jedoch ausserordentlich, Ihnen mitteilen zu müssen, dass wir während der augenblicklichen Depression in der Film-Industrie keine Möglichkeit haben, hier etwas für Sie zu tun. Es ist in normalen Zeiten ausserordentlich schwierig, einen Künstler von Europa aus hier zu placieren, aber in der augenblicklichen Zeit ist das vollkommen ausgeschlossen.«[15] Wirklichkeitssinn hieße, die unzweideutige, harte Ent-Täuschung, die diese Antwort ist, wahrzunehmen, hieße, die nüchterne Skepsis das Bewusstsein

beherrschen zu lassen, wie der Autor und Kritiker Felix Salten 1939 aus
Zürich gegen Kohners Zuversicht formuliert. Kohner hatte ihm, nachdem
»soeben die Nachricht nach Hollywood (gelangt ist), dass es Ihnen gelungen
ist, aus einem concentration camp, der Hoelle des Dritten Reiches zu ent-
kommen«, optimistisch geschrieben: »Sehr geehrter Herr Doktor Salten: (...)
ich glaube sicher, dass es mir gelingen würde, Ihnen einen Vertrag mit guten Bedingungen in Hollywood unterbreiten zu können, falls Sie mich auto-
risieren würden, hier für Sie tätig zu sein.«[16] – »Sehr geehrter Herr Kohner,
(...) gerne autorisiere ich Sie. (...) Das Resultat scheint mir freilich zwei*el-
haft, denn so gross meine Meinung auch von Ihnen, lieber Herr Kohner, sein
mag, so scheint mir meine Beschäftigung in Hollywood oder in New York
ziemlich zweifelhaft. Sie werden begreifen, dass ich weder Zeit noch Lust
habe, diese weite Reise zu unternehmen, wenn die Aufgabe, die mir gestellt
ist, nicht ganz fest umschrieben wäre. Ausserdem sind meine Bedingungen
natürlich auch sehr hoch, es hätte also wenig Zweck mit einem weitmaschi-
gen Vertrag und mit geringer Bezahlung hinüberzukommen. (...) Viele schöne Grüsse, Ihr ergebener Felix Salten.«[17] Der Regisseur Richard Oswald reagiert in Paris 1938 ähnlich: Im Modus des Konjunktivs umreißt er Kohner
seine Chancen und »würde im Frühjahr oder Sommer auch gerne hinüber-
kommen. Aber – und hier, am Ende eines zweiseitigen Briefs, wechselt
Oswald dezidiert den Modus – aber natürlich nur mit einem richtigen Vertrag. Experimente kann und will ich nicht machen.«[18] Doch Skepsis, die klare Formulierung von Bedingungen verweisen nicht zwingend auf Realismus,
im Gegenteil: Das illusionäre Denken drückt sich nicht allein in naiver oder
vorsichtiger Euphorie, sondern ebenso in verblendeter Ignoranz aus: Als der
große Bühnen- und Filmschauspieler Albert Bassermann mit über 70 Jahren 1939 in New York ankommt, diktiert er seinem Agenten Verhand-
lungsbedingungen, in denen sich seine elementare Verkennung der Lage
zeigt: »Sehr geehrter Herr Kohner, (...) Ich bin jetzt 2 Monate in Amerika.
Es wäre nun Zeit, daß jemand den Wunsch hätte, einen Film mit Bassermann zu machen. Sie sitzen an der Quelle und müssen die Leute dafür interessieren. (...) Sie müssen den Herren ungefähr sagen: ›Ich bin der Allein-
vertreter des stärksten Schauspielers des früheren Deutschland. Hier sind
seine Bilder. So sieht er aus. Er spricht auswendiggelerntes Englisch glatt,
natürlich mit einem gewissen Akzent. Ich habe die Chance, Ihnen diesen
Schauspieler zu verpflichten. Es muß für ihn eine Rolle geschrieben werden,
in der er als Ausländer gegenüber seiner Umgebung gezeichnet ist.‹ – So ungefähr müssen Sie es versuchen.«[19]
Aus Bassermanns Briefen an Kohner spricht ein Maß an Selbstbewusstsein, das mit dem Ausmaß der Realitätsverkennung korrespondiert: Der
große deutsche Bühnen- und Filmschauspieler Albert Bassermann ist in Amerika beziehungsweise in Hollywood völlig unbekannt, unbedeutend, nie-

mand aus den Major Studios von Hollywood käme zu ihm nach New York, rollte ihm einen roten Teppich aus, unterbreitete ihm Verträge oder auf ihn zugeschnittene Filmscripts. Das Bassermann einsichtig zu machen, wird in der Folge des ganzen rhetorischen Geschicks Kohners bedürfen.

Im Spannungsfeld von Realität und Illusion hat das illusionäre Denken einen dialektischen Charakter: Es bedeutet Verkennung – mit positiven Folgen, insofern in der Verblendung die Illusion, die Einbildungs- als Überlebenskraft wirksam wird, und es bedeutet Verkennung – mit negativen Folgen, deren Fluchtpunkte Adorno »Hungertod oder Wahnsinn«[20] nennt. Diese Dialektik der Illusion ist tragisch: In der euphorischen, die Krise kühn und siegesgewiss überwindenden Haltung, die unabdingbar ist für das Überleben, gründet zugleich der Absturz in Hungertod und Wahnsinn. Das ist die Fallhöhe.

Das illusionäre Denken ist eine Spielart der Imaginationsfähigkeit und führt also in die Bereiche künstlerischer Produktion und Mentalität. Unter ihnen nimmt das Medium Film den im besonderen Maße verführerischen Status einer zwar fiktiven und bloß projizierten Schein-Wirklichkeit ein, deren Projektion aber erzeugt wird durch die physische Realität lebendiger Figuren – mit Sprache, Bewegung, Mimik, Gestik – in realistischen Kulissen. Die imaginierte, fiktive, produzierte Kunst-Wirklichkeit erscheint wie Wirklichkeit im dunklen Kino – Raum vor dem Auge der Betrachter. Die Illusionsmaschine Kino erfüllt die Sehnsucht des Zuschauers, indem sie das Alltagsbewusstsein schwächt und die Distanz auflöst. Diesem Einfluss unterliegt aber womöglich nicht bloß der Zuschauer, sondern auch das Medium der Darstellung physischer Realität im Film: der Schauspieler selbst. »Der Filmschauspieler nimmt eine einzigartige Stellung am Schnittpunkt gestellten und ungestellten Lebens ein. (...) (Er muß imstande sein), die Illusion der Natürlichkeit hervorzurufen (...) (und er) arbeitet mit Suggestionen, die das Publikum glauben machen sollen, es befände sich in der Gegenwart der dargestellten Person. (...) (Der Filmschauspieler vermag) eine magische Lebensähnlichkeit (zu) erzielen, (...) (er) muß so spielen, als spielte er gar nicht, sondern wäre eine wirkliche Person, deren Gehabe von der Kamera unversehens eingefangen wird. Er muß den Anschein erwecken, er sei der Charakter, den er spielt.«[21] Kracauers Analyse des Filmschauspielers aus seiner *Theorie des Films*, die der Filmkritiker im amerikanischen Exil schreibt, legt es nahe, dass das, was für Kracauer im Bewusstsein des Zuschauers im Augenblick der Wahrnehmung geschieht, schon im Bewusstsein des Schauspielers im Augenblick der Herstellung geschehen sein muss: »Wenn das Kino seine Wirkung ausübt, so dann, weil ich mich mit seinen Bildern identifiziere, weil ich mehr oder weniger mein Ich vergesse über dem, was auf der Leinwand vor sich geht. Ich bin nicht nur in meinem eigenen Leben, ich bin in dem Film, der sich vor mir abspielt.«[22] Der Schauspieler muss, wie ihn Kracauer zitiert, vergessen, »dass das ja ein Film ist und dass ich nicht spielen darf.«[23]

Die kritische Filmtheorie nennt das Kino eine Bewusstseinsindustrie, eine Illusionsmaschine, eine »Traumfabrik«, eine Glücksproduktion. Um dies sein zu können, muss der Film die physische und psychische Realität wirklichkeitsnah erschaffen. Und um dies schaffen zu können, bedarf es eines Mediums, des Schauspielers, der tatsächlich und glaubwürdig über die Bande der Realität und Fiktion spielt. Das bleibt nicht ohne Folgen für sein Bewusstsein. Womöglich ist die berufsspezifische künstlerische Mentalität des Filmschauspielers im besonderen Maße davon geprägt, dass er Illusion nicht allein erzeugt, sondern ihr unterliegt.

In der Hochzeit des Films in der Weimarer Republik führt die Literatur diesen Typus als einen Prototyp der Moderne vor. Die Romane von Vladimir Nabokov erzählen vom Film, der den Lebensentwürfen junger Frauen ein Ziel gibt: Glanz, Ruhm, Glück. Der Roman *Camera Obscura* nimmt die Illusionsmacht des Kinos schon als Titel, ihr Opfer – und zugleich Täterin – »hieß Margot Peters (...), war bemerkenswert hübsch geworden, trug ein kurzes rotes Kleid und war verrückt auf Kino. (...) Als sie kaum sechzehn war, befreundete sie sich mit dem Mädchen, das hinter dem Ladentisch des kleinen Papierwarengeschäfts an der Ecke verkaufte. Die jüngere Schwester dieses Mädchens verdiente schon einen ansehnlichen Lebensunterhalt als Modell bei einem Künstler. So träumte auch Margot davon, Modell zu werden und dann Filmstar. Dieser Übergang schien ihr ganz einfach: der Himmel war ja da, bereit für ihren Stern. (...) Margot hatte nur eine sehr vage Vorstellung, worauf sie wirklich hinauswollte, obwohl da immer noch diese Vision war: sie als Filmschönheit in traumhaften Pelzen und ein traumhafter Hotelportier, der ihr unter einem Riesenschirm aus einem traumhaften Auto hilft. (...) Sie nahm ein billigeres Zimmer. (...) Ihre Wirtin, ein mitfühlender Mensch (...), erzählte Margot eines Tages, daß einer ihrer Vettern ein kleines Kino besaß, das ganz gut ging. (...): ›Morgen besuche ich meinen Vetter, und dann sprechen wir über Sie.‹ Das Gespräch war ein ziemlicher Erfolg, und zu Anfang hatte Margot Spaß an ihrer neuen Beschäftigung, obwohl es natürlich ein bißchen demütigend war, ihre Filmkarriere auf diese Weise zu beginnen. Drei Tage später kam es ihr vor, als hätte sie ihr ganzes Leben lang nichts anderes getan, als tappende Leute an ihre Plätze zu führen. Am Freitag wurde jedoch das Programm gewechselt, und das munterte sie auf. Sie stand im Dunkel gegen eine Wand gelehnt und sah Greta Garbo zu.«[24]

Das »kunstseidene Mädchen« aus dem gleichnamigen Roman Irmgard Keuns will ein »Glanz« sein: »Ich will so ein Glanz werden, der oben ist. Mit weißem Auto und Badewasser, das nach Parfüm riecht, und alles wie Paris. (...) Ich werde ein Glanz sein, und was ich dann mache, ist richtig – nie mehr brauch ich mich in acht nehmen und nicht mehr meine Worte ausrechnen

und meine Vorhaben ausrechnen – einfach betrunken sein – nichts kann mir
mehr passieren an Verlust und Verachtung, denn ich bin ein Glanz.«[25] Ein
Glanz, in einen Pelz gehüllt. Notfalls in einen gestohlenen. Doris, die Heldin, will schreiben » (...) wie Film, denn so ist mein Leben und wird es noch
mehr sein. Und ich sehe aus wie Colleen Moore, wenn sie Dauerwellen hätte und die Nase mehr schick ein bißchen nach oben. Und wenn ich später
lese, ist alles wie Kino – ich sehe mich in Bildern.«[26] Wenn Doris mit einem
Mann schläft, dann schläft sie »mit einer Photografie«[27]. Die Grenzen zwischen Realität und Phantasie sind aufgehoben: »Aus Kinos (am Leipziger
Platz und Potsdamer) kommt eine Musik, das sind Platten, auf denen ver-
erbt sich die Stimme von Menschen. Und alles singt.«[28] »Wir haben zusammen im Kino gesessen, es war ein Film von Mädchen in Uniform. Das waren
bessere Mädchen, aber es ging ihnen ja wie mir. Man hat wen lieb, und das
gibt einem manchmal Träume und rote Nase.«[29] Die junge, am Ende der
20er Jahre schlagartig berühmt gewordene, großstädtische Autorin, darin
selbst ein Produkt der Epoche, schafft eine Heldin aus dem Stoff der Moderne. Ihre Heldin Doris, das »kunstseidene Mädchen«, macht eine Karriere,
die nicht bloß dem zeitgenössischen Film, wie ihn Georg Wilhelm Pabst und
andere drehen, entspringt, sondern eine Karriere, die dem kolportierten
Modell des Aufstiegs vom namenlosen Girl zum weiblichen Filmstar entspricht, an dessen Beginn eine bezeichnende Selbstimagination steht: »Er
legte eine schwache Ahnung in sie und gab ihr den Namen Sehnsucht.«[30]
Die Dialektik des illusionären Denkens treibt die fiktiven Figuren der Romane und Filme auf verblüffende Weise ebenso voran wie die realen Personen, die die Kunstwelt herstellen; und es bleibt immer neu offen, wer wem
dabei folgt.

Die Filmschauspielerin Lien Deyers macht eine vergleichbare Karriere wie
das »kunstseidene Mädchen«, und selbst der Sprachgestus des fiktiven Tage-
buchs und der authentischen Briefe ist verwandt. Der Brief, den sie am
8. März 1936 ihren Freunden Paul und Lupita Kohner aus London schickt,
ist mit leichter Hand geschrieben, ungezwungen und sorgenfrei im Ton.
»Schrecklich schreibfaul« sei sie gewesen und entschuldigt sich artig dafür,
gratuliert den Kohners zur Geburt der Tochter Susan, merkt an, dass sie und
ihr Mann, der Regisseur Alfred Zeisler, dauernd »von Euch« »denken und
sprechen«. Sie berichtet so, als parliere sie am Kaffeetisch. Erfolgsgeschich-
ten des Ehemanns, eine neue Wohnung, eine »service flat« wolle man beziehen, Verabredungen rekapituliert sie, drückt die Daumen für Kohners nächsten Film und lässt von ihrem Ehemann »innig grüßen. (...) Er schreibt
nächstens auch.« Und launig fügt sie, ganz Dame und selbstbewusste, erfolgs-
gewöhnte Schauspielerin, in einem Postscriptum hinzu: »Ich bin wieder
dunkelblond – für den Film besser für mich.«[31]

Lien Deyers wird am 5. November 1909 in Amsterdam geboren, sie wächst in Den Haag und in Wien auf, besucht Schulen in St. Gilgen, in Lausanne und in Brüssel, ist das Kind reicher Eltern. Eine vergnügte und verwöhnte Blondine, mehr Meisje als Mädchen. Fotos zeigen sie in koketter Pose, ein bisschen wie Mary Pickford, von Fritz Lang für den Film entdeckt – oder glaubt man ihren eigenen Erzählungen: Sie lässt sich von Fritz Lang für den Film entdecken. In seinem Film *Spione* spielt sie ihre erste Filmrolle: Kitty. Auch kein schlechter Name. Der Kritiker Fred Hildenbrandt schreibt von einem »süßen Gesicht«[32]: »Ein graziles Wesen – Figürchen aus Tanagra – zart und rehhaft, mit formschönem Gesichtsoval, fröhlichen, aber glanztiefen Augen, liebreizendem Mund und feingeschwungenen Brauenbögen.«[33] So wird sie 1934 als Filmstar porträtiert, posierend in ihrer »originellen Bar-Schürze« und als blondes Gift zwischen »schönen Flaschen und Gläsern« drapiert. Wobei die Flaschen und Gläser noch eine unheilvolle Hauptrolle in ihrem Leben spielen sollen. Ein sorgenfreies Leben wird öffentlich inszeniert, eine Schauspielerin, ohne große Ambition, aber mit natürlichem Talent, als Liebhaberin zu chargieren, stellt sich dar. Stummfilme, dann erfolgreich in Tonfilmen eingesetzt, unter anderem von Max Ophüls an der Seite von Heinz Rühmann. 1935 verlässt sie mit ihrem Mann, dem Produzenten und Regisseur Alfred Zeisler, Deutschland, emigriert mit ihm nach England und nach der Trennung von ihm nach Holland, zurück zu ihren Eltern. Hat sie die politische Bedrohung wahrgenommen? War sie nur die Frau an seiner Seite – und dann nicht mehr? Briefe von Mitte der 30er Jahre geben keinen Hinweis auf Sorgen, Flucht, Existenznot. Sie hat Pläne, überlegt: nach Hollywood zu gehen, bittet Kohner, von ihr gegenüber Produzenten zu sprechen, »Ich nehme an nur Gutes!«[34]. Die Briefe haben etwas Mädchenhaftes, sind Träume vom großen Glück, als gebe es keine Hindernisse. Die Lebenswirklichkeit kommt nicht vor.

Auch die Briefe der Schauspielerin Luise Rainer zeigen solch jugendlich-hypertrophe Sicht, nehmen den Sprachgestus gewinnender Naivität und charmanter Natürlichkeit ein: Luise Rainer hatte tatsächlich bemerkenswerten Erfolg in Hollywood, hatte – 1936 für die Rolle der Französin Anna Held in *The Great Ziegfeld* und 1937 für die Rolle der Chinesin O Lan in *The Good Earth* – zwei Academy Awards gewonnen. Von der Höhe des Ruhms schreibt sie im Juni 1939 an ihren Agenten Paul Kohner, der mehr als ein Agent gewesen sein dürfte, aus London, wo sie auf der Bühne steht:

»Liebes Paulchen, (...) England ist abgesehen von seiner Politik herrlich und ich lebe in einem unsagbar schönen Schloss in der Nähe von London und fahre jeden Abend hinein um zu spielen. Vielleicht fahre ich Ende Juli mit dem Wagen ein bißchen durch Südfrankreich, vielleicht fahre ich zu den Theaterfestspielen nach Russland, vielleicht geschieht auch etwas ganz anderes, auf jeden Fall bin ich vergnügt und glücklich.«[35] Bevor zwei Monate später mit dem Kriegsausbruch »etwas ganz anderes geschieht«, ist sie im August 1939 »auf dem Sprung in die Schweiz«, da »(...) habe ich vor, für ein paar Wochen mit dem Wagen durch die ganze französische, deutsche und italienische Schweiz zu gondeln. Bei der Zeit, da ich zurückkomme, werde ich so kräftig und über-ausballanciert sein, dass ich alleine einen Weltkrieg gegen Hitler führen kann.«[36] Politik als Abenteuer. Auch das ist eine Wahrnehmung der Realität als Film. Ein Wahrnehmungsmuster, in dem der Triumph in den künstlichen Welten auf die reale Welt übertragen wird. Diese Perspektive wird der in der Haltung verwandten, aber nicht erfolgsverwöhnten Lien Deyers nicht gegeben sein, um so bitter-ironischer verläuft ihre amerikanische Biographie:

1939 übersiedelt Lien Deyers in die USA. Paul Kohner hat den Weg bereitet, mehr wohl noch William Dieterle, der ihr schon Anfang der 30er Jahre angeboten hatte, sie nach Hollywood zu holen. Mit ihm und seiner Frau lebt sie in einem erotischen Dreiecksverhältnis. Wieder eine inszenierte Lebensform. Wieder keine Selbständigkeit, wieder ausgehalten – diesmal von Dieterle, der ihr Sprachstunden und Tanzunterricht bezahlt. Aber Kohners Versprechen, für sie schnell einen Vertrag zu bekommen bei einem amerikanischen Studio – »Setz Dich aufs Schifflein und komme herüber.«[37] – erfüllen sich nicht. Kein Rollenangebot, kein Interesse an der blonden Holländerin aus Deutschland. Auffällig ist in Kohners Briefen der verniedlichende Ton, »Lielein«[38] nennt er sie. Sie ist eine Freundin der Familie, ja, freundschaftliche Intimität, Zugeneigtheit, aber keine Geschäftspartnerin, niemand, dem man Vertrauen in den Alltag zumuten kann. Als der berufliche Erfolg ausbleibt, als das Leben unter Palmen sich widerspenstiger zeigt als erträumt, als die ménage à trois nicht mehr trägt, verliert, so scheint es, Lien Deyers das Interesse am Filmgeschäft. Am Geschäft, nicht am Film. Sie handelt zeitweise wohl mit Mode-Accessoires. Und: sie heiratet. Zunächst, 1940, den Filmagenten Frank Orsatti, dann den Pelzhändler Irving Rubin.[39] Von Rubin wird sie 1948 geschieden – weil sie statt drei Äpfeln, wie ihr aufgetragen, sechs auf dem Markt gekauft hatte. »He flew into a rage and said I was too extravagant. It made no difference that I told him I might want some of the apples for myself«[40], diktiert sie dem Reporter der Los Angeles Times nach dem Scheidungstermin in die Feder. Ein Foto zur Zeitungsnotiz zeigt sie stark geschminkt, mit großen Ringen und lackierten Fingernägeln, nerzbehangen und Wagenradhut mit wippenden Federn, keck schräg aufs dauergewellte Haar gesetzt. Eine verlassene Frau, keine gefallene Frau. Aber das Aparte ist vermutlich längst Attitüde. Drei Jahre später heiratet sie Lawrence Adlon, Spross der Berliner Hotelierfamilie. Eine reiche Partie? Oder nur eine eingebildete Liebe, die ein sorgenfreies Leben ermöglichen soll. Ist sie extravagant? Unzuverlässig? Auch diese Ehe scheitert. In einem Hilferuf an Kohner schreibt sie Jahre später: »I wish the Adlon Hotel would be in the West

Zone instead of the East Zone of Berlin – I would have it!«[41] – Wunsch-
denken. Längst führt Lien Deyers ein Leben in Not, Armut, ein Leben der
ständigen Bettelei. Jobs in Bekleidungsgeschäften gibt sie wieder auf, wenn
Freunde, Männerbekanntschaften dies als unvereinbar erscheinen lassen mit
der Beziehung, ihrem früheren Status. Den Status der Diva, der Umschmei-
chelten, des ewigen geliebten Mädchens hat sie verinnerlicht. Camouflage
und Verkennung von Wirklichkeit. Sie lebt eine immer während Flucht aus
dem Alltag, vom Alkohol getrieben, bestärkt und weh ins Leben zurückge-
rissen. Leben in einem Zimmer in Venice, Riviera Avenue, kalifornische Idylle am Meer, ärmlich. Vom früheren großen Leben, von der weiten Welt sind
nurmehr die Namen traumverlorener Orte geblieben. Das Missverhältnis
zwischen gloriosem Schein und schäbigen Sein : »I live in Venice because
I like the ocean. I only have to walk one block to the beach. I stay in an
apartment, have room. The place is rented by an elderly Italian couple, they
are very kind to me. I help the lady out, taking care of the apartment«[42],
schreibt sie im Februar 1964 an Kohner, der ihr wieder einmal aus finanzieller Not geholfen hatte. Was für ein Absturz, was für ein Verlust an Leben. Lien Deyers Adlon. Schauspielerin, verwöhntes Kind, umschwärmte
Frau. Das Träumen hat sie nicht aufgegeben, »Lielein«, die Kleine, das »Seel-
chen«[43], wie sich sich nennt. Das Fernsehen, eine Rolle in einem TV-Film,
das scheint der Ausweg. Der Ausweg aus dem Exil, den Verletzungen der
erzwungenen Heimatlosigkeit und der selbst auferlegten, den alkoholisier-
ten Trauminseln. Wegen Trunkenheit landet sie im Gefängnis. Aufgegriffen
von der Polizei wie eine Streunerin. Nicht einmal, immer wieder. 1964 erreichen Kohner Briefe aus dem City Jail von Las Vegas, mit großen runden
Bögen handgeschrieben und seitenweise, auf Anstaltspapier, Hilferufe allesamt, rührend naiv, verhaftet in Erinnerungen : »I have plenty of time to
think of the past. I remember the nice trips the William Dieterles, you and
I had when we visited your parents in Teplitz -Schönau. (...) Also when
Lupita stayed with Alfred and me in Neubabelsberg in my home, and
Lupita and I went both to London to visit you, and we all stayed in the
Dorchester. Carl Laemmle, Martha Eggerth and Jan Kiepura were there
also.«[44] Abzusitzen hat sie einmal eine Strafe von 180 Tagen, ersatzweise 360
Dollar – eine Summe, mittlerweile so unermesslich für sie, dass ihr nur bleibt,
die Haft durchzustehen. Kaum mehr ist sie in der Lage, ihr Verhalten ein-
zuschätzen. Es geht nicht nur um bloße Trunkenheit, auch um Trunkenheit
am Steuer, Randalieren. Einher mit der Verwahrlosung, die sie zur bad lady
macht, geht ein zunehmender Wirklichkeitsverlust. Die strafbare Handlung,
die sie begeht, ist ein »big mistake«[45], der Gefängnisaufenthalt Pech: »Dear
Paul, I had real bad luck.«[46]
    Sie schmeichelt, ganz kleines Mädchen, erfleht das Geld, das Kohner immer
weniger bereit ist, immer wieder vorzustrecken. »I wish I could buy you a

›diamond comb‹.«[47] – Das will ein Geschenk sein aus Dankbarkeit, ist aber auch der Traum von den Sterntalern, die vom Himmel fallen. Ein Kamm aus Diamanten – oder ein Kamm, aus dem Diamanten fallen. Wann auch immer man es sich wünscht, in einer Zeit, in der allein das Wünschen noch hilft. Eine Notiz von Kohners Sekretärin, einem der Gefängnisbriefe angeheftet, hält fest : »Monday we get a phone call – Miss Dyers (sic) higher than a kite – wanting to talk to you and putting her landlady on the phone – who also was high and told me they were having a little ›beer‹ – When I asked Lien ›was ist los‹ she said ›was nicht angebunden ist‹ (...).«[48] Die kecke Frechheit kann auch als unbewusste Zustandsbeschreibung verstanden werden. Wie ein Blitz schlägt die Erkenntnis vom Verlust jeden Lebenshalts, jeden Lebenszusammenhangs ein: haltlos, nicht angebunden. Die Sehnsucht, aus dem Exil herauszufinden, führt Lien Deyers letztlich in eine erträumte Welt, in die Illusionen des Films, der Märchen. Die tatsächliche Aussichtslosigkeit produziert imaginäre Aussichten, deren Absurdität sich von Idee zu Idee steigert:

»A millionaire wanted to marry me, but when I told him I was married and the sister in law of Rose Davies Adlon it spoiled the whole situation. You might laugh about it, but it's the truth.«[49] »Here in jail I dreamed up a good title, which I give you a gift, you can sell it. No Vacancy! One can use it for a song. – I have no vacancy in my heart – because I am in love with you etc. (...) Paul, by now I think I am ready to play a part in T.V. Either the part of ›the Baroness Nicolina D'Adlon‹ or of ›the Dutch Jailbird‹.«[50] Die erstaunlichste Volte schlägt die Imagination, als die »bad experience« unter dem ›Abschaum‹ der amerikanischen Geselllschaft im City Jail von Las Vegas eine Filmidee hervorruft, in der der ›Abfall‹ zum bloßen Wort ausgehöhlt wird, zum zärtlich-verrückten Namen eines symphathischen, aber leider haltlosen Hundes umgedeutet wird, den seine Halter, ein Ehepaar, »garbich (eigentl.: garbage) disposal«, ›Müllschlucker‹, nennen: »The title is ›Garbich disposal‹. A couple have a dog, they named him Garbichdisposal because he eats anything he gets hold of. In the kitchen they have a garbichdisposal but it is always out of order because they put the wrong things in like corn shucks etc. – so they have a repair man all the time. One day they have a dinner party – the table is set beautifully – hors d'œuvres trays etc. – The couple entertains their guests in the bar, so the dog is alone in the dining room, jumps on the table, eats every thing, messes up the whole table. The couple and guests come in the dining room to have dinner and see the dog having fun, eating, playing around etc. The guests laugh, the couple is upset, have to take the guests to an expensif restaurant instead of having a nice dinner at home. – After the party is over, at home the couple argue. The husband wants to get rid of the dog, and tells his wife he is going to have a divorce otherwise. She calls her lawyer, tells him he wants a divorce on account of

Garbichdisposal; he says the judge won't give you a divorce on account of a garbichdisposal. So she explains it's the name of her dog. The lawyer tells her, why don't you think it over. – She has a great idea – she buys an expensive trained german police dog to watch Garbichdisposal, pays the trainer to teach the police dog what to do. – So no divorce. Now everything is under control !«[51] Ironie des Schicksals: Dass ausgerechnet ein deutscher Polizeihund Ehen rettet. Diese Idee für eine comedy schickt Lien Deyers aus dem Gefängnis von Las Vegas an Kohner. Das Copyright auf die Idee scheint das Come-back schon zu besiegeln: »I would like it this way: Garbich disposal. Original idea by Lien Deyers Adlon. The writer, whoever it is can have his own credit the way he wants it.«[52] Im Übrigen kann sie sich durchaus vorstellen, »May be Walt Disney would be interested in it (...)«[53].

Dass eine deutsche Emigrantin ihren Wiederaufstieg zu neuem Ruhm und Glanz mit einem deutschen Polizeihund verbindet, ist tragisch und absurd. Natürlich und bezeichnend bleibt diese Idee eine biographische Anekdote. 1963 ist Lien Deyers längst und endgültig in der amerikanischen Traummaschine verschwunden. Zu konstatieren bleibt ein Schicksal im Exil – nüchtern, hart, rau, enttäuschend – oder eben nicht! Man weiß nicht, was aus Lien Deyers geworden ist. 1982 schickt sie ein Fotoporträt an Heinz Rühmann, einen Freund aus alten Tagen, zu dessen 80. Geburtstag. Es zeigt eine braungebrannte 73-jährige Frau. Lebensspuren furchen das Gesicht. Aber sie hat sich ein Lachen bewahrt. Etwas krakelig notiert sie mit dickem grünen Filzstift am Bildrand: »Lien Dyjers Wallburg«[54]. Noch eine Ehe. Ein glückliches Alter. Who knows? Andere Emigranten, nach ihr befragt, haben sich erinnert, dass sie Würmer an die Angler am Strand von Santa Monica verkauft haben soll. Das Exil währt ein ganzes Leben.

»Film und Verhängnis«: »Wer hat noch die Illusion, sein Leben vor- oder zurückblättern zu können?«[55] Die leitmotivische Frage, durch die Ilse Aichinger autobiographische Aufzeichnungen mit Reflexionen über den Film und das Kino verknüpft, bedeutet ihr eine essayistische Erkundung dessen, was Erinnerung ist: Erinnerung, die als Illusion in die Gegenwart kommt, bewahrt ein Glücksversprechen, das sich in der Wirklichkeit selten einlöst, ebenso wie Schrecknisse, verdrängt aus guten Gründen, Gründen der Selbsterhaltung. Erinnerungen leben aus einer inneren Montage. So wie ein Film montiert ist, mit den Möglichkeiten zur Assoziation, zum Träumen. Nicht jeder Traum offeriert eine Zeitenfolge des Glücks: »Immer wird es notwendig sein, die Träume aus dem Schlaf zu holen, sie der Erinnerung auszusetzen und sich ihnen doch anzuvertrauen. Immer wird es ein Grat sein, der zu begehen ist.«[56] Diese Gratwanderung der Erinnerung ist eine existenzielle, insofern sie das sich erinnernde Subjekt birgt und gefährdet. Und sie ist ein Artefakt, insofern das sich erinnernde Subjekt die Retrospektive konstruiert:

Was wäre ich, wenn ich wäre ? Erinnerung ist ein Film. Und mit Blick auf das Exil: »Film und Verhängnis«.

Noch immer liegt der Brief von Nischa unbeantwortet auf dem Schreibtisch. Und wieder weicht der Blick aus hinüber zu dem noch aufgeschlagenen Gedichtband: Auch das mit allen Wassern der Dialektik gewaschene kritische Bewusstsein ist unter dem Vorzeichen der politischen und existenziellen Krise nicht gefeit vor der Metaphysik. Die Ideologiekritik der *Hollywood-Elegien* entkommt bei aller analytischen Schärfe dem Glücksversprechen des fast mythologischen Ortes nicht, erliegt der Imagination der Engel von Los Angeles. Brecht, der mit Langs Unterstützung 1941 in die Vereinigten Staaten eingereist war und mit ihm zusammen den Anti-Nazi-Film *Hangmen Also Die* (1943) schrieb, bedankte sich bei seinem Gönner mit einem Epigramm, in dem das Ich ein »Glücksgott« genannt wird, »sammelnd um mich Ketzer, auf Glück bedacht in diesem Jammertal«[57]. Stellte man sich ein letztes Mal vor, der apostrophierte »Engel« Lang und der »Glücksgott« Brecht hätten sich in Santa Monica gemeinsam nachdenkend über den Wiener Brief gebeugt, sie wären womöglich hilflos geblieben angesichts der Macht der Realität und der Macht der Illusion. Das ist in dieser untrennbaren, tragischen Verquickung ein Filmstoff: »Film und Verhängnis«. Billy Wilder dreht ihn 1950 mit *Boulevard der Dämmerung*, ein Film über die Macht des Kinos, das die Grenze zwischen Fiktion und Realität auflöst und das Bewusstsein zersetzt; ein Film, dessen Originaltitel nicht zufällig *Sunset Boulevard* lautet.

Der Begriff Exil erfasst die reale Lage der Emigranten, sie unterliegen dem Zwang zur Flucht und sie sind Vertriebene. Der physischen Flucht aus der gefährdenden Realität korrespondiert aber mit dem illusionären Denken eine metaphysische Auswanderung aus der gefährdenden Realität, die eigenwillig und so überlebensnotwendig wie lebensgefährlich ist. Diese Krisenmentalität – und insofern ist sie eine exilspezifische – verstört nicht bloß die Optik der Emigranten, wie Adorno meinte. Sie verwirrt auch die Perspektive der mit dieser Geschichte Befassten. Das ist nicht das schlechteste, wenn man denn über die Kapitulation des »no answer« hinausfindet.

1 Brief Syma Nischa Poliborska an Fritz Lang, Baden bei Wien, 25. 11. 1938. In: Filmmuseum Berlin – Deutsche Kinemathek / The Dan Seymour Archive of Fritz Lang's Personal Papers. — **2** Bertolt Brecht: »Hollywood Elegien«. (Gedichte 1941–1947) In: Bertolt Brecht: *Gesammelte Werke in 20 Bänden*. Bd.10: *Gedichte 3*. Frankfurt/M. 1967, S. 849 f. —

3 Ebd. — **4** Ebd. — **5** »Der Froschkönig oder der eiserne Heinrich«. In: *Kinder- und Hausmärchen gesammelt durch die Brüder Grimm.* Bd.1. Frankfurt /M. 1984, S. 35. — **6** Vgl. hierzu: Hermann Haarmann (Hg.): *Innen-Leben. Ansichten aus dem Exil. Ein Berliner Symposium.* Berlin 1995, S. 8–9, und im selben Band: Wolfgang Frühwald: »Die ›gekannt sein wollen‹. Prolegomena zu einer Theorie des Exils«, S. 56 ff. — **7** Brief Ralph Benatzky an Paul Kohner, S.S. Washington / United States Lines, 25.5.1940. In: Filmmuseum Berlin – Deutsche Kinemathek. Nachlassarchiv. Sammlung Paul Kohner. — **8** Brief Ralph Benatzky an Paul Kohner, New York, 23.12.1945. In: ebd. — **9** Brief Franz Planer an Paul Kohner, »Wien Mai 1937«. In: ebd. — **10** Brief Paul Kohner an Franz Planer, Los Angeles, 27.8.1937. In: ebd. — **11** Brief von Franz Planer an Paul Kohner, Wien, 19. 9.1937. In: ebd. — **12** Brief von Hans J. Rehfisch an Paul Kohner, London, undatiert. In: ebd. — **13** Brief von Paul Kohner an Hans J. Rehfisch, Los Angeles, 12. 3.1938. In: ebd. — **14** Brief von Maria Osten an Paul Kohner, Kronstadt (Rumänien), 8.6.1938. In: ebd. — **15** Brief von Paul Kohner an Maria Osten, Los Angeles, 27. 6. 1938. In: ebd. — **16** Brief von Paul Kohner an Felix Salten, Los Angeles, 25.7.1939. In: ebd. — **17** Brief von Felix Salten an Paul Kohner, Zürich, 14.8.1939. In: ebd. — **18** Brief von Richard Oswald an Paul Kohner, Paris, 6.3.1938. In: ebd. — **19** Brief von Albert Bassermann an Paul Kohner, La Jolla, Kalifornien, 20.6.1939, mit dem Bassermann auf Kohners Brief vom 19.6.1939 antwortet. Vgl. zu Albert Bassermann: Heike Klapdor: » › Sein eigener Herr und Knecht‹. Albert Bassermann im amerikanischen Exil«. In: *FilmExil*, Nr.12 , Oktober 2000, S.4 ff. — **20** Theodor W. Adorno: »13. Schutz, Hilfe und Rat«. In: ders.: *Minima Moralia. Reflexionen aus einem beschädigten Leben.* Frankfurt/M. 1981, S. 34. — **21** Siegfried Kracauer: *Theorie des Films. Die Errettung der äußeren Wirklichkeit.* Frankfurt/M. 1964, S. 135 ff. — **22** Ebd., S. 136. — **23** Ebd. — **24** Vladimir Nabokov: »Camera Obscura«. In: *Gesammelte Werke.* Bd. 3. Hg. von Dieter E. Zimmer. Reinbek bei Hamburg 1997, S. 597, 609–610. — **25** Irmgard Keun: *Das kunstseidene Mädchen.* Düsseldorf 1979, S. 45. — **26** Ebd., S. 8. — **27** Ebd., S. 63. — **28** Ebd., S. 95. — **29** Ebd., S. 191–192. — **30** Marieluise Fleißer: »Die Ziege«. In: dies.: *Ein Pfund Orangen und neun andere Geschichten der Marieluise Fleißer aus Ingolstadt.* Frankfurt/M. 1976, S. 81. — **31** Brief von Lien Deyers an Paul Kohner, London, 8.3.1936. In: Filmmuseum Berlin – Deutsche Kinemathek. Nachlassarchiv. Sammlung Paul Kohner. — **32** Hi. (d.i. Fred Hildenbrandt): »Spione«. In: *Berliner Tageblatt*, Nr. 142, 23.3.1928. — **33** H.T.: »Eine halbe Stunde bei Lien Deyers«. In: *Die Filmwelt*, Nr. 9, 4.3.1934. — **34** Brief von Lien Deyers an Paul Kohner, Den Haag, undatiert. In: Filmmuseum Berlin – Deutsche Kinemathek. Nachlassarchiv. Sammlung Paul Kohner. — **35** Brief von Luise Rainer an Paul Kohner, London, 27.6.1939. In: ebd. — **36** Brief von Luise Rainer an Paul Kohner, London, 2. 8. 1939. In: ebd. — **37** Brief von Paul Kohner an Lien Deyers, Los Angeles, 13.12.1938. In: ebd. Mit einem Telegramm ins Waldorf Astoria, New York, heißen Lupita und Paul Kohner Lien Deyers am 15.3.1939 in Amerika willkommen. — **38** Vgl. die Briefe Kohners vom 13.12.1938 oder vom 15.3.1939. In: ebd. — **39** Die Anziehungskraft des Pelzes teilt Lien Deyers offensichtlich mit Doris und Margot, ihren literarischen Freundinnen aus den Romanen von Irmgard Keun und Vladimir Nabokov. — **40** »Dutch Actress' Apple Story Helps Her Obtain Divorce«. In: *Los Angeles Times*, 28.12.1948. — **41** Lien Deyers an Paul Kohner, Las Vegas City Jail , 11.7. (1963). In: Filmmuseum Berlin – Deutsche Kinemathek. Nachlassarchiv. Sammlung Paul Kohner. — **42** Lien Deyers an Paul Kohner, Venice, 23.2.1964. In: ebd. — **43** Lien Deyers an Paul Kohner, Las Vegas City Jail, 27.9.1964. In: ebd. — **44** Ebd. — **45** Lien Deyers an Paul Kohner, Las Vegas City Jail, 11.7. (1963). In: ebd. — **46** Lien Deyers an Paul Kohner, Las Vegas City Jail, 27.9.1964. In: ebd. — **47** Lien Deyers an Paul Kohner, Las Vegas City Jail, 11.7. (1963). In: ebd. — **48** Interoffice-communication im file Lien Deyers, undatiert. In: ebd. — **49** Lien Deyers an Paul Kohner, Los Angeles, 29.12.1960. In: ebd. — **50** Lien Deyers an Paul Kohner, Los Angeles County Jail, 25.5.1963. In: ebd. — **51** Lien Deyers an Paul Kohner, Las Vegas City Jail, 23.8.1963. In: ebd. — **52** Lien Deyers an Paul Kohner, Las Vegas City Jail, 1.9.1964. In: ebd. — **53** Lien Deyers an Paul Kohner, Las Vegas City Jail, 21.9.1963. In: ebd. — **54** Filmmuseum Berlin – Deutsche Kinemathek. Nachlassarchiv. Sammlung Heinz Rühmann. — **55** Ilse Aichinger: Vorbemerkung zum »Journal des Verschwindens«. In: *Film und Verhängnis. Blitzlichter auf ein Leben*. Frankfurt/M. 2001, S. 70. — **56** Ebd. — **57** Chinesischer Glücksgott mit einem Gedicht von Bertolt Brecht als Geschenk für Fritz Lang, Los Angeles 1941, im Sammlungsbestand des Filmmuseums Berlin – Deutsche Kinemathek, präsentiert in der Dauerausstellung des Filmmuseums Berlin, abgebildet in: *Filmmuseum Berlin*. Katalogbuch der Ausstellung. Hg. von Wolfgang Jacobsen, Werner Sudendorf und Hans Helmut Prinzler. Berlin 2000, S. 255. Vgl. hier auch: Heike Klapdor: »Ein Exil soll das Land sein ...«, S. 221 ff.

Helmut G. Asper

Ungeliebte Gäste
Filmemigranten in Paris 1933–1940

Unter der Überschrift »Film-Berlin an der Seine«[1] jubelte das *Pariser Tage-blatt* am 15. Dezember 1933: »Das Schwergewicht der künstlerisch ernst-haften deutschen Filmproduktion ist unzweifelhaft nach Paris verlagert wor-den. Alles, was im deutschen Filmschaffen der letzten Jahre Rang und Namen hatte, produziert jetzt dank Herrn Dr. Goebbels in Paris, so daß man wohl ohne Übertreibung behaupten kann: der wahrhaft repräsentative deutsche Film wird von nun an in Frankreich hergestellt! Wenn es noch eines Bewei-ses bedürfte, welcher hervorragenden künstlerischen Potenzen sich Film-Deutschland unter dem Druck des Rassenwahns freiwillig beraubt hat, so liefert ihn eine Übersicht über den Stand der bisherigen deutschen Film-arbeit in Frankreich.« Triumphierend zählt das Blatt die Namen der nach Frankreich emigrierten deutsch-jüdischen Filmschaffenden »von teilweise internationalem Ruf« auf: die Regisseure Kurt Gerron, Robert Siodmak, Max Ophüls, Fritz Lang, Ludwig Berger; die Produzenten Erich Pommer und Paul Kohner sowie die Filmautoren Hans Wilhelm, Robert Liebmann, Her-mann Kosterlitz, Herbert Juttke und Arnold Lippschütz.

Aber der Jubel erwies sich als voreilig, und die hier in rosigen Farben gemal-ten Zukunftsaussichten der deutschen Filmemigranten haben sich in diesem Umfang nicht erfüllt: Die Produzenten Erich Pommer und Paul Kohner ver-ließen Frankreich schon bald, denn die amerikanischen Studios Fox und Uni-versal, für die sie arbeiteten, schlossen aus Kostengründen ihre europäische Produktion. Pommer produzierte 1933/34 nur zwei Filme in Frankreich, *Liliom* von Fritz Lang und *On a volé un homme* von Max Ophüls, der drit-te von ihm vorbereitete Film wurde schon 1934 in Hollywood gedreht. Paul Kohner produzierte überhaupt keinen Film in Paris und ging ebenfalls zurück in die USA. Für den Regisseur Fritz Lang blieb Paris ebenso Zwischensta-tion wie für Billy Wilder, beide folgten bereits 1934 Angeboten in die USA. Der in Frankreich durch die französischen Versionen seiner deutschen Ton-filme bekannte Regisseur Ludwig Berger blieb ebenfalls nicht in Paris, son-dern ging zunächst nach England ins Exil, lebte dann zeitweilig zurückge-zogen wieder in Deutschland, emigrierte erst 1936 in die Niederlande und drehte erst 1938 – notabene mit holländischem Geld – in Paris einen Film. Auch Kurt Gerron verließ Frankreich 1934 schon nach nur zwei Filmen und wandte sich erst nach Österreich, bevor auch er nach Holland emigrierte.

Max Ophüls drehte 1934 einen Film in Italien, für den Hans Wilhelm das Drehbuch schrieb und Hermann Kosterlitz ging nach Budapest, wo Joe Pasternak eine deutschsprachige Universal-Produktion aufbaute. Sogar der in Frankreich hoch geschätzte G. W. Pabst ging 1933 zunächst in die USA, kehrte aber von dort enttäuscht 1936 nach Frankreich zurück.[2]

Denn die deutsch-jüdischen Filmemigranten merkten schon bald, dass sie keineswegs willkommen waren in den Pariser Studios, sie wurden vielmehr als bedrohliche Konkurrenz empfunden und trafen zudem auf eine teilweise fremdenfeindliche, bei Anhängern der extremen Rechten antisemitische Stimmung. Die französische Filmindustrie litt 1933 noch erheblich unter der Wirtschaftskrise und unter der Einführung des Tonfilms, durch den sich die Kosten für die Filmherstellung verdoppelt hatten. Die großen Filmgesellschaften waren sämtlich in Konkurs gegangen; die 30er Jahre waren geprägt von zahlreichen kleinen, unabhängigen und finanzschwachen Firmen, die oft nur einen oder zwei Filme produzierten. Die einheimische Filmproduktion ging denn auch deutlich zurück: 1933 wurden in Frankreich noch 149 Filme produziert, 1937 waren es nur noch 111 Filme, erst 1938 ist wieder ein Anstieg auf 122 Filme zu verzeichnen.[3] Die Konkurrenz aus den USA war übermächtig und beherrschte mit ihren Importen den französischen Markt. 1933 bereits wurde mit 230 Filmen nahezu das Doppelte der französischen Produktion eingeführt, 1935 steigerte sich die Einfuhr sogar auf 248 Filme. Auch der Export deutscher Filme nach Frankreich war beträchtlich, er war 1933 mit 113 Filmen fast so hoch wie die französische Eigenproduktion, ging dann aber schlagartig auf etwa ein Drittel zurück und betrug 1936 nur noch 41 Filme, wobei zu berücksichtigen ist, dass die Ufa in den 30er Jahren in Berlin auch französische Filme produzierte.[4]

Aber nicht nur emigrierte Filmemacher aus Deutschland arbeiteten in den 30er Jahren in Frankreich, die internationale Verflechtung der Filmproduktion führte dazu, dass ausländische Firmen in Frankreich Filme produzierten und dafür ausländisches Personal engagierten. So drehte beispielsweise der aus Prag stammende Regisseur Karl Anton in Paris für die amerikanische Paramount insgesamt 16 französische Versionen amerikanischer Filme, bevor er 1936 nach Berlin ging.[5]

Die Konkurrenzsituation zu den ausländischen Filmschaffenden wurde verschärft durch die große Arbeitslosigkeit zu Beginn der 30er Jahre. Zahlreiche französische Filmkünstler und -techniker hatten gar keine Arbeit oder wurden nur geringfügig beschäftigt,[6] sie sahen in den Filmemigranten eine Gefahr für den eigenen Arbeitsplatz. Der Regisseur Marc Allegret sprach im August 1933 für viele französische Filmschaffende: »Ich bin weder antideutsch noch antisemitisch und verstehe sehr gut, dass die aus Deutschland wegen ihrer politischen Überzeugung oder aus Rassegründen vertriebenen Regisseure in Frankreich Beschäftigung suchen. Möge man sie ihnen geben wenn man kann. Aber vor allem dürfen die französischen Filmleute nicht darunter leiden.«[7] Er wehrte sich auch entschieden gegen die Behauptung, dass die deutschen Regisseure und ihre Filme den französischen überlegen seien und behauptete ziemlich dreist: »Die deutschen Filmleute haben seit drei Jahren keine neuen Ideen mehr. Sie sind vollkommen ausgeschöpft. Sie haben sich auf den Lorbeeren ihrer Erfolge wie *Der Kongress tanzt* ausgeruht.« Seine Kollegen dachten ganz ähnlich und handelten auch danach. Sie demonstrierten und protestierten in der Öffentlichkeit, sie lancierten Pressekampagnen gegen die Emigranten und behinderten sie bei ihrer Berufsausübung. »In Frankreich schrieb ich Drehbücher« erinnerte sich Henry Koster (d. i. Hermann Kosterlitz), »weil ich kein Mitglied der französischen Vereinigung der Regisseure werden konnte. Sie wollten mich dort nicht aufnehmen. Sie hatten Angst, dass die ausländischen Regisseure die gesamte Filmindustrie übernehmen würden. Präsident der französischen Regisseur-Vereinigung war René Clair, aber er weigerte sich, mich aufzunehmen.«[8] Der Komponist Bronislaw Kaper warf dem Regisseur Julien Duvivier bei einer Auseinandersetzung in Hollywood vehement dessen früheres Verhalten gegen die deutschen Emigranten vor: »Die Zeiten sind vorbei, Monsieur Duvivier, wo Sie mit uns Ausländern in La Belle France Schindluder treiben konnten! Sie haben in Paris mit Ihren xenophoben Spießgesellen gegen den Zustrom der Hitler-Emigranten demonstriert. Ich habe Sie auf einem der Lastautos selbst gesehen! Der Lautsprecher schrie, wir nähmen den armen Franzosen die Arbeit weg und ruinierten die einheimische Filmindustrie.«[9] Der Regisseur Max Ophüls sah sich einer heftigen antisemitischen Pressekampagne ausgesetzt, als er Anfang 1934 anstelle des französischen Regisseurs Marcel L'Herbier von der Vandor-Filmproduktion engagiert werden sollte. Ophüls zog sich nach Italien zurück und arbeitete fast zwei Jahre lang überhaupt nicht in Paris, wo er jedoch seinen festen Wohnsitz beibehielt.[10] Robert Siodmak berichtete in seinen Erinnerungen, dass Henri Chomette, der Bruder von René Clair, in Paris mit einigen Freunden vor dem Studio, in dem Siodmak drehte, mit großen Plakaten demonstrierte, »auf denen sinngemäß zu lesen stand: ›Siodmak go home‹«. Er erinnerte sich deutlich an die »Bitterkeit dieser Zeit«, und daran, wie wenig Kontakt er zu Franzosen bekam: »Ich war in den sieben Jahren nur zwei Mal im Haus einer französischen Familie zum essen eingeladen«, und er beschrieb seine französische Karriere als einen »verbissenen Kampf durch alle Hindernisse«.[11] Es muss festgehalten werden, dass Siodmak, der bis 1939 in Frankreich arbeitete, und auch Ophüls, der sogar 1938 französischer Staatsbürger und 1939 als Soldat eingezogen wurde, sich ihre Position hart erkämpfen mussten.

Schützenhilfe erhielten die französischen Filmkünstler dabei von der rechten Presse, die massiv gegen die »Mafia der Studios«[12] hetzte: »Ein französischer Film ist ein Film, der in Studios hergestellt wird, die auf französischem

Gebiet liegen (...) von französischen Produzenten unter der ausschließlichen Mitwirkung von Franzosen, vorbehaltlich von Abweichungen (aus künstlerischen Gründen), die in besonderen Fällen gestattet werden können. Wir würden trotzdem gerne wissen, ob die 27 Filme, die von den folgenden Regisseuren inszeniert wurden, diese besonderen Fälle enthalten.« Dann werden 23 ausländische Regisseure aufgezählt, die 1934 in Frankreich Filme gedreht hatten,[13] und es wird scheinheilig gefragt: »Sind alle diese Regisseure eingebürgert? Warum heißt es, dass sie französische Filme machen? Warum verleitet man das Publikum zu einem Irrtum?

Wenn man zu diesen 27 Filmen alle die hinzufügt, die in Frankreich gemacht wurden von französischen Regisseuren, bei denen ausländische Fachleute und Künstler mitgewirkt haben, dann stellt man fest, dass wir nur 28% des Gesamtmarktes gedreht haben, und dass 72% der französischen Filme von ausländischen Fachkräften gedreht wurden. Derselbe Skandal wird sich übrigens 1935 wiederholen. Mehr als die Hälfte unserer Künstler sind arbeitslos. Wen kümmert es! (...) Die Mafia der Studios wird ihre kriminelle Aktivität weiter ausüben, und keiner – wohlgemerkt – denkt an eine Abrüstung dieser Liga.«[14] Mit ihren vehementen Protesten setzten die Filmschaffenden bei der Regierung strikte staatliche Beschränkungen der Anzahl von Ausländern durch, die bei einer französischen Filmproduktion beschäftigt werden durften. Beim künstlerischen Personal waren lediglich 10%, beim technischen Personal immerhin bis zu 50% Ausländeranteil erlaubt, und die Produzenten mussten bei Engagements von Ausländern stets nachweisen, dass sie genügend Franzosen beschäftigten oder dass kein geeigneter französischer Künstler beziehungsweise Techniker für die Drehtermine frei war.[15]

Vor diesem Hintergrund ist die von Robert Siodmak 1934 gedrehte musikalische Komödie *La Crise est finie!*[16], nicht nur komisch, sondern spiegelt auch die reale Situation der Emigranten wider. Die durch eine ungerechte Kündigung brot- und heimatlos gewordene Revuetruppe (Abb. 1 und 2, S. 44) fährt mit großen Hoffnungen nach Paris, die Künstler finden dort aber keine Anstellung, sondern nur geschlossene Theater und stehen buchstäblich auf der Straße. Im Film überwinden sie jedoch mit viel Optimismus und der zündenden Musik des emigrierten Komponisten Franz Waxmann die Krise, und der ebenfalls exilierte Journalist Erich Kaiser sah im *Pariser Tageblatt* recht wohl die Parallele: »Dass es gerade deutsche emigrierte Filmleute sind, die dabei mithelfen, dem Optimismus eine Gasse zu bahnen, scheint uns nicht zuletzt deswegen so bemerkenswert weil, wie man weiß, das Wirken dieser Künstler in Frankreich anfangs auf große Schwierigkeiten gestoßen ist.«[17]

Die fremdenfeindliche Haltung schlug den Exilanten nicht nur anfangs entgegen, sondern sie blieb die 30er Jahre über generell bestehen und wurde

Abb. 1 und 2: Die arbeits- und heimatlose Künstlertruppe in *La crise est finie!* (Regie: Robert Siodmak, 1934

sogar im französischen Film selbst manifest, wie eine Szene aus der 1938 von Marcel Pagnol gedrehten Filmsatire *Le Schpountz* belegt, in der es von einem mit Akzent sprechenden Regisseur heißt: »Ein Deutscher oder Türke, hat einen russischen Namen und spricht mit italienischem Akzent – alles was man braucht, um ein französischer Regisseur zu werden.«[18] Im selben Jahr rechtfertigte der französische Regisseur Jacques Feyder seine Arbeit bei der Ufa in Nazi-Deutschland öffentlich damit, dass »die Pariser Filmindustrie verjudet sei«[19] und noch 1940, also bereits nach Kriegsbeginn, berichtete der Pariser Korrespondent des amerikanischen Fachblatts *Variety* von einem gar nicht komischen Bonmot, das in Paris über den Film *Sans Lendemain* kursierte: »Ein hundertprozentig französischer Film. Der Regisseur Ophüls ist ein Saarländer, der Produzent Rabinowitsch ein Russe, der Hauptdarsteller Georges Rigaud ein Argentinier, der Drehbuchautor Jean Wilhelm ein Österreicher, der Kameramann Eugen Schüfftan ein Deutscher, der Produktionsleiter Oscar Danciger ein Lette.«[20] Dabei hatte der aus der Sowjetunion exilierte Produzent Gregor Rabinowitsch die Namen der beteiligten Emigranten im Vorspann bereits vorsichtshalber französiert, um eben solchen Attacken auszuweichen.

Dass trotz dieser Ablehnung die Regisseure Robert Siodmak, Max Ophüls, G. W. Pabst, Kurt Bernhardt und die Autoren Curt Alexander, Irmgard von Cube und Hans Wilhelm zwischen 1933 und 1939/40 in Frankreich eine beachtliche Anzahl von Filmen drehten beziehungsweise schrieben[21] und sich bei Kritik und Publikum durchsetzten – allerdings gelang keinem von ihnen damals der Sprung in die erste Garde der französischen Filmemacher –, hat mehrere Gründe. Zum einen wollten diese Künstler in Frankreich bleiben, sie hatten sich für dieses Land entschieden und wollten sich in die französische Gesellschaft integrieren. Sie fühlten sich als Europäer, sie fühlten sich

in Paris heimisch – »Chacun au monde a deux patries. La sienne et Paris.«
zitiert Ophüls in seinen Memoiren einen Ausspruch des Portiers im Hotel
Lord Byron[22] – und sie wollten nicht in die USA gehen; sowohl Ophüls als
auch Bernhardt haben Angebote aus Hollywood abgelehnt und Pabst war
enttäuscht von dort zurückgekehrt.[23] Zum anderen ist es ganz wesentlich das
Verdienst der aus Deutschland emigrierten unabhängigen Filmproduzenten,
die den Sitz ihrer Produktionsfirmen von Berlin nach Paris verlegten oder
ihre Firmen in Frankreich neu gründeten. Sie hatten langjährige Beziehungen und Partner in Frankreich durch den Export ihrer früheren deutschen
Filme und durch die im frühen Tonfilm vor 1933 üblichen Sprachversionen.
Daher verfügten sie grundsätzlich auch über Geld auf französischen Banken,
da die in Frankreich verdienten Devisen in der Regel nicht ausgeführt werden konnten. Sie hatten also Kapital in Frankreich, sie waren nicht mittellos wie die emigrierten Künstler, sondern Arbeitgeber, und sie schufen mit
ihren Filmproduktionen Arbeitsplätze. Ihre in den 30er Jahren gedrehten
Filme waren häufig internationale Co-Produktionen mit englischen oder
italienischen Filmgesellschaften, die ins Ausland exportiert wurden und
Devisen ins Land brachten. Daher waren die Filmproduzenten durchaus
erwünscht in Frankreich, weil sie die zusammengebrochene französische
Filmproduktion stärkten, und sofern sie sich an die Auflagen hielten und vor
allem französische Künstler beschäftigten, hatten sie auch kaum Probleme
mit den Behörden.[24]

Die von den Nazis vertriebenen Produzenten Seymour Nebenzahl,[25] Max
Glaß, Hermann Millakowsky, Arnold Pressburger,[26] Gregor Rabinowitsch[27]
und Eugen Tuscherer bildeten mit einer Produktion von über 50 Filmen in
den Jahren 1933 bis 1939 das wirtschaftliche Rückgrat der Exilfilmproduktion in Frankreich. Die exilierten Filmkünstler waren ganz überwiegend in
ihren Produktionen tätig, Max Ophüls beispielsweise hat sechs, Robert Siodmak fünf Filme für exilierte Produzenten gedreht, die auch emigrierte Filmtechniker und Komponisten in großem Umfang beschäftigten. Vor allem
die Kameramänner Eugen Schüfftan, Curt Courant, Franz Planer und Otto
Heller haben praktisch für alle genannten Produzenten arbeiten können,
allerdings hatten sie auch deutlich weniger Probleme, in der französischen
Filmindustrie zu arbeiten, als die Regisseure. Erstens lag für sie die Ausländerquote im französischen Film mit 50% erheblich höher als für das künstlerische Personal. Das lag daran, dass auf diesem Gebiet in Frankreich Ar-
beitskräftemangel herrschte, die Filmindustrie hatte es versäumt, genügend
Nachwuchs auszubilden.[28] Zweitens galten die deutschen Techniker damals
weltweit als führend in ihrem Fach, sie waren international gefragt und drehten in fast allen europäischen Ländern: Eugen Schüfftan beispielsweise hat
zwischen 1933 und 1940 27 Filme in Österreich, Frankreich, Spanien, England, Holland fotografiert und konnte längst nicht alle Angebote annehmen,

und bei seinen Kollegen sah es kaum anders aus. Die Bedeutung der deutschen Kameramänner für den visuellen Stil des französischen Films der 30er
Jahre und ihr Einfluss auf die junge Generation der französischen Kameraleute kann nicht hoch genug eingeschätzt werden.[29]

Aber nicht nur ihr handwerklich-technisches Können brachten die Filmexilanten in das französische Kino ein. Zwar war die wichtigste Voraussetzung für eine erfolgreiche Arbeit in der französischen Filmproduktion für
alle Filmschaffenden die Anpassung an die französische Mentalität, an das
französische Publikum. Denn anders als die Exilschriftsteller waren die Filmexilanten aufgrund der unterschiedlichen Voraussetzungen des Massenme-
diums Film stets gezwungen, für den Markt ihres Exillandes zu produzieren,
doch versuchten sie, ihre in der Weimarer Republik gewonnenen künstlerischen Erfahrungen, ihren ästhetischen Stil und auch ihre politischen Überzeugungen weiterzuentwickeln. Ihre Filme sind nicht nur im Exil entstanden, sondern es sind Exilfilme, die auch zur deutschen Filmgeschichte
gehören. Es sind »im Ausland gedrehte Werke (...), die von einem aus
Deutschland nach 1933 emigrierten Produzenten, Regisseur und Drehbuchautor gestaltet wurden. (...) Der Begriff ›Exilfilm‹ ist nicht mit dem
Filmexil gleichzusetzen, denn der Exilfilm ist nur so lange als Teil der deutschen Filmgeschichte zu betrachten, wie es kein freies deutsches Kino gibt
oder es den Emigranten nicht möglich ist, in die deutsche Heimat zurückzukehren.«[30] Nach Horaks Zählung sind in Frankreich 46 Exilfilme zwischen
1933 und 1950 entstanden,[31] in denen die kulturelle Leistung der deutschen
Filmemigration in Frankreich deutlich wird.

Die Mehrzahl dieser Exil-Filme lässt sich unter dem Begriff Unterhal-
tungsfilm oder – weniger vorbelastet, Publikumsfilm fassen, denn auf die
Genres Komödie (23%), Musical/Operette (20%), Melodrama (16%),
Kostümfilm (14%), Kriminalfilm (8%), phantastischer Film (5%) entfallen
insgesamt über 80% der Exilfilme; auf Literaturverfilmungen nur 6%, und
lediglich 8% auf den Anti-Nazi-Film, den es in Frankreich zwischen 1933
und 1940 so gut wie gar nicht gegeben hat, denn alle Versuche der Filmexilanten, sich in Frankreich offen mit den Nazis auseinander zu setzen, waren
gescheitert.

Max Ophüls wollte 1933 einen Film *Je suis un Juif* drehen, eine Art Bilanz
der deutschen Judenheit im Film, der über Monate angekündigt und ver-
schoben wurde, bis er schließlich in der Versenkung verschwand, weil Ophüls
keine Geldgeber fand. Der Regisseur Friedrich Feher scheiterte mit einem
ähnlichen Projekt und sogar dem berühmten Georg Wilhelm Pabst gelang
es nicht, solvente Produzenten zu finden für eine geplante Verfilmung von
Arnold Zweigs Ritualmord-Drama *Der Prozeß von Tisza-Eszar.*[32] »Der internationale Produzent geht jedem politischen Bekenntnis ängstlich aus dem
Weg«, schrieb Ophüls 1936 und fügte gleich hinzu: »Wir wollen nicht unge-

recht sein, vielleicht zwingen ihn Zensur, Gefahr diplomatischer Verwick-
lungen, die eingegrenzten Bestimmungen für Arbeitserlaubnis, dazu.«[33] Die
exilierten Produzenten scheuten in der Tat das Risiko politischer Filme, weil
sie selbst abhängig waren von französischen Geldgebern, von den Verleihern
und den großen Kino-Besitzern – denn keiner von ihnen besaß genügend
Kapital, um einen Film alleine zu produzieren.

Robert Siodmak hat etwas ironisch die chaotische Situation der Filmproduktion in Frankreich in den 30er Jahren geschildert, dabei jedoch die Abhängigkeiten der Filmschaffenden sehr deutlich gemacht: »Wenn ein Produzent
eine Idee hatte, ging er zu einem berühmten Schauspieler wie Raimu oder
Chevalier und erzählte ihm die Story. Wenn der Star akzeptierte, verlangte
er eine Anzahlung von 50.000 Francs auf ein Gehalt von zweihunderttau-
send. Sie wußten genau, daß von zehn Filmprojekten neun nicht gemacht
wurden, hatten aber auf alle Fälle schon fünfzigtausend Francs kassiert. Mein
Freund Millakowsky verkaufte dann, mit dem Vertrag des Schauspielers in
der Hand, den noch zu drehenden Film für eine Million an einen Pariser
Verleih, gegen dreihunderttausend in bar und den Rest in Wechseln. Der
Star bekam seine Anzahlung. Ich hatte 125.000 Francs Gehalt, bekam eine
a-conto-Zahlung von 25.000. Der Schriftsteller erhielt etwa zehntausend
und den Rest steckte sich der Produzent erst einmal in die Tasche. Während
wir am Drehbuch schrieben, machte er Verträge mit den anderen Regionen
in Frankreich, den Kolonien und Süd-Amerika, und wir fingen an zu arbeiten. Nach drei Wochen war das Geld zu Ende, aber der Film nur zu zwei
Dritteln fertig. Die Schauspieler weigerten sich weiterzudrehen. Auch das
Studio und Kodak, der Negativ-Lieferant, verlangten ihr Geld. Der Film
wurde gestoppt. Jetzt kamen die Haie, offerierten dem Produzenten, den
Film zu Ende zu finanzieren gegen eine imaginäre Beteiligung für ihn und
drückten die Gagen aller Mitarbeiter. Mir zum Beispiel boten sie 25.000
Francs weniger, aber ich hatte schon vorher damit gerechnet und diese Summe bei Vertragsabschluss aufgeschlagen. Der Film wurde zu Ende gedreht,
jeder hatte daran Geld verdient.«[34]

In diesem Klima konnten sich die Filmproduzenten weder künstlerische
Experimente noch explizit politische Problemfilme leisten, was Künstler und
Kritiker bedauerten, die immer wieder den »Emigrantenfilm« forderten,[35]
worunter eine Auseinandersetzung mit Nazi-Deutschland und der eigenen
Exilsituation verstanden wurde. Die Produzenten waren aber gezwungen,
mit ihren Filmen den Markt zu bedienen, sich auf den Geschmack des französischen Publikums einzustellen und auf die Verkäuflichkeit ihrer Produk-
te in anderen Ländern und Kontinenten – wichtige Absatzmärkte waren
Südeuropa und Südamerika – zu achten.

Eine typische Exilfilmproduktion und ein sehr erfolgreicher Publikumsfilm war das exotische Melodrama *Yoshiwara*[36], das Hermann Millakowsky

Abb. 3: Sessue Hayakawa in: *Yoshiwara*
(Regie: Max Ophüls, 1937)

Abb. 4: Szenenfoto (Kamera: Eugen Schüfftan
aus: *Yoshiwara* (Regie: Max Ophüls, 1937)

1937 nach bewährtem Rezept produzierte. Der im Japan des 19. Jahrhunderts spielende Film passte in die damalige Mode exotischer Abenteuer- und Spionage-Filme und verquickte geschickt die Butterfly-Geschichte mit einer ziemlich wilden Spionage-Story und mit einer Portion Geisha-Sex – tatsächlich wurde sehr werbewirksam von der Zensur eine Badeszene der Geishas herausgeschnitten. Dazu engagierte Millakowsky bekannte Stars, vor allem den berühmten und in Frankreich seit der Stummfilmzeit sehr populären japanischen Schauspieler Sessue Hayakawa (Abb. 3) – aber gedreht wurde der Film fast ausschließlich von Exilanten, denn: »Wenn ich einen Deutschen packen konnte, habe ich ihn engagiert« sagte Millakowsky,[37] und dieser Linie blieb er treu. An der Kamera stand Eugen Schüfftan, dessen Konzept der bewegten Kamera und Lichtgebung, die durch ein expressives Chiaroscuro geprägt war (Abb. 4), die Lichtgestaltung der Filme des poetischen Realismus in Frankreich nachhaltig beeinflusst hat. Das Drehbuch schrieben Arnold Lippschütz und Wolfgang Wilhelm; die Musik komponierte Paul Dessau, der schwarz arbeiten musste, weil er keine Arbeitserlaubnis besaß und deshalb den französischen Schauspieler Henri Herblay als Strohmann benutzte. Regie führte Max Ophüls, sein Assistent war Ralph Baum, der offiziell von Ophüls angestellt wurde, weil Millakowsky die Ausländerquote bereits ausgeschöpft hatte. Ophüls, der mit seinem Sonderstatus als Saarländer keine Probleme mit der Arbeitserlaubnis hatte, teilte dem französischen Arbeitsministerium mit, dass er Baum als persönlichen Assistenten engagiere »und daß ich im übrigen ebenfalls einen Assistenten französischer Nationalität habe.«[38] Die weibliche Hauptrolle spielte die japanische Soubrette Michiko Tanaka (Abb. 5), die schon lange in Österreich lebte, und kurz zuvor an der Seite Albert Bassermanns in *Letzte Liebe* einen großen Erfolg auch in Frankreich gehabt hatte.[39]

Da sie keine offen antifaschistischen Filme drehen konnten, haben die Emigranten vielfach aktuell-politische Anspielungen gleichsam als Schmuggelware in ihre Filme eingebracht. Siodmak wies 1934 in *La Crise est finie!* auf die Probleme der exilierten und heimatlos gewordenen Künstler hin; Ophüls erinnerte 1935 in seinem Revue-Film *Divine* an die von ihm selbst erlebte Situation in Berliner Theatern nach der Machtübergabe an die Nazis: Ein Ballettmädchen beschwert sich bei einem Polizisten (Abb. 6), der die Brandstiftung im Theater untersucht: »Das ist eine Diktatur!«. Darauf der Polizist: »Wissen Sie, was eine Diktatur ist?«. Ballettmädchen: »Ja, wenn die Polizisten in der Garderobe sind und die Künstler im Korridor!«[40]

Abb. 5: Michiko Tanaka in: *Yoshiwara* (Regie: Max Ophüls, 1937)

Abb. 6: *Divine* (Regie: Max Ophüls, 1935)

Auch das Thema Emigration kehrt mehrfach in den Exilfilmen wieder. Billy Wilders einziger französischer Film *Mauvaise Graine* (1934) endet damit, dass die beiden geläuterten Jugendlichen, die sich von der Autoknacker-Bande getrennt haben, nach Amerika fahren, um dort ein neues Leben anzufangen. Der Aufbruch in die Neue Welt hat in Wilders Film noch einen optimistischen Zug, den alten Kontinent Europa lassen die beiden Protagonisten hinter sich, die Neue Welt wird ihnen eine neue, eine bessere Zukunft ermöglichen. 1939 ist von diesem Optimismus nicht mehr viel übrig, in Max Ophüls' von düsteren Stimmungen und Vorahnungen geprägten Melodram *Sans Lendemain* liegt zwar auch die einzige Hoffnung auf Rettung und ein neues Leben in der Emigration nach Kanada – aber die Heldin hat nicht mehr Kraft dazu. Sie bringt zwar ihren kleinen Sohn zum Zug nach Le Havre (Abb. 7, S. 50), wo das Schiff nach Kanada auf ihn wartet

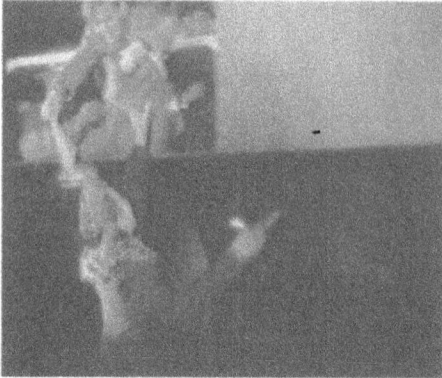

Abb. 7 und 8: Edwige Feuillère in: *Sans Lendemain* (Regie: Max Ophüls, 1939)

und eine bessere Zukunft, – die Heldin selbst aber bleibt zurück (Abb. 8), für sie gibt es kein morgen und keinen neuen Anfang mehr.

Auch das Schicksal der Emigranten in Frankreich, in Paris, wurde von den Filmexilanten thematisiert, es ist das Hauptthema in dem leider viel zu wenig bekannten Film *Menaces*, dessen Drehbuch der emigrierte Autor Curt Alexander schrieb und den der französische Regisseur Edmond Gréville 1939 inszenierte.[41] Erich von Stroheim spielt darin den 1938 aus Wien geflüchteten Professor Hoffmann, der »vielleicht (...) Jude, vielleicht Demokrat (...) als Emigrant in Paris lebt und keine Erlaubnis hat seinen Beruf auszuüben. (...) er bewohnt ein kleines Hotel, in dem viele Ausländer sind, unter denen er ein hohes Ansehen geniesst.(...) Er arbeitete – offenbar erlaubt – als Hilfskraft in einem Laboratorium. Dann Ausbruch des Krieges, Requirierung des Laboratoriums für Zwecke der Landesverteidigung, demzufolge Entlassung aller Ausländer. Hoffmann, der selbst nicht praktizieren darf, sieht sich aller Lebenszwecke beraubt, er nimmt sich das Leben«, hieß es in der Kritik der *Pariser Tageszeitung*, unter der Überschrift »Das ist ein Kriegsfilm!«.[42]

Durch Zeitungs- und Radiomeldungen bezieht der Film die aktuelle Entwicklung ein und in der Vielzahl der Geschichten über die kleinen Leute und ihre

Abb. 9: Erich von Stroheim als Professor Hoffmann in: *Menaces* (1939)

Solidarität hat Alexander die Erfahrungen der Emigranten in Paris gebündelt. »Heute habe ich kein Land mehr«, sagt der Emigrant Hoffmann im Film, »es existiert nicht mehr auf der Landkarte«. »Sie sind ein Mann von Welt«, sagt jemand zu ihm – »Ich bin einer von Nirgendwo«, entgegnet er.[43] Hoffmann trägt eine schwarze Halbmaske (Abb. 9), die eine Gesichtshälfte verdeckt: Sie ist entstellt durch Misshandlungen der Nazis, das Gesicht dieses gütigen und anständigen Menschen symbolisiert beide Seiten des Menschen: das Gute und das Böse, Krieg und Frieden.

Einen anderen Schlüsselfilm des Exils inszenierte 1938 Max Ophüls mit seiner Goethe-Adaption *Le Roman de Werther*.[44] Mit ihrem Film nahmen der Regisseur, der Produzent Seymour Nebenzahl und der Drehbuchautor Hans Wilhelm für sich in Anspruch, die legitimen Erben der deutschen Klassik und die wahren Vertreter der deutschen humanistischen Tradition zu sein, und wandten sich explizit gegen die Vereinnahmung der deutschen Klassiker durch die Nazis, was sowohl diese als auch die exilierten Kritiker sofort begriffen und entsprechend reagierten.[45] Ophüls und Wilhelm zogen auch aktuelle Parallelen zum »Dritten Reich«, wie in einer von ihnen hinzuerfundenen Szene (Abb. 10 und 11) besonders deutlich wird, in der Werther und Albert einander entdecken, dass sie beide Jünger Rousseaus sind und dessen *Contrat Social* ihr Lieblingsbuch ist:

»Albert: Seien Sie vor allem vorsichtig. (Er zieht Rousseaus *Contrat Social* aus Werthers innerer Rocktasche.)

Albert: Solch subversive Literatur ist im Großherzogtum streng verboten. Ich halte meine Bücher unter Verschluss. (Er holt aus einer Pultlade sein Exemplar des *Contrat Social*.)

Abb. 10: Von links: Pierre Richard-Willm als Werther und Jean Galland als Albert Hochstätter in: *Le Roman de Werther* (Regie: Max Ophüls, 1938)

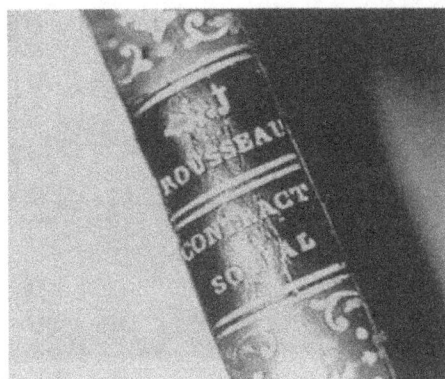

Abb. 11: *Le Roman de Werther* (Regie: Max Ophüls, 1938)

Werther: Das gleiche!
Werther (schlägt sein Exemplar auf und liest): ›Der Freiheit entsagen heißt dem Menschsein entsagen.‹ Wie schön!
Albert (zeigt ihm die Seite in seinem Exemplar): Ich hatte dieselbe Passage unterstrichen.
Werther: Wir leben in einer gefährlichen, aber großartigen Zeit! Einigen Köpfen ist ein Gedanke entsprungen, der die Welt befreit.
Albert: Hoffen wir es!«[46].

Der leidenschaftliche Werther und der nüchterne Albert sind beide Anhänger der Ideen von Freiheit und Gleichheit, sind beide Aufklärer, die in Ophüls' Film die gesellschaftlichen Verhältnisse verändern und den Absolutismus überwinden wollen – die Anspielung auf die aktuelle Situation ist deutlich.

Das große Anliegen der Filmexilanten war, durch Aufklärung die nationalsozialistische Diktatur in Deutschland zu überwinden. In ihren Filmen machten sie das französische Publikum eindringlich auf die Gefahr aufmerksam, die von Nazi-Deutschland für ganz Europa ausging, und weil sie keine offenen Anti-Nazi-Filme drehen konnten, benutzten sie Melodramen, Spionage- und Weltkriegs-Filme dazu, vor Hitlerdeutschland und einem neuen Weltkrieg zu warnen.

Bereits 1937 drehte G. W. Pabst mit *Mademoiselle Docteur* einen Film über die legendenumwobene deutsche Spionin, dessen Handlung allerdings gänzlich frei erfunden ist.[47] Im Film führen die Aktivitäten von Mademoiselle Docteur unmittelbar zum deutschen Angriff und in einer langen Schlusssequenz zeigt Pabst die blutigen Schlachtfelder des Weltkriegs 1914 bis 1918 (Abb. 12 und 13) bis zum französischen Sieg. Der Krieg gegen Hitler ist unvermeidlich, das ist die eindeutige

Abb. 12 und 13: Aus der Kriegssequenz am Schluss von *Mademoiselle Docteur* (Regie: Georg Wilhelm Pabst, 1937)

Botschaft des Films, denn nur
durch bewaffneten Kampf ist die
nationalsozialistische Aggression
zu besiegen. Die Spionin Mademoiselle Docteur wird von der
aus Deutschland stammenden
Schauspielerin Dita Parlo gespielt (Abb. 14), die in den 30er
Jahren eine bemerkenswerte Karriere im französischen Kino gemacht hat, was wegen des Akzents
keinem anderen deutschen Schauspieler oder keiner Schauspielerin in Frankreich gelungen ist.[48]

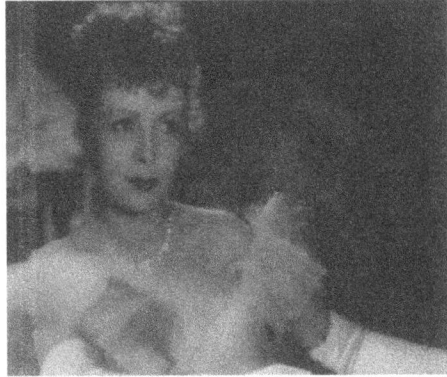

Abb. 14: Dita Parlo als Mademoiselle Docteur

Auch in dem von Hermann Millakowsky 1938 produzierten historisch-
politischen Exilfilm *Ultimatum*[49] wird vor der Unausweichlichkeit des Krieges mit dem Aggressor Nazi-Deutschland gewarnt. Unter dem Deckmantel
des historischen Films setzten sich der Regisseur Robert Wiene, der während der Dreharbeiten am 17. Juli 1938 in Paris starb, Robert Siodmak übernahm die Regie, und der Drehbuchautor Leo Lania mit Nazi-Deutschland
auseinander. *Ultimatum* spielt unmittelbar vor Beginn des Ersten Weltkriegs
in den Tagen zwischen der Ermordung des österreichischen Thronfolgers
und der serbischen Ablehnung des österreichischen Ultimatums und schildert, wie der Krieg in das Leben der Menschen eingreift und es zerstört, wie
er Freunde und Nachbarn zu Feinden macht, und in diesem Sinn ist auch
Ultimatum als Anti-Kriegs-Film zu verstehen. Ebenso wie *Mademoiselle Docteur* ist *Ultimatum* keineswegs pazifistisch, vielmehr wird die bewaffnete
Auseinandersetzung mit Hitler für unausweichlich gehalten. Die Emigranten
misstrauten Hitler entschieden mehr als die französischen Intellektuellen,
die wie Renoir in seinem pazifistischen Film *La Grande Illusion* eher einen
Appeasement-Standpunkt einnahmen.

Max Ophüls' letzter französischer Film *De Mayerling à Sarajevo*,[50] an dessen Drehbuch mit Carl Zuckmayer und Curt Alexander zwei weitere Exilanten mitarbeiteten, sollte eine Warnung vor einem neuen Krieg sein und wurde von eben diesem Krieg überrollt. Erzherzog Franz Ferdinand und seine
politischen Ideen werden in diesem Film als Gegenbild zur faschistischen Zer-
störungspolitik beschworen, wobei es Regisseur und Autor nicht auf historische Richtigkeit, sondern auf klare Gegenüberstellung der aktuellen Fron-
ten ankam. Wenn Franz Ferdinand auf der Flucht mit seiner Geliebten hilflos
mit ansehen muss, wie das österreichische Militär in einem Hafen in Kroa-
tien mit brutaler Gewalt einen Protest niederschlägt und dabei einen unbe-
waffneten Zivilisten tötet (Abb. 15 bis 17, S. 54), so ziehen die Filmemacher

Abb. 15: Edwige Feuillère als Sophie Chotek und John Lodge als Erzherzog Ferdinand in: *De Mayerling à Sarajevo* (Regie: Max Ophüls, 1939/40)

damit eine eindeutige Parallele zum faschistischen Terror in den besetzten Gebieten.

De Mayerling à Sarajevo wurde bei seiner New Yorker Premiere im Herbst 1940 vom *Aufbau* als »letzter freier Franzosenfilm«[51] angekündigt, und es war auch der letzte französische Exilfilm, denn der Zusammenbruch der französischen Front und der Einmarsch der deutschen Truppen in Paris beendeten auch die Exilfilmproduktion. Um den Nazis nicht in die Hände zu fallen und nicht in den französischen Lagern interniert zu werden, mussten die Filmemigranten erneut fliehen. »Von der französischen Polizei wurde ich als Deutscher gesucht und von der deutschen Polizei als Jude« erinnerte sich der Regisseur Curtis Bernhardt später[52] an die Schrecken dieser Monate. Ihm gelang mit Hilfe seines schon 1936 in die USA emigrierten Freundes Henry Koster über England die Flucht in die USA; der Cutter Jean Oser und der Kameramann Eugen Schüfftan wurden als feindliche Ausländer interniert: Oser trat in die Fremdenlegion ein, in der er bis 1942 diente; Schüfftan wurde entlassen, weil er sich verpflichtete, für die französische Luftaufklärung zu arbeiten, er emigrierte 1941 in die USA.[53] Der 1938 eingebürgerte Max Ophüls wurde zum Militär einberufen und flüchtete nach dem Waffenstillstand in den unbesetzten Teil Frankreichs, wie auch die Produzenten Millakowsky und Rabinowitsch und die Autoren Wilhelm und Alexander.

Abb. 16 und 17: *De Mayerling à Sarajevo* (Regie: Max Ophüls, 1939/40)

Von dort aus versuchten sie, weiter in die USA zu fliehen, und mühten sich meist monatelang, die nötigen Ausreise-, Durchreise- und Einreise-Visa zu bekommen und das Geld für die Schiffspassage zusammenzukratzen. Weil sich die ersehnte Ausreise lange hinzog, überlegten einige Filmexilanten, in den Victorine-Studios in Nizza Filme zu drehen, um damit ihren Lebensunterhalt zu verdienen. Diese Pläne waren jedoch von vornherein zum Scheitern verurteilt, wie der Produzent Rabinowitsch sofort erkannte. Denn die in der freien französischen Zone produzierten Filme hätten, um sich zu amortisieren, auch im besetzten Frankreich gezeigt werden müssen, und dazu hätten sie einer deutschen Genehmigung bedurft, aber – »pictures with jewish collaborators will never obtain such authorization«, schrieb Rabinowitsch an den Agenten Paul Kohner nach den USA.[54] Amerika und Hollywood sah er pessimistisch entgegen, und seine düstere Einschätzung der Zukunft gilt nicht nur für ihn, sondern für die Mehrheit der deutschen Filmemigranten in Frankreich, denen nun keine andere Wahl mehr blieb:»I never wanted to go to America, because I preferred to work in Europe, and there I am now: all plans, everything fell down! After Moscow and Berlin another stop: Paris! Where does my way lead now? None of us knows, what will happen. Shall we have a possibility of Working?«[55]

Der Text ist eine für den Druck überarbeitete und mit Anmerkungen ergänzte Fassung meines Vortrags auf der Jahrestagung der Gesellschaft für Exilforschung im März 2001 in Paris.

1 Pariser Tageblatt, 15.12.1933. Zur Filmberichterstattung von *Pariser Tageblatt* und *Pariser Tageszeitung* vgl. Helmut G. Asper: *Bibliographie der Filmseite und der Filmnachrichten des Pariser Tageblatts/Pariser Tageszeitung 1933/1940.* Frankfurt/M. 1995 und ders.: »Filmseite/Filmkritik/Filmberichte«. In: *Rechts und links der Seine. Pariser Tageblatt und Pariser Tageszeitung 1933–1940.* Hg. von Hélène Roussel und Lutz Winckler. Tübingen 2002, S. 219–234. Die beiden in deutscher Sprache von Dezember 1933 bis Januar 1940 in Paris erschienenen Tageszeitungen sind vom Exilarchiv der Deutschen Bibliothek in Frankfurt/M. vollständig ins Internet eingestellt worden: http://deposit.ddb.de/online/exil/exil.htm (20.5. 2003). — 2 Eine Gesamtdarstellung der Filmemigration in Frankreich steht noch aus. Vgl. Helmut G. Asper: »Film«. In: *Handbuch der deutschsprachigen Emigration 1933–1945.* Hg. von Claus-Dieter Krohn, Patrik von zur Mühlen, Gerhard Paul und Lutz Winckler. Darmstadt 1998, Sp. 957–970; Jan-Christopher Horak: »Exilfilm, 1933–1945. In der Fremde«. In: *Geschichte des deutschen Films.* Hg. von Wolfgang Jacobsen, Anton Kaes und Hans Helmut Prinzler. Stuttgart-Weimar 1993, S. 101–118 und: *Hallo? Berlin? Ici Paris! Deutsch-französische Filmbeziehungen 1918–1939.* Redaktion: Sibylle M. Sturm und Arthur Wohlgemuth. München 1996. — 3 Colin Crisp: *The Classic French Cinema 1930–1960.* Bloomington, IN 1993, S. 10 f. — 4 Vgl. dazu Georges Sturm: »UfrAnce 1940–1944«. In: *Das Ufa-Buch. Kunst*

und Krisen. Stars und Regisseure. Wirtschaft und Politik. Hg. von Hans-Michael Bock und Michael Töteberg. Frankfurt/M. 1992, S. 408–416. — **5** Vgl. Harry Waldmann: *Paramount in Paris. 300 Films Produced at the Joinville Studios, 1930–1933, with Credits and Biographies.* Lanham/London 1998. — **6** Nach einer bei Crisp: *The Classic French Cinema 1930–1960* (s. Anm. 3), S. 199 veröffentlichten Statistik waren im Jahr 1934 von 38 Regisseuren 21 arbeitslos und von 85 Regie- und Produktionsassistenten 54! Bei den Komponisten sah es noch schlechter aus, von 21 waren 18 ohne Engagement. — **7** »Ohne Interesse ... Französische Filmregisseure über deutsche Kollegen«. In: *Die Aktion,* Nr. 16, 17.8.1933. Allegret hatte sich anlässlich einer Umfrage des Filmkritikers Emile Vuillermoz in der französischen Zeitschrift *Candide* geäußert. — **8** Interview des Verfassers mit Henry Koster (d. i. Hermann Kosterlitz) 1986. — **9** Zitiert nach Gottfried Reinhardt: *Der Apfel fiel vom Stamm. Anekdoten und andere Wahrheiten aus meinem Leben.* München 1992, S. 342 f. — **10** Helmut G. Asper: *Max Ophüls. Eine Biographie mit zahlreichen Dokumenten, Texten und Bildern.* Berlin 1998, S. 298 f. — **11** Robert Siodmak: *Zwischen Berlin und Hollywood. Erinnerungen eines großen Filmregisseurs.* Hg. von Hans C. Blumenberg. München 1980, S. 75 f. — **12** Pierre Malo: »Le Maffia du Studio«. In: *L'Homme Libre,* 4.4.1935, zitiert nach Asper: *Max Ophüls* (s. Anm. 10), S. 315 f. — **13** Ebd. Die Anzahl der 1934 gedrehten Filme sind in Klammern angegeben: Karl Anton (1), Richard Eichberg (2), Paul Feher (1), Augusto Genina (1), Anatol Litvak (1), Max Neufeld (2), Marca Rosa (1), Max Ophüls (1), Eric Schmidt (1), Viktor Tourjansky (1), Billy Wilder (1), Kurt Bernhardt (1), Nicolas Farkas (1), Jack Forrester (1), Kurt Gerron (2), Dimitri Kirsanoff (1), Leo Mittler (1), Max Nossek (1), Fedor Ozep (1), Paul Schiller (1), Robert Siodmak (1), Jack Tourneur (1), Alexander Wolkoff (1). — **14** Ebd.— **15** Crisp: *The Classic French Cinema 1930–1960* (s. Anm. 3), S. 198 f. — **16** Der Exilfilm *La Crise est finie!* wurde im Mai und Juni 1934 gedreht, die Uraufführung fand am 4.10.1934 statt. Zahlreiche Emigranten arbeiteten an diesem Film mit, das Drehbuch schrieb Max Kolpe (später: Colpet) nach einer Story von Friedrich Kohner und Curt Siodmak (nur die Dialoge schrieb der französische Drehbuchautor Jacques Constant), an der Kamera stand Eugen Schüfftan, die Musik schrieb Franz Waxmann und Produzent war Seymour Nebenzahl. — **17** Emile Grant (d. i. Erich Kaiser): »Theater und Film. Zwei Filme und eine Revue«. In: *Pariser Tageblatt,* 21.10.1934. — **18** Zitiert nach der deutschen Synchronisation des Films. — **19** Pem (d. i. Paul Marcus): »Jacques Feyders Vergesslichkeit«. In: *Pariser Tageszeitung,* 12.5. 1938. — **20** »Sans Lendemain«. In: *Variety,* 17.4.1940. Übersetzung des Verfassers. — **21** Die Regisseure Robert Siodmak und Max Ophüls drehten je 8 Filme, Georg Wilhelm Pabst 6 und Kurt Bernhardt 4 Filme, der Autor Hans Wilhelm arbeitete bei 8 Filmen am Drehbuch mit, Irmgard von Cube an 4 Filmen und Curt Alexander an 7 Filmen. — **22** Max Ophüls: *Spiel im Dasein. Eine Rückblende.* Stuttgart 1959, S. 174. Der Portiersspruch geht zurück auf eine zur damaligen Zeit viel benutzte Sentenz »Toute homme a deux pays, le sein et puis la France«. Die Sentenz stammt aus dem Stück des viel gespielten Autors Henri de Bornier: *La fille de Roland* (1875). — **23** Asper: *Max Ophüls* (s. Anm. 10), S. 346 und Jan-Christopher Horak: »G. W. Pabst in Amerika«. In: *G. W. Pabst.* Hg. von Gottfried Schlemmer, Bernhard Riff und Georg Haberl. Münster 1990, S. 163–170. — **24** Meine Darstellung der Exilfilmproduktion in Frankreich stützt sich wesentlich auf Auskünfte des 1933 aus Berlin nach Paris exilierten Filmproduzenten Hermann Millakowsky, den ich in den Jahren 1985 bis 1987 ausführlich interviewt habe. Millakowsky produzierte 12 Filme mit seiner Milo-Film in Frankreich bis 1940, nach der französischen Niederlage floh er in das unbesetzte Frankreich und konnte von dort erst im Frühjahr 1942 weiter in die USA emigrieren. — **25** *M wie Nebenzahl. Nero – Filmproduktion zwischen Europa und Hollywood.* Redaktion: Erika Wottrich. München 2002. — **26** Michael Esser: »Produzent, Producteur, Producer. Arnold Pressburgers internationale Karriere.« In: *Hallo? Berlin? Ici Paris?* (s. Anm. 2), S. 111–126. — **27** Michael Töteberg: »Geschäftsgeheimnisse. Gregor Rabinowitsch und die Ufa-Russen-Allianz«. In: *Fantaisies russes. Russische Filmemacher in Berlin und Paris 1920– 1930.* Redaktion: Jörg Schöning. München 1995, S. 83÷94, besonders S. 92 f. — **28** Diese Situation spiegelt auch die bei Crisp (vgl. hierzu Anm. 6) veröffentlichte Statistik, nach der 1934 von 30 französischen Kameramännern nur 3 arbeitslos waren. — **29** Philippe Roger:

»Zwischen Licht und Schatten: Das deutsche Licht im französischen Kino«. In: *Kameradschaft – Querelle. Kino zwischen Deutschland und Frankreich.* Hg. von Heike Hurst und Heiner Gassen. München 1991, S. 117–150. — **30** Horak: *Exilfilm 1933–1945* (s. Anm. 2), S. 102. — **31** Siehe dazu die Aufstellung von Jan-Christopher Horak »Exilfilme in Frankreich 1933–1950« im Anschluss an diesen Beitrag. — **32** Asper: *Max Ophüls* (s. Anm. 10), S. 280 f. — **33** Max Ophüls: »Der Dimitroff-Film ›Kämpfer‹«. In: *Das Wort*, 1. Jg. (1936), Nr. 1, S. 96–98. Neu abgedruckt bei Asper: *Max Ophüls* (s. Anm. 10), S. 326–328. — **34** Siodmak: *Zwischen Berlin und Hollywood* (s. Anm. 11), S. 69. — **35** Pem (d. i. Paul Marcus): »Wer schafft einen Emigranten-Film?«. In: *Pariser Tageszeitung*, 21.7.1938. — **36** Eine ausführliche Darstellung des Films bei Asper: *Max Ophüls* (s. Anm. 10), S. 347–359. — **37** Interview des Verfassers mit Hermann Millakowsky (vgl. hierzu Anm. 24). — **38** Vollständig abgedruckt bei Asper: *Max Ophüls* (s. Anm. 10), S. 350 f. Die Versicherung, dass er auch einen französischen Assistenten engagiert habe, war notwendig wegen der Ausländerquote. — **39** Armin Loacker, Martin Prucha (Hg.): *Unerwünschtes Kino. Der deutschsprachige Emigrantenfilm 1934–1937.* Wien 2000, S. 173–176. — **40** Asper: *Max Ophüls* (s. Anm. 10), S. 312. — **41** Karsten Witte: »Rechte Schatten, linke Linien«. In: *Europa 1939. Filme aus zehn Ländern.* Hg. von der Stiftung Deutsche Kinemathek. Berlin 1989, S. 9–30, S. 24 und Fritz Göttler: »Menaces«. In: ebd. S. 129 f. Der Film wurde von dem emigrierten Kameramann Otto Heller fotografiert. — **42** W. V. [d. i. Walther Victor]: »Das ist ein Kriegsfilm! Das Doppelgesicht des Professor Hoffmann. »Drohungen«, – ein vorbildlich menschlicher französischer Film«. In: *Pariser Tageszeitung*, 16.1.1940. — **43** Zitiert nach dem Filmdialog. — **44** Eine ausführliche Darstellung des Films bei Asper: *Max Ophüls* (s. Anm. 10), S. 359–374. — **45** Ebd. — **46** Zitiert nach der Kopie des Films. — **47** Vgl. Bernard Eisenschitz: »Verpaßte Begegnungen. Pabst in Frankreich«. In: *G. W. Pabst.* Hg. von Wolfgang Jacobsen. Berlin 1997, S. 193–200. — **48** Dita Parlo spielte u. a. 1936 in Jean Renoirs pazifistischem Film *La Grande Illusion* eine deutsche Bäuerin, die entflohene französische Kriegsgefangene versteckt und in *Ultimatum* 1938 eine junge Österreicherin, die mit einem serbischen Offizier verheiratet ist. — **49** Vgl. Uli Jung, Walter Schatzberg: *Der Caligari Regisseur Robert Wiene.* Berlin 1995, S. 181–189. — **50** Vgl. Asper: *Max Ophüls* (s. Anm. 10), S. 391–396. — **51** *Aufbau*, 18.10.1940. — **52** »Ich war immer ein Romantiker.‹ Curtis Bernhardt im Gespräch mit Mary Kiersch«. In: *Aufruhr der Gefühle. Die Kinowelt des Curtis Bernhardt.* Hg. von der Stiftung Deutsche Kinemathek. Berlin 1982, S. 86–139, S. 105. — **53** Interview des Verfassers mit Jean Oser im Februar 1997 in Berlin und ein Fernsehinterview mit Eugen Schüfftan in dem Film *Eugen Schüfftan, Kameramann.* Von Eila Hershon und Roberto Guerra, Norddeutscher Rundfunk 1975. — **54** Brief Gregor Rabinowitschs am 16.8.1940 an Paul Kohner. Archiv Agentur Kohner im Filmmuseum Berlin – Deutsche Kinemathek. — **55** Ebd.

Jan-Christopher Horak

Exilfilme in Frankreich 1933–1950

Diese Liste der in Frankreich zwischen 1933 und 1950 entstandenen Exilfilme ist ein Auszug aus einer Liste der Exilfilmproduktionen, die ich für meinen Beitrag *Exilfilm, 1933–1945. In der Fremde* in der *Geschichte des deutschen Films.* Hg. von W. Jacobsen, A. Kaes und H.H. Prinzler. Stuttgart – Weimar 1933 zusammengestellt habe. Aufgenommen sind nur die Filme, bei denen mehrere Exilanten Schlüsselpositionen innehatten, es ist kein vollständiges Verzeichnis der Filme, an denen Exilanten in Frankreich mitgearbeitet haben. Aufgeführt werden nur die an der Produktion beteiligten Exilanten.

(P: Produktion; R: Regie; RA: Regieassistent; B: Drehbuch; K: Kamera; Sch: Schnitt; Pl: Produktionsleitung; M: Musik; C: Choreographie; A: Ausstattung; KO: Kostüm, T: Ton, D: Darsteller/in)

Du haut en bas (1933)
R: Pabst / B: Gmeyner / K: Schüfftan / KO: Pretzfelder / M: H. Rappaport / A: Metzner / Sch: Oser / D: Lion, Lorre, Sokoloff

Dans les rues (1933)
R: Trivas / K: Maté / M: Eisler / A: Andrejew

Gardez le sourire (1933)
Pl: Rosen / R: Fejos / B: Lantz / Sch: Wolff / A: Fenchel / T: Norkus

On a volé un homme (1933)
P: Pommer / R: Ophüls / B: H. Wilhelm / RA: Baum / M: Jurmann / Kaper / Sch: Heilbronner

Le sexe faible (1933)
P: Nebenzahl / R: R. Siodmak / B: Kosterlitz

La voix sans visage (1933)
P: Geftman / R: Mittler / K: Schüfftan

Antonia, romance hongroise (1934)
P: Millakowsky / R: Neufeld / B: Lengyel / M: Abraham

La crise est finie (1934)
P: Nebenzahl/R: R. Siodmak/B: Kolpe/Kohner/K. Siodmak/K: Schüff-
tan/M: Waxmann

Dactylo se Marie (1934)
P: Millakowsky/R: May/B: Schulz/K: Planer/M: Abraham

L'or dans la rue (1934)
P: Tuscherer/R: Bernhardt/B: Kosterlitz/ M: Dessau

Liliom (1934)
P: Pommer/R: Lang/B: Liebmann/K: Maté/M: Waxmann/KO: R. Hubert/
RA: Mandelik

Mauvaise graine (1934)
R: Wilder/RA: Esway/B: Lustig/M: Waxmann

Les nuits moscovites (1934)
R: Granowsky/B: Koster/K: Planer/M: Kaper/Jurmann/A: Andrejew

Le roi des Champs-Élysées (1934)
P: Nebenzahl/R: Nosseck/R. Siodmak/B: A. Lippschitz/M: Hajos

La dernière valse (1935)
R: Mittler/B: P. Schiller/M: Straus/D: Novotna

La tendre ennemie (1935)
R: Ophüls/B: Alexander/K: Schüfftan

La vie parisiènne (1935)
P: Nebenzahl/R. Siodmak/B: E. Pressburger/Pl: Baum/C: Matray

Les yeux noirs (1935)
P: Millakowsky/B: Thoeren

Le chemin de Rio (1936)
P: Nebenzahl/R: R. Siodmak/B: Juttke/ M: Dessau

Mademoiselle Docteur (1936)
P: Geftman/R: Pabst/B: v. Cube/Birinski/K: Schüfftan/KO: R. Hubert/
RA: Sorkin/D: Parlo

Mayerling (1936)
P: Nebenzahl/Auerbach/R: Litvak/B: v. Cube

Mister Flow (1936)
P: Geftman/R: R. Siodmak/B: Noti

Port Arthur (1936)
P: Auerbach / R: N. Farkas / B: A. Lippschitz / K: Heller / D: Wohlbrück

La symphonie des brigands (1936)
R: Wiene / F. Feher / B: Kuh / K: Schüfftan / A: Metzner / M: F. Feher / D: H. Feher

Tarass Boulba (1936)
R: Granowsky / K: Planer / M: Hajos / Dessau / A: Andrejew

Valse éternelle (1936)
P: Auerbach / R: Neufeld

La chaste Suzanne (1937)
P: Tuscherer / Bernhardt / B: Gottfurcht / M: Gilbert

La dame de pique (1937)
R: Ozep / RA u. Sch: Friedland / M: Rathaus

Yoshiwara (1937)
P: Millakowsky / R: Ophüls / B: Lippschitz / H. Wilhelm / K: Schüfftan / M: Dessau

Carrefour (1938)
P: Tuscherer / R: Bernhardt / B: Kafka / Liebmann / D: Wallburg

Le drame de Shanghai (1938)
P: Geftman / R: Pabst / B: Lania / RA: Sorkin / K: Courant / Schüfftan / A: Andrejew / Sch: Oser / M: Erwin

Gibraltar (1938)
P: Szekely / R: Ozep / RAu. Sch: Friedland / B:Jacoby / K: Pahle / M: Dessau

Place de la Concorde (1938)
R: Lamac / B: Kolpe / Sch: Erwin

Prison sans barreaux (1938)
P: A. Pressburger / B: H. Wilhelm

Le roman de Werther (1938)
P: Nebenzahl / R: Ophüls / B: H. Wilhelm / K: Schüfftan

Tempête sur l'Asie (1938)
P: R. Oswald / Pl: F. Brunn / R: R. Oswald / RA: G. Oswald / B: A. Lippschitz / Sch: Pahle / M: Erwin / D: Veidt

Tarakanowa (1938)
P: Nebenzahl / R: Ozep / B: Jacoby / K: Courant / A: Andrejew / Sch: Friedland

Ultimatum (1938)
P: Millakowsky / R: Wiene, R. Siodmak / B: Lania / K: Pahle / D: Parlo

Battement de cœur (1939)
P: Rabinowitsch / B: Kolpe / H. Wilhelm

Les otages (1939)
P: Nebenzahl / B: Trivas / Mittler / Pl: Baum

L'esclave blanche (1939)
P: Geftman / R: Pabst / Sorkin / B: Dammert / Lania / M: Dessau / A: Andrejew

Le grand élan (1939)
P: Sokal / B: Kolpe / Schiller / K: Heller / M: Dessau

Nuit de décembre (1939)
R: Bernhardt / B: Dammert / Jacoby

Pièges (1939)
R: R. Siodmak / B: Neubach

Sans lendemain (1939)
P: Rabinowitsch / Pl: Danciger / R: Ophüls / B: H. Wilhelm / Jacoby / Alexander / K: Schüfftan

De Mayerling à Sarajevo (1940)
P: Tuscherer / R: Ophüls / B: Alexander / Zuckmayer / K: Courant / Heller / Schüfftan / M: Straus

Les requins de Gibraltar (1947)
R: E. E. Reinert / B: Neubach

Une nuit à Tabarin (1947)
P: Millakowsky / R: Lamac / D: Lion

L'inconnu d'un soir (1948)
R: Neufeld / B: K. Farkas / Bernfeld / K: N. Farkas

On demande un assassin (1949)
P: A. Rosen / R: Neubach / B: Neubach / M: Lewinnek

Günter Agde

Zwischen Hoffnung und Illusion
Filmarbeit deutscher Emigranten in Moskau und die Produktionsfirma
Meshrabpom-Film

I Eine alte Hoffnung als neue Illusion

Der Dreiundvierzigjährige hatte sich schon im Voraus sehr gefreut: »Ich bin
sehr glücklich, daß ich (...) zu einer richtigen Arbeit fahre und daß ich dort
für uns Menschen, die offene Augen und Ohren haben, in das wichtigste
Land der Welt fahre und in das interessanteste (...).«[1] Diesen Jubelbrief
schickte der Schauspieler Alexander Granach 1935 sofort nach seiner
Ankunft in Moskau seiner Liebsten nach Berlin. Der Star aus Deutschland,
begierig nach Arbeit sprich: adäquaten Rollen, nach eineinhalbjährigen, kräf-
tezehrenden en-suite-Tourneen durch polnischsprachige Gebiete, sah sich
sogleich angekommen und angenommen, begehrt und umworben: »Ich bin
hier von Eindrücken so überfallen und so überwältigt, daß ich einfach nichts
schreiben konnte. Nicht einmal telegrafieren kann ich bis gestern abend. (...)
Erstens bin ich einfach glücklich über alles (...), zweitens sind hier für mich
(besonders für mich) große Möglichkeiten. Ich kann natürlich nicht und will
auch nicht diese Stadt entdecken (in 2 Tagen entdecken), aber der erste Eindruck vom Leben und Treiben, von den Gesichtern der Frauen, von den
vielen, herrlich aussehenden Kindern, von der Arbeit, vom Tempo ist gran-
dios. Man fühlt die neue Welt. (...) wenn auch vieles Positives erwartend, bin
(ich) überrascht! Bin einfach vom Glück überwältigt – es ist alles da! Und
ein Mensch mit Kraft, mit Vitalität, mit Gläubigkeit, mit Phantasie (damit
meint er natürlich sich selbst, G. A.) kann sich hier künstlerisch, menschlich
so ausleben wie nirgends! (...) Es geht mir alles durch den Kopf, dazu kamen
noch die Maifeiertage.[2] Stell dir vor, unter gesunden gläubigen Christen ein
Osterfest und dieses Osterfest 100.000 mal übersteigert. Tausende und Aber-
tausende Menschen mit Kindern auf den Riesenplätzen mit Riesenkapellen
tanzend – kein Regisseur könnte sich sowas in seinen kühnsten Phantasien
ausdenken!!! Jetzt erst begreife ich, was ein Fest ist!! Ich bin glücklich, Lotte, daß ich hier bin (...).«[3]

Diesen überemotionalisierten Enthusiasmus teilte er mit vielen deutschen
Emigranten, die gerade in jener Zeit, nach 1933, nach Moskau kamen: Am
Eisenbahn-Grenzübergang Njegoreloje empfing sie ein hölzerner Triumph-
bogen mit der Aufschrift »Gruß den Werktätigen des Westens!« – viele Emi-

granten empfanden diese verbale Begrüßung auch als Einladung in ein Land, das als einziges auf der Welt einen zum Kapitalismus alternativen Weg beschritt und als Gegenpol zum Nationalsozialismus in Deutschland begriffen wurde.

II Die Emigranten-Kolonie als seltsame Familie

Als Granach in Moskau ankam, traf er auf eine große Gruppe deutscher Künstler, die allesamt bereits 1933 dorthin emigriert waren: Sie waren Mitglieder der KPD oder standen ihr nahe. Das Gros dieser Künstler stellten professionelle Schauspieler wie Ernst Busch und Carola Neher, auch sie beide Stars und in Deutschland bekannt wie Granach, sodann Heinrich Greif, Lotte Loebinger, Hanni Rodenberg, Hermann Greid, Gerhard Hinze. Zu ihnen stießen begabte Laien aus der (ebenfalls emigrierten) deutschen Agit-Prop-Gruppe *Kolonne links*, etwa Bruno Schmidtsdorf, Helmut Damerius,[4] Curt Trepte, Hans Klering.[5] (Einige wechselten zum Deutschen Staatstheater der Wolgadeutschen Republik in Engels oder an andere deutsche Kollektivistentheater im Land und auch zurück.[6]) Sie sammelten sich um die Regisseure Erwin Piscator und Gustav von Wangenheim, die mit Unterstützung der Exil-KPD-Führung die Gründung eines deutschen Theaters in der Sowjetunion planten.[7] Parallel dazu verhieß ihnen die renommierte und erfolgreiche Filmproduktionsfirma Meshrabpom-Film in Moskau weitgehend realistische Aussichten auf Mitarbeit an Spielfilmen.

Piscator und Wangenheim verhandelten auch intensiv mit in die Schweiz oder die ČSR emigrierten deutschen Schauspielern über Engagements für das Theaterprojekt und immerzu auch für Filmarbeit bei Meshrabpom-Film. Diese Verbindungen ließen auf künstlerischen und kollegialen Zuwachs der Exilkolonie hoffen: Im Gespräch waren u. a. Ernst Ginsburg, Erwin Kalser, Wolfgang Langhoff, Friedrich und Amy Richter, Lotte Lieven-Stiefel, Josef Almas, Leonhard Steckel mit Frau Jo Mihaly. Lose und meist nur kurzzeitige Flirts mit Filmarbeit unterhielten in Moskau andere exilierte deutsche Künstler: die Schriftsteller Theodor Plivier, Julius Hay, Willi Bredel, Friedrich Wolf und Adam Scharrer, der Maler Heinrich Vogeler, die Tänzerin Anni Sauer, der Komponist Hans Hauska, zeitweise der Bühnenbildner Teo Otto, einige Techniker, allesamt auf Meshrabpom-Film zentriert.

Als größter gemeinsamer Nenner einte sie ein entschiedenes Engagement gegen das NS-Regime und »das bittere Brot der Emigration«. Einige waren jüdischer Herkunft, jedoch keiner von ihnen praktizierte seinen Glauben. Sie empfanden sich weithin als zusammengehörig, bildeten aber keine geschlossene, homogene Gruppe. Sie lebten nicht in einem Getto (wie die KPD-Funktionäre im legendenumwobenen Hotel *Lux*), sondern lebten offen nach

außen – im Moskauer Alltag und in den beruflichen Sphären ihrer Mesh-
rabpom-Film-Kollegen; sie lebten in Privatwohnungen oder -zimmern in
Moskauer Wohnhäusern,[8] hatten alltägliche Kommunikation im Studiobe-
trieb, in der Kantine, bei gemeinsamen Arbeitsvorführungen im Studio und
im halböffentlichen *Dom kino* (Haus des Kinos), dem Treffpunkt aller »Kino-
arbeiter« im Zentrum der Stadt; dies war eine Art Klub mit einem seinerzeit
modernen Kommunikationsangebot: Filmvorführungen außerhalb des offiziellen Kinoangebots, preiswertes Restaurant, fachlich spezialisierte Bibliothek und Buchhandlung, Klubräume für Vorträge und Diskussionen. Sie besuchten die Betriebsversammlungen und diverse Weiterbildungs-Zirkel ihrer
Firma, die ebenfalls eine gut sortierte Filmbibliothek unterhielt. Die meisten
waren willens, die Sprachprobleme zu meistern, und lernten wacker russisch
oder wenigstens das kyrillische Alphabet. Andererseits trafen sie gerade in
dieser Firma russische Kollegen, die deutsch sprachen.

Die KPD-Mitglieder unter ihnen folgten Disziplin und Hierarchie der exilierten Partei und unterzogen sich deren Reglements, was bei den bald beginnenden Repressionen verhängnisvoll werden konnte. Sie nahmen gastweise
an der Parteiarbeit der »Bruderpartei«, der KPdSU-Betriebs-Parteigruppe des
Studios teil. Vitaler Sammelpunkt und Kommunikationsforum mit Emigranten anderer Berufsgruppen bildete für sie auch der Klub der ausländischen Arbeiter, in dem neben geselligen Abenden, Versammlungen, Vorträgen und Tanz ebenfalls Filmvorführungen mit anschließenden Diskussionen
stattfanden.

Allmählich bildete sich eine besondere Atmosphäre unter den deutschen
Emigranten, auch unter den Künstlern von ihnen, heraus, die Granach als
Exilanten-Psychose bezeichnete: eine seltsam und vielfach verschränkte, per-
sonell unterschiedliche Mischung von psychologischen, politischen und cha-
rakterlichen Faktoren – Konkurrenz und »Futterneid«, Sehnsucht nach der
Heimat und Abscheu über den Faschismus, Wunsch nach geordneten Ar-
beitsverhältnissen und nach besseren Wohnbedingungen, Angst vor materieller Not und vor der Zukunft, vermischt mit genereller Unsicherheit über
die Perspektive des NS-Regimes (und damit des möglichen Endes des Exils),
Verdächtigungen und Klatsch, Misstrauen und Schweigen, auch Liebesge-
schichten, zerbrechende Ehen und vieles andere noch. Die Vorläufer des so
genannten Großen Terrors, die Hysterisierung durch Wachsamkeitsappelle
und Spionage-Syndrome, die durchschaubare Phraseologie in öffentlichen
Verlautbarungen, die Disziplinierungen der Parteimitglieder heizten dann
diese Psychose weiter auf.

Nach darstellerischem Profil und gestalterischer Kraft unterschieden sich
die Emigranten erheblich voneinander – entsprechend ihrer künstlerischen
Biographie in Theater und Film der Vor-NS-Zeit in Deutschland: die einen
mit Erfahrungen im deutschen Stummfilm etwa oder im Berliner Theater

der 20er Jahre,[9] die anderen bei revolutionären, der deutschen Arbeiterbewegung nahe stehenden Theater- und Laientheaterunternehmungen (Piscators Volksbühnen, Wangenheims Versuche mit politischen Revuen etc.). Sie
trennte auch die damalige Handhabung ihrer künstlerischen Mittel im
professionellen Theater, im deutschen Film, in der Agit-Prop-Bewegung.
Diese Unterschiede wurden wesentlich durch die verschiedenen Konzepte
Piscators und Wangenheims fokussiert, die auch im Moskauer Exil weiter-
wirkten und zuweilen sehr persönliche Ressentiments und Animositäten zur
Folge hatten. Die KPD-Exil-Führung unterstützte beide.

Bei zeitweiligen gemeinsamen Arbeiten wie Estraden- und Liederpro-
grammen, deren Bestandteile (Programm-Nummern) nach Versatzstück-
Manier austauschbar waren, trug die stilistische Heterogenität eher zur
Lebendigkeit der Abende bei. Als Wangenheim bei seinem Spielfilm *Kämpfer*, dem entschlossensten Versuch der Assimilierung aller so sehr verschiedenen Ästhetiken, partout eine Synthese und Homogenisierung erreichen
wollte, gelang diese – wie man dem Film ansehen kann – nur bei wenigen
Rollen und Szenen. Als einzig gangbarer Weg erschien Wangenheim schließlich eine durchgängige politische Pathetisierung.

Wegen arger Verzögerungen bei der Vorbereitung des Theaterprojekts und
folglich wachsender materieller Unsicherheiten verlagerten sich bald die
Interessen und Beschäftigungsmöglichkeiten der exilierten Theaterleute hin
zur Filmarbeit, die sich ihnen einzig bei Meshrabpom-Film bot.

III Eine Filmproduktionsfirma als Avantgarde-Zentrum

Granach wurde sogleich heimisch im Arbeitsalltag der Filmbranche, wie er
sie von Berlin her kannte: »(...) Ich hatte (Kontakt)[10] gleich mit der Leitung
der Fabrik. So heißt hier jeder Betrieb. Auch der Film ist eine Fabrik, wo Filme hergestellt werden. Ich lernte also die Leitung kennen und hatte gleich
mit ihnen Kontakt. (Übrigens stellt diese Fabrik 16 Filme im Jahr her, Pudowkin[11] ist auch bei uns).«[12] Und: »Es ist nämlich so: die Meshrabpom-Film ist
eine Fabrik mit Ateliers und oberer Leitung (sagen wir wie bei der Ufa). Und
um die einzelnen Regisseure bilden sich Gruppen – so hat Pudowkin eine
Gruppe, so Ekk[13], der den ›Weg ins Leben‹ gemacht hat, so Eisenstein,[14] so
Gustav – Ivens,[15] und ich bin in zwei Gruppen (...)«.[16]

Meshrabpom-Film war ein Betriebsteil der Internationalen Arbeiterhilfe
(IAH, russisch: Meshdunarodnaja rabotschaja pomoschtsch, abgekürzt
Meshrabpom). Die IAH war 1921 auf Anregung Lenins gegründet worden,
um Hilfs- und Solidaritätsaktionen zunächst für das hungernde Russland,
später auch für andere notleidende Gruppen zu organisieren und zu struk-
turieren. Unter der Leitung des deutschen KPD-Funktionärs und Reichs-

tagsabgeordneten Willi Münzenberg entwickelte sich die IAH in den 20er Jahren zu einer starken, international renommierten Organisation, die ihre Tätigkeit wirksam mit antimilitaristischer und pro-sowjetischer Propaganda verband. Münzenberg erkannte auch rasch die großen Möglichkeiten von Presse, Fotografie und Rundfunk für seine Arbeit und gründete entsprechende Firmen, quasi Betriebsteile der IAH, die weithin erfolgreich arbeiteten.[17] Nimmt man die Arbeitsteiligkeit aller Teile der IAH und ihre Organisationsstruktur als flexibles Ensemble aufeinander abgestimmter, miteinander kommunizierender Unternehmen auf der Basis finanzieller Eigenwirtschaft, so bildete die Film-Produktion, also die Firma Meshrabpom-Film, die seinerzeit modernste, mobilste und massenmedial am weitesten reichende Abteilung, die – infolge des raschen Übergangs vom Stumm- zum Tonfilm – einen enormen Innovationsschub erlebte. 1924 gegründet, moderierte die Filmfirma in der juristischen Form einer gemischten deutsch-russischen (-sowjetischen) Aktiengesellschaft zunächst die Distribution (sprich: Marktauswertung via Kino) sowjetischer Filme in Deutschland und deutscher Filme in der Sowjetunion. Mit diversen Gründungen und Ausgründungen von Tochter- und Nebenfirmen (Weltfilm, Prometheus), mit internen Umstrukturierungen für Produktion und Verleih folgte sie mit beträchtlichem Erfolg der Entwicklung des Film- und Kinobetriebs der 20er Jahre in Deutschland. Bei dessen Etablierung nahm sie einen markanten Platz ein und behauptete ihn bis 1933. Durch die Fusionierung mit der russischen (sowjetischen) Privatfilmfirma *Rus* schuf sie sich die Grundlage für eine bedeutende Film*eigen*produktion in Moskau und vor allem für die personelle Verbindung zur Filmavantgarde in der Sowjetunion. Diese Fusion stimulierte und beschleunigte Entwicklung und Wirksamkeit dieser Avantgarde im Film.[18]

Schon vor 1933 hatten deutsche Filmkünstler zeitweilig bei Meshrabpom-Film gearbeitet, wie etwa die jungen Film-Avantgardisten Hans Richter und Carl Junghans. Ihre Arbeiten wurden abgebrochen, das gedrehte Material ist verschollen. 1930 bereitete Erwin Piscator mit einem großen Team deutscher Schauspieler in Moskau die Verfilmung von Anna Seghers' Novelle *Aufstand der Fischer von St. Barbara* vor.[19] Der deutsche Schauspieler Georg Kaufmann (Pseudonym Peter Holm)[20], ein Mitglied der verschiedenen Berliner Piscator-Ensembles, blieb nach Piscators Drehabbruch in Moskau. Er und der Schauspieler und Radiosprecher (WDR Köln) Alexander Maaß suchten Arbeit bei Meshrabpom-Film und beim Moskauer Rundfunk.

In diese Aktivitäten von Deutschen vor 1933 waren Filmarbeiten des holländischen Dokumentaristen Joris Ivens und seines britischen Kollegen Ivor Montagu integriert. Die praktische Filmarbeit flankierten publizistische Multiplikatoren wie Léon Moussinac (Frankreich), Jay Leyda (USA) und Béla Balázs (Ungarn / Deutschland). Sie stimulierten die künstlerischen Po-

tenzen der Firma nach innen und außen. Die Firma verhandelte mit seinerzeit renommierten, viel gelesenen Schriftstellern wie Halldor Laxness, Martin Andersen-Nexö, Friedrich Wolf, Langston Hughes und Upton Sinclair
über Szenarien für Spielfilme. Henri Barbusse, langjähriger Verbündeter und
Repräsentant der IAH in Paris, plante einen Dokumentarfilm über Stalin.
Zeitweilig waren die internationalen Ambitionen der Firma so stark, dass sie
sogar eine eigene internationale Abteilung unterhielt, als deren Leiter Münzenberg den deutschen Schauspieler und KPD-Funktionär Hans Rodenberg
engagierte, der dann als Produktionsleiter und stellvertretender Direktor bei
Meshrabpom-Film blieb.[21] Ein frühes, kurzzeitiges und experimentelles Son-
derfeld dieser internationalen Verbindungen von Meshrabpom-Film bildeten deutsch-sowjetische Koproduktionen, die zudem schnelle Amortisatio-
nen ermöglichten.[22]

Ein feines Netz besonderer und verdeckter Verbindungen verlief zwischen
Russen, die nach der Oktoberrevolution 1917 nach Deutschland emigriert
und hier geblieben waren, und Russen, die zeitweilig in Deutschland lebten
und dann wieder in die Sowjetunion zurückkehrten. Die einen wie die anderen arbeiteten in Berlin an etlichen Filmen der Firmen Prometheus und Weltfilm mit, die kaschierte Sub- oder Neben-Unternehmen von Meshrabpom-
Film waren (Wladimir Gaidarow, Alexander Rasumnyj).

Alle diese Aktivitäten und Pläne erlitten durch den Machtantritt des NS-
Regimes 1933 eine erhebliche Beeinträchtigung. Ein Hauptadressat von
Meshrabpom-Film (der zugleich einen erheblichen Markt – heißt: Einnah-
meanteil bildete) – das deutsche Publikum – »fiel weg«: Die Firma musste
abrupt ihre gesamte Geschäftätigkeit in Deutschland und den Filmverleih
einstellen, alle in Deutschland befindlichen Kopien nebst Fotos und Wer-
bematerial wurden beschlagnahmt, ein auch materiell bedeutender Verlust.[23]
Infolge großer politischer Illusionen über Charakter und Dauer der nationalsozialistischen Herrschaft nahm die Überprüfung und Neubestimmung
thematischer Filmpläne längere Zeit in Anspruch, als der Produktionsbetrieb
de facto gestatten konnte, sodass innerbetrieblich merklich Verzögerungen
auftreten mussten.

Dennoch setzte Meshrabpom-Film ihre Filmproduktion fort. Als wichtigen Bestandteil ihrer internationalen Produktionsstrategie nach 1933
favorisierte Meshrabpom-Film solche Filme und Projekte, die nationale,
nicht- beziehungsweise außerrussische Sujets thematisierten, diese freilich in
zentralistisch-sowjetischer Sicht boten: Jüdisches in *Die vier Besuche des
Samuel Wulf* (*Tschetyrje wisita Samuelja Wulfa*, 1934, Regie: Aleksander Stol-
per), Westeuropäisch-deutsches in *Der Deserteur* (*Desertir*, 1931/33, Regie:
Wsewolod Pudowkin) und in *Aufstand der Fischer* (*Wosstanije rybakow*, 1934,
Regie: Erwin Piscator, nun im zweiten Anlauf realisiert und diesmal mit ausschließlich russischem Team), die idealisierte Sozialisierung von Zigeunern

in der Ukraine in *Das letzte Zigeunerlager* (*Poslednij tabor*, 1936, Regie: Jewgenij Schnejder/Moissej Goldblat mit Alexander Granach in einer Hauptrolle), Alltagsleben der Wolgadeutschen in dem Projekt *Film der Wahrheit* (1935, Projektleiter Piscator). Zu eben diesen Themen entstanden zeitgleich auch sowjetische Filme außerhalb von Meshrabpom-Film, wie *Glücksucher* (*Iskatjeli schtschastja*, 1936, Produktion Bjelgoskino Minsk, Regie: Wladimir Korsch-Sablin mit einer publikumswirksamen Mischung russisch-jüdischer Dialoge und zeitgenössischen jüdischen Schlagern und Außenaufnahmen in Birobidshan, der im Aufbau befindlichen Hauptstadt der Jüdischen Autonomen Sowjetrepublik).

Hier scheint ein offensichtlich weiträumig inszenierter Diskurs auf: Im Dezember 1936 nahm der Oberste Sowjet eine neue Verfassung an, die als bedeutende Errungenschaft des sozialistischen Aufbaus der ganzen Union gepriesen wurde und die – nüchtern gesehen – ein Instrument der Stalinisierung insofern war, als sie zwar demokratische Regelungen vorschlug und lautstark propagierte, diese jedoch real nicht einhielt, weil sie durch den beginnenden Großen Terror unterlaufen und damit geräuschlos liquidiert wurden. Ein Instrument dieser propagandistischen Attrappe bildete im Vorfeld ein vielstimmig geführter Chor von öffentlichen Meinungs- und Zustimmungsäußerungen, die als Volksaussprache und demokratische Diskussion ausgegeben wurden, jedoch auf die einstimmige Annahme durch den Obersten Sowjet hinauslief. Kernstück dieser Strategie bildete eine massive propagandistische Ausrichtung auf »Vereinheitlichung« – sprich: Eingemeindung der zahlreichen nationalen Minderheiten in den Vielvölkerbund. Die Multi-Ethnizität sollte zugunsten des Sozialismus in der Sowjetunion aufgehen. Diese gesamtsowjetische Kampagne wurde öffentlich vor allem in Zeitungen und im Rundfunk ausgetragen, begleitet von zahllosen Aktivitäten in Betrieben und Kolchosen. Via Kino rangierte nun dieses Spielfilmensemble als moderne konzertierte Aktion und als spezifische Medienflanke, indem die Filme mit narrativer Stringenz und dramaturgischer Ehrlichkeit die gestalteten »Volksgruppen« als ebenbürtig, gleichwertig, als »würdig der Völkerfamilie« und – ebenfalls wie die anderen nationalen Minderheiten – als auf dem Wege zum Sozialismus darstellte und ihnen zugleich viele, in den Filmen sichtbare Merkmale nationaler Eigenart beließ. Andererseits offerierten – und suggerierten zugleich – diese Filme jedoch auch eine gewisse Weltoffenheit und ethnische Flexibilität vorstalinistischen Zuschnitts. Diese Ambivalenz konnte jedoch im Ausland kaum wahrgenommen werden, weil sie rasch von der massiv einsetzenden Stalinisierung im Kino und in der medialen Öffentlichkeit überdeckt und dann auch faktisch liquidiert wurde. Die Illusionen der Filmemacher, mit ihrer Arbeit einen wirklichen Beitrag zum öffentlichen Austausch leisten zu können, fielen dabei am wenigsten ins Gewicht.

IV Ein Betrieb in Moskau als moderner Konzern

Meshrabpom-Film als kaufmännisches Subjekt war ein Exot inmitten der sowjetischen Planwirtschaft. Als gemischte deutsch-russische Aktiengesellschaft setzte sich ihr Firmenkapital aus sowjetischer (Rubel) und »westlicher« (Reichsmark und Dollar) Währung zusammen.[24] Sie erzielte durch Vorführungen ihrer Filme außerhalb der Sowjetunion (bis 1933 meist in Deutschland) Einnahmen in Form von Devisen und investierte diese vor allem in ihre produktionstechnische Basis und den Ankauf von Rohfilm. Die Emulsion des »westlichen« Rohfilms war dem heimisch-sowjetischen Rohfilm lange Jahre überlegen – an Feinkörnigkeit und Licht-Empfindlichkeit, was begreiflicherweise die Regisseure und Kameraleute besonders zu schätzen wussten und die Anziehungskraft von Meshrabpom-Film erhöhte.

Meshrabpom-Film investierte in Perspektivisches, indem sie firmeneigene Laboratorien unterhielt, das größte und am höchsten dotierte für die Entwicklung des Tonfilms.[25] Gehälter und Gagen zahlte sie in Rubeln aus, den ausländischen Mitarbeitern merklich mehr als den sowjetischen, zudem gab es Sonderregelungen für die Ausländer: Anteile des Honorars in Devisen und Sondereinkaufsmöglichkeiten in Spezialläden.

Infrastrukturell war die Firma wie ein autarker moderner westeuropäischer Filmkonzern organisiert, insofern war Granachs Vergleich mit der Berliner Ufa durchaus zutreffend: fest engagiertes künstlerisches Personal und Mitarbeiter aller Gewerke und Werkstätten, Bildung von zeitweiligen Produktionsgruppen für jedes drehbereite Projekt, ein eigenes Kopierwerk, sogar Feuerwehr, Erholungsheime und medizinischer Dienst für alle Betriebsangehörigen – 1934 über 1.200 Personen.[26]

Sie unterhielt eine eigene Script-Abteilung zur Entwicklung von Filmstoffen und zog dafür auch Berater und Konsultanten, die nicht Meshrabpom-Film angehörten, heran. Genau hier setzte dann auch die erste Stufe von Zensur ein: firmenintern und als Selbstzensur durch die Mitarbeiter und dann durch die Leitung, unmittelbar gefolgt von den Ratschlägen oder Weisungen der Berater, und dies lange vor Drehbeginn. Durch diese Besonderheit in der literarisch-szenaristischen Vorarbeit wurde der permanente »Flaschenhals« aller damaliger Filmproduktionen – unzureichende Script-Produktion und mangelnder Drehbuch-Vorlauf – noch enger.

Meshrabpom-Film besaß innenarchitektonisch anspruchsvolle Kinos – drei in Moskau, zwei in Leningrad (zu Zeiten des Stummfilms mit eigenem Begleitorchester), deren Repertoire, Eintrittspreise und Bewerbung sie selbst bestimmte und deren rasche Umrüstung auf Tonfilm sie mit eigenen Kräften energisch und erfolgreich betrieb. Obwohl sie viele Assistenten beschäftigte, bildete sie keinen Nachwuchs aus – hier kooperierte sie, wie die sowjetischen Filmstudios auch – mit dem zentralen Ausbildungsinstitut WGIK

(Wsjesojusnyj gosudarstwennyj institut kinematografii = Allsowjetisches Staatliches Institut für Kinematographie). Die Produktion der Firma war erheblich durch die alltäglichen Lebensumstände in Moskau bestimmt: Mangel an Rohstoffen für Dekorationsbau und Ausstattung, häufig desolate Arbeitsorganisation und unzureichende Arbeitsdisziplin (vor allem in den Werkstätten), poröse Logistik (Transport zwischen Firmensitz, Ateliers, Werkstätten und Drehorten), sodass oft eine bizarre Mischung von Chaos und Improvisation die künstlerische Produktion prägte.[27] Die Wettbewerbsbewegung, die seinerzeit die gesamte sowjetische Wirtschaft begleitete und die durch die Stachanow-Kampagnen hypertrophiert wurde, war auch in der Filmindustrie und bei Meshrabpom-Film installiert – sie wirkte sich nur unzureichend auf eine Optimierung der Filmproduktion aus.

Zugleich befand sich die Firma infolge ihrer kapitalbasierten und juristischen Besonderheiten und ihrer internationalen Anbindung in einer Art Dauer-Clinch mit der sowjetischen Planwirtschaft. Diese war rigoros auf Zentralisierung der sowjetischen Wirtschaft (also auch der Filmindustrie) orientiert, wie das der damaligen sowjetischen Gesellschaftsstrategie entsprach. Meshrabpom-Film jedoch rangierte – infolge ihrer Einbindungen in die IAH – außerhalb der sowjetischen Planwirtschaft und sträubte sich über viele Jahre gegen die Bestrebungen der Moskauer Exekutive, sie in das zentralistische Gefüge dieser Planwirtschaft einzubinden und damit allen anderen sowjetischen Reglements zu unterwerfen. Konkret äußerte sich dies in einem zähen Widerstand, den die Leitung von Meshrabpom-Film über Jahre gegen die oberste sowjetische Exekutive für Filmproduktion (Glawnoje uprawlenije kino-fotopromyschlennosti/GUKF) und ihren Leiter Boris Schumjazki leistete. Zwar verfügte Meshrabpom-Film selbstverständlich über interne Arbeitspläne (vor allem für Filmprojekte und für Finanzen), weigerte sich jedoch, die Zustimmung zu diesen Plänen von GUKF einzuholen: Dies wäre sofort als Anerkennung der sowjetischen Exekutive und folglich aller weiteren Reglements der Moskauer Behörden über die Firma interpretiert und strikt praktiziert worden. Überdies wusste sich Meshrabpom-Film ständig in künstlerischer und finanzieller Konkurrenz mit allen anderen sowjetischen Filmproduktionsfirmen, besonders mit dem Lenfilm-Studio in Leningrad und dem hauptstädtischen Mosfilm-Studio, die natürlich – da staatlich – von GUKF favorisiert wurden.

Als extremer Gegensatz zu diesen Hintergrund-Verhältnissen und -Entwicklungen erschien die enorme öffentliche Propagierung des sowjetischen Films. Stalins Grußadresse zum 15. Jahrestag der sowjetischen Kinemathographie 1935 und Schumjazkis Antwort dokumentierten die völlige Integration des Films in das stalinistische Herrschaftsinstrumentarium und schrieben sie fest. (Übrigens wurde im opulenten Füllhorn von Orden und Preisen zu diesem Jahrestag die Firma Meshrabpom-Film nicht ein einziges

Mal erwähnt, obwohl eine Reihe ihrer Künstler hohe Auszeichnungen erhielt.) Der Vorsitzende von GUKF, Boris Schumjazki, hatte Hollywood besucht und wollte nun dortige Produktionserfahrungen und Distributionsmethoden auf die sowjetische Filmproduktion übertragen.[28] Gipfelpunkt dieses Höhenflugs eigener Art war das tollkühn-idealistische Konzept, im Süden der Sowjetunion eine riesige Filmstadt zu errichten, die so groß und so praktikabel sein sollte wie alle Hollywood-Studios zusammen. Auch hier war kein Platz für Meshrabpom-Film vorgesehen, jedoch für deren namhafteste Künstler.

Zum Sonderstatus von Meshrabpom-Film gehörte, dass sie – trotz sehr weitgehender Autonomie – stets auch als Teil der Moskauer Filiale der IAH rangierte und ihr unterstellt war. Und diese wiederum befand sich – ebenfalls trotz großer Autonomie – in mindestens ideologischer Abhängigkeit zur Komintern (Kommunistische Internationale), dem damaligen Zentrum und obersten Gremium aller kommunistischen Parteien. Die Vernetzungen wirkten vor allem als Raster von offener und verdeckter Zensur auf die Projekte und die Filme von Meshrabpom-Film ein. Ohnehin mussten alle abgedrehten Filme die sowjetische Zensur passieren. Als Münzenberg 1933 die Leitung der IAH von Berlin auslagern musste, verlegte er sie nach Paris (und nicht nach Moskau!) – zwar wurde nun die Kommunikation zwischen der Zentrale und der Moskauer Filiale schwieriger, weil länger und umständlicher (auch infolge der noch stärkeren Konspiration), blieb jedoch in ihrer Substanz unbeschädigt.

Wichtigster Mann für Meshrabpom-Film in Moskau war der Italiener Francesco Misiano, Freund und Vertrauter Münzenbergs aus gemeinsamen frühen Tagen bei der Kommunistischen Jugendinternationale und nun Moskauer Resident der IAH, zugleich Vorsitzender des Rates der Filmfirma. Schon 1924 bescheinigte ihm Münzenberg »uneingeschränktes Vertrauen in jeder Beziehung«.[29] Misiano war eine der seltenen Persönlichkeiten, die es in jenen politischen Apparaten auch gab: kultiviert, belesen, mehrsprachig, sensibel im Umgang mit Kunst und Künstlern, lern- und begeisterungsfähig, ein Funktionär des Apparats, aber innerhalb der Grenzen des Apparats flexibel. Über seine Arbeit als IAH-Funktionär hinaus entwickelte Misiano rasch großes Verständnis für alle Belange von Filmproduktion und wuchs so zu einem wichtigen Partner von Meshrabpom-Film – außerhalb der Firma und quasi neben Moskauer Partei- und Komintern-Hierarchien. Wirklich Genaues von den inneren Verbindungen und Verstrickungen der Firma mit den diversen »Partnern« – also den Moskauer Behörden, der sowjetischen Partei, der Komintern und der Pariser Zentrale – wussten die meisten Künstler – auch die deutschen Exilanten – nicht. Sie erfuhren von Fall zu Fall davon – und dann oft nicht sehr konkret, weil ideologisch verbrämt und mit Schlagworten und Parolen überladen – anlässlich diverser Änderungen, Eingriffe und Diskussionen bei einzelnen Filmen, wie beispielsweise die deutschen Filmmitarbeiter bei den schier endlosen Auseinandersetzungen um den Spielfilm *Kämpfer*.

V Eine Filmfirma als Motor für Innovationen

Viele Künstler von Meshrabpom-Film haben erheblichen Anteil an künstlerischen Innovationen und visuellen Orientierungen, die in den 20er Jahren in die internationale Filmkunst eingingen, als diese wesentliche Komponenten ihrer Bildsprache ausbildete. Ein graphisch-konstruktivistischer Umgang mit Licht, dramaturgisch bestimmte Kontrastierungen mittels Schwarz/ Weiß, rhythmische Gliederungen von Massenszenen durch Auseinanderschneiden und Wechsel zwischen Masse und Einzelfigur, extreme Kamerawinkel außerhalb der optischen Achse, neue Möglichkeiten der Montage und weitere Kompositionsmittel wurden wesentlich von Regisseuren, die bei Meshrabpom-Film arbeiteten, ausprobiert und in die moderne Filmsprache integriert. Dafür stehen Filme nahezu aller Genres, unter anderem *Die Mutter* (*Matj*, 1926, Regie: Wsewolod Pudowkin), *Der Einundvierzigste* (*Sorok perwyj*, 1927, Regie: Jakow Protasanow), *Der lebende Leichnam* (*Shiwoj trup*, 1929, Regie Fjodor Ozep), *Sturm über Asien* (*Potomok Dschingis-Chana*, 1929, Regie: Wsewolod Pudowkin), der abendfüllende Dokumentarfilm *Drei Lieder über Lenin* (*Tri pesnja o Lenine*, 1934, Regie: Dsiga Wertow).

Über ästhetische Komponenten hinaus hat Meshrabpom-Film innovativ auch für die technische Weiterentwicklung des Films in der Sowjetunion gewirkt: So produzierte sie den ersten sowjetischen Tonfilm *Weg ins Leben* (*Putjowka w shisn*, 1931, Regie Nikolai Ekk. Der Film konnte noch vor 1933 in Deutschland gezeigt werden und erzielte einen enormen Erfolg). Wie eine spielerische, offene Versuchsanordnung, die neuen Mittel des Tonfilms als stilbildend zu adaptieren, wirkt hier Pudowkins Spielfilm *Der Deserteur*. Die weiträumige Exposition im Hamburger Hafen nutzt deutlich kühne Bild-Ton-Kombinationen des deutschen Dokumentarfilmregisseurs Walter Ruttmann (vor allem in seinem Film *Berlin – Die Sinfonie der Großstadt*) und überträgt sie in die Spannungsfelder eines Spielfilms mit eminent agitatorischem Charakter.[30] Der erste sowjetische Farbfilm *Karneval der Farben* (*Karnawal zwetok*, 1935, Regie: Nikolai Ekk), eine abendfüllende Filmrevue mit verschiedenen Farbfilm-Demonstrationsbeispielen, wurde bei Meshrabpom-Film hergestellt.

Infolge der Innovationskraft des Studios und deren internationaler Resonanz bildete sich vor allem unter dem künstlerischen Personal eine Art Firmen-Ethos aus, das ausstrahlte und mobilisierend auch nach innen wirkte. Dieser Nimbus freilich erleichterte kaum die schwierige Position der Firma innerhalb der sowjetischen Filmindustrie. Die Dauer-Ambivalenz von Mesh-rabpom-Film: international ausgerichtete Filmfirma mit Produktionssitz in der sowjetischen Zentrale, führte auch dazu, dass viele Filme, die Meshrab-pom-Film produzierte, als sowjetische Filme deklariert und Innovationen der Firma als Errungenschaften des sowjetischen Kinos ausgegeben wurden. Die-se Deutungsstrategie blieb dauerhaft.

VI Emigranten als künstlerischer Zuwachs

Ab 1933 wurde Meshrabpom-Film, Sammelbecken der sowjetischen Film-avantgarde und filmisches Labor, für viele Emigranten aus Deutschland zum wichtigsten Arbeitgeber,[31] zur attraktiven Projekte-Schmiede und Überle-benshilfe. Die neu hinzukommenden Exil-Künstler verstärkten den künst-lerischen Fundus der Firma. Filme und vor allem Projekte der Firma nach 1933 zielten auf kontinuierliche Fortführung der Innovationen. Joris Ivens hatte 1932 den Dokumentarfilm *Lied über Helden* (*Komsomol*) gedreht und dafür Hanns Eisler als Komponisten gewonnen. Da Eisler wieder abgereist war, engagierte Ivens für seine folgende Arbeit, die sowjetische Tonfilm-Ver-sion seines ursprünglich stummen Films *Borinage*, den Komponisten Hans Hauska, einen begabten Autodidakten, der mit der deutschen Agitprop-Gruppe *Kolonne Links* in die Sowjetunion emigriert war. Hauska kompo-nierte 1935 dann auch die Musik zu Wangenheims Spielfilm *Kämpfer* (*Bor-zy*). Damit wurde auch in der Sowjetunion Filmmusik als Exilkunst etabliert.

Der Spielfilm *Aufstand der Fischer* (1934, Regie: Erwin Piscator) war ein Prestige-Objekt der Firma und besonders ihrer internationalen Ambitionen. In vor allem holzschnittartig-graphisch komponierten Bildern und mit ex-pressiven dialogischen und chorischen Komponenten gestaltete er scharfe soziale Auseinandersetzungen zwischen Fischern und ihren Arbeitgebern, zwischen Ausgebeuteten und Ausbeutern, die zu Konfrontationen auf Leben und Tod zugespitzt wurden. Der Film wurde ein Misserfolg bei den sowje-tischen Zuschauern, bot aber eine Adaption und Zusammenfassung vieler früherer Neuerungen, die allesamt von Filmen der Meshrabpom-Film geleis-tet worden waren. Noch vor seiner Uraufführung wurde der Film öffentlich heftig und in Teilen unsachlich kritisiert. Beherzt und engagiert traten die-ser Kritik Kollegen Piscators und Regisseure der Firma öffentlich entgegen und bekräftigten gerade die avantgardistischen Intentionen.[32] Dieser unge-wöhnlich heftige Schlagabtausch in landesweiter Öffentlichkeit – ein für damalige sowjetische Verhältnisse erstaunlicher Vorgang! – markierte als Ab-sichtserklärung der Künstler bei Meshrabpom-Film, die avantgardistische Komponenten via Film weiterzuführen gedachten, einen Gegenpol zur ge-rade einsetzenden massiven Stalinisierung der medialen Öffentlichkeit. Dieser Widerspruch konnte nicht mehr diskutiert und folglich auch nicht ausgetragen werden, weil er nur wenig später mittels totalitaristischer Restriktionen entschieden wurde.

Der Spielfilm *Kämpfer* zwei Jahre darauf (*Borzy*, 1936, Regie Gustav von Wangenheim) beschäftigte die meisten deutschen Emigranten. Er thematisierte den Leipziger Reichstagsbrandprozess und spiegelte in der Story über eine Arbeiterfamilie und deren Freunde in einer anonymen deutschen Kleinstadt antifaschistischen Widerstand in der Frühzeit des NS-Regimes. Alle Drehbucharbeiten, Ausstattung, Assistenzen, Musik und die meisten Rollen wurden von exilierten deutschen Künstlern realisiert, darunter Amateure der Agitprop-Gruppe *Kolonne Links*.[33] Der Film montierte verschiedene dokumentarische Materialien vom Auftreten Georgi Dimitroffs in Leipzig und dessen internationaler Auswirkung (NS-Wochenschau-Sujets, Rundfunkmitschnitte, Druckschriften)[34] in die Filmhandlung. Auch die fabulierte Familien- und Widerstandsgeschichte war auf Dimitroff zentriert.[35] Diese neuartige Kombination wesentlich verschiedener filmischer Materialien kann durchaus in die innovativen Traditionen von Meshrabpom-Film eingeordnet werden: eine solche Mischung aus fiktiven und dokumentarischen Film-Bauteilen war bisher weder für möglich gehalten noch vorgelegt worden. In summa erschien der lebende Politiker Dimitroff bildhaft als politischer Protagonist in einem Spielfilm. Er war damit auch der letzte wirkliche Filmheld der nicht-stalinschen Art. Zur Zeit der Endfertigung und der Uraufführung des Films war die sowjetische Öffentlichkeit via Bild bereits vollkommen von der Person und den Bildern Stalins ausgefüllt. Mit dem ersten Spielfilm, in dem Stalin als Rolle auftrat, *Lenin im Oktober* (*Lenin w oktjabre*,1937, Regie: Michail Romm), nur wenige Monate nach der Uraufführung von *Kämpfer*, war dieser Kampf um Heldenbilder im Film unumkehrbar entschieden: Heldenkonstruktionen für Spielfilme mussten fortan nach dem Stalin-Bild vermessen werden.

Weitere Emigrantenarbeiten bei Meshrabpom-Film in diesen Jahren: Béla Balázs schrieb und drehte den Spielfilm *Die Theiß brennt* (*Tisa gorit*, 1933), Hans Klering spielte die Rolle eines deutschen Kriegsgefangenen aus dem Ersten Weltkrieg in *Okraina* (*Vorstadt*, 1933, Regie: Boris Barnet). An den Filmen *Der Deserteur* und *Ruddis Karriere* (*Karjera Ruddi*, 1934, Regie: Wladimir Nemoljajew) wirkten Peter Holm als Darsteller und Erna Ruttmann als Regieassistentin mit.[36] Alle diese Arbeiten und Projekte wurden in der festen Überzeugung realisiert, dass sie unter der Obhut dieser Firma weitergeführt werden könnten.

Gegenläufig dazu wurde in der offiziellen Kunst- und Kulturpolitik der Sowjetunion die Methode des sozialistischen Realismus (mit seiner Spielart »optimistische Tragödie«) gefördert. Diese Doktrin schloss avantgardistische Experimente – auch im Film – rigoros aus. Die Stalinisierung in der Filmkunst äußerte sich vor allem durch zunehmende Glättung und Heroisierung von Fabelfiguren.[37] Die Durchsetzung des sozialistischen Realismus und seiner Fabel- und Heldenkonstrukte war ein rabiates Instrument der Stalinisierung auf dem Gebiet von Kunst und Kultur und hatte unmittelbare und dauerhafte Auswirkungen auch auf die Filmprojekte von Meshrabpom-Film. Den öffentlich sichtbaren Kulminationspunkt dieser Entwicklung bildeten Anfang 1936 die *Prawda*-Artikel über moderne Musik (insbesondere die von Dmitrij Schostakowitsch), die im Gewand einer Musikkritik den Auftakt zur radikalen Liquidierung aller innovativen Kunstimpulse gaben.

Nach dem Kirow-Mord 1934 wuchsen in der Sowjetunion öffentliches Misstrauen und hysterisierte Kampagnen zur Erhöhung der Wachsamkeit gegenüber den Feinden des Sozialismus rapide an. »Säuberungen« und »Anhörungen« zogen auch bei Meshrabpom-Film ein.[38] Ein erster Vorläufer des Großen Terrors, der Meshrabpom-Film wirklich beunruhigen musste, war 1935 die Umwandlung der Moskauer Filiale der IAH in eine Abteilung (von vielen) der Komintern. Mit dieser de-facto-Auflösung wurde die Bindung an die Pariser Zentrale gekappt und das Vermögen und ein Großteil des Personals der Komintern zugeschlagen. Die relative Selbständigkeit der Filiale, von der Meshrabpom-Film bislang kräftig profitiert hatte, war beendet. Die Geschäfts- und Finanzierungskette »Meshrabpom-Film – Moskauer Filiale der IAH – Zentrale der IAH in Paris und zurück« wurde liquidiert und blieb ohne jeden Ersatz. Damit hatte Meshrabpom-Film ihren wichtigsten Partner »vor Ort« in Moskau verloren, der außerhalb von Parteihierarchien relativ souverän agieren konnte und zudem direkten Zugang zur IAH-Exil-Zentrale und zu Münzenberg in Paris hatte. Zeitgleich baute Münzenberg in Paris gerade die Medienstrategie der IAH um: Einrichtung eines Archivs zur Faschismusforschung, die Braunbücher über die NS-Entwicklungen, die Neupositionierung von Zeitungen / Zeitschriften der IAH, neue Dimensionen antifaschistischer Protest- und Solidaritätsaktionen und deren internationaler Popularisierung etc. Diese radikale Umprofilierung hätte folgerichtig eine Neubesinnung über den Stellenwert des Films und der Produktion von Meshrabpom-Film nach sich ziehen müssen. Auch dies wurde durch die »Umwandlung« der Moskauer Filiale der IAH gestoppt. Merkwürdige Gegenläufigkeit: An den Abenden des sechswöchigen VII. Weltkongresses der Komintern im Juli / August 1935 in Moskau wurden den Delegierten mehrere Jahresproduktionen von Meshrabpom-Film als agitatorisches Zusatzprogramm gezeigt. Möglicherweise war auch dies ein Manöver im Zuge der seinerzeitigen Stalinisierungs-Phase. Ein äußerst unglücklicher Zufall verschärfte die prekäre Situation: Der Leiter der Moskauer IAH-Filiale, der Münzenberg-Vertraute und Meshrabpom-Film-Sympathisant Francesco Misiano, erkrankte schwer und verschwand de facto aus dem Betriebsleben. (Er starb im Jahr darauf, am 16. August 1936.)

VII Repressionen als allmähliche Vernichtung des Exilfilms in Moskau

Das Ende von Meshrabpom-Film aber wurde vom internen vernichtenden
Urteil Stalins über Piscators Film *Aufstand der Fischer*[39] eingeleitet. Stalin,
der sich erstaunlich viele Filme, auch unfertige und noch nicht uraufgeführ-
te, ansah und beurteilte und damit oft über deren Schicksal entschied (bis
zur Festlegung von Kopienzahlen!), fand den Film langweilig. Er ignorierte
(oder erkannte nicht?) die avantgardistischen Impulse dieses Films als Beiträge zu einer modernen Filmsprache. Der Leiter von GUKF und Zeuge
des Stalinschen »Unmuts«, Boris Schumjazki, nutzte geschickt die Situation: Er lehnte jede Verantwortung ab unter Verweis auf den außer-sowje-
tischen Status des Regisseurs und der Produktionsfirma. Stalin verwies
Schumjazki – ganz im Sinne der damaligen sowjetischen Zentralisierungs-
strategie – auf dessen oberste Verantwortung, und Schumjazki gelang es
anschließend, die relative Selbständigkeit von Meshrabpom-Film definitiv
und endgültig auszuschalten und damit die Zentralisierung der sowjetischen
Filmindustrie abzuschließen.[40] Stalins Diktum beendete endgültig jegliche
Filmexperimente avantgardistischer Art in der gesamten sowjetischen Filmindustrie.

Bei Meshrabpom-Film setzte nun der so genannte Große Terror offen ein.
Die ersten Opfer unter den exilierten deutschen Künstlern bei Meshrabpom-
Film waren: der Schauspieler Peter Holm,[41] die Regieassistenten und Darsteller kleiner Rollen in *Kämpfer* Walter Rauschenbach und Ernst Mansfeld
(der Schwiegersohn von Alfons Goldschmidt, einem in der Sowjetunion hoch
angesehenen deutschen, 1933 emigrierten Ökonomen und Reiseschriftstel-
ler). Die Drei wurden während der Dreharbeiten vom Drehort weggeholt
beziehungsweise während der Endfertigung verhaftet.

Am 6. Juni 1936 wurde staatsstreichartig, ohne Ankündigung und ohne
öffentliche Erklärung, die Produktionsfirma Meshrabpom-Film liquidiert.
Buchstäblich über Nacht wurde an ihrer Stelle eine neue Firma proklamiert,
Sojusdetfilm, ein gesamtsowjetisches Kinderfilmstudio. So bemerkenswert
es war, dass ein Studio ausschließlich zur Produktion von Kinderspielfilmen
installiert wurde, so makaber waren die Umstände seiner Gründung. Dem
neuen Studio wurden Kapital und Anlagen von Meshrabpom-Film, ihre
Apparate, Ateliers, Fundus, Kinos, das Rohfilmlager etc., also alle Filmpro-
duktionskapazitäten, zugeschlagen, de jure eine Enteignung. Die geltenden
Verträge mit dem Personal wurden zunächst übernommen, auch die der Emigranten. Überläufer-Filme wurden stillschweigend zu Ende gefertigt (*Das
letzte Zigeunerlager*, in dem Alexander Granach eine Hauptrolle spielte, und
Kämpfer) und noch unter dem alten Signet im Vorspann uraufgeführt. Andere bereits begonnene Projekte firmierten unter der neuen Firmenmarke, so
z. B. die Verfilmung von Friedrich Wolfs Theaterstück *Das Trojanische Pferd*

unter dem Titel *Der Kampf geht weiter* (*Borba prodolshajetsja*, 1938, Regie: Wassili Shurawljow).

Viele Projekte wurden abgebrochen. Dazu gehörten sämtliche Filmvorhaben, die deutsche Emigranten geplant hatten. Hans Rodenberg, der nach mehrjähriger Tätigkeit als Produktionsdirektor nun als Szenarist und Regisseur debütieren wollte, musste nach nur drei Drehtagen im Atelier seinen Film *Illegale* aufgeben. Piscators Projekt eines Spielfilms über das Leben in der Wolgadeutschen Republik wurde inmitten der Diskussion erster Drehbuchvarianten eingestellt. Joris Ivens, der das Projekt eines Dokumentarfilms über drei Weltstädte im Vergleich (New York, Paris, Moskau) lanciert hatte, ging nach Spanien zu den Internationalen Brigaden und kehrte nicht zurück, sein Projekt wurde nicht realisiert. In unterschiedlichen Stadien ihrer Szenariums- und Drehbucharbeiten mussten Gustav von Wangenheim (einen Stoff über die deutsche Revolution 1848), Willi Bredel (einen Film über Erich Mühsam), Heinz Goldberg (einen Heinrich-Heine-Film und einen Film über internationale Verbindungen des NS-Regimes *Das braune Netz*), Béla Balázs (einen Mozart-Film),[42] Alexander Granach, der Filmregiepläne nach eigenem, expressionistisch eingefärbtem Skript betrieb, und Julius Hay ihre Filmarbeit beenden. Die Sondierungskontakte, die die nach Hollywood bzw. Frankreich emigrierten deutschen Spielfilmregisseure William Dieterle, Ernst Lubitsch und Max Ophüls in jener Zeit geknüpft hatten, versickerten.

Die Exil-KPD-Führung, die bis dahin alle Filmaktivitäten der deutschen Emigranten goutiert und auch unterstützt hatte, konstatierte mit Bedauern und Hilflosigkeit das Ende dieser hoffnungsvollen Projekte, wobei sie andere Gründe ausmachte als die tatsächlichen: »Wenn diese Entwürfe Wirklichkeit werden, so würde uns damit sehr viel geholfen. Wir haben uns deshalb auch für die beschleunigte Herstellung der Filme eingesetzt. Aber es treten dabei sehr ernste Schwierigkeiten auf, die besonders in der Mitwirkung deutscher Schauspieler liegen. Die bisherigen Erfahrungen, besonders wegen ihres politischen Verhaltens, sind nicht sehr günstig, und es bestehen Neigungen, überhaupt auf ihre Mitwirkung in der SU zu verzichten. Das wäre im Interesse der deutschen Filme nicht günstig.«[43]

Von 1933 bis zu ihrem Ende hat Meshrabpom-Film 34 Spielfilme, 25 Dokumentarfilme und neun Animationsfilme produziert, überschlagsweise je ein Viertel der gesamten sowjetischen Jahresproduktion.

Nach der Liquidierung von Meshrabpom-Film wurden die Repressionen gegen die exilierten deutschen Künstler fortgesetzt. Der erste große Moskauer Schauprozess vom August 1936 wirkte auch hier als Katalysator. Carola Neher, die im Moskauer Exil bisher noch nicht in ihrem Beruf hatte arbeiten können, aber bei Meshrabpom-Film unter Vertrag gestanden hatte und für die Hauptrolle in dem Film von Hans Rodenberg *Illegale* vorgesehen war, wurde am 25. Juli 1936 verhaftet.[44] Noch vor der Uraufführung von *Kämpfer* (am 6. Dezember 1936) verschwanden Fritz Schimanski und Rudolf Margies: deutsche Arbeiterfunktionäre, die in Moskauer Betrieben gearbeitet und kleine Rollen in »Kämpfer« gespielt hatten. Und: ein hochrangiger sowjetischer Sympathisant des Films, KPdSU-Politbüromitglied Karl Radek, wurde ein knappes Vierteljahr vor der Uraufführung des Films, verhaftet.[45]

Bei den dreitägigen internen Debatten der exilierten deutschen Schriftsteller in Moskau in der ersten Septemberhälfte 1936, die wie Kollektivsäuberungen vor sich gingen und gleichsam als verbale Repressionen und als Vorspiel wirklicher Repressionen angesehen werden müssen, wurden auch viele Fragen der Filmarbeit deutscher Emigranten bei Meshrabpom-Film geprüft und beredet – freilich von deren endgültigem Ende her betrachtet und folglich kaum in sachlicher Form.[46]

Nach kurzer Übergangszeit infolge der übernommenen Meshrabpom-Film-Verträge zunächst von Sojusdetfilm, dann von Mosfilm, wurden alle deutschen Emigranten, die in der Filmbranche arbeiteten, im Januar 1937 fristlos entlassen, damit arbeitslos und gerieten rasch in große existenzielle Not. Auch in späteren Jahren hielten die Repressionen gegenüber deutschen exilierten Künstlern an, die bei Meshrabpom-Film gearbeitet hatten, ohne dass freilich ein kausaler Zusammenhang zwischen der Arbeit bei Meshrabpom-Film und den Repressionen hergestellt werden kann. Die Schauspieler Bruno Schmidtsdorf, Friedrich Voss, Kurt Ahrendt, Dr. Lothar Wolf (ein emigrierter Berliner Sozialarzt, der in *Kämpfer* quasi sich selbst gespielt hatte) und Erich Mateblowski wurden erschossen, Schnittassistent Wolfgang Duncker und der Schauspieler Helmut Damerius (ebenfalls von *Kolonne Links*) kamen ins GuLag. Hans Hauska wurde 1938 an NS-Deutschland ausgeliefert. Andere konnten das Land verlassen: Ernst Busch und der Produktionsleiter von *Kämpfer*, Jakob Freund, gingen nach Spanien, Curt Trepte und Hermann Greid nach Schweden, Robert Trösch zurück in sein Heimatland, die Schweiz, Alexander Granach in die USA.[47] Ein weiterer Sympathisant des Films *Kämpfer* aus der sowjetischen Parteiführung, Nikolai Bucharin, wurde 1938 liquidiert. Und wieder andere gingen ohne Schaden und ohne – zumindest erkennbare – Traumata durch die Schrecken: Lotte Loebinger, ebenso Heinrich Greif, Hans Klering, und Alfred Kurella (der am Kämpfer-Szenarium mitgeschrieben hatte) sowie beide Wangenheims.

Nach dem Ende von Meshrabpom-Film gab es noch einige sonderbare Ausläufer der Filmarbeit deutscher Emigranten, etwa bei der Beratung der Verfilmung deutscher antifaschistischer Stoffe: Hans Rodenberg bei *Familie Oppenheim* (*Semja Oppengeim*, 1938, Regie: Grigori Roschal, nach Lion Feuchtwangers Roman), Helmut Damerius bei *Die Moorsoldaten* (*Bolotnyje soldaty*, 1938, Regie: Alexander Matscheret). Gut denkbar, aber nicht zu beweisen, dass hier über eine kurze Zeit eine Art von brancheninterner Kollegialität sowjetischer Filmleute gegenüber ihren deutschen Kollegen weiterwirkte, zumal deren Sachkenntnis deutscher Milieus gefragt war. In gewisser Weise kann man auch noch Pudowkins Film-Adaption von fünf Szenen aus Brechts *Furcht und Elend des Dritten Reiches* unter dem Titel *Die Mörder machen sich auf den Weg* hinzurechnen (*Ubizy wychodjat na dorogu*, 1941/42 in Alma-Ata, wohin ein Teil der sowjetischen Filmindustrie evakuiert worden war, gedreht und sogleich verboten). Dauerhaft in der Filmbranche blieben nur die Schauspieler Hans Klering und Heinrich Greif, die inzwischen gut russisch sprachen. Die manchmal bittere Ironie der Filmgeschichte brachte es mit sich, dass beide – überzeugte Kommunisten und Nazigegner – nun in sowjetischen Filmen die Rollen, besser gesagt: schlimme Klischees von Nazis oder Offizieren der nazistischen Wehrmacht spielten, ganz so wie einige ihrer emigrierten Kollegen in Hollywood.

Nach 1936 emigrierte kein Künstler mehr in die Sowjetunion – eine durchaus begreifbare Folge der Moskauer Prozesse und der politischen Radikalisierungen infolge des Spanischen Bürgerkriegs. Der Fluchtweg von emigrierenden Künstlern infolge des »Anschlusses« Österreichs an das »Dritte Reich« 1938 verlief gen Westen, nicht gen Osten. Es gab aber sonderbare Ausnahmen: Der österreichische Filmarchitekt Arthur Berger, den Rodenberg noch für Meshrabpom-Film engagiert hatte, kam 1936 nach Moskau und blieb hier bis zu seinem Tod 1981. Berger assimilierte sich rasch in die sowjetische Filmproduktion und war später ein Spezialist für Dekors in Filmen, die westlich der Sowjetunion spielten.[48] So konnte er den Bauten dieser Filme ein authentisches Flair sichern, soweit es die Werkstätten zuließen. Seine Dekorationen zu deutschen Ambientes sahen dann freilich so aus, wie die in Fred Zinnemanns *Das siebte Kreuz* (1944, Produktion MGM). Der österreichische Regisseur Herbert Rappoport wurde von Schumjazkij während dessen Hollywood-Besuchs in die Sowjetunion eingeladen, Rappoport folgte, debütierte in Leningrad mit der Verfilmung von Friedrich Wolfs Theaterstück *Professor Mamlock* (Regie zusammen mit Adolf Minkin) und blieb ebenfalls bis zu seinem Lebensende 1983 in der Sowjetunion.[49]

VIII Exilgepäck als schwere Last der Illusion

Granach gelang es als einzigem Künstler, aus dem sowjetischen ins amerikanische Exil zu wechseln.[50] Von anderen sind Versuche bekannt, dorthin zu gelangen: Gregor Gog, begabter Laie und eine schauspielerische Entdeckung schon des frühen deutschen Stummfilms,[51] wollte als Reisebegleiter Zenzl Mühsams, der Witwe des im KZ Oranienburg ermordeten Dichters Erich Mühsam, in die USA, die Repressionen gegenüber Zenzl Mühsam verhinderten dies. Auch Gustav und Inge von Wangenheims Versuch scheiterte.[52]

Mit Beginn des Krieges wurden die deutschen Künstleremigranten – zusammen mit vielen sowjetischen Kollegen – evakuiert: die Filmleute nach Taschkent, der Hauptstadt der Usbekischen Sowjetrepublik, wohin die Moskauer Filmproduktion verlagert worden war. Sie fristeten dort ein kärgliches, um nicht zu sagen elendes Leben. An der evakuierten sowjetischen Filmproduktion wurden sie – bis auf wenige Ausnahmen – nicht beteiligt. Bald jedoch engagierten sie sich, mobilisiert von der Exil-KPD-Führung, aktiv und oft unter Einsatz ihres Lebens an Aufklärungs- und Propagandaarbeit an der Front: als Radiosprecher, -redakteur oder -autor, bei der Auswertung von Gefangenen- bzw. Beutebriefen und anderen Papieren sowie als Verfasser von Flugblättern. Ihr besonderer Einsatz an der Front entsprang ihrer antifaschistischen Grundhaltung, deretwegen sie emigriert waren. Manche verstanden sie auch als künstlerische Arbeit mit anderen Mitteln, die freilich mit ihrer Profession, der Filmarbeit, nichts zu tun hatte.

Die Überlebenden von Terror und Krieg kehrten nach 1945 nach Deutschland zurück, die meisten blieben in Ostberlin. Hier wollten sie am Aufbau eines antifaschistischen, antimilitaristischen Deutschlands auf »ihrem« Gebiet – der Kultur, dem Film – mitwirken. Die Repressionen der 30er Jahre wirkten lange nach. Allem Anschein nach haben sich jedoch die Rückkehrer ihre politischen Utopien bewahrt. Welche tatsächlichen künstlerischen Deformierungen die 12 Jahre für jeden von ihnen bedeuteten, wie sie Illusion, Verbrechen und Irrtum tatsächlich erkannt und analysiert haben, steht dahin und bleibt letztlich wohl ihr Geheimnis. Sicher ist – wenngleich dokumentarisch nicht deutlich fixiert –, dass sie den XX. Parteitag der KPdSU 1956, auf dem der stalinsche Terror als Verbrechen öffentlich benannt und die Entstalinisierung (»Tauwetter«) eingeleitet wurde, als tiefste Zäsur ihres Lebens empfunden haben. Jeder hat seinen eigenen bitteren Weg der Verarbeitung oder Distanzierung oder Verinnerlichung gehen müssen und ist ihn gegangen. Die Schauspieler Heinrich Greif und Robert Trösch etwa schrieben Gedichte, in denen man – wenn man genau liest – Spuren von Reflexionen ihrer Erlebnisse finden kann: romantisierend und in Naturlyrik verlagert, aber doch kenntlich.

Curt Trepte stürzte sich in der SBZ, dann DDR, in emsige Theaterarbeit als Intendant eines mitteldeutschen Provinztheaters und leistete sich eine kleine retrospektive Ironie und damit eine relative Selbstaufhebung seines Anteils an der Agit-Prop-Gruppenarbeit vor 1933: in der Eingangssequenz des satirischen Kurzfilms der DEFA-Stacheltier-Serie *So' n Theater* (1955) spielte er in Maske und Gestus jenen Angestellten Fleißig nach, den er in der Wangenheim-Revue *Die Mausefalle* 1931 zu einem deutschlandweiten Erfolg geführt hatte. Inge von Wangenheim hingegen hat sich nie ernsthaft von ihren stalinistisch-doktrinären Auffassungen gelöst.[53] Gustav von Wangenheim verzehrte sich bis zu seinem Lebensende in dem existenziellen Widerspruch zwischen erlebtem, inzwischen verinnerlichtem Stalinismus, vulgarisierend-doktrinären Kunstauffassungen und der Sehnsucht nach den freien Gefilden der expressionistischen Kunst seiner Anfänge. Noch 1950 nannte er als seine »ganz spezielle Sehnsucht in Fortführung meiner Arbeit vor 1933« die »politische Revue«.[54] Er griff den Schlöffel-Stoff vom Ende der Meshrabpom-Film-Ära wieder auf und drehte bei der DEFA den Spielfilm *Und wieder 48*, in dem er zu den Wurzeln bürgerlich-deutscher Freiheitsbestrebungen zurückging, zu den demokratischen Ideen der Studentenunruhen von 1848, einem extremen Antipoden stalinistischer Strukturen. Andere äußerten sich öffentlich nicht über ihre Moskauer Exilzeit: Heinz Goldberg, der nach London weiteremigriert war und später in das Nachkriegs-Westberlin zurückkehrte, Lotte Loebinger, Teo Otto, Erwin Piscator[55]. Loebinger, Goldberg, Otto konnten auch ungebrochen ihre künstlerische Arbeit fortsetzen. Wieder andere beugten sich der Parteidisziplin und der Tabuisierung in der DDR: Rodenberg gründete das erste deutsche Kindertheater in Ostberlin, leitete das DEFA-Studio für Spielfilme und war anschließend lange Jahre hoher Parteifunktionär. Klering war als einer der ersten Direktoren der DEFA, der DDR-Filmgesellschaft, vor allem als Verbindungsmann zur SMAD (Sowjetische Militäradministration in Deutschland), als Funktionär, jedoch nicht als Künstler wichtig. Er spielte später kleine Rollen bei der DEFA und im Fernsehen und äußerte sich nicht – ebenso wie Damerius oder Scharrer –, auch nicht bei dringlichstem persönlichem Befragen, über jene Zeit.[56] Erpenbeck wurde als Chefredakteur der Zeitschrift *Theater der Zeit* ein wütender Gegner von Brechts Arbeit am Berliner Ensemble. Eigene Wege gingen Hans Hauska und Theodor Plivier.

Bei allen zeigte sich, dass ein künstlerisches Wiederanknüpfen an Leistungen vor der Emigration illusorisch und unmöglich war, dass im Gegenteil das Exil ihre künstlerischen Fähigkeiten abgebrochen, verödet und auch abgetötet hatte und dass sie – trotz oder wegen dieses Exilgepäcks – neue, andere Möglichkeiten filmkünstlerischer Kreativität suchen oder endgültig der Branche fernbleiben mussten.

Hinzu kam eine besondere filmhistorische Kalamität, die letztlich eine politisch-historische war und eine späte Folge der stalinschen Repressionen: Die Filme, an denen sie im sowjetischen Exil mitgewirkt hatten, auch die Filme von Meshrabpom-Film, gelangten nicht in die (ost-)deutschen Kinos. Auch die Firma selbst wurde »übersehen«, dies infolge der in der DDR lang anhaltenden Tabuisierung Willi Münzenbergs, der als Renegat und folglich als Unperson galt. Erst um 1963 herum begann eine Art Auflockerung, als das damalige Staatliche Filmarchiv der DDR eine Kopie von *Kämpfer* in Moskau aufspürte, in die DDR brachte und hier in Filmkunst-Programmen und im DDR-Fernsehen zeigte.[57]

Die Filmarbeit deutscher Emigranten im Moskauer Exil 1933–1945 bleibt
ein beachtenswerter Teil des deutschen antifaschistischen Exils überhaupt
und zugleich ein schmaler, aber ebenfalls beachtenswerter Teil deutscher
Filmkunst.

1 Alexander Granach: *Brief an Lotte Lieven-Stiefel.* In: Alexander-Granach-Archiv. Stiftung
Archiv der Akademie der Künste Berlin, Nr. 228, April 1935. Im Folgenden: Briefe an Lotte. — **2** Granach bezieht sich auf die Paraden und Massendemonstrationen zum 1. Mai 1935
auf dem Moskauer Roten Platz. — **3** Alexander Granach: *Briefe an Lotte*, Nr. 229, 3. Mai
1935. — **4** Siehe Helmut Damerius: *Über zehn Meere zum Mittelpunkt der Welt.* Berlin/Ost
1977. — **5** Vgl. Peter Diezel: *Exiltheater in der Sowjetunion 1932–1937.* Berlin/Ost 1978. —
6 Vgl. »*Hier brauchen sie uns nicht«, Maxim Vallentin und das deutschsprachige Exiltheater in
der Sowjetunion 1935–1937. Briefe und Dokumente.* Hg. von Peter Diezel. Berlin 2000 und
Erwin Geschonneck: *Meine unruhigen Jahre.* Hg. und mit einem Nachwort versehen von
Günter Agde. Berlin 1984, S. 60 ff. Taschenbuchausgabe. Berlin 1995, S. 60 ff. — **7** Das Projekt sollte zunächst in Moskau, später in Engels, der Hauptstadt der Autonomen Republik
der Wolgadeutschen, realisiert werden, dort kombiniert mit einem Ausbildungsinstitut und
einer Filmproduktion. Vgl. Hermann Haarmann, Lothar Schirmer, Dagmar Wallach: *Das
Engels-Projekt.* Worms 1975 und Diezel: *Exiltheater in der Sowjetunion 1932–1937.* (s. Anm.
5). — **8** Nur wenige Prominente wohnten in Hotels: Piscator im *Sowjetskaja*, Granach im
Metropol. — **9** So ging ein heftiger Methodenstreit zwischen Wangenheim und Granach sogar
bis in deren gemeinsame Anfängerzeit am Berliner Theater Victor Barnowskys vor dem Ersten
Weltkrieg zurück. — **10** Im Original schwer lesbar und hier dem Sinne nach ergänzt. —
11 Wsewolod Pudowkin (1893–1953), sowjetischer Spielfilmregisseur. — **12** Alexander
Granach: *Briefe an Lotte*, Nr. 230. — **13** Nikolai Ekk (1902–1976), sowjetischer Spielfilmregisseur. Ekk hatte mehrere Jahre im Tonfilmlabor von Meshrabpom-Film gearbeitet, das
der Toningenieur Pawel Tager leitete. Tager entwickelte ein eigenes Tonaufnahmesystem
Tagerfon, nach dem Meshrabpom-Film seit Ekks Spielfilm *Der Weg ins Leben* arbeitete. —
14 Hier irrt Granach: Eisenstein war nicht bei Meshrabpom-Film engagiert. — **15** Joris Ivens
(1898–1989), holländischer Dokumentarfilmregisseur. — **16** Alexander Granach: *Briefe an
Lotte*, Nr. 213. — **17** Vgl. Babette Gross: *Willi Münzenberg, Eine politische Biographie.* Stuttgart 1967. Gross beschreibt gerade Struktur und Wechselwirkung der verschiedenen Abteilungen der IAH genau. Siehe auch Reinhardt May, »Proletarisch-revolutionäre Öffentlichkeit, die IAH und Willi Münzenberg«. In: *Filme für die Volksfront.* Berlin 2001, S. 32 ff. —
18 Vgl. Wolfgang Mühl-Benninghaus: »Deutsch-russische Filmbeziehungen in der Weimarer Republik«. In: *Positionen deutscher Filmgeschichte, diskurs film*, Nr. 8/1996, S. 91 ff., Oksana Bulgakowa: »Proletarskaja kinoutopija na Maslowke ili Eksport ›Rusi‹ w Berlin«. In: *kinowedscheskije zapiski*, Nr. 33, 1997 und Günter Agde: »Nur zwölf Filmjahre – aber was für
welche ...«. In: *Neues Deutschland*, 9./10.6.2001. — **19** Infolge vertraglicher Bindungen der
Deutschen und Arbeitsverschleppung der Russen musste das Projekt abgebrochen werden.
Zwei Jahre später nahm Piscator den Film-Plan wieder auf, nun jedoch mit einem ausschließlich russischen Stab. — **20** Zum Schicksal Peter Holms in Moskau vgl. Reinhard Müller. In: *Menschenfalle Moskau, Exil und stalinistische Verfolgung.* Hamburg 2001, S. 216 ff. Müller analysiert Holms Verwicklung in das NKWD-Konstrukt »Wollenberg«, seine Auskünfte
über die künstlerische Arbeit Holms in Moskau sind freilich unscharf und unvollständig. —
21 Vgl. Hans Rodenberg: *Protokoll eines Lebens.* Berlin/Ost 1980, S. 107 ff. — **22** Z. B. der

Stummfilm *Salamander* (*Salamandra*, 1928, Regie: Grigorij Roschal) mit dem deutschen Stummfilmstar Bernhardt Goetzke. — **23** Eine massive Verbalnote der Sowjetischen Botschaft, die diese Beschlagnahme deutlich benannte – nämlich als Diebstahl – blieb ohne Wirkung. — **24** Insofern folgte Meshrabpom-Film auch der Finanzstruktur der IAH. — **25** Ingenieur Pawel Tager, langjähriger Leiter dieses Laboratoriums, rüstete auch die Moskauer Stummfilm-Kinos von Meshrabpom-Film zu Tonfilm-Kinos um. — **26** Vgl. das Personalverzeichnis der Firma: spisok rabotnikow prawlenjia Meshrabpom-Filma, Juli 1934. In: Rossiskij Gosudarstwennyj Archiw Sozialno-Polititscheskoj Istorii Moskau (im Folgenden RGASPI); fond 538, opis 3, delo 190, l. 111 ff. Man kann auch ein ausführliches internes Übergabe-Protokoll der Direktoren Babizkij / Samsonow gegenlesen und die dortigen Angaben hochrechnen: Poloshenije ..., Juli 1934. In ebd. delo 166, l. 23 ff. — **27** Vgl. Susanne Leonhards Erinnerung an ihr spontanes »Engagement« als Statistin in Wangenheims Film *Kämpfer* in: Susanne Leonhard: *Gestohlenes Leben*. Frankfurt/M. 1988, S. 24. Der Zeitzeuge Walter Ruge erinnert sich – im Gespräch mit dem Autor –, dass Assistenten des Regisseurs Gustav von Wangenheim Statisten für den Spielfilm *Kämpfer* lediglich nach Aussehen und Kleidung im Klub der ausländischen Arbeiter aussuchten und für den kommenden Tag (!) ins Atelier bestellten. — **28** Schumjazki erhielt den Leninorden, die seinerzeit höchste Auszeichnung der Sowjetunion. Er wurde 1938 verhaftet und erschossen, 1956 rehabilitiert. — **29** Willi Münzenberg: *Brief an Francesco Misiano*, Moskau, 8.12.1926. In: RGASPI, fond 495, opis 221, delo 1383, Bl. 104. — **30** Vgl. Wsewolod Pudowkin: »›Ton und Bild‹ und ›Asynchronität als Prinzip des Tonfilms‹«. In: ders.: *Die Zeit in Großaufnahme*. Berlin / Ost, 1983, S. 80 ff. und S. 313 ff. — **31** Die Firma – wie auch andere sowjetische Filmproduktionen – zahlte vergleichsweise zu anderen künstlerischen Tätigkeiten lukrative Honorare. — **32** Siehe Ossip Brik: »Früchte des Separatismus«. In: Kino Moskau, 22.5.1934 und Pudowkin, Schnejderow, Barnet, Andrijewski, Mutanow: o. T. In: Iswestija vom 10.6.1934, deutsch in: *Die ungewöhnlichen Abenteuer des Dr. Mabuse im Lande der Bolschewiki*, Hg. von Oksana Bulgakowa. Berlin 1995, S. 217 f. und Günter Agde: »Stalin meets Piscator«. *Filmblatt*, Nr. 13, Sommer 2000, S. 39 ff. — **33** Einige von denen – Kurt Ahrendt, Hans Klering, Trude Steier – hatten bereits 1934 in dem Spielfilm *Königliche Matrosen* (*Koroljowskije matrosy*, Regie: Wladimir Braun, Studio Sojusfilm) mitgespielt. — **34** Dimitroff selbst stellte in einem Atelier von Meshrabpom-Film seine Schlussrede vor dem Leipziger Gericht für *Kämpfer* nach. Diese Sequenz wurde gesplittet, ihre Teile über die zweite Hälfte der Handlung verteilt. Auch Henri Barbusse gestaltete eine Ansprache auf einem Solidaritätsmeeting in Paris im Atelier nach, diese Sequenz wurde ebenfalls in den Film aufgenommen. Romain Rolland wurde von Meshrabpom-Film zu gleicher Nachbereitung gebeten, verweigerte sich jedoch. — **35** Vgl. Günter Agde: *Kämpfer – Biographie eines Films und seiner Macher*. Berlin 2001. — **36** Erna Ruttmann, die erste Ehefrau des deutschen Filmregisseurs Walter Ruttmann, assistierte Pudowkin bei dessen Dreharbeiten zu *Der Deserteur* in Hamburg und ging mit ihm dann in die Sowjetunion. — **37** Nicht zufällig war der Lieblingsfilm Stalins *Tschapajew* (1934, Regie: Sergej und Georgi Wassiljew), den er 14 Mal (!) in einem Jahr in seiner privaten Kreml-Vorführung ansah. Vgl. *Schumjazki-Niederschriften*. In: RGASPI, fond 558, opis 11, delo 828. — **38** Inge von Wangenheim, Hauptdarstellerin in *Kämpfer* und Ehefrau des Regisseurs, erinnerte sich nach der Rückkehr aus dem Exil an die Parteisäuberungen bei Meshrabpom-Film und gab diese völlig in stalinistischem Geist wieder. Sie hat bis zu ihrem Lebensende diese Sicht ihrer Erinnerung nicht widerrufen. Vgl. Inge von Wangenheim: *Auf weitem Feld*. Berlin / Ost 1954. — **39** Stalin sah sich den Film am 14. Mai 1934 an. — **40** Vgl. Agde: »*Stalin meets Piscator*« (s. Anm. 32). — **41** Holms Szenen in *Kämpfer* mussten nachgedreht werden, was kostspielig war und Aufsehen im Studio zur Folge hatte. — **42** Béla Balázs hat sein Szenarium zu einem Theaterstück umgeformt und Auszüge daraus in *Das Wort*, Nr. 2, 1938 publiziert. Das Stück wurde nicht aufgeführt. — **43** Wilhelm Pieck: *Brief an die Auslandsleitung der KPD*, 8.10.1936 mit dem Vermerk: Nicht abgeschickt. In: Stiftung Archiv der Parteien und Massenorganisationen der DDR (im Folgenden SAPMO) I 2/3/286, Bl. 214. — **44** Sie wurde zu zehn Jahren Haft verurteilt und starb 1942 im GuLag. — **45** Gustav von Wangenheim hielt seine Kontakte zu Radek noch lange nach 1945 für einen schweren politischen »Fehler«. Die Tonlage seiner späteren Distanzierung von Radek lässt rückblickend den Schluss zu, dass seinerzeit Radeks Interesse an dem Film und Wangenheims Genugtuung über solch prominentes Interesse tatsächlich groß waren. Vgl. Gustav von Wangenheim: *Lebenslauf*. Stiftung Archiv der Akademie der Künste Berlin. Nachlass Wangenheim. — **46** Vgl. Reinhard Müller (Hg.): *Die Säuberung. Georg Lukács, Johannes R. Becher, Friedrich Wolf u. a.* Reinbek 1991. — **47** Vgl. Günter Agde: »Der Komödiant und ›Mütterchen‹ Russland. Fundstücke zu Alexander Granachs Aufenthalt in der Sowjetunion 1935 – 1937«. In: *Filmexil* Nr. 12, Oktober 2000, S. 33 ff. — **48** *Der Kampf geht weiter* (*Borba prodolshajetsja*, 1938, Wassilij Shurawljow) zusammen mit Sergej Koslowski, Sojusdetfilm, *Moorsoldaten* (*Bolotnyje soldaty*, 1938, Regie Alexander Matscheret) zusammen mit Andrej Waisfeld, Mosfilm. — **49** Vgl. Oksana Bulgakowa: »Ein Wiener in der Sowjetunion«. In: Bulgakowa (Hg.): *Die ungewöhnlichen Abenteuer des Dr. Mabuse (s. Anm. 32)*, S. 219 ff. — **50** Zu Granachs Arbeiten in der Sowjetunion s. Barbara Wurm: »Zwischen Macht, Ohnmacht und den Mächten. Alexander Granachs fiktive und reale Rollen der 30er Jahre«. Vortrag zur *Retrospektive/Konferenz Nikolaj Tscherkassov*. München 2000 (Manuskript). — **51** Gog, der sich in Deutschland vor 1933 vehement für die Interessen der Vagabunden eingesetzt und für sie große öffentliche Aufmerksamkeit erreicht hatte, spielte in dem deutschen Stummfilm *Vagabunden* (1930, Regie Fritz Weiß) die Hauptrolle. — **52** Die Umstände des Reiseplans und seines Scheiterns konnten noch nicht aufgeklärt werden. Beide sind später nie wieder auf diesen Versuch zu sprechen gekommen. — **53** Vgl. Wangenheim: *Auf weitem Feld* (s. Anm. 38) sowie »Brief an Peter Diezel« 1970. In: »*Hier brauchen sie uns nicht*« (s. Anm. 6), S. 15 f. und Interview mit Inge von Wangenheim, geführt von Ralf Schenk 1992, Filmmuseum Potsdam/Archiv. — **54** Gustav von Wangenheim: »Brief an Otto Grotewohl«. 7.10.1950. In: *Nachlaß Otto Grotewohl*, SAPMO, NY 4090 Nr. 548. — **55** Erwin Piscator hat in seinen Tagebüchern noch bis zu seinem Tod 1966 über diese Ereignisse reflektiert, wie Hermann Haarmann erkennen lässt, vgl. Erwin Piscator: »Tagebücher/Auszüge«. In: Hermann Haarmann: *Erwin Piscator am Schwarzen Meer.* Berlin 2002, S. 84 ff. — **56** Lange nach seinem Tod und erst nach der Wende las man in den Originalen seiner Erinnerungen, dass er während der Krieges in die *trud – armija* (Arbeitsarmee), eine besondere Form der Repression vor allem gegen Ausländer, gezwungen worden war. In: SAPMO, Erinnerungsarchiv, Bestand Klering. — **57** Gustav von Wangenheim hat anlässlich der Wiederaufführung seines Films in der Tageszeitung *Junge Welt* einen mehrteiligen Erinnerungsbericht über die Entstehung des Films veröffentlicht. Zwar benennt er die Repressionen gegenüber »seinen« Mitarbeitern nicht, jedoch kann schon allein ihre Nennung als Vergegenwärtigung von Name und Persönlichkeit wie ein Akt der Erinnerung gesehen werden. Vgl. Gustav von Wangenheim in: *Junge Welt*, 28.3.1963 ff.

Ronny Loewy

Flucht oder Alijah
Filmemigranten in Palästina

Der Film *Awodah/Arbeit* von Helmar Lerski aus dem Jahr 1934/35 gilt als der erste international Aufsehen erregende Film aus dem britischen Mandatsgebiet Palästina, der in der Regie eines Emigranten aus Nazideutschland produziert wurde. *Awodah* war paradoxerweise der erste Film aus Palästina, der wegen seines avantgardistischen Stils aufgefallen ist; paradoxerweise deshalb, da *Awodah* im Stil der revolutionären Filmkunst aus der Sowjetunion der 20er und 30er Jahre entstand,[1] obwohl er gedreht wurde von Helmar Lerski, der keineswegs ein jüdischer Avantgardist aus Osteuropa war, sondern in Straßburg 1871 geboren, in der Schweiz aufgewachsen, dann in den USA als Schauspieler und Fotograf und in Deutschland als Fotograf und Kameramann gearbeitet hatte, bevor er nach Palästina kam und dort, bereits über 60 Jahre alt, mit diesem Film als Filmregisseur debütierte.[2]

Awodah wurde mithin zum ersten international wahrgenommenen Film eines Emigranten aus Nazideutschland. *Awodah*, der in einigen europäischen Ländern in die Kinos kam, so auch auf dem Filmfestival in Venedig vorgestellt wurde, mag einige Emigranten mit Filmberufen optimistisch gestimmt haben, auch im britischen Mandatsgebiet Palästina weiterarbeiten zu können – Hoffnungen, die nur sehr bedingt erfüllt worden sind.

Palästina, britisches Mandatsgebiet und zugleich *Jischuw*, das vorstaatliche jüdische Gemeinwesen, war als Einwanderungsland und Arbeitsplatz für aus Nazideutschland emigrierte jüdische Künstler, Techniker und Kaufleute aus der deutschsprachigen Filmindustrie keineswegs eine attraktive Adresse. Es gab keine nennenswerte Filmproduktion, die eine Erfolg versprechende Fortführung von in Europa begonnenen Karrieren erwarten ließ. Die marginale jüdische Filmproduktion in Palästina war bis 1933 in den Händen einiger »Russen« wie Yaacov Ben Dov, Baruch Agadati, Chaim Halachmi und Natan Axelrod, zionistischer Pioniere, die lange schon vor 1933 aus Osteuropa eingewandert waren. Ihre Filme waren vorrangig didaktische Dokumentarfilme, in Auftrag gegeben und finanziert in der Regel von den großen zionistischen Gründungsfonds *Keren Kayemet LeIsrael* und *Keren Hayesod*. Nach innen sollten diese Filme die Pioniere für den harten und entbehrungsreichen Aufbau des *Jischuw* motivieren, nach außen warben sie als Fundraiser um Spenden für die Besiedlungsprojekte in Palästina. Zu den bekanntesten Filmen dieser Zeit gehören *Shivat Zion/Rückkehr nach Zion* aus dem Jahr 1921, in der Regie von Yaacov Ben Dov, *Tel Aviv – Yerid Hamiz-rach / Tel Aviv – Die Levante Messe* von 1932, Regie: Baruch Agadati, und der erste lange Spielfilm *Oded Hanoded / Oded, Der Wanderer* von 1932, in der Regie von Natan Axelrod und Chaim Halachmi.[3]

Der bekannteste Film noch vor der Nazizeit, bei dem die zionistischen Institutionen in Berlin und in Palästina kooperierten war *Aviv Be'eretz Is-rael / Frühling in Palästina. Bilder vom Aufbau der jüdischen Heimstätte*. In der Regie von Joseph Gal-Ezer 1928 entstanden, gehört dieser Film zu den be-deutendsten zionistischen Filmen der 20er Jahre und stellt ein wertvolles Filmdokument aus einer Zeit dar, als jüdische Enthusiasten aus freien Stücken in Palästina siedelten. Joseph Gal-Ezer, als Joseph Glaeser 1890 in Wien gebo-ren, kam bereits 1912 nach Palästina. Um 1920 arbeitete er für die *Keren Kayemet LeIsrael,* 1926 leitete er deren Propaganda-Abteilung. Im gleichen Jahr unterstützte er die Produktion des Films *Young Palestine*, bei dem er mit dem Fotopädagogen, Filmregisseur und Kameramann Yaacov Ben Dov zu-sammenarbeitete. *Frühling in Palästina* wurde zunächst nicht als Koproduk-tion von den beiden großen zionistischen Fonds begonnen, sondern als allei-niges Unternehmen der *Keren Hayesod*. Hans Kohn von der *Keren Hayesod,* Gal-Ezers Vorgesetzter, war entschlossen, Filme als Werbung für den *Jischuw* einzusetzen und berief daher am Rande des Zionistischen Weltkongresses 1927 eine Filmkonferenz ein. Die ambitionierte Idee, die auf dieser Konfe-renz entstand, sah unter anderem vor, dass ein beträchtlicher Teil des neuen Films von einem Zeppelin aus gedreht werden sollte, eine Idee deutscher Juden freilich, die aber nicht realisiert werden konnte. Die Filmexpedition, die Anfang des Jahres 1928 aufbrach, fing Ansichten von selten besuchten Landstrichen ein. Ein ganzes Kapitel des Films war zudem den Bräuchen, Riten und Zeremonien der verschiedenen ethnischen Gruppen in Palästina gewidmet. Die für die damaligen Verhältnisse sehr aufwändige Produktion, gestaltet als traditioneller Travelogue, machte mit dem Ausmaß der Sied-lungsprojekte, den Anstrengungen in Landwirtschaft und Industrie, den traditionellen religiösen Lebensformen und der modernen Entwicklung von Tel Aviv bekannt. Kurz nachdem die Dreharbeiten für *Frühling in Palästina* begonnen hatten, war Julius Berger von der *Keren Kayemet,* ein unversöhn-licher Gegner von Ben Dov, aus seiner Position entlassen worden. Dies ebne-te den Weg für die Produktion und den Vertrieb des Films durch die beiden Fonds. Daraufhin stieß Ernst Mechner, ein Funktionär der *Keren Kayemet* aus Prag, zum Filmteam und brachte den jungen Theaterkritiker Max Kol-pe (eigentlich Kolpenitzky, später Colpet) mit. Das belichtete Filmmaterial wurde gegen Ende 1928 nach Berlin geschickt, um von dem renommierten *Ufa*-Cutter und Regisseur Willi Prager im Kopierwerk der *AFIFA* (Aktien-gesellschaft für Filmfabrikation) in Tempelhof montiert zu werden. Zu Be-ginn war Gal-Ezer in Berlin dabei. Von ihm stammt ein dramatischer Bericht über das Feuer, das bei der Arbeit in der AFIFA ausbrach. Gal-Ezer hatte Glück im Unglück, denn nur etwa 200 Meter einer Positiv-Arbeitskopie seines Films gingen bei den Löscharbeiten verloren.[4]

Die Zusammenarbeit der beiden zionistischen Netzwerke sicherte dem Film einen breiten Verleih, er wurde in 56 Ländern gezeigt. Über die Qualität waren die Meinungen allerdings geteilt. Während einige die inhaltliche und dramaturgische Leistung rühmten, waren andere über seine technischen Mängel aufgebracht. Chemische Prozesse hatten das Negativmaterial auf dem Weg von Palästina nach Berlin angegriffen, und Prager war gezwungen gewesen, im Zuge der Rettungsmaßnahmen viele gelungene Aufnahmen herauszuschneiden. Ungeachtet dieser Meinungsverschiedenheit war *Frühling in Palästina* der letzte gemeinsame große Film der beiden Fonds während der Stummfilmzeit, und es blieb ihr Propaganda-Flaggschiff bis in die Mitte der 30er Jahre. Noch 1932 erreichte der Film neue Aufführungsorte, etwa in Indien, wo ihn fast die ganze jüdische Bevölkerung von Bombay gesehen haben soll, in Singapur und Neuseeland. Auch die Produktion von *Frühling in Palästina* war eine Kooperation zwischen Deutschland und dem *Jischuw*, mit durchaus positiven Folgen für die Filmemigranten aus Nazideutschland ab 1933.

Schiere Flucht war es freilich, die zwischen 1933 und 1940 mit der 5. Alijah circa 65.000 deutschsprachige Juden aus Europa nach Palästina trieb, aber zugleich auch viel mehr, Alijah, »Aufstieg« und »Rückkehr« nämlich in das *Land der Verheissung*, wie ein großer zionistischer Film 1935 hieß, bei dem der Emigrant Juda Leman Regie führte. Und die zionistischen Institutionen, vor allem die beiden großen Gründungsfonds, hatten großen Bedarf an Didaktikern und Propagandisten aus der europäischen Kulturindustrie, auch aus der Filmbranche, um auf die dramatischen Veränderungen nach 1933 reagieren zu können.

Wenn wir von Filmemigration nach Palästina sprechen, von der Flucht deutschsprachiger Filmkünstler, Techniker und Kaufleute in ein Land mit kaum nennenswerter Filmindustrie, dann muss erwähnt werden, dass von den ca. 2.000 Filmemigranten aus Nazideutschland insgesamt, von denen 1.500 in die USA, also nach Hollywood, emigrierten, nur etwa 120 Filmschaffende nach Palästina gingen. Aus ihnen, den »Filmschaffenden«, wurden im *Jischuw* bisweilen »Jeckinoas« oder »Jeckinoaisten«, ein Wortspiel aus Jeckes, Kino und Kol-Noa, was auf Iwrith Tonfilm heißt. Unter »Jeckinoaisten« sind alle deutschsprachigen Filmemigranten zu fassen, vor allem die Künstler, Techniker und Kaufleute aus der Filmbranche, die zwischen 1933 und 1940 nach Palästina flohen und sowohl in Deutschland (auch Österreich) vor als auch nach ihrer Einwanderung nach Palästina in ihrem Beruf arbeiteten; aber auch diejenigen Emigranten, die vor ihrer Emigration dafür zu jung oder danach zu alt waren. Andere wechselten den Beruf, weil sie in

Palästina eine erwünschte Arbeit in der Filmbranche nicht finden konnten. Dazu gehören aber auch einige Personen, die vor 1933 als Zionisten nach Palästina kamen, jedoch in der deutschen Emigrantenszene eine beachtenswerte Rolle gespielt haben, wie beispielsweise Margot Klausner und Joseph Gal-Ezer. Einige emigrierten dauerhaft in andere Länder und waren nur vorübergehend nach Palästina oder später nach Israel gekommen, wie beispielsweise Juda Leman, Ellen Auerbach oder Victor Vicas, auch sie gehören dazu wie nicht zuletzt diejenigen, die nach 1945 remigriert sind, wie u. a. Kurt Schwabach und Gerhard Klein.

Die Filmemigration aus Nazideutschland ist noch weitgehend unerforscht. In Zusammenarbeit mit dem *Steven Spielberg Jewish Filmarchive* in Jerusalem gelang es der Redaktion der Zeitschrift *Filmexil* 1999 mit einem Themenheft zur deutschsprachigen Filmemigration nach Palästina eine kontinuierliche Forschung zum Thema anzustoßen[5]. Für etwa 100 der insgesamt ca. 120 heute bekannten Filmemigranten aus Nazideutschland sind verlässliche Emigrationsdaten bekannt, wie die verschiedenen Fluchtländer (Deutschland, Österreich, übriges Europa), Ankunftsdaten in Palästina usw. 10 der insgesamt ca. 120 Filmemigranten waren bereits vor 1933 nach Palästina eingewandert; sie stammten alle aus der Filmbranche. Diese Personen zählen zu den Emigranten, da ihnen eine Rückkehr nach Deutschland nach 1933 nicht mehr möglich gewesen wäre. 1933 kamen weitere 28 Filmemigranten aus Deutschland ins Land, die größte Anzahl in einem Jahr überhaupt. 1934 waren es 16, 1935: 9, 1936: 5, 1937: 4, 1938, im Jahr der »Reichskristallnacht« und des »Anschlusses« Österreichs sprang die Zahl auf 15 Emigranten, 1939 im Jahr des Kriegsausbruchs waren es 11, während des Krieges: 3 – also nur noch vereinzelt. Die restlichen deutschsprachigen Filmemigranten kamen nach 1945, sie kamen bereits aus dem Exil nach Palästina respektive Israel.

Mit 31 Emigranten sind Schauspielerinnen und Schauspieler die stärkste Berufsgruppe aus der Filmbranche, wobei viele von ihnen die Schauspielerei sowohl auf der Theaterbühne wie im Filmstudio betrieben. Die nächstgrößte Zahl entfällt mit 19 auf Produzenten, darauf folgen 12 Regisseure, 12 Kameramänner, 12 Filmkomponisten, 9 Drehbuchautoren, darüber hinaus waren es noch zahlenmäßig eher vereinzelt Cutter, Bühnenbildner, Kinobesitzer, Techniker, Filmverleiher.

Zu den ersten Aktivitäten einiger Filmemigranten in Palästina – ausgenommen der oben genannte Film *Awodah* – gehörte eine Zusammenarbeit mit dem Jüdischen Kulturbund und der Palästina-Filmstelle der *Zionistischen Vereinigung für Deutschland* (im *Reichsverband der jüdischen Kulturbünde in Deutschland*) in Berlin, aus der mit Billigung der Zensur in Deutschland von 1933 bis 1938 ein Dutzend zionistischer Filme hervorgegangen sind, die für eine Auswanderung deutscher Juden nach Palästina werben soll-

ten. Sowohl die Nationalsozialisten als auch die Zweigstellen der zionisti-
schen Organisationen in Deutschland verfolgten das Ziel einer jüdischen
Auswanderung: auf Seiten der Nazis als rassistische Vertreibung, aus der Per-
spektive der Zionisten mit dem Ziel der Besiedlung von Palästina. Nur eini-
ge dieser Filme sind heute erhalten, wie beispielsweise *Emek Zevulun/ The
Valley of Zebulun* (1934, Regie: Erich Brock, Walter Kristeller), *Mangina
Ivrit/ Hebrew Melody* (1935, Regie: Helmar Lerski), *Emek Hefer/ From Vadi
Charith to Emek Hefer* (1936, Regie: Erich Brock, Walter Kristeller), *Hatik-
wah. Dokumente einer Hoffnung* (1937, Regie: Georg Engel) und *Built in a
Day/ Ein Tag – ein Werk* (1937/38, Regie: Georg Engel), *Der Neue Weg* (1938,
Regie: Georg Engel). Zensuranmeldung, Verleih und Vorführbetrieb besorg-
ten die Palästina-Filmstelle der *Zionistischen Vereinigung für Deutschland* in
Berlin, oft in Zusammenarbeit mit einem der beiden jüdischen Gründungsfonds *Keren Kayemet LeIsrael* und *Keren Hayesod*. Einige dieser Filme
wurden auch von der Palästina-Filmstelle produziert.[6]

Diese makabre Zusammenarbeit zwischen den Nationalsozialisten auf
der einen Seite, die das exklusive Kulturleben der Juden in Deutschland im
Rahmen des Jüdischen Kulturbundes kontrollierten, und den Zweigstellen
der zionistischen Organisationen in Deutschland im Bereich der Filmproduktion auf der anderen Seite, verschaffte einigen Filmkünstlern und Technikern in Berlin Arbeit in einer Nische jüdischer Filmproduktion in Nazi-
deutschland. Darüber hinaus waren einige bereits nach Palästina emigrierte
Filmkünstler und Techniker damit in die Lage versetzt worden, dort professionell für den Film weiterarbeiten zu können. So haben der Filmautor Erich
Brock und der Fotograf und Kameramann Walter Kristeller, beide aus Berlin, in Tel Aviv die Produktionsfirma *Tekufa Film* gegründet, die *The Valley
of Zebulun* und *From Vadi Charith to Emek Hefer* herstellte. Beide Filme
schildern, thematisch Lerskis *Awodah* durchaus verwandt, wie in jüdischen
Siedlungsgebieten Sümpfe trockengelegt und landwirtschaftlich nützliche
Bewässerungsanlagen gebaut werden, ein Thema, das in Israel bis weit in die
50er Jahre in zahlreichen Filmen als heroische Tat inszeniert wurde.

In dieser Zeit entstand auch Helmar Lerskis *Mangina Ivrit / Hebrew Melo-
dy* produziert vom *Reichsverband der jüdischen Kulturbünde in Deutschland*
in Berlin und gedreht in Jerusalem. Die Kamera führte auch hier Walter
Kristeller. Der Film zeigt und erzählt die Palästinareise des Geigers Andreas
Weißgerber aus Berlin, die Orchestermusik zu diesem Film leitete Schabtai
Petruschka ebenso aus Berlin. Durch diese Zusammenarbeit zwischen Berlin und Palästina setzte die Tonfilmproduktion in Palästina ein, für die es vor
Ort keine technischen Ausrüstungen gab. Wie schon *Awodah* zuvor von der
Tobis Klangfilm in Budapest in der Post-Produktion vertont worden war,
wurde die Bildkopie von *Hebrew Melody* von der *Tobis Klangfilm* in Berlin
mit einer Musik-Tonspur kombiniert.

Georg Engel aus Berlin, vor 1933 Mitarbeiter bei der Deuligwoche und Redakteur bei der *Ufa-Wochenschau*, der selber nie nach Palästina emigrierte und um 1940 über Großbritannien in die USA flüchtete, führte bei einer ganzen Reihe von Kulturbundfilmen Regie. Erhalten sind seine Filme *Hatikwah. Dokumente einer Hoffnung* über die wirtschaftlichen und technischen Erfolge in Palästina, *Built In A Day/Ein Tag – Ein Werk,* der den Aufbau der jüdischen Siedlung Tirat Zwi in Palästina an einem Tag, nach dem Prinzip »Turm und Schanze«, zeigt, das bekannt ist aus Arthur Köstlers Roman *Thieves in the Night,* und *Der neue* Weg, der letzte Film, der von der Palästina-Filmstelle 1938 produziert wurde. Als Hausregisseur der Palästinafilmstelle gibt Georg Engel in diesem Kompilationsfilm aus früheren Palästina-Filmen einen Überblick über die jüdische Besiedlung Palästinas. Im Vorspruch zum Film heißt es: »Wacht und Aufbau, Treue zum Werk, Wille zur Freiheit auf eigenem Boden prägten diesen Film. Enthusiasmus und Arbeit kennzeichnen die Periode von Herzls ›Judenstaat‹ bis zur ›Balfour-Deklaration‹. Opfer und Aufbau, Kampf und neue schöpferische Leistungen der letzten Jahre sind die Marksteine auf dem Weg bis zu unseren Tagen. Und aus der Vision der jüdischen Massen, die diesen Weg gebaut haben, klingt das stolze Lied des Aufbaus herüber zu der Wirklichkeit des Judenstaates.« Von Georg Engels Filmen *Schekel* (1937), einem Werbefilm für die Beteiligung an der »Schekelaktion« der *World Zionist Organization* als Aufbauhilfe für Palästina, *Miterleben* (1937), der Werbung für die *Jüdische Rundschau* machte, und *Schaffender Wille (Juden werden Bauern und Handwerker)* (1938) sind keine Filmkopien überliefert. Ebenso als verschollen gelten die Filme *Makkabi-Sport* (1938) und die beiden Filme, die Engel 1936 zusammen mit Ernst Mayer realisierte: *Brit Hanoar* und *Weg in die Wirklichkeit,* produziert von der *Keren Tora we'Awoda* für Deutschland, dem Fonds für jüdische Landwirtschaft in Berlin über die Aktivitäten der religiösnationalen Organisationen der *Misrachi Brit Hanoar* und *Hapoel Hamisrachi* in Deutschland und Palästina. Dazu kommen noch die Filme *Erez Israel im Aufbau* von Tim Nahum Gidal aus dem Jahr 1936 und *Sport-Werbefilm* von 1937, produziert vom *Reichsbund Jüdischer Frontsoldaten e.V.*[7]

Für alle diese Filme galt die auf der deutschen Zensurkarte vermerkte Vorschrift: »Der Film wird zur Vorführung im Deutschen Reiche zugelassen, darf jedoch nur in geschlossenen Veranstaltungen jüdischer Vereine bzw. Verbände, auch vor Jugendlichen, auf jeden Fall aber nur vor Angehörigen der jüdischen Rasse, vorgeführt werden.« Diese Vorschrift galt auch für den schon genannten großen Dokumentarfilm *The Land of Promise/L'Chayim Chadashim/Land der Verheissung* von Juda Leman. Dieser Film entstand als Koproduktion der *Urim Palestine Film Company* in Jerusalem, der *Fox Movietone* in New York und der Palästina-Filmstelle in Berlin im Auftrag der *Keren Hayessod* in Jerusalem. Es ist einer der frühesten Tonfilme aus Palästina. Der

Regisseur Juda Leman, geboren 1899 in Kutno (Litauen), kam in den 20er Jahren nach Hannover, veranstaltete dort im Anzeigerhochhaus *Art House* Kinovorstellungen. Er arbeitete mit Wilfried Basse an dessen Film *Deutschland – Zwischen gestern und heute (*1933/34) mit, bevor er 1933 im Auftrag der *Fox* für *The Land of Promise* nach Palästina ging.[8]

Als Reisebericht angelegt, dokumentiert der Film das zionistische Siedlungsprojekt im britischen Mandatsgebiet Palästina. Der Erwerb von handwerklichen, industriellen oder landwirtschaftlichen Fertigkeiten wird als Teil einer Kampagne gezeigt, die zu Ansiedlung und Investitionen im »Heimatland der Juden« ermutigen soll. Die zionistischen Siedler in Palästina werden als Vorbilder einer energischen Modernität und Produktivität porträtiert. Der Film zeigt Männer und Frauen bei der Arbeit in der Landwirtschaft oder Industrie, im Handel oder bei der Erholung, im Kibbuz, in der Gewerkschaft und in einer wachsenden Zahl von Industriezweigen. Somit ist *The Land of Promise* mehr als ein Reisebericht; stilistisch gehört er zu jenen frühen dokumentarischen Tonfilmen, die in einer der Filmmusik folgenden Montage eine moderne und sinnvolle Erneuerung des Films sahen. Das eingängige *Emek*-Lied von Daniel Sambursky wurde im *Jischuw* so populär, dass es der *Hatikwah*, der späteren Nationalhymne Israels, den Rang als Hymne der Zionisten ernsthaft streitig machen konnte. Mit dem deutschen Titel *Land der Verheissung* hatte der Film in einer exklusiven Vorstellung des Kulturbundes seine Weltpremiere im Bachsaal der Alhambra in Berlin am 26. Mai 1935.

Nach Ausbruch des Weltkrieges stagnierte die Filmproduktion in Palästina aufgrund eines dramatischen Rohfilmmangels. Für die Emigranten aus der Filmbranche verschlechterten sich die Arbeitsbedingungen drastisch. Hatten einige Berufsgruppen ohnehin in der marginalen Filmbranche des britischen Mandatsgebietes von Palästina kaum Möglichkeiten, ihren Beruf auszuüben, wie vor allem die Schauspieler, die, da es keine nennenswerte Spielfilmproduktion gab, sich mit Arbeit auf deutschsprachigen Kleinbühnen durchschlugen. Aber auch für Filmarchitekten, wie beispielsweise Heinz Fenschel, gab es keine Arbeit in der Filmbranche. So wandte sich Fenschel seinem ursprünglich erlernten Beruf zu und wurde ein erfolgreicher Architekt in Tel Aviv. Aber von 1939 bis 1945 traf die Krise in der Filmproduktion auch die zahlreichen Künstler und Techniker vom Film, die in der Produktion didaktisch-dokumentarischer Filme der zionistischen Gründungsfonds *Keren Kayemet LeIsrael* und *Keren Hayesod* in den Jahren zuvor durchaus gut arbeiten konnten, sehr hart. Kameramänner wie Walter Kristeller oder Rolf Kneller arbeiteten zeitweise als Fotografen, andere Filmemigranten mussten auf schiere »Brotjobs« ausweichen.

Nach dem Krieg begannen die zionistischen Organisationen wieder mit Filmproduktionen, die sich vorrangig mit dem Schicksal von Holocaust-Überlebenden und ihrem Weg nach Palästina befassten, der Film wurde zum

Kampfinstrument im Kontext der Erlangung der Staatlichkeit, der Transformation von *Erez Israel* in *Medina Israel.* Der bekannteste Film zu diesem Thema ist *Adamah* von Helmar Lerski aus dem Jahr 1948, der nur noch in einer verstümmelten USA Version *Tomorrow is a wonderful day* existiert.[9] Helmar Lerskis Film *Adamah/Erde* aus dem Jahr 1948 erzählt die Geschichte von Ankunft und Einleben des jungen Holocaust-Überlebenden Benjamin im Kinder- und Jugenddorf Ben Shemen im britischen Mandatsgebiet von Palästina. Benjamin trifft mit anderen Kindern in einem Bus in Ben Shemen ein. Er und die anderen Neuankömmlinge werden in ihre Schulklasse eingewiesen. Die Last peinigender Erinnerungen an seine Erlebnisse im Holocaust stehen seiner Integration in das neue Gemeinwesen im Wege. Benjamin verweigert sich jeder Kommunikation und jeder Zusammenarbeit. Er hortet Brot, obwohl es daran in Ben Shemen keinen Mangel gibt. Er erkennt durchaus die Kreativität der anderen Schüler, aber nur als unbeteiligter Außenseiter. Seine Lehrer beschließen, ihm zu helfen, indem sie ihn zu einem der Fackelträger in der *Chanukka*-Zeremonie machen, aber der Junge ist nach wie vor Gefangener seiner traumatischen Vergangenheit. Als er zufällig an einem Stacheldrahtzaun, der eine Rinderherde einschließt, vorbeikommt, holen ihn seine Erinnerungen an das Konzentrationslager, das er überlebt hat, ein. Er hebt den Zaun aus, zerstört ihn und lässt die Kühe frei, die daraufhin ein Gemüsebeet verwüsten, das seine Mitschüler mühevoll bestellt haben. Benjamin begreift im Laufe des Films, wie kostbar seine neue Umgebung ist. Unterricht, Arbeit, gesellige Feiern und zionistische wie religiöse Zeremonien bilden zunehmend für ihn den Kontext eines sinnvollen neuen Lebens. Zwei Jahre später sieht man Benjamin schließlich als Anführer einer Gruppe, die sich aufmacht, um eine neue Siedlung zu gründen. Indem er im Schweiße seines Angesichts die Erde von Steinen säubert, beweist Benjamin sich als aktives Mitglied einer jüdischen Pioniergesellschaft, des *Jischuw.* Der 75 Minuten lange Film, der diese Geschichte erzählt, ist in keiner nachweisbaren Kopie überliefert, zumindest nicht vollständig beziehungsweise vollständig authentisch. Wir kennen von dem Film *Adamah* nur die letzten fünf Minuten auf einem 16mm-Testfilm und die von *Adamah* an einer Reihe von Stellen erheblich abweichende und auf 48 Minuten verkürzte amerikanische Version des Films mit dem optimistischen Titel *Tomorrow is a wonderful day.* Diese Fassung endet mit der Szene der *Chanukka*-Zeremonie, der sich in *Adamah* noch die Szenenfolge anschließt, in der Benjamin tatkräftig zur Errichtung einer neuen Siedlung beiträgt. Die Hadassah, die *Women's Zionist Organization of America* in New York, die die Produktion von *Adamah* weitgehend finanziert hatte, versprach sich von einer Filmhandlung, die traditionelle Werte wie die Bedeutung religiöser Bräuche im Alltag von Ben Shemen herausstellen sollte, größeren Erfolg als von der Original-Version von *Adamah*, einem Film, der Aspekte des produktiven und säkularen Lebens weit stärker betonen wollte. Der Regisseur des Films Helmar Lerski war am Feinschnitt und an der Post-Produktion in den USA ohnehin nicht mehr beteiligt. Der Leiter von Ben Shemen Siegfried Lehmann, Initiator und Autor des Films, der zu dessen Fertigstellung in die USA reiste, musste einem Kompromiss zustimmen, der in die Herstellung zweier Versionen mündete. Lerski verließ das britische Mandatsgebiet Palästina wenige Wochen vor der Staatsgründung Israels und ging in die Schweiz. Filme machten in Israel nunmehr jüngere Filmkünstler, Filmtechniker und Produzenten, darunter auch Emigranten aus Nazideutschland wie Baruch Dienar, Lasar Dunner, Rolf Kneller, Victor Vicas u. a. Bis Israel sich zu einem interessanten »Arbeitsplatz« zur Herstellung von Filmen, künstlerisch wie ökonomisch, entwickeln konnte, vergingen allerdings noch einige Jahre. Erst mit *Hem Hayu Asara/ They were ten* aus dem Jahr 1961 machte Israel auch international auf sich aufmerksam mit einem abendfüllendem Spielfilm. Regisseur des Films war der Emigrant Baruch Dienar aus Hamburg. In der israelischen Filmproduktion folgte ihm bald eine Generation in Israel aufgewachsener und sozialisierter Filmregisseure. Aber bis in die Gegenwart noch gibt es neue israelische Filme, in denen aus Nazideutschland emigrierte Schauspieler auftreten, mittlerweile in Rollen älterer Leute freilich, wie 1998 zum Beispiel Channa Marron, geboren 1923 in Berlin, in *Yom Yom* von Amos Gitai, eine Schauspielerin, die bereits in der Anfangssequenz von Fritz Langs Film *M* von 1931 als kleines Mädchen debütierte.

1 Vgl. Jan-Christopher Horak: »Awodah. Helmar Lerskis erste Filmregie«. In: *Filmexil* Nr. 11, November 1998. — **2** Vgl. Ute Eskildsen, Jan-Christopher Horak (Hg.): *Helmar Lerski. Lichtbildner. Fotografien und Filme 1910–1947.* Essen 1983; vgl. Ronny Loewy: »Helmar (Hjalmar) Lerski – Kameramann, Regisseur«. In: *Cinegraph. Lexikon zum deutschsprachigen Film.* Hg. von Hans-Michael Bock. Lieferung Nr. 3, München 1985; vgl. Jan-Christopher Horak: »The Penetrating Power of Light. The Films of Helmar Lerski«. In: *Image,* Vol. 36, Nr. 3/4, 1993. — **3** Vgl. Hillel Tryster: *Israel Before Israel. Silent Cinema in the Holy Land.* Jerusalem 1995. — **4** Vgl. ebd. sowie Ronny Loewy: »Bilder vom Aufbau der Jüdischen Heimstätte. Zionistische Propagandafilme«. In: *Filmblatt,* Jg. 7, Nr. 18, Winter/Frühling 2002. — **5** Vgl. *Filmexil,* Nr. 11, November 1998. — **6** Vgl. Jan-Christopher Horak: »Zionist Film Propaganda in Nazi Germany«. In: *Historical Journal of Film, Radio and Television,* Vol. 4, Nr. 1, 1984. — **7** Vgl. Loewy: »Bilder vom Aufbau der Jüdischen Heimstätte. Zionistische Propagandafilme« (s. Anm. 4); vgl. Jeanpaul Goergen, Ronny Loewy: »Filme von und über jüdische Organisationen und die jüdische Besiedlung von Palästina«. In: *Filmblatt,* Jg. 7, Nr. 18, Winter/Frühling 2002. — **8** Vgl. Hillel Tryster: »Anatomy of an Epic Film. The Intrigue behind the making of ›The Land of Promise‹ combines the biggest names in cinema, a secret agent, and some internal Zionist rivalry«. In: *The Jerusalem Post (Magazine),* 30.10.1992; vgl. Hillel Tryster: »›The Land of Promise‹ (1935): A Case Study in Zionist Film

Propaganda«. In: *Historical Journal of Film, Radio and Television,* Vol. 15, Nr. 2, 1995; vgl. Hillel Tryster: »Associated with one of the Local Lots. In Search of Juda Leman«: In: *Filmexil,* Nr. 11, November 1998; vgl. Horst J. P. Bergmeier, Ejal Jakob Eisler , Rainer E. Lotz: *Vorbei. Dokumentation jüdischen Musiklebens in Berlin, 1933–1938/Beyond Recall. A record of Jewish musical life in Nazi Berlin, 1933–1938.* Hambergen 2001. — **9** Vgl. Hillel Tryster: *Adamah: A Vanished Film.* Jerusalem 1998; vgl. Ronny Loewy: »Adamah. Helmar Lerskis letzter Film«. In: *Filmexil,* Nr. 11, November 1998.

Ehrhard Bahr

Exiltheater in Los Angeles
Max Reinhardt, Leopold Jessner, Bertolt Brecht und Walter Wicclair

Bekanntlich waren Theater und Drama vom Exil stärker betroffen als andere Gattungen und Kunstformen, da sie einen großen Apparat sowohl zur
Produktion als auch zur Rezeption benötigten. F. C. Weiskopf zählte die Dramatiker zu den »Sorgenkindern« der Emigration: »Es kostete unendliche
Mühe, ein deutsches Buch in der Fremde zu verlegen, aber um wieviel mehr
Schwierigkeiten waren zu überwinden, bevor eine deutsche Theaterauf-
führung im Exil zustande kam.«[1] Ein Exildramatiker brauchte ein Theater,
wenn er nicht für die Schublade produzieren wollte, und ein Theater setzte
Bühne, Bühnenbild, Beleuchtung, Kostüme, Schauspieler, Regisseure sowie
ein rezeptionsbereites und zahlungsfähiges Publikum voraus. Im Vergleich
dazu waren der Romanschriftsteller oder Lyriker im Exil nur auf einen Verleger, vielleicht einen Übersetzer und ein Publikum angewiesen. Beim Exiltheater bildete besonders für die Schauspieler die Fremdsprache ein Problem,
weil es nur wenigen gelang, akzentfrei in der Sprache des Exillandes zu sprechen. Wie Werner Mittenzwei dargelegt hat, erwies sich die Anforderung,
»sich auf der Bühne in einer anderen Sprache auszudrücken,« für viele als
»eine Barriere, die sie meinten, nicht überspringen zu können.«[2] Dieses Problem führte in der Filmindustrie in Hollywood zu der paradoxen Situation,
dass die Rollen der Nazis und Wehrmachtoffiziere vor allem an deutschsprachige Exilschauspieler vergeben wurden, die sich gerade der Verfolgung
durch diese entzogen hatten. Für ein deutschsprachiges Theater stand nur
in wenigen Asylländern ein Publikum zur Verfügung, das in der Lage war,
ein Ensemble von Schauspielern auf die Dauer finanziell zu unterstützen.

Bis 1938 gab es noch das deutschsprachige Theater in Österreich, in der
Tschechoslowakei und der Schweiz, das deutschen Exilschauspielern und
-dramatikern offen stand. Außer den Stadttheatern in Provinzstädten wie
Brünn, Preßburg und Olmütz gab es in Prag ein deutschsprachiges Theater.
Doch sowohl in der Tschechoslowakei als auch in Österreich vermieden es
die meisten Theaterdirektoren, sich wegen eines antifaschistischen Stücks
mit der neuen Regierung in Berlin anzulegen, oder sie waren nationalsozia-
listisch genug, um mit der neuen Kulturpolitik zu sympathisieren. Nach der
Annexion von Österreich 1938 und der Besetzung von Prag im März 1939
blieben nur noch die schweizerischen Bühnen übrig, mit deren Organisationsstruktur als Repertoire- und Ensembletheater die deutschsprachigen

Exildramatiker und -schauspieler vertraut waren. Dabei bewährte sich besonders das Zürcher Schauspielhaus als Asyl der Exildramatik. Die bedeutendsten Werke von Bertolt Brecht kamen dort zur Uraufführung: *Mutter Courage und ihre Kinder* (1941), *Der gute Mensch von Sezuan* (1943) und *Galileo Galilei* in der ersten Fassung (1943).

Neben der Sprachbarriere, die sowohl für Exildramatiker als auch Schauspieler bestand, gab es in den Asylländern, besonders in den Vereinigten Staaten, andere Organisationsformen des Theaters, und es herrschten andere Vorstellungen von Schauspielkunst als an den deutschsprachigen Bühnen der Weimarer Republik. Während man in Mitteleuropa einen expressionistischen Bühnenstil entwickelt hatte, gab man sonst – auch unter dem Einfluss von Stanislavskij – einer naturalistischen Schauspielkunst den Vorzug. In den Vereinigten Staaten war das Theater in den 40er Jahren hauptsächlich von Stanislavskijs *Method-Acting* bestimmt. Insofern waren die Exildramatiker und -schauspieler auf Übersetzung und Anpassung an Publikum, Bühnenstil und Theaterorganisation der Exilländer angewiesen. Nur an wenigen Orten konnte man auf ein Theater der deutschsprachigen Minderheiten zurückgreifen, wie etwa in Südamerika, oder es mit Neugründungen von Exilantenensembles versuchen.

An der historischen Situation des Exiltheaters in Los Angeles kann man fast sämtliche Grundformen dieser Gattung aufzeigen. Die Stadt gehörte zu den Zentren des deutschsprachigen Exils, und die Bedingungen für das Theater waren trotz der Filmindustrie nicht grundsätzlich anders als in New York. Natürlich gab es nicht das Broadway-Theater, aber diese Tatsache ist nur positiv zu bewerten, insofern es keine privilegierte Infrastruktur vor Ort gab, wie in New York. Doch diese Tatsache änderte nichts an der kommerziellen Organisationsform des Theaters, das dem Vorbild des Broadway-Systems folgte. Der Regisseur musste einen Produzenten finden, der das für eine Inszenierung notwendige Kapital aufbrachte. Dann wurden Schauspieler und technisches Personal für eine Inszenierung verpflichtet und ein Theater gemietet. Öffentliche Subventionen waren unbekannt, und das von den Produktionsgesellschaften vorgeschossene Kapital musste – wenn möglich mit Gewinn – wieder eingespielt werden.[3]

Der Film stellte sich für die meisten Europäer noch nicht als Industrie dar, obwohl sich Hollywood auch in seinem eigenen Selbstverständnis gerade Ende der 30er Jahre dazu entwickelt hatte. Die meisten europäischen Bühnenschauspieler und Regisseure waren nach Hollywood gekommen, um Beschäftigung in den Filmstudios zu finden, und sie glaubten, dass der Übergang vom Theater zum Film kein Problem darstellte, doch viele von ihnen sahen sich in dieser Hinsicht bitter enttäuscht.

Für die Geschichte des Exiltheaters ist es von größter Bedeutung, dass zwei der »Giganten des Regietheaters« der Weimarer Republik nach Los Angeles

gekommen waren: Max Reinhardt und Leopold Jessner.[4] Der dritte wäre
Erwin Piscator gewesen, der zwar auch in die Vereinigten Staaten geflüchtet, doch in New York geblieben war. An seine Stelle trat Bertolt Brecht in
Los Angeles, denn er war nicht nur Stückeschreiber im Exil, sondern auch
ein Mann des Theaters, der mit seinen Vorstellungen – auch wenn sie nicht
identisch waren – Erwin Piscator vielleicht am nächsten stand. Für die
Geschichte des Exiltheaters ist es aufschlussreich, wie diese drei »Giganten
des Regietheaters« der Weimarer Republik in Los Angeles mit drei wichtigen Inszenierungen während der 30er und 40er Jahre wirkten: Max Reinhardt mit *A Midsummer Night's Dream* von Shakespeare in der *Hollywood
Bowl* im Jahr 1934, Leopold Jessner mit Schillers Schauspiel *Wilhelm Tell*
auf Englisch im *El Capitan Theatre* auf dem Hollywood Boulevard 1939 und
schließlich Bertolt Brecht mit der amerikanischen Fassung seines *Galileo
Galilei* im *Coronet Theatre* in Beverly Hills 1947. Höchst bemerkenswert ist
die Tatsache, dass alle drei Bühnen noch heute erhalten sind und bespielt
werden. Alle drei Inszenierungen waren auf Englisch, zwei davon mit amerikanischen bzw. englischen Schauspielern, während eine mit deutschsprachigen Schauspielern besetzt war, die ihre Rollen auf Englisch sprachen. Eine
der Inszenierungen war ein Riesenerfolg (Reinhardts *A Midsummer Night's
Dream*), die andere fiel vollkommen durch und wurde vorzeitig abgesetzt
(Jessners *Wilhelm Tell*), und die letzte schließlich war eine viel versprechende Einführung des Epischen Theaters auf amerikanischem Boden, obwohl
man es im Einzelnen damals noch nicht erkannte (Brechts *Galileo Galilei*).
Der Misserfolg der jessnerschen Inszenierung war größtenteils auf die mangelnde bzw. höchst unterschiedliche Beherrschung der englischen Sprache
von Seiten der europäischen Schauspieler zurückzuführen. Ein weiterer Faktor war, dass das Publikum nicht mit Schiller vertraut war und und nicht
die Geduld aufbrachte, der Handlung in einem schwer verständlichen Englisch zu folgen.

Max Reinhardt war aufgrund seiner europäischen Erfolge von der *California Festival Association* eingeladen worden, um die Regie einer Freilichtinszenierung von Shakespeares *Midsummer Night's Dream* in der *Hollywood
Bowl* im Jahr 1934 zu übernehmen.[5] Zu diesem Zeitpunkt war Reinhardt
als künstlerischer Direktor des *Deutschen Theaters* in Berlin entlassen und als
Besitzer seiner Privattheater in Berlin enteignet worden. Seine Entlassung
wurde nicht nur von ihm, der vom Verlust seiner Heimat sprach, sondern
auch von der *New York Times* vom 30. April 1933 als Exilierung betrachtet.
Die *New York Times* nannte ihn den »repräsentativen Bühnendirektor seines Jahrhunderts« und sprach davon, dass seine »Leitung des Deutschen
Theaters in Berlin gleichbedeutend mit der Geschichte des modernen Theaters« gewesen sei. Bei den Salzburger Festspielen im September 1933 wurden Reinhardt und der Dirigent Bruno Walter als »Exilanten aus Deutsch-

land« gefeiert. Der Applaus des Salzburger Publikums »sei als Protest gegen
Hitlers Unterdrückung der künstlerischen Freiheit« zu bewerten, wie es in
der *New York Times* vom 8. September 1933 hieß. Von 1933 bis 1938 leitete Reinhardt sein Theater in Wien und gehörte zu den Hauptorganisatoren
der Salzburger Festspiele, die er nach dem Ersten Weltkrieg mitbegründet
hatte. Erst nach dem so genannten Anschluss von 1938 nahm Reinhardt
seinen Wohnsitz in Los Angeles und New York, wo er 1943 starb.

Wie sein Sohn Gottfried, der in Hollywood erfolgreich war, in der Bio-
graphie seines Vaters schrieb, kam es zu einer »denkwürdigen Aufführung
(von Shakespeares *A Midsummer Night's Dream*), die Poesie mit derber
Komik, Grandeur mit Innigkeit verband.«[6] Schließlich war Shakespeares
Märchenkomödie bereits 1905 sein großer Erfolg am *Neuen Theater* in Berlin gewesen, und seither hatte er diesen Erfolg in anderen Inszenierungen in
Europa wiederholt. Seine erste Inszenierung erfolgte auf der Drehbühne des
Neuen Theaters, während die späteren Inszenierungen meistens in Freilicht-
theatern oder auf öffentlichen Plätzen stattfanden. Seine letzte Inszenierung
vor der *Hollywood Bowl* war auf der Wiese eines Parks in Oxford im Juni
1933. Im Vergleich zu England waren die Bedingungen in der *Hollywood
Bowl* weitaus günstiger, denn selbst im September konnte man sich auf war-
me Nächte mit Sommertemperaturen ohne Regen verlassen. Amerikanischer
Enthusiasmus und europäische Imagination trugen zum Erfolg der *Holly-
wood-Bowl*-Inszenierung bei – wie der Kinderschauspieler Mickey Rooney,
der die Rolle des Puck übernahm, in seiner Autobiographie von 1965 berichtete: »Die Gesellschaft von Hollywood war von der ersten Ankündigung,
dass Reinhardt vielleicht kommen werde, höchst begeistert, denn man hatte gehört, dass er höchst phantasiereich und zugleich innovativ auf dem
europäischen Theater gewirkt hatte. Das waren zwei Qualitäten, die in der
Filmindustrie von 1934 unbekannt waren: phantasiereich und innovativ.
Natürlich bewunderten die Leute jemand, der mehr Mut zur Innovation als
sie hatte. Reinhardt war ein Held für sie, bevor er den Eisenbahnzug verlassen hatte. Als Reinhardt Hörproben für *A Midsummer Night's Dream* ansetz-
te, kamen die Schauspieler in größter Eile aus den Hügeln von Hollywood.
Es gab dabei nicht viel Geld zu verdienen, aber für Reinhardt auf die
Bühne zu treten war zu allererst eine große Ehre und außerdem ein Status-
symbol.«[7]

Mickey Rooney war damals dreizehn Jahre alt, als er die Rolle als Puck
erhielt. Olivia de Havilland spielte die Hermia, eine der jungen Liebhabe-
rinnen. Das *Los Angeles Philharmonic Orchestra* spielte die bekannte Musik
von Felix Mendelssohn-Bartholdy. Man hatte die Konzertmuschel entfernt
und die Bühne in eine Waldwiese verwandelt. Die Aufführung endete mit
einem Fackelzug, bei dem die Schauspieler nach der Musik von Mendels-
sohns Hochzeitsmarsch von den Höhen der Hollywood-Hügel herabstiegen

und über einen eigens errichteten Steg auf die Bühne schritten, die gleichsam in der Luft zu schweben schien.[8]

Die Inszenierung war auch finanziell ein großer Erfolg. Die Filmindustrie hatte eine Ausfallsgarantie von 125.000 Dollar zur Verfügung gestellt, die man nicht in Anspruch zu nehmen brauchte. Zwischen 150.000 und 200.000 Zuschauer besuchten die Vorstellungen, die sich über zehn Nächte erstreckten. Für die letzte Vorstellung gab es ermäßigte Sonderpreise. Die Inszenierung wurde im *War Memorial Opera House* in San Francisco und im *Faculty Glade-Greek Theatre* der Universität von Kalifornien in Berkeley im Oktober wiederholt und im *Auditorium Theatre* in Chicago im November 1934.

Beeindruckt vom finanziellen Erfolg der Inszenierung entschloss sich die Filmgesellschaft Warner Brothers dazu, Max Reinhardt einen Vertrag zur Verfilmung anzubieten. Reinhardt nahm das Angebot an, jedoch wurden von der ursprünglichen Besetzung nur Mickey Rooney und Olivia de Havilland übernommen. Die Übrigen waren Schauspieler, die bei Warner Brothers unter Vertrag standen, wie z. B. James Cagney, der die Rolle des Zettel übernahm, oder Dick Powell, der Lysander, einen der jugendlichen Liebhaber, spielte. Als Co-Director war Reinhardt der Regisseur William Dieterle beigegeben worden, der zu seinen führenden Schauspielern in Berlin während der 20er Jahre gehört hatte. Dieterle war 1931 als Filmregisseur für Warner Brothers nach Hollywood gekommen und hatte zu diesem Zeitpunkt bereits 19 amerikanische Filme gedreht. Obwohl die Verfilmung des *Midsummer Night's Dream* von 1935 schauspielerisch auf hohem Niveau stand und etwas von dem Märchenhaften der Freilicht-Inszenierung bewahrte, war der Film zu langsam in der Handlung und mit einer Spielzeit von 132 Minuten zu lang für ein Kinopublikum, das unterhalten werden wollte.[9] Auch finanziell war der Film ein Verlustgeschäft. So blieb Reinhardts erster amerikanischer Film auch sein letzter. Man spielte Szenen aus dem Film zu seinem Gedächtnis bei der in Los Angeles veranstalteten Trauerfeier im *Wilshire-Ebell-Theatre* am 15. Dezember 1943.

Als Max Reinhardt sich 1938 in Los Angeles niederließ, hatte er große Pläne für die Stadt und wollte sie nach dem Vorbild von Salzburg zu einer Festspielstadt machen. In seinem Entwurf für »Festspiele in Kalifornien« stellte er fest, dass die Faktoren dazu in Los Angeles »in einer unvergleichlich und nie dagewesenen Fülle vereinigt« seien, da dort zur Zeit »die hervorragendsten dramatischen Schriftsteller, die berühmtesten Komponisten, Musiker, Dirigenten, die besten Maler, Bildhauer, Architekten, die namhaftesten Direktoren, Schauspieler, Sänger und Tänzer« lebten.[10] Für die *California Festival Association* inszenierte Reinhardt 1938 Goethes *Faust I* auf Englisch. Die Aufführung fand im *Pilgrimage Theatre* (heute: *John Anson Ford Theatre*), einer Freilichtbühne in der Nähe der *Hollywood Bowl*, statt. Reinhardts

Regiekonzept basierte auf dem Simultanprinzip der Salzburger Festspielin-
szenierung von 1933–1937. Dabei dominierte die Gretchentragödie. Die
Besprechungen waren positiv, und die ursprünglich angesetzte Laufzeit von
zwei Wochen konnte wegen der großen Nachfrage auf vier Wochen verlängert werden. Anschließend kam Reinhardts Inszenierung im *Civic Auditorium* in San Francisco zur Aufführung. 1940 wurde Reinhardts *Faust*-In-
szenierung noch einmal in das Programm der Kalifornischen Festspiele
aufgenommen.[11]

Mit Reinhardts Niederlassung in Los Angeles war die Eröffnung seiner
Schauspielschule in Hollywood, des *Workshop for Stage, Screen and Radio* auf
dem Sunset Boulevard, verbunden. Die Lehrkräfte setzten sich aus deutsch-
sprachigen Theaterkünstlern und amerikanischen Schauspielern zusammen,
darunter William Dieterle, Gerd von Gontard, Erich Wolfgang Korngold,
Helene Thimig, Joseph Schildkraut, Paul Muni und Edward G. Robinson.
Die Inszenierungen des Workshop dienten zur Ausbildung der Schauspiel-
schüler. Reinhardt inszenierte dabei zwischen 1938 und 1941 die folgenden
Stücke mit seinen Studenten: *Sister Beatrice* von Maurice Maeterlinck, *Six
Characters in Search of an Author (Sechs Personen suchen einen Autor)* von
Luigi Pirandello, *At Your Service (Der Diener zweier Herren)* von Carlo Gol-
doni, *A Midsummer Night's Dream* von Shakespeare, *Too Many Husbands* von
Somerset Maugham, *Everyman (Jedermann)* von Hofmannsthal, *Fortunato*
von Serafin und Joaquim Alavarez Quintero, *The Merchant of Yonkers* von
Thornton Wilder und *Squaring the Circle* von Valentine Kataev.[12] Doch 1941
musste der Workshop aus finanziellen Gründen geschlossen werden. Reinhardt hatte sich bereits vor dem Bankrott von der aktiven Mitarbeit zurück-
gezogen, um sich seinen Plänen für ein Repertoire-Theater in New York zu
widmen, die sich allerdings nicht realisieren ließen. Reinhardt konnte nicht
an den Erfolg seiner *Hollywood Bowl*-Inszenierung von 1934 anknüpfen.
Einige seiner Projekte in New York erzielten Achtungserfolge, aber auch sie
ließen sich nicht mit seinen früheren Triumphen vergleichen.

Der andere große Vertreter des Berliner Trios war Leopold Jessner, der 1919
zum Generalintendanten des *Preußischen Staatstheaters* am *Berliner Schauspielhaus* ernannt worden war. Er konnte sich in dieser Stellung bis 1930
halten. Als Sozialdemokrat und orthodoxer Jude war er sogar während der
liberalen Phasen der Weimarer Republik politischen und antisemitischen
Verdächtigungen und Anfeindungen ausgesetzt. Zu seinen Innovationen
gehörte die so genannte Jessnersche Stufenbühne, ein Arrangement von zwei
bis drei steilen Treppen, die das Bühnenbild beherrschten. Die Treppen hatten die Funktion, »die Bühne von den Zufälligkeiten eines illusionsschaf-
fenden *äußerlichen* Dekors zu befreien, und von nun an – als raum- und zeit-
losen Schauplatz – einer Darstellung dienstbar zu machen, die ihre Gesetze
lediglich von dem *innerlich Wesenhaften* der Dichtung empfängt«.[13] Diese

Entrümpelung des Bühnenbildes führte zu einer Konzentration auf das gesprochene Wort. Jessners Karriere hatte mit der berühmten Inszenierung von Schillers *Wilhelm Tell* im Jahre 1919 begonnen. Das Bühnenbild zu diesem Drama hatte sich für das Hoftheater des Wilhelminismus stets als willkommene Gelegenheit zur opulenten Entfaltung von schweizerischer Folklore und Alpenszenerie erwiesen. Jessner inszenierte das Drama als Schauspiel der politischen Freiheit und entfernte alle zufälligen Requisiten, die davon ablenkten. Auf seiner Stufenbühne fehlte sogar die »Bank von Stein« für Tells Monolog in der hohlen Gasse bei Küßnacht im vierten Aufzug. Diese Inszenierung von 1919 verursachte einen Theaterskandal, bei dem das Publikum die Aufführung wegen der fehlenden »Bank von Stein« zu unterbrechen suchte. Schillers *Wilhelm Tell* blieb für Jessner das beste Stück der deutschen Literatur, weil es ihm am reinsten die Opposition und den Aufstand eines Volkes gegen seine Tyrannen auszudrücken schien.[14] Er inszenierte das Schauspiel 1936 für die *Habimah*, das spätere israelische Nationaltheater in Tel Aviv, und aus demselben Grund wählte er es auch für sein amerikanisches Debüt in Los Angeles, diesmal in englischer Übersetzung als *William Tell*. Seine Inszenierung im *El Capitan Theatre* auf dem Hollywood Boulevard am 25. Mai 1939 war ein legendärer Misserfolg, wie die Berliner Inszenierung von 1919, doch die Gründe dafür waren völlig anders.

Die amerikanische Inszenierung wurde von einer Gesellschaft mit dem Namen *The Continental Players* finanziert. Diese Gesellschaft unter der Leitung von William Dieterle war zu dem Zweck gegründet worden, europäischen Exilschauspielern Gelegenheit zur Berufsausübung zu geben und das englischsprachige Theater in Los Angeles zu bereichern. Die Gesellschafter waren davon überzeugt, dass die Exilschauspieler in der Lage seien, ihre Sprachschwierigkeiten mit dem Englischen zu meistern. Das *El Capitan Theatre* war 1926 als erfolgreiche Bühne für Gastspiele eröffnet worden, doch mit der Wirtschaftskrise von 1929 war eine Stagnation eingetreten, die man mit der neuen Theatergründung zu beenden hoffte. Die Inszenierung war gut finanziert. William Dieterle hatte 300.000 Dollar aus eigenen Mitteln bereitgestellt. Für die Reklame der Inszenierung war viel Geld investiert worden. Für Bühnenbild und Kostüme war Rudi Feld verantwortlich. Der Exilkomponist Ernst Toch schrieb die Bühnenmusik. Schauspieler aus New York und Los Angeles waren verpflichtet worden, darunter berühmte Namen wie Ernst Deutsch als Gessler, Leo Reuss als Wilhelm Tell, Norbert Schiller als Baumgarten, Alexander Granach als Stauffacher und Christiane Grauthoff als Hedwig Tell.[15] Sogar drei »diction coaches« (Sprach-Korrepetitoren) waren angestellt worden, aber sie waren nicht in der Lage, die verschiedenen Akzente auf eine allgemein verständliche Sprachebene zu bringen.

Es gab andere Gründe für das Versagen. Jessner hatte mit Hilfe des Bühnenbildners Rudi Feld wieder seine abstrakte Stufenbühne installiert, doch die Kostüme waren traditionell realistisch. Was sich in Berlin als Stärke der Inszenierung erwiesen hatte, die Konzentration auf das gesprochene Wort, richtete die Aufmerksamkeit in Los Angeles auf die größte Schwäche des Ensembles, nämlich die Ausspracheschwierigkeiten der einzelnen Schauspieler. Die Aufführung erwies sich als peinliche und kostspielige Lektion für das Exiltheater in Los Angeles und stellt eines der negativen Beispiele für eine Inszenierung in seiner Geschichte dar. Das Versagen der *Continental Players* hatte auch für das *El Capitan Theatre* negative Folgen: Es wurde 1942 von der Verleihfirma *Paramount* übernommen und zum Filmtheater umgebaut. Erst 1991 wurde der ursprüngliche Name des Theaters wieder eingeführt, und es steht jetzt sowohl für Filmaufführungen als auch für Gastspiele von Theatergesellschaften zur Verfügung.

Leopold Jessner hat nur noch eine weitere Inszenierung in Los Angeles übernommen. Es handelte sich um ein Stück mit dem englischen Titel *The Marseillaise* von Victor Clement, das im *Wilshire-Ebell-Theatre* im Januar 1943 zur Aufführung kam. Die Inszenierung wurde von der Organisation *France Forever* finanziert, der Vertretung der Exilfranzosen in den Vereinigten Staaten, und diente der Unterstützung der französischen Streitkräfte unter General de Gaulle. Leopold Jessner starb im Dezember 1945 und wurde auf seinen Wunsch auf dem Friedhof der orthodoxen jüdischen Gemeinde in Boyle Heights, einem östlich gelegenen Stadtteil von Los Angeles, begraben.[16]

Das dritte historisch wichtige Beispiel von Exiltheater in Los Angeles war die Inszenierung von Brechts *Galileo Galilei* im *Coronet Theatre* auf dem La Cienega Boulevard in Beverly Hills im Juli/August 1947. Dem offiziellen Programm nach war Joseph Losey der Regisseur dieser Aufführung, doch Brecht griff so nachhaltig in die Regie ein, dass man ihn als eigentlichen Regisseur anführen muss. Die Aufführung wurde von der Gesellschaft *Pelican Productions* finanziert, die von T. Edward Hambleton und dem Schauspieler und Regisseur John Houseman gegründet worden war, um avantgardistisches Theater in Los Angeles auf die Bühne zu bringen. Die Gesellschaft hatte ihr Repertoire mit Thornton Wilders *The Skin of Our Teeth* eröffnet. Brechts *Galileo Galilei* war das zweite Stück im Spielplan. Diese Aufführung ist aus den folgenden vier Gründen so bemerkenswert für die Geschichte des Exiltheaters, weil es sich erstens um die Uraufführung eines im Exil entstandenen Werkes handelte, zweitens die Aufführung ausschließlich von einheimischen, in diesem Falle amerikanischen Schauspielern bestritten wurde (mit Ausnahme des englischen Filmschauspielers Charles Laughton), drittens die Inszenierung auf einem Bühnenstil des Exils basierte, in diesem Fall dem Epischen Theater, und viertens diese Inszenierung für die Zeit nach dem Exil Modellcharakter erhielt, in diesem Fall für die Aufführung des *Galileo* durch das *Berliner Ensemble* im Jahr 1957. Die Berliner Aufführung stützte sich u. a. auf eine filmische Aufzeichnung der Inszenierung im *Coronet Theatre*, die von Ruth Berlau auf Anordnung Brechts zu diesem Zweck hergestellt worden war.[17]

Bekanntlich gibt es drei Fassungen von Brechts *Galileo*: die dänische Fassung von 1938, die 1943 im Schauspielhaus in Zürich zur Aufführung kam, die amerikanische Fassung, die in Zusammenarbeit mit dem englischen Schauspieler Charles Laughton auf Englisch hergestellt wurde und 1947 mit Laughton in der Titelrolle in Los Angeles aufgeführt wurde, und die dritte Fassung, die Brecht noch vor seinem Tode einstudiert hatte, aber deren Aufführung am *Schiffbauerdamm-Theater* 1957 er nicht mehr erlebte. In der dänischen Fassung, für die der Atomphysiker Niels Bohr das Modell abgibt, wird Galileo noch als Widerstandsheld gegen die Inquisition gefeiert, der seine Forschung heimlich weiterführt und die Ergebnisse ins Ausland schmuggelt. Die amerikanische Fassung entstand unter dem Eindruck des Abwurfs der Atombombe auf Hiroshima und Nagasaki.[18] Zum Hintergrund der Aufführung schrieb Brecht, dass der Tag des Abwurfs jedem, der ihn in den Vereinigen Staaten erlebte, schwer vergesslich wurde: »Der japanische Krieg war es, der die Staaten wirklich Opfer gekostet hatte. Die Transporte der Truppen gingen von der Westküste aus, und dorthin kehrten die Verwundeten und die Opfer der asiatischen Krankheiten zurück. Als die ersten Blättermeldungen Los Angeles erreichten, wußte man, daß dies das Ende des gefürchteten Krieges, die Rückkehr der Söhne und Brüder bedeutete. Aber die große Stadt erhob sich zu einer erstaunlichen Trauer. Der Stückschreiber hörte Autobusschaffner und Verkäuferinnen in den Obstmärkten nur Schrecken äußern. Es war der Sieg, aber es war die Schmach einer Niederlage. Dann kam die Geheimhaltung der gigantischen Energiequelle durch die Militärs und Politiker (...) Die Freiheit der Forschung, das Austauschen der Entdeckungen, die internationale Gemeinschaft der Forscher war stillgelegt von Behörden, denen stärkstens mißtraut wurde. Große Physiker verließen fluchtartig den Dienst ihrer kriegerischen Regierung. (...) Es war schimpflich geworden, etwas zu entdecken.«[19]

Galileo steht jetzt als Feigling und Verbrecher da, der die Wissenschaft an die Politik verraten hat. Wenn er nicht seine Erkenntnisse vor der Inquisition widerrufen hätte, so hätte sein Widerstand das Vorbild für einen hippokratischen Eid für Naturwissenschaftler abgeben können. Doch dazu ist Galileo zu feige, er fürchtet sich vor den körperlichen Schmerzen der angedrohten Tortur. Die dritte Fassung auf Deutsch ist eine Rückübersetzung und Erweiterung der amerikanischen Fassung, wobei die negative Interpretation des Titelhelden übernommen und unter dem Eindruck der Herstellung der Kobalt- und Wasserstoffbombe noch verschärft wird.

Die Uraufführung der amerikanischen Fassung fand am 30. Juli 1947 statt.[20] In der Presse war die Eröffnung als Galapremiere angekündigt, und die Namen von Theaterbesuchern, wie Charlie Chaplin, Charles Boyer, Ingrid Bergman, Anthony Quinn, John Garfield und Frank Lloyd Wright, wurden in den Klatschspalten der Presse erwähnt. Die Inszenierung hatte eine Laufzeit von 17 Vorführungen. Das Bühnenbild stammte von Robert Davison, die Musik von Hanns Eisler und die Choreographie von Lotte Goslar. Bei der Kostümgestaltung spielte Helene Weigel eine entscheidende Rolle. Das Ensemble bestand den Programmangaben nach aus 50 Schauspielern. Brecht hatte vorwiegend junge und unbekannte Schauspieler ausgewählt, die noch nicht durch das *Method-Acting* beeinflusst waren. Außer Charles Laughton wurden nur Hugo Haas (Kardinal Barberini) und Frances Hefflin (Virginia) im Programm erwähnt.[21] Mit Charles Laughton hatte Brecht dasselbe Problem, das er später mit Ernst Busch am *Schiffbauerdamm-Theater* haben sollte. Keiner der beiden Schauspieler konnte sich mit der negativen Interpretation des Galilei abfinden, beide suchten die Sympathie des Publikums für ihn einzunehmen. Das war eine der großen Schwierigkeiten, wie Brecht auf einer Probe im März 1956 erklärte: »aus dem Helden den Verbrecher herauszuholen. Trotzdem: er ist ein Held – und trotzdem wird er zum Verbrecher.«[22] Nach Brecht sollte »der Zuschauer sagen können, (da) sitzt jetzt einer in der Hölle, furchtbarer als jene des Dante, wo man die Gabe des Intellekts verspielt hat.«[23]

Die amerikanische Uraufführung, die auf dem Theaterzettel als Weltpremiere deklariert war, nahm auf den Abwurf der Atombombe weniger Bezug, als man nach Brechts Aussagen in *Aufbau einer Rolle. Laughtons Galilei* annehmen sollte. Ein Mitarbeiter von *Pelican Productions*, der den Theaterzettel verfasst hatte, wies darauf hin, dass Brecht zuerst im dänischen Exil auf die Atomforschung und den Nobelpreisträger Niels Bohr aufmerksam geworden sei, denn Bohr hätte das destruktive Potenzial der Uranspaltung erkannt. Es hieß dort weiter auf dem Theaterzettel: »Beeindruckt von dieser erschreckenden Ankündigung und der Bestürzung und Furcht der Naturwissenschaftler vor dem Missbrauch dieser ungeheuren Kräfte, ging Brecht auf eine frühere Entdeckung von umwälzender Bedeutung zurück – Galileos Feststellung, dass sich die Erde um die Sonne dreht – und erblickte darin ein Drama, das den fortdauernden Konflikt zwischen denen, die fundamentale Wahrheiten entdecken, und denjenigen, die aus Furcht oder egoistischen Motiven, diese unterdrücken oder verfälschen, zum Thema hat.«[24] Um dem Publikum die historische Kontinuität dieses Konfliktes bewusst zu machen, waren auf dem Proszenium die Namen der führenden Physiker angebracht, angefangen mit Meitner, Einstein, Curie und zurückgehend bis auf Newton und Galileo.[25] Auf dem Theaterzettel wurde das Publikum darüber informiert, dass Brecht den englischen Schauspieler Charles Laughton in einer Reihe von Filmen gesehen und die Rolle des Galilei für Laughton gestaltet habe. Außerdem wird Laughton im Programm als Verfasser der amerikani-

schen Version angegeben, obwohl es sich um eine kollektive Arbeit handelte.[26] Sämtliche Aufführungen im *Coronet Theatre*, das über 260 Plätze verfügte, waren ausverkauft, das heißt rund 4.500 Zuschauer sahen die Inszenierung, – doch »die große Presse« war nach Brechts Meinung »schlecht.«[27]
Im historischen Rückblick erscheint der Großteil der Rezensionen jedoch
durchaus sachverständig und positiv. Die Rezension in der *Los Angeles Daily News* vom 31. Juli zeigte volles Verständnis für die Anklage gegen die
moderne Naturwissenschaft und bedachte die unkonventionelle Inszenierung mit einem positiven Kommentar, während der Rezensent der *Los Angeles Times* vom selben Datum von der bahnbrechenden »Pionierleistung« des
Stückes sprach: »Argumentative Anregung wird man nicht nur im Thema
des *Galileo* und in der Weise, wie es behandelt wird, finden, sondern diese
Anregung wird sich wahrscheinlich auch finden lassen in Diskussionen des
Für und Wider über die Art der Darstellung, die im Bereich des Revolutionären liegt. (...) *Galileo* wird das Interesse des denkenden Theaterbesu-
chers wecken und die Einbildungskraft derer ansprechen, die das Theater
auf eine technisch freiere Grundlage gestellt sehen wollen. Konventionelle
Bühnendekorationen spielen keine Rolle. Techniken aber, die dazu dienen,
den Reiz einer ungewöhnlich beeindruckenden Bühnengeschichte aufrechtzuerhalten, sind zahlreich und vielfältig. Das Stück ist von diesem Stand-
punkt aus zweifellos ein Erlebnis.«[28] Der Rezensent geht als einziger auf die
im Epilog aufgeworfene Frage ein: »Was wird die Wissenschaft mit ihrer eigenen Macht in der Zukunft machen? Daher findet eine Untersuchung über
die Atomkraft statt, um die Diskussion auf den heutigen Stand zu bringen.«
Die *New York Times* vom 1. August 1947 hielt sich dagegen an den shakes-
peareschen Stil der Bühnenausstattung und die Verwendung des brechtschen
Halbvorhangs: »Die meisten Szenen werden durch kurze Verse von drei hellen Knabenstimmen eingeführt.« Die Westküstenausgabe von *Variety* führte sogar den Begriff des Epischen Theaters an und meinte, dass dessen Verwendung zum Erfolg der Inszenierung beigetragen hätte. Besonders lobend
wurde das Bühnenbild mit den Rückprojektionen und der Verwendung des
Halbvorhangs hervorgehoben. Auch die Rezension des *Hollywood Reporter*
vom 1. August 1947 erwähnte den Shakespeare-Stil der Inszenierung und
verglich das Epische Theater mit dem Elisabethanischen Theater. Laughtons
Gestaltung der Titelrolle erhielt in den meisten Zeitungen positive Besprechungen. So hieß es in der *New York Times* vom 1. August 1947, dass
er »den Wissenschaftler zu einer anziehenden menschlichen Figur« machte: »Er ist frei von Anmaßung und zeigt eine liebenswürdige Verachtung
gegenüber den Fesseln, die den einfachen Geist binden. Er ist reiner Wissenschaft hingegeben und insgesamt heroisch, obwohl er zugibt, ein Feigling
zu sein.« Und im *Hollywood Reporter* vom 1. August 1947 stand zu lesen:
»Laughton, als Galilei, bleibt Laughton, wie in jeder anderen Rolle, das heißt,

er gibt eine gestochene und fast makellose Darstellung in dem Stil, den man von ihm kennt.«

Als sich einige Leserbriefe gegen die Inszenierung wandten und das konventionelle Illusionstheater als Vorbild dagegenhielten, verteidigte John Houseman als Gesellschafter der *Pelican Productions* die Auswahl und Inszenierung des Stücks in der *Los Angeles Daily News* vom 25. August 1947. Brecht hätte sein Episches Theater während der Weimarer Republik begründet, um von der Bühne mit realistischer Ausstattung wegzukommen. Die *Pelican Productions* fühlten sich »bis auf den Tod« der Ansicht verpflichtet, dass die Bühne des *Coronet-Theatre* ein Forum bieten muss für alles, was anregend und wichtig ist.« *Galileo* wäre so inszeniert worden, »wie Brecht es unter seiner persönlichen Aufsicht inszeniert haben wollte. Ein Theater kann, glauben wir, seinem Publikum keinen größeren Dienst erweisen, als es Bühnenautoren von hohem Rang zu ermöglichen, ihre Werke genauso aufzuführen, wie sie es wünschen.«[29]

Es sei nicht verschwiegen, dass es auch negative Rezensionen gab, doch die Mehrzahl der Rezensionen zeigte deutlich, dass die Inszenierung die von Brecht intendierte Wirkung durchaus erreicht hatte und diese Wirkung auch von der Presse wahrgenommen wurde.

Die Inszenierung wurde mit Charles Laughton und einer neuen Besetzung der übrigen Rollen im *Maxine Elliott's Theatre* in New York vom 7. bis 14. Dezember 1947 wiederholt, doch Brecht hatte die Vereinigten Staaten inzwischen verlassen. Aufgrund der New Yorker Inszenierung wurde *Galileo* zu einem der besten ausländischen Theaterstücke des Jahres gewählt.

Der vierte Typus des in Los Angeles vertretenen Exiltheaters war die *Freie Bühne* unter der Leitung von Walter Wicclair, die der so wichtigen Kategorie des deutschsprachigen Theaters im Exil angehört. Wicclair war 1933 als Theaterleiter in Kreuzburg in Oberschlesien von Schlägertruppen der SA von seiner Bühne verjagt worden und über die Tschechoslowakei, Holland und England 1939 nach Hollywood gekommen. Die Geschichte der *Freien Bühne* in Los Angeles von 1939 bis 1949 beleuchtet besonders das Problem eines verfügbaren Publikums im Exil. Die Zahl der deutschsprachigen Immigranten an der Westküste belief sich seit 1938 auf rund 10.000 neue Einwanderer, und allein der *German Jewish Club of 1933* in Los Angeles verfügte über ein Stammpublikum von rund 1.500 Mitgliedern.[30] Wicclairs erste Inszenierung, *Lottchens Geburtstag* von Ludwig Thoma, fand mit großem Erfolg unter der Schirmherrschaft des *German Jewish Club* im Januar 1940 statt. Doch dann wurde aus ideologischen Gründen das Publikum weniger und gefährdete damit das Programm der *Freien Bühne*. Bereits vor dem Überfall auf Pearl Harbor im November 1941 hatte sich ein Großteil der deutschsprachigen Emigration für schnelle Amerikanisierung und damit gegen die deutsche Sprache entschieden. Der *German Jewish Club*, der inzwischen das Attribut »German« fallen gelassen hatte, lehnte ab Dezember 1940 jede weitere Unterstützung und Reklame für Aufführungen der *Freien Bühne* ab. In der englischsprachigen Zeitung *Jewish Voice* erschien sogar ein Artikel mit der Überschrift »Deutsche Theater ein politisches Verbrechen.« Zwar gab es auch Gegenstimmen, wie die des Schrifststellers und Dramatikers Bruno Frank, der es als Aufgabe der Exilanten betrachtete, »die deutsche Sprache über eine Periode der Verschmutzung und Verwüstung hinwegzutragen,« doch das Resultat war, dass das Publikum gespalten war. Spätere Versuche, das Kulturleben der Emigration zu koordinieren, schlugen fehl. Man wird Wicclairs Fazit zustimmen müssen, dass es in Los Angeles nicht gelang, »mit den großen Namen ein repräsentatives Emigrationstheater zu schaffen. Die Kräfte waren und blieben verzettelt.«[31]

Wicclair war also gezwungen, sich in Konkurrenz mit anderen Unternehmen, die zum Teil mit zugkräftigen Namen wie Max Reinhardt und Ernst Deutsch verbunden waren, durchzusetzen. Da waren Reinhardts Workshop-Inszenierungen. Der *Jewish Club of 1933* veranstaltete außerdem regelmäßig Künstlerabende und Autorenlesungen zwischen 1940 und 1949 sowie einige Theateraufführungen, darunter im Juli 1945 eine deutschsprachige Inszenierung von Henrik Ibsens *Gespenstern* mit Ernst Deutsch sowie Albert und Else Bassermann.[32]

Eine weitere Grundform des Exiltheaters – das Kabarett und das Kleinkunsttheater – war auch in Los Angeles vertreten, aber nicht so stark wie in New York.[33] Sowohl der *Jewish Club of 1933* als auch Wicclairs *Freie Bühne* führten Kabarettabende durch. Der *Freien Bühne* war eine Kabaretttruppe unter Leitung von Erich Lowinsky, genannt ELOW, angeschlossen.[34]

Aus den oben angeführten Konkurrenzgründen stellte Wicclair auf eine gemischte Produktion von deutsch- und englischsprachigen Inszenierungen um, wobei die englischsprachigen Aufführungen von 1946 bis 1956 von der *Wicclair Productions* getragen wurden. Die *Freie Bühne* bestand von 1939 bis 1949 und brachte u. a. die folgenden deutschsprachigen Inszenierungen heraus: *Lottchens Geburtstag* von Ludwig Thoma (1940), *Rosa Altschul* von Fritz Grünbaum und Loehner Beda[35] (1940), *Frau Pick in Audienz* wahrscheinlich auch von Grünbaum / Beda (1940), *Königin Mutter* von Emil und Arnold Golz (1940), *Arm wie eine Kirchenmaus* von Ladislas Fodor (1940), *Totentanz* von August Strindberg (1949), *Intimitäten* von Noel Coward, Goethes *Urfaust* (1949) im Rahmen der Goethe-Zweihundertjahrfeiern und schließlich *Raub der Sabinerinnen* von Franz und Paul Schönthan (1949). Wicclair benutzte für seine Inszenierungen auch das von Brecht benutzte Coronet Theatre, bis er von einem finanzkräftigeren Produzenten verdrängt wurde und auf andere Bühnen ausweichen musste. Es lassen sich die Namen von zehn anderen Theatergebäuden in Los Angeles anführen, die von der

Freien Bühne bzw. *Wicclair Productions* gemietet und bespielt wurden.[36] Auffällig ist der hohe Anteil von Schwänken und Lustspielen am Spielplan, der sich zum Teil daraus erklären lässt, dass die bekannte Wiener Komikerin Gisela Werbezirk in Los Angeles engagiert werden konnte und Wicclair ihre Anziehungskraft für die Freie Bühne auszunützen verstand. Auch in Los Angeles musste das Exiltheater nahezu opportunistisch jede gegebene Möglichkeit für seine Zwecke ausnützen. Bei der kommerziellen Organisationsform des amerikanischen Theaters war ein genauer Spielplan für ein deutschsprachiges Exiltheater nahezu unmöglich, denn hinsichtlich der Produktionskosten war man dauernd auf Improvisation angewiesen. Doch die völlige Abwesenheit von Exildramatik ist erstaunlich. Eine geplante Inszenierung des *Jeremias* von Stefan Zweig kam beispielsweise in Los Angeles nicht zustande, wobei es sich um eine dramatische Dichtung aus dem Jahre 1917 handelte und nicht einmal um Exildramatik. Das einzige Stück der *Wicclair Productions*, das sich mit einer aktuellen Thematik befasste, nämlich dem Antisemitismus, war die Inszenierung von *The Burning Bush* von Geza Herczeg und Heinz Herald im *Coronet Theatre*, allerdings im September 1950. Die Handlung ging auf einen historischen Schauprozess in Ungarn am Ende des 19. Jahrhunderts zurück, bei dem zwölf Juden wegen Ritalmordes an einem christlichen Mädchen angeklagt waren und schließlich freigesprochen wurden. Wicclair meinte, dass man in Hollywood damals selten »ein ideologisch so umstrittenes Stück« gesehen habe.[37]

Das Exiltheater in Los Angeles verlangt Beachtung nicht allein deshalb, weil es im *Handbuch des deutschsprachigen Exiltheaters 1933–1945* vernachlässigt worden ist – der Artikel über das Exiltheater in den USA beschränkt sich weitgehend auf New York[38] –, sondern auch aus dem Grund, dass sich hier verschiedene Formtypen historisch herausbildeten, die einzigartig Glanz und Elend des Exiltheaters dokumentieren.

Das Exiltheater in Los Angeles ist keineswegs eine Episode geblieben, sondern hat in Form der so genannten *resident companies* seine Wirkung auf die amerikanische Theaterkultur in Los Angeles ausgeübt. Unter dem Begriff *resident company theater* (oder auch: *repertory theater*) ist ein standortgebundenes Theater mit einem Ensemble zu verstehen. Eine solche Bühne ist heutzutage das *Mark Taper Forum* im Zentrum von Los Angeles, das sich in den 60er Jahren aus einem Theater an der Universität von Kalifornien, Los Angeles (UCLA), zu einer Bühne für Berufsschauspieler herausbildete. Das *Mark Taper Forum* verfügt über eine eigene Bühne im Zentrum der Stadt, hat einen eigenen Direktor, der für den Spielplan verantwortlich ist, und einen technischen Stab, der für jede Inszenierung bereitsteht. Es gibt sogar Subventionen: Das Budget, das bis zu 70 Prozent durch Kartenverkauf bestritten wird, erhält für die restlichen 30 Prozent Unterstützung aus Mitteln der Kommunalverwaltung sowie von öffentlichen und privaten Stiftungen. Doch eine Ensemblebildung hat sich nicht durchgesetzt. Regisseure und Schauspieler werden weiterhin für jede Inszenierung neu verpflichtet.[39] Das Exiltheater hat zwar keinen direkten Einfluss auf diese Entwicklung ausgeübt, doch mit dem Reimport von Brechts Stücken seit den 60er Jahren haben sich auch dessen Vorstellungen von Theater an den *resident-company*-Bühnen durchgesetzt, zwar nicht immer in der Reinform, wie sie vom *Berliner Ensemble* vertreten wurde, doch in Abwandlung dieses Modells. Dafür gibt es eine Reihe von Indizien. Die Fassade des *Odyssee-Theatre* in West-Los Angeles bestand in den 70er und 80er Jahren aus einem überdimensionalen Fresko des Fotos von Brecht mit Karl Valentin aus dem Jahr 1919. Im Juli 1997 wurde das fünfzigjährige Jubiläum der *Galileo*-Aufführung mit einer dramatischen Lesung des Stücks im *Coronet Theatre* begangen,[40] und das Gastspiel des *Berliner Ensembles* mit der Inszenierung des *Aufhaltsamen Aufstiegs des Arturo Ui* im Sommer 1999 wurde als Brechts Rückkehr nach Los Angeles gefeiert.

1 *Unter fremden Himmeln. Ein Abriß der deutschen Literatur im Exil (1933–1947) mit einem Anhang von Textproben aus Werken exilierter Schriftsteller.* Mit einem Nachwort von Irmfried Hiebel und einem kommentierten Autorenverzeichnis von Wulf Kirsten. Berlin / Ost – Weimar 1981, S. 35. — 2 Werner Mittenzwei: »Verfolgung und Vertreibung deutscher Bühnenkünstler durch den Nationalsozialismus«. In: Frithjof Trapp u. a. (Hg.): *Handbuch des deutschsprachigen Exiltheaters 1933–1945.* Bd. 1: Verfolgung und Exil deutschsprachiger Theaterkünstler. München 1999, S. 41. — 3 Vgl. Henry Marx: »Die exilierten Theaterleute und das Broadway-System«. In: Edita Koch, Frithjof Trapp (Hg.): *Exiltheater und Exildramatik 1933–1945.* Exil / Sonderband 2. Maintal 1991, S. 80–103, bes. 84. — 4 Klaus Völker: »Revolutionäres Theater – Theaterrevolution«. In: Horst Glaser (Hg.): *Deutsche Literatur. Eine Sozialgeschichte.* Bd. 9. Reinbek 1983, S. 255. — 5 Zur Vorgeschichte der Einladung siehe Edda Fuhrich-Leisler, Gisela Prossnitz: *Max Reinhardt in Amerika.* Salzburg 1976, S. 180–187. Die Einladung war ursprünglich 1932 im Zusammenhang mit den Olympischen Spielen in Los Angeles ausgesprochen worden, doch Reinhardt war zu diesem Zeitpunkt unabkömmlich. Die Einladung wurde 1933 erneuert. Zur Inszenierung von 1934 siehe ebd., S. 188–204. — 6 Gottfried Reinhardt: *Der Liebhaber: Erinnerungen seines Sohnes Gottfried Reinhardt an Max Reinhardt.* München – Zürich 1973, S. 265. — 7 Zitiert nach Carol Merrill-Mirsky (Hg.): *Exiles in Paradise.* Los Angeles 1991, S. 66. Übers. vom Verfasser. — 8 Siehe Reinhardt: *Der Liebhaber* (s. Anm. 6), S. 265. — 9 Siehe Marta Mierendorff: *William Dieterle. Der Plutarch von Hollywood.* Berlin 1993, S. 76–82; sowie Fuhrich-Leisler, Prossnitz: Max Reinhardt in Amerika (s. Anm. 5), S. 205–222. — 10 Max Reinhardt: »Festspiele in Kalifornien«. In: Franz Hadamowsky (Hg.): *Ausgewählte Briefe, Reden, Schriften und Szenen aus Regiebüchern.* Wien 1963, S. 107. — 11 Siehe Fuhrich-Leisler, Prossnitz: Max Reinhardt in Amerika (s. Anm. 5), S. 245–273. — 12 Ebd., S. 274–327. — 13 Leopold Jessner: Schriften: *Theater der zwanziger Jahre.* Berlin / Ost 1979, S. 156, zitiert nach Völker: »Revolutionäres Theater – Theaterrevolution« (s. Anm. 4), S. 256. — 14 So Grete Carow-

Wolf, zitiert nach Marta Mierendorff: »Leopold Jessner«. In: John M. Spalek, Joseph Strelka (Hg.): *Deutsche Exilliteratur seit 1933*. Bd. 1: Kalifornien, Teil 1. Bern – München 1976, S. 742 — **15** Theaterzettel der Aufführung vom 25. Mai 1939 im Ernst-Toch-Archiv der University of California, Los Angeles. — **16** Siehe Mierendorff: »Leopold Jessner« (s. Anm. 14), S. 744–747. — **17** Der 16-mm Film der Inszenierung von 1947 von einer Länge von 35 Minuten befindet sich im Bertolt-Brecht-Archiv in Berlin. Siehe auch die von Ruth Berlau angefertigten Fotos der Inszenierung, abgebildet in Brecht: »Aufbau einer Rolle. Laughtons Galilei«. In ders.: *Große Berliner Ausgabe*. Hg. von Werner Hecht u. a. 30 Bde. Berlin – Frankfurt/M. 1989–1998. Bd. 25, S. 24–66. — **18** Siehe dazu Jan Knopf: »Leben des Galilei«. In: *Brecht-Handbuch. Theater*. Stuttgart 1980, S. 157–179; sowie Rainer E. Zimmermann: »Leben des Galilei.«. In: Jan Knopf (Hg.): Brecht-Handbuch. Bd. 1: Stücke. Stuttgart – Weimar 2001, S. 357–379. — **19** Brecht: »Aufbau einer Rolle. Laughtons Galilei«. (s. Anm. 17), S. 65–66. — **20** Auf dem Theaterzettel ist der 24. Juli 1947 für die Premiere angegeben, doch dieses Datum konnte wegen der ausgedehnten Proben nicht eingehalten werden, und die Premiere fand erst eine Woche später, am 30. Juli 1947, statt. — **21** James K. Lyon: *Bertolt Brecht in America*. Princeton 1980, S. 184–201. — **22** Käthe Rülicke: »Bemerkungen zur Schlußszene.« In: Werner Hecht (Hg.): *Materialien zu Brechts »Leben des Galilei«*. Frankfurt/M. 1965, S. 121–122. — **23** Brecht: »Aufbau einer Rolle. Laughtons Galilei«. (s. Anm. 17) S. 65. — **24** Der Theaterzettel ist abgebildet in James K. Lyon (Hg.): *Brecht in den USA*. Frankfurt/M. 1994, S. 217–220. Übers. vom Verfasser. — **25** Siehe Ruth Berlaus Filmaufzeichnung von 1947 (s. Anm. 17). — **26** Im Theatervertrag mit T. Edward Hambleton vom 12. Mai 1947 wurden sowohl Brecht als auch Laughton als Autoren des Stücks bezeichnet. Siehe Lyon (Anm. 24), S. 213. *In der Großen Berliner Ausgabe* heißt es bei der Verfasserangabe zur amerikanischen Fassung: »English Adaptation by Charles Laughton« (Anm. 19), Bd. 5, S. 118. — **27** Brecht: »Aufbau einer Rolle. Laughtons Galilei« (s. Anm. 17), S. 68. — **28** Sämtliche Rezensionen befinden sich in: Lyon (Hg.), Brecht in den USA (s. Anm. 24), S. 224–232. — **29** Lyon: *Brecht in den USA* (s. Anm. 24), S. 232–234. — **30** Walter Wicclair: *Von Kreuzburg nach Hollywood*. Berlin / Ost 1975, S. 138, 142. — **31** Ebd., S. 160. — **32** Zum Spielplan siehe Ingrid Maaß (Hg.): *Repertoire der deutschsprachigen Exilbühnen 1933–1945*. Hamburg 2000, S. 107. — **33** Siehe Mittenzwei: »Verfolgung und Vertreibung deutscher Bühnenkünstler durch den Nationalsozialismus« (s. Anm. 2), S. 48–50. — **34** Bei Maaß (Hg.): Repertoire der deutschsprachigen Exilbühnen (s. Anm. 32) sind die wenigen Kabarettaufführungen in Los Angeles aufgelistet (S. 105, 107). Zu Erich Lowinsky, genannt ELOW, siehe Marta Mierendorff (Hg.): *German Language Theater in Exile Hollywood 1933–1950*. Los Angeles 1974, S. 73. — **35** Bei Löhner Beda (auch: Fritz Löhner-Beda) handelt es sich um ein Pseudonym für Fritz Löhner. Fritz Grünbaum und Löhner waren Verfasser von Kabaretttexten und bekannten Operettenlibrettos. Beide kamen in Konzentrationslagern um. Zur Biographie siehe Trapp u. a. (Hg.): *Handbuch des deutschsprachigen Exiltheaters*, (s. Anm 15), Bd. 2/1, S. 347–348; Bd. 2/2, S. 604. Der Titel des zweiten angeführten Bühnenwerkes (*Frau Pick in Audienz*) ist nicht nachzuweisen. — **36** Marta Mierendorff (Hg.): *Fifty Years in the Theater: A Publication Celebrating Walter Wicclair's 70th Birthday*. Los Angeles 1971, S. 8. — **37** Wicclair: *Von Kreuzburg nach Hollywood* (s. Anm. 30), S. 215. Der Prozess aus dem Jahr 1883 wurde auch von Arnold Zweig als Stoff zu einer Tragödie mit dem Titel *Ritualmord in Ungarn* (1914) verwendet. — **38** Henry Marx: »Exiltheater in den USA«. In: Trapp u. a. (Hg.): *Handbuch des deutschsprachigen Exiltheaters 1933–1945* (s. Anm. 2), Bd. 1, S. 397–421. Auch in der älteren Forschung gibt es Lücken in der Erfassung des Exiltheaters in Los Angeles: siehe Curt Ries: »In Hollywood«. In: Walter Huder (Hg.): *Theater im Exil 1933–1945*. Berlin 1973, S. 33–35; Hans-Christof Wächter: *Theater im Exil. Sozialgeschichte des deutschen Exiltheaters 1933–1945*. München 1973, S. 153–156; T. Kirfel Lenk: »Theater«. In: Eike Middell (Hg.): *Exil in den USA, Kunst und Literatur im antifaschistischen Exil*, Bd. 3. Frankfurt/M. 1980, S. 344–370. — **39** Es gibt einige Bühnen in Los Angeles, die auch das Ensembleprinzip übernommen haben. Dazu gehören u. a. *A Noise Within*, ein Ensemble mit einem standortgebundenem Theater in dem Vorort Glendale, und das *Lonnie Chapman Group Repertory Theatre* in North-Hollywood. Bei den gegenwärtig rund 150 Theatern in Los Angeles ist anzunehmen, dass es noch eine Reihe von weiteren Bühnen gibt, die dem Ensembleprinzip verpflichtet sind. Die neueste Entwicklung in den USA sind Minoritätentheater für Afroamerikaner, asiatische Amerikaner und Taubstumme. — **40** Es handelte sich um eine Inszenierung des *Playwrights' Kitchen Ensemble* im *Coronet Theatre* mit dem Filmschauspieler Brian Dennehy in der Hauptrolle. Die Regie führte Anne Cattaneo. Die Aufführung fand genau 50 Jahre nach der Laughton-Brechtschen Uraufführung am 30. Juli 1997 statt. – Am 4. November 2002 fand im *Coronet Theatre* die Aufführung des Stücks *Silent Partners* von Charles Morowitz statt. Das Stück, das auf den Brecht-Memoiren von Eric Bentley basiert und als handelnde Personen Brecht, Ruth Berlau und Eric Benley aufweist, wurde unter dem Titel *Brecht is back* (*Brecht ist zurück*) angekündigt.

Katja B. Zaich

»Ein Emigrant erschiene uns sehr unerwünscht ...«
Kurt Gerron als Filmregisseur, Schauspieler und Cabaretier in den
Niederlanden

Das Exil in den Niederlanden unterscheidet sich in vielem vom Exil in anderen Ländern. Einmal kommt es hier zu einer Überschneidung von Exil und Holocaust, weil die Deportation der Juden in den Niederlanden ungleich effektiver als in anderen besetzten Ländern durchgeführt wurde und viele ursprünglich emigrierte Juden so doch noch zum Opfer der Judenverfolgung wurden. Aus diesem Grunde wurde das Exil in den Niederlanden jahrelang mit der Zeitspanne 1933 bis 1940 definiert. Das würde bedeuten, dass das Exil mit dem Einmarsch der deutschen Truppen im Mai 1940 endete. Da sich aber die Situation für die Emigranten nicht schlagartig änderte, immer ein Unterschied gemacht wurde zwischen deutschen und niederländischen Juden und außerdem die Deportationen in die Vernichtungslager im Osten erst 1942 begannen, setzte sich die Exilproblematik auch während der Besatzungszeit fort.

Zum Zweiten findet sich bei den Emigranten in den Niederlanden kaum politische Aktivität, da dies schon sehr früh von der niederländischen Regierung unterbunden wurde. Es ist somit auch schwierig, aus Theaterinszenierungen oder Filmen typische Exilthemen herauszulösen. Je nachdem, unter welchen Bedingungen Theatervorstellungen zu Stande kamen, war es aber in diesem Bereich noch eher möglich, auf die Problematik des Exils zu verweisen, als im Film. In der kleinen niederländischen Filmindustrie war es nämlich nicht üblich, dass der Regisseur sich einen Stoff aussuchte, sondern er wurde vom Produzenten für eine bestimmte Produktion engagiert. Kathinka Dittrich gibt in ihrem Buch *Der niederländische Spielfilm der dreißiger Jahre und die deutsche Filmemigration* zu bedenken, dass der Exilfilm nicht an den gleichen Maßstäben gemessen werden könne wie die Exilliteratur; in diesem Sinne habe es »Emigrantenfilme (...) also in den Niederlanden nicht gegeben und konnte es nicht geben.«[1] Über diesen wesentlichen Unterschied zwischen Exilliteratur und Exilfilm schreibt Jan-Christopher Horak: »Natürlich mussten sich die Exilfilm-Produzenten den jeweiligen Strukturen und Methoden der Filmindustrien der Gastländer anpassen (...). Exilfilme richteten sich, im Gegensatz zu Exilliteratur und Exilpublizistik, nicht speziell an das deutschsprachige Publikum im Ausland, sondern an die Zuschauer im Exilland und sie wurden in der Sprache des Landes gedreht.«[2] Weiter weist Horak auf die nur teilweise Übereinstimmung zwischen Exilfilm und Filmexil hin: »Die Untersuchung der Lebenswege einzelner emigrierter Regisseure, Drehbuchautoren, Produzenten oder Techniker gehört deshalb zur Geschichte des Filmexils und streift nur bedingt eine Exilfilm-Geschichte.«[3] Das Wirken Kurt Gerrons als Filmregisseur in den Niederlanden ist sicher eher dem Bereich Filmexil zuzuordnen – man könnte es die »Geschichte eines deutschen Filmregisseurs in den Niederlanden« nennen, und doch ist es das nicht ganz: Gerron befand sich gezwungenermaßen im Exil, er konnte nie mehr an seine Erfolge in Deutschland anknüpfen, und er war abhängig von eventuellen Aufträgen von niederländischen Produzenten.

Kurt Gerron, der vor 1933 in Deutschland sowohl als Schauspieler als auch als Regisseur in Theater, Kabarett und Film bekannt war, gehört zu den Künstlern des Exils, denen relativ viel Aufmerksamkeit zukommt, zuletzt durch Ilona Zioks Semidokumentarfilm *Kurt Gerrons Karussell* 1998, der allerdings kaum ein neues Licht auf Gerrons Exilzeit in den Niederlanden wirft. Ein weiterer Dokumentarfilm von der *Illusion Company* in Los Angeles ist in Vorbereitung.

Das niederländische Exil Kurt Gerrons bleibt ein Puzzle aus manchmal besonders kleinen Teilen. Nicht mehr als kurze Zeitungsnotizen weisen auf Theater- und Kabarettvorstellungen hin, in denen Gerron mitgewirkt hat, für mehrere Jahre gibt es keine Informationen. Die Niederlande waren nicht Gerrons erstes Ziel,[4] nachdem er am 1. April 1933 regelrecht aus dem Filmstudio vertrieben worden war. Noch im selben Monat ging er nach Paris, wo er im Laufe des Jahres 1933 bei den Spielfilmen *Une femme au volant* und *Incognito* sowie bei dem Kurzfilm *Paris Music Hall* Regie führte und außerdem im Emigrantenkabarett *Künstlerclub Paris – Wien* auftrat. Ende 1934 ging er nach Wien, wo er ebenfalls als Filmregisseur arbeiten konnte. Wie aber schon in Paris waren die Möglichkeiten in Wien bald erschöpft, so dass Gerron im Sommer 1935 mit seiner Frau Olga und seinen Eltern in die Niederlande übersiedelte. Vielleicht versprach er sich davon neue Perspektiven. Außerdem wusste er, dass die *Nelson-Revue*, die Truppe von Rudolf Nelson, schon seit einem Jahr mit großem Erfolg in Amsterdam auftrat. Es ist aber anzunehmen, dass der Regieauftrag für den niederländischen Kriminalfilm *Het mysterie van de Mondscheinsonate* der entscheidende Grund war. Die Tageszeitung *Het Volk* berichtet am 19. September 1935 über die Filmaufnahmen und widmet dem Regisseur einige Zeilen. Da heißt es, Gerron habe gerade den Film *Bretter, die die Welt bedeuten* in Wien[5] abgeschlossen, als das Telegramm aus Holland kam.[6] So ließ sich Gerron auch nicht wie Nelson und andere Künstlerkollegen in Amsterdam, sondern im Badeort Scheveningen bei Den Haag nieder – ganz in der Nähe der *Filmstad Wassenaar*, wo die Dreharbeiten stattfanden.

In vielerlei Hinsicht war Gerron kein typischer deutscher Emigrant in den Niederlanden. Viele der emigrierten Künstler – darunter so illustre Namen wie Rudolf Nelson, Dora Gerson, Willy Rosen und Max Ehrlich – suchten vor allem ihre künstlerische Nische im mondänen Unterhaltungsbetrieb, wie man das von Berlin her gewöhnt war, sprachen kaum niederländisch und blieben größtenteils unter sich. Andere sahen die Niederlande als eine Durchgangsstation an auf dem Weg in die USA. Kurt Gerron aber scheint 1935 in die Niederlande gekommen zu sein mit der festen Absicht, sich dort niederzulassen. Dass er ein Angebot für eine Filmregie hatte, war an sich nicht so ungewöhnlich – führten doch in den 30er Jahren auch Regisseure wie Richard Oswald, Hermann Kosterlitz, Max Ophüls, Max Nosseck und Ludwig Berger Regie bei niederländischen Filmen –, Kurt Gerron war jedoch der Einzige, der dauerhaft im Land blieb.[7]

Kurt Gerron als Filmregisseur

Het mysterie van de Mondscheinsonate (*Das Geheimnis der Mondscheinsonate*) ist die erste Produktion der von Loet Barnstijn gegründeten *Filmstad Wassenaar*[8] und der erste niederländische Kriminalfilm. Die Tatsache, dass der Emigrant Gerron dieses Genre in den Niederlanden einführte, ist typisch für den Exilfilm. Emigranten bevorzugten Genres, die auf dem jeweiligen Filmmarkt unterrepräsentiert waren.[9] Zwar hatte sich Gerron das Thema nicht selbst ausgesucht, wurde aber von Produzent Loet C. Barnstijn engagiert, nachdem die Zusammenarbeit mit einem anderen Regisseur gescheitert war. Auffallend an dem Film ist auch, dass er als einer der wenigen niederländischen Filme der Zeit keinen ausgesprochenen Bezug auf die Niederlande nimmt.[10]

Vorlage ist ein Roman der Erfolgsautorin Willy Corsari. Die Geschichte lässt sich folgendermaßen zusammenfassen: Die ehemalige Tänzerin Enrica ist mit einem wohlhabenden Geschäftsmann verheiratet, möchte aber gern zum Theater zurück. Während einer heimlichen Probe mit ihrem früheren Partner Darinoff wird sie erschossen. Der Mord ist verbunden mit einem geheimnisvollen Anruf, bei dem die Mondscheinsonate erklingt. Der Verdacht fällt natürlich auf Darinoff, aber im Laufe der Ermittlungen von Inspektor Lund gerät fast jeder Beteiligte unter Tatverdacht. Am Schluss stellt sich heraus, dass Enricas Schwester Katharina die Mörderin ist. Gerron versteht es, eine Spannung aufzubauen, die an die Agatha-Christie-Verfilmungen erinnert. Allerdings stammt der erste dieser Filme aus dem Jahr 1936 und konnte Gerron nicht zum Vorbild gedient haben. Die Kameraführung des ungarischen Kameramanns Akos Farkas ist für diese Zeit und sicher für den niederländischen Film sehr ungewöhnlich. Bemerkenswert sind auch die Ballettszenen mit der rumänischen Tänzerin Darja Collin und ihren

Schülern. Der russische Tänzer Sascha Darinoff wird von Egon Karter gespielt, einem Emigranten, der seit 1934 Mitglied der in Den Haag ansässigen *Fritz-Hirsch-Operette* war. Statt eines russischen Akzents hört man also einen deutschen. Ein weiteres Mitglied der *Fritz-Hirsch-Operette* spielt in dem Film mit, nämlich Claire Clairy als das deutsche Dienstmädchen Malchen. Toningenieur war Gerhard Goldbaum. Das Drehbuch wurde von Walter Schlee verfasst. Der Film ist also zumindest insofern als Exilfilm zu bezeichnen, als der Anteil der Ausländer bei der Besetzung recht groß war. Eine eventuelle Brisanz dieser Tatsache wurde entschärft, indem Egon Karter und Darja Collin Russen zu spielen hatten, was dem Ganzen ein international-exotisches Flair gab – und deutsche Dienstmädchen waren in jener Zeit »vertraut und damit glaubwürdig«.[11]

Het mysterie van de Mondscheinsonate hatte am 7. November 1935 Premiere. Die Reaktion des Filmkritikers von *Het Volk* ist wohl typisch für die auf einen Exilfilm: Zwar ist der Kritiker insgesamt sehr angetan, nennt aber einige Punkte, die seiner Meinung nach besser hätten gemacht werden können. So würde in der Szene, in der Inspektor Lund Darinoff verhört, die Dramatik einer überflüssigen Rekapitulation der Ereignisse geopfert.[12] Eine solche Detailkritik erscheint erstaunlich in einem Land, dessen erster Tonfilm erst im Vorjahr entstanden war. Wie überall wurde auch in den Niederlanden der Film als nationales Prestigeobjekt gesehen, und ein Ausländer hatte höchste Qualität zu liefern, während die niederländischen Regisseure den Bonus der Einheimischen hatten.

Produzent Barnstijn war mit dem Resultat zufrieden genug, um Gerron für den nächsten Film zu beauftragen. Hier ging es um ein ganz anderes Sujet, nämlich die Verfilmung eines Buchs des Schriftstellers A. M. De Jong, *Merijntje Gijzen's jeugd* (*Merijntje Gijzens Jugend*). Diese Arbeit sollte in engem Kontakt mit dem Autor selbst stattfinden. Mit *Merijntje* begab sich Gerron auf ein völlig neues Gebiet – eines, das ihm auch nicht aus seiner Berliner Zeit vertraut war. Während *Het mysterie van de Mondscheinsonate* überall spielen könnte, ist *Merijntje* stark mit einer bestimmten Region und Kultur verbunden. Dabei muss erwähnt werden, dass das Leben in den südlichen, vom Katholizismus geprägten niederländischen Provinzen, für die Stadtbewohner, die vornehmlich das Kinopublikum bildeten, auch schon etwas Exotisches darstellte. *Merijntje Gijzen's jeugd* ist die tragische Geschichte einer Freundschaft zwischen dem Jungen Merijntje und dem Wilderer De Kruik, die sich in dem ländlichen, katholischen Milieu der Provinz Brabant abspielt. A. M. De Jong legte seine Erfahrungen mit dem Filmbetrieb später in dem Buch *Merijntje in filmland* nieder. Über seine Zusammenarbeit mit dem Regisseur Gerron, dem Kameramann Akos Farkas und dem Toningenieur Gerhard Goldbaum schreibt er: »Ich hatte sie alle davon überzeugt, dass niemand von ihnen nur das Geringste über die brabantische Mentalität und

Wesensart wusste oder davon verstand. (...) Wenn sie etwas vorschlugen, was mir nicht gefiel, brauchte ich nicht lang und scharfsinnig zu argumentieren, um meinen Willen durchzusetzen. Ich sagte nur mit einem mitleidigen Lächeln: Nein, meine Herren, das geht nicht, denn in Brabant ... (...) Sie mussten erkennen, dass sie von den Niederlanden noch wenig, aber von Brabant absolut nichts wussten.«[13]

Zwischen De Jong und Gerron entwickelte sich im Laufe der Aufnahmen eine enge Freundschaft. De Jong war als Brabanter, Katholik und Sozialist eine eher unkonventionelle Figur im niederländischen Kulturleben und passte zu dem deutsch-jüdischen Emigranten Gerron. Der teilweise autobiografische Romanzyklus *Merijntje Gijzen* war sein bekanntestes Werk. Wie im Buch wurden auch im Film die Dialoge praktisch alle im Dialekt gesprochen. Gerron muss zu der Zeit zwar schon recht gut Niederländisch gesprochen haben, aber für den Brabanter Dialekt hat es wohl kaum gereicht. Zudem wurde die Hauptrolle natürlich von einem Kind gespielt, dem damals knapp zehnjährigen Marcel Krols.

Die Aufnahmen zu *Merijntje* waren besonders aufwändig und erforderten verschiedene Drehorte, obwohl das Dorf als Kulisse in der Nähe von Den Haag aufgebaut wurde. De Jong, der von Gerron dazu überredet worden war, die Rolle des Pastors zu übernehmen,[14] berichtet in *Merijntje in filmland* ausführlich über alle Zwischenfälle während der Dreharbeiten. Man war auf sehr viele Statisten angewiesen, denn schließlich musste die Dorfbevölkerung überzeugend dargestellt werden, außerdem musste mit Bauern über die Nutzung von Land verhandelt werden, wo man drehen wollte, für eine Szene musste ein Pferd geliehen werden.[15] Glaubt man dem Bericht von De Jong, so hat Gerron diese Verhandlungen größtenteils selbst geführt. De Jong charakterisiert Kurt Gerron folgendermaßen: »Kurt war jemand von etwas ungewöhnlichen Ausmaßen. Er führte deshalb als Emblem einen kleinen Elefanten, der auf seinem Tisch im Studio stand und nie fehlen durfte, weil das Unglück bringen würde. Ich fand dieses Zeichen von Selbsterkenntnis sehr sympathisch. Er hatte eine außergewöhnliche Gabe, Menschen für sich einzunehmen, und jeder in den Studios und in den Büros nannte ihn ›Pappie‹; das fand er angenehm und es war einfach.«[16]

Der Handlungsverlauf von *Merijntje Gijzens jeugd* ist wohl kaum mit einem anderen Film aus dieser Zeit vergleichbar. Was als ländliche Idylle anfängt, entwickelt sich zum Drama, als der Wilderer De Kruik in trunkenem Zustand die von ihm verehrte Janekee und deren Geliebten umbringt. Merijntje, der seinen Freund kurz zuvor noch am Hafen von Antwerpen davon abgebracht hat, auf einem Schiff anzuheuern, identifiziert in aller Unschuld das gefundene Messer als das Kruiks. Dieser wird festgenommen und Merijntje ist allein. Sein alter Freund, der Pastor, ist tot, und die anderen Kinder wollen nichts mehr von ihm wissen. Die letzte Szene zeigt einen verzweifelten Merijntje an der Mauer des Gefängnisses von Breda.

Merijntje Gijzen's jeugd hatte am 17. September 1936 Premiere und wurde zu einem großen Erfolg. Der Film, so Kathinka Dittrich, »verdankte seine Beliebtheit zwar mindestens so sehr dem gleichnamigen niederländischen Roman, hervorgehoben wird jedoch auch die Leistung Gerrons. Der erfahrene Fachmann Gerron habe sich redlich und mit Erfolg darum bemüht, dass unsere unzulängliche Filmtechnik bei diesem Film so wenig wie möglich spürbar wurde.«[17] Doch waren zwei künstlerisch hochwertige und erfolgreiche Filme offenbar nicht genug, um Kurt Gerron eine gesicherte Existenz in den Niederlanden zu verschaffen. Zwar drehte er nach *Merijntje* noch einen kurzen Dokumentarfilm über den niederländischen Radiosender *AVRO*,[18] aber als er Anfang 1937 bei der Gemeinde Amsterdam und der Fluggesellschaft *KLM* im Gespräch war, Regie bei einem Dokumentarfilm über den Flughafen Schiphol zu führen, kam es zu Protesten. »Dass dieser wichtige Auftrag einem ausländischen Regisseur, einem Emigranten, gegeben würde, erschiene uns sehr unerwünscht. Ein derartiger Film, der eine Äußerung nationalen Bewusstseins und unseres nationalen Könnens gegenüber dem Ausland in Szene setzt, muss natürlich von Niederländern gemacht werden.«[19] So eröffnet die Zeitung *Het Vaderland* die Diskussion um Ausländer im niederländischen Filmgeschäft. Für Gerron muss das ein harter Schlag gewesen sein, zumal er nicht nur diesen Auftrag verlor,[20] sondern auch noch eine öffentliche Debatte über die Frage begann, ob es nicht langsam genügend niederländische Fachleute gäbe, die die Stellen der ausländischen Kräfte im Film einnehmen könnten.[21] Auch wenn all diese Aktionen nicht auf Gerron persönlich gemünzt waren, so war er doch einer der prominentesten Emigranten im Film, mehr noch, er war einer der wenigen Künstleremigranten, der sich in den Niederlanden integrieren wollte. Ein niederländischer Regisseur beklagt sich, als Niederländer sei ins Filmgeschäft nicht reinzukommen und schlechte Qualität lieferten die ausländischen Regisseure zudem, da könnten sie gleich wieder abreisen.[22] Diese Haltung macht klar, dass das Argument des Exils keine Rolle spielte; ob sie nun gezwungenermaßen oder freiwillig im Land waren, ausländische Künstler[23] wurden nur akzeptiert, solange für den Auftrag kein niederländischer Künstler zur Verfügung stand. Dabei war gerade der niederländische Film – anders als der französische oder der amerikanische – in hohem Maße von deutschen Importen abhängig oder stand zumindest in Wechselwirkung mit dem deutschen Film. »Von den insgesamt siebenunddreißig Spielfilmen (in den 30er Jahren, KBZ)«, schreibt Kathinka Dittrich, »wurde bei einundzwanzig von Ausländern, und zwar vor allem Emigranten, Regie geführt. (...) Fünf niederländische Regisseure, die nach einem kürzeren oder längeren Aufenthalt in der deutschen Theater- und

Filmwelt in die Niederlande zurückgekehrt waren, sorgten für die Regie bei den anderen elf Filmen.«[24]

Trotz dieser Enttäuschung nahm Gerron ein weiteres Filmprojekt in Angriff, diesmal nicht in Barnstijns *Filmstad*. Am 12. April 1937 meldete *Het Volk*, Gerron habe Besuch von Josef von Sternberg gehabt, der mit ihm über Filmpläne in Hollywood gesprochen habe. Vorläufig würde er aber in Rom einen Film machen.[25] Dabei wird allerdings von einer Goldoni-Verfilmung gesprochen, nicht von dem Märchenfilm *I tre desideri*, einer modernen Version des Grimm-Märchens *Die drei Wünsche*. Zusammen mit A. M. de Jong reiste Gerron nach Rom. Der Film soll neben der italienischen auch in einer niederländischen Fassung aufgenommen werden. Die Tatsache, dass dieser Film in Italien gedreht wurde, sorgte für allerlei bösartige Gerüchte, und die Zeitung *Het Volk* ergreift Partei für die Beteiligten, wenn sie berichtet, es handle sich nicht um einen niederländischen Film, der im Ausland gedreht wird, sondern um die niederländische Version eines italienischen Films.[26] Übrigens war dies der einzige seiner niederländischen Filme, in der Gerron selber in einer Kleinstrolle mitspielte.[27]

Die Aufnahmen von den *Drei Wünschen* in Rom verliefen chaotisch und die niederländische Version des Films wurde ein Reinfall. Gerron zog sich danach weitgehend aus dem Filmgeschäft zurück. Seine letzte Filmarbeit in den Niederlanden war die niederländische Synchronisation des Disney-Films *Schneewittchen*. Der Musiker Max Tak, der die Musik für *Merijntje* geschrieben hatte, berichtet in seiner Autobiographie, wie er mit Walt Disneys Bruder Roy in Kontakt kam.[28] Dieser war nach Amsterdam gekommen, um die europäische Vermarktung von *Schneewittchen* zu organisieren. Max Tak sollte diese Produktion übernehmen, und zwar, wie er sich selbst erinnert, nicht nur für die niederländische, sondern auch für die deutsche Synchronisation.[29] Er entschied sich für Kurt Gerron als Regisseur: »Ohne seine Mitarbeit hätte ich die Synchronisation nicht machen können«,[30] schreibt er später. Die deutsche Synchronisation soll von den Mitgliedern der *Nelson-Revue* eingesprochen worden sein. Außer diesem Bericht von Max Tak gibt es keine Hinweise darauf, dass 1938 in Amsterdam auch eine deutsche Synchronisation entstanden ist, zumal die deutsche Premiere von *Schneewittchen* erst 1950 stattfand. Allerdings soll, wie in einer Beschreibung des *Schneewittchen*-Films zu lesen ist, die erste deutsche Synchronisation des Films bereits 1939 in den USA entstanden sein.[31] Hierbei kann es sich natürlich gut um die in Amsterdam angefertigte Synchronisation handeln, zumal Max Tak in seinen Erinnerungen 1963 meint, beide Versionen würden noch immer gezeigt werden.[32]

1938 wurden Pläne einer Filmschule in Den Haag bekannt, die Gerron leiten sollte. Bereits 1937 hatte er sich ausführlich zu der Notwendigkeit der Ausbildung junger Filmkünstler geäußert.[33] Unter den genannten Mitarbeitern der geplanten Filmschule befanden sich auch A.M. De Jong und Max Tak. In einem Zeitungsinterview sagte Gerron, es seien so viele junge Schauspieler auf ihn zugekommen, die Unterricht haben wollten, dass er sich zur Gründung einer Filmschule entschlossen habe. Er gibt eine detaillierte Übersicht darüber, was die künftigen Schüler lernen könnten. Der erste Kurs solle am 28. März beginnen.[34] Später liest man nichts mehr über diese Schule, allerdings wird öfter in Kritiken darauf hingewiesen, dass Gerron jungen Kollegen Schauspielunterricht erteilt[35] – übrigens ohne selbst je eine Ausbildung genossen zu haben. Wahrscheinlich war das Projekt der Filmschule am Geldmangel gescheitert.[36] Die Ausbildung von jungen Künstlern war zu jener Zeit ein wichtiges Thema in Künstlerkreisen, da es in den Niederlanden keine Schauspielschulen oder andere Einrichtungen für die Bühnenausbildung gab. Außer Gerron wurden auch andere Emigranten in diesem Bereich aktiv. Der Dirigent Hans Lichtenstein übernahm den Unterricht einer neu eingerichteten Operettenklasse am Den Haager Konservatorium, der Dirigent Lothar Wallerstein kümmerte sich um den Opernnachwuchs und legte somit den Grundstein zu einer niederländischen Opernaufführungstradition.[37]

Wenn man dem Bericht von A.M. De Jong Glauben schenkt, wandte sich Gerron 1939 trotz aller Enttäuschungen noch einmal dem Film zu. Er beschreibt das im letzten Kapitel von *Merijntje in filmland*. Nach dem Beginn des Krieges wollte man über die niederländische Mobilmachung einen Film machen und wandte sich an De Jong, der über die Mobilmachung während des Ersten Weltkriegs ein Buch geschrieben hatte. In den Besprechungen erbat sich De Jong das alte Team mit Kurt Gerron, Akos Farkas und Gerhard Goldbaum. Es entstand ein Drehbuch, ein Regiekonzept, Schauspieler wurden engagiert, Kostüme entworfen. Eine Woche vor dem geplanten Beginn der Dreharbeiten wurde das Projekt abgebrochen, weil man übersehen hatte, dass das Studio bereits für eine andere Produktion reserviert war. De Jong berichtet: »Etwas schwindlig ging ich nach Hause, einen Kurt hinterlassend, der vor Wut und Enttäuschung einer Ohnmacht nahe war.«[38] Um den Film doch noch verwirklichen zu können, wurde schließlich beschlossen, eine eigene Produktionsfirma zu gründen. Ideen für weitere Filme gab es genug, und es gelang sogar, einen Geldgeber zu finden. Gerrons kranker Schauspielerkollege Otto Wallburg schreibt im März 1940 an seinen Sohn: »Sehr freundschaftlich benimmt sich Kurt Gerron zu mir. Er hofft wieder auf eine Filmregie – aber die Leute wollen kein Geld mehr wagen.«[39] Trotz aller Schwierigkeiten, berichtet De Jong, war man schließlich so weit, mit den Aufnahmen beginnen zu können. Doch dann kam der 10. Mai, Kriegsbeginn für die Niederlande. Das Projekt wurde abgeblasen[40] und Gerron und de Jong verloren sich aus den Augen. A.M. De Jong sollte 1943 durch ein niederländisches SS-Kommando in seinem Haus ermordet werden.

Theater und Kabarett

Über Gerrons Aktivitäten als Schauspieler und Regisseur in Theater und Kabarett sind oft nicht mehr als kleine Ankündigungen in Zeitungen zu finden. Für Gerron war das Theater zweifellos eine Notlösung. Nach dem Fiasko mit den *Drei Wünschen* und dem Scheitern der Filmschule konnte er auf einen alten Kontakt zurückgreifen, den zu Rudolf Nelson. Zu Beginn der 30er Jahre war Gerron mit großem Erfolg in der berühmten *Nelson-Revue* in Berlin aufgetreten und hatte auch bei mehreren Revuen Regie geführt. Nelson und seine hauptsächlich aus Emigranten bestehende Truppe waren seit 1934 in Amsterdam und spielten als festes Ensemble im Kabarett *La Gaîté*, das zum Amsterdamer Filmtheater des Kinomagnaten Abraham Tuschinski gehörte.[41] Zwar hatte auch die *Nelson-Revue* unter Anfeindungen von Künstlerorganisationen und der Presse sowie unter Schikanen durch die Fremdenpolizei zu leiden, sie war aber andererseits so populär, dass Tuschinski nicht auf sie verzichten wollte. Die Nelson-Truppe hatte einen festen Stamm an Mitwirkenden, zu denen Dora Paulsen, Fritzi Schadl, Kurt Lilien, Harold Horsten und lange auch Eva Busch gehörten. Daneben traten immer wieder bekannte Gäste bei Nelson auf, wie zum Beispiel Karl Farkas. Offenbar wurde auch Kurt Gerron nur als Gast engagiert, denn er trat 1938 ausschließlich in der Revue *Der Harem auf Reisen* auf.[42] Möglicherweise konnte Nelson Gerron nicht das bieten, was er wollte.

Ende 1938 taucht Gerrons Name bei einer neu gegründeten niederländischen Operettengesellschaft namens *De Hoofdstad* auf. Neugründungen von Operettengesellschaften gab es viele, offenbar wollte man das Monopol der *Fritz-Hirsch-Operette* durchbrechen, aber die meisten dieser Ensembles konnten sich nicht lange halten. Der Leiter der Truppe *De Hoofdstad* hieß Otto Frohnknecht und unter den Mitwirkenden befanden sich einige frühere Mitglieder der *Fritz-Hirsch-Operette* wie Otto Aurich und Liesl Frank. Die Hauptrollen in der Operette *Ik wil van jou een foto (Ich will ein Foto von Dir)* spielten Kurt Gerron und Sylvain Poons, einer der bekanntesten niederländischen Komiker. Das Publikum war sehr angetan von den komischen Seiten Gerrons, den es bisher nur als Filmregisseur kannte.[43] Und offenbar war Gerrons Niederländisch inzwischen so gut, dass er auf Niederländisch spielen konnte. Übrigens war der Erlös der ersten Vorstellung für Flüchtlingskinder bestimmt, von denen nach der Pogromnacht viele in die Niederlande kamen, da man allein reisende Kinder normalerweise an der Grenze nicht abwies – möglicherweise ein Hinweis darauf, dass die Truppe zu einem großen Teil aus Emigranten bestand.

Im Februar 1939 folgte die Premiere der niederländischen Version der Operette *Dixie* von Karl Farkas und Adolf Schultz unter der Regie von Farkas selbst. Gerron spielte wieder eine der Hauptrollen.[44] Sowohl *Ik wil van jou een foto* als auch *Dixie* waren erfolgreiche Vorstellungen, auch wenn danach nichts mehr über *De Hoofdstad* zu lesen ist. Gerron blieb im Bereich Operette und Revue tätig. Auffallend ist, dass er oft mit niederländischen Künstlern auftrat und nicht in einer der beiden etablierten Emigrantentruppen, nämlich der *Nelson-Revue* oder Willy Rosens Kabarett *Die Prominenten*. In mehreren Publikationen wird zwar behauptet, Gerron sei 1939 auch bei Willy Rosen aufgetreten,[45] sein Name ist jedoch auf keinem Programm zu finden. Fest steht, dass Gerron nie Mitglied einer der beiden bekannten deutschen Ensembles gewesen ist, obwohl er sicher sowohl bei Rudolf Nelson als auch bei Willy Rosen hätte auftreten können. Vielleicht wollte Kurt Gerron ganz bewusst weg von dem Image des Emigranten und strebte nach Integration in die niederländische Künstlerszene. Dass jemand die niederländische Sprache beherrschte, war in den Kreisen der deutschen Künstleremigranten eher ungewöhnlich, bestimmt jedenfalls auf der Bühne. Allerdings ist ihm diese Integration nie wirklich gelungen. Spätestens nach dem Einmarsch der deutschen Truppen in die Niederlande war er für die Deutschen wieder Jude und für die Niederländer wieder Deutscher.

Mit Sylvain Poons spielte Gerron 1939 in Rotterdam und später auch in Amsterdam in einer Revue nach Ideen von Rudolf und Herbert Nelson und wieder unter der Leitung von Otto Frohnknecht. Titel der Revue war *Door dik en dun (Durch dick und dünn)*, anspielend auf den dünnen Sylvain Poons und den dicken Kurt Gerron.[46] Aufgeführt wurde die Revue als Pausenprogramm in einem Kino. In der Kritik werden einige Frivolitäten bemängelt, da der Film schließlich keiner Altersbeschränkung unterliege. Über Gerron wird berichtet: »Gerron lebt sich gut in das holländische Milieu ein und spricht schon ordentlich Niederländisch.«[47]

Im Herbst 1939 trat Gerron auch wieder als Regisseur in Erscheinung. Im Amsterdamer Leidsepleintheater inszenierte er ein Stück namens *Strop om de nek (Strick um den Hals)*.[48]

Vom Exil zum Holocaust

Wie Gerron im Mai 1940 auf den Einfall deutscher Truppen in die Niederlande reagierte, weiß man nicht. Wie Willy Rosen gehörte er zu jenen Künstlern, die die Beziehungen und die Möglichkeiten gehabt hätten, rechtzeitig in die USA weiter zu emigrieren. Offenbar fühlte sich Gerron wie so viele andere in den Niederlanden sicher. Nach der Übernahme der Regierung durch die deutschen Besatzer gelang nur noch wenigen die Flucht aus dem Land. Max Ehrlich versuchte noch bis 1942 über seinen in New York lebenden Bruder ein Visum für die USA zu bekommen, es war vergeblich.

Auch ohne unmittelbare Verbote von Seiten der neuen Regierung kamen im Sommer 1940 die künstlerischen Aktivitäten der Emigranten fast völlig zum Erliegen. Nur Willy Rosens *Prominente* spielten noch, im Sommer in Scheveningen und ab dem Winter in Amsterdam. Das Filmtheater Tuschinski war sofort konfisziert worden und somit gab es auch keine *Nelson-Revue* mehr. Die *Fritz-Hirsch-Operette* war auf Geheiß der Besatzer hin aufgelöst worden, an ihre Stelle trat eine neue Operettengesellschaft ohne jüdische Mitwirkende.

Kurt Gerron, der inzwischen in Amsterdam wohnte, tat sich mit Camilla Spira und Max Ehrlich zusammen und organisierte Anfang 1941 zwei Kabarettprogramme.[49] Die Gruppe nannte sich *De Kamerspelers (Die Kammerspieler)*. Im Nachlass von Max Ehrlich[50] befindet sich ein handschriftlich mit Gerrons Namen versehenes Exemplar vom Text eines Sketches, der wahrscheinlich von diesem Ensemble aufgeführt wurde. Der Titel lautet *Gangsters Geburtstag* und als Mitwirkende werden auch Otto Wallburg, Otto Aurich und Liesl Frank genannt. Der Sketch spielt in einer Gangsterfamilie, die den 70. Geburtstag des Großvaters feiert. Alle moralischen Begriffe werden verdreht, der Großvater am Ende in die Luft gejagt:

»(von außen Schüsse).
Sohn: Der Papa! Der Papa!
Tochter: Vati!
Mutter: Früh hast Du heut Schluss gemacht!
Vater: (Melone, großkarierter Anzug. Revolver in der Hand. Geldsäcke unter dem Arm.) (...) Seht, Ihr Kinderchen, das ist der Segen fleißiger Arbeit. (zur Mutter) Ist Post gekommen? Steckbriefe?«[51]

Gleichzeitig inszenierte Gerron bei dem Ensemble *Hollandsche Operette* die Operette *Hofloge*. Als auf eine Tournee in die Provinz aus Kostengründen die zweite Pianistin nicht mitgenommen werden sollte, kam es zum Eklat. Jo Spiers, der erste Pianist, kündigte aus Solidarität.[52] Kurt Gerron reagiert darauf am 4. Mai 1941: »Lieber Jo Spiers, entschuldigen Sie, wenn ich in deutsch schreibe, aber ich würde zu viele Fehler machen. Es ist mir ein Bedürfnis, nachdem Ihre Mitarbeit an der ›Hofloge‹ unter so betrüblichen Umständen beendet ist, Ihnen meinen allerherzlichsten Dank auszusprechen für all Ihre Mühen und Sorgen, mit denen Sie mich in der besten Weise unterstützt haben. Die Zusammenarbeit mit Ihnen war mir ein sehr großes Vergnügen und Sie können davon überzeugt sein, dass ich – in anderen Zeiten – alles tun werde, um recht bald wieder mit Ihnen arbeiten zu können. Sie wissen, wie sehr ich die Unstimmigkeiten bedaure, aber es war mir leider nicht möglich, sie zu verhindern. Ich habe meine persönlichen Konsequenzen aus diesem Vorfall gezogen und betrachte ›Hofloge‹ nur noch aus rein geschäftlichen Gesichtspunkten – das Vergnügen ist weg. Schade. In jedem Fall aber haben Sie mir mit Ihrem herrlichen Klavierspiel sehr viel

Freude bereitet. Bitte wollen Sie Ihrer Partnerin ebenfalls meinen Dank übermitteln. Mit den allerbesten Grüßen stets Ihr Gerron«.[53] Der Brief zeugt von
einer erstaunlichen künstlerischen Professionalität und Normalität nach
einem Jahr deutscher Besatzung, während der die Rechte der jüdischen Bevölkerung immer mehr eingeschränkt wurden. Obwohl die Juden noch nicht
offiziell aus dem niederländischen Kulturleben verbannt waren, wurden Vorstellungen von Emigranten immer weniger in der allgemeinen, gleichgeschalteten Presse besprochen, sondern im *Joodsche Weekblad.* Dieses jüdische
Wochenblatt hatte man nach der Gründung des Jüdischen Rats in Amsterdam ins Leben gerufen. Es diente unter anderem dazu, der jüdischen Bevölkerung die Anweisungen der deutschen Besatzer bekannt zu machen. Nach
dem Ausschluss der Juden aus dem öffentlichen Leben im September 1941
sollte diese Zeitung das einzige Organ werden, in dem jüdische Veranstaltungen angekündigt und besprochen wurden.

Kurt Gerron setzte die Zusammenarbeit mit Max Ehrlich fort und spielte
im Sommer 1941 unter seiner Regie in den Stücken *Spiel im Schloss* und *Die
Fee* von Molnár. Die Vorstellungen fanden in der *Hollandsche Schouwburg*
statt, einem Theater von bisher eher mittelmäßigem Ruf in einem traditionell von vielen Juden bewohnten Stadtviertel Amsterdams; das Theater hatte kein festes Ensemble, sondern konnte von jeder Gesellschaft gemietet werden. In *Spiel im Schloss* wirkten neben Gerron Camilla Spira, Alfons Fink,
Harold Horsten, Herbert Scherzer, Erich Schönlank und Max Ehrlich selber mit. Der Kritiker des *Joodsche Weekblad* zeigt sich beeindruckt vom na-
türlichen Spiel Kurt Gerrons.[54] Max Ehrlich schrieb später an Fritz Wisten
in Berlin: »hervorragend Gerron als Mansky«.[55]

Bei der *Fee* trat neben Max Ehrlich Werner Levie als Regisseur auf, der
später noch eine wichtige Aufgabe in der niederländischen Version des jüdischen Kulturbunds haben sollte. Außerdem waren als Schauspieler auch
Otto Wallburg und Alice Dorell[56] zu sehen. Zwar wurde die Vorstellung sehr
gelobt, zog aber nicht genügend Publikum an,[57] so dass Max Ehrlich auf
weitere Produktionen verzichtete. Möglicherweise war auch das schlechte
Verhältnis zwischen Ehrlich und Levie der Grund, warum sich dieses Ensemble auflöste.

Die *Hollandsche Schouwburg* wurde im August 1941 von Herbert Nelson
gemietet, der niederländisch-deutsche Revuen mit seinem Vater und der
populären niederländischen Kabarettistin Henriette Davids plante. Diese
Konstellation wurde kurze Zeit später die Basis der *Van-Leer-Stichting,* einer
jüdischen Kulturorganisation, bei der – wie im Kulturbund – Juden für Juden
auftraten.[58] Für die erste gemeinsame Revue mit dem Titel *Musik! Musik!*
wurde Kurt Gerron als Regisseur engagiert. Die Texte stammten von Herbert Nelson, die Musik von Rudolf, unter den Darstellern befanden sich wieder Otto Wallburg, aber auch frühere Mitglieder der *Nelson-Revue.* Die Pre-

miere fand am 30. August 1941 statt, zwei Wochen, bevor die Juden endgültig aus dem kulturellen Leben ausgeschlossen wurden. Der begeisterte
Kritiker schreibt von einem überfüllten Saal.[59] Gerron führte auch bei der
zweiten Revue Regie, die im Oktober Premiere hatte. Ihr Titel war *Reislec-
tuur (Reiselektüre)*. Hier trat bereits Werner Levie als Organisator auf. Die
deutschen Texte hatte Herbert Nelson geschrieben, die niederländischen
Rido, der Mann von Henriette Davids, der eigentlich Journalist war.

Die Kritik urteilte begeistert, diese Revue sei noch besser als die erste.[60]
Die Kombination von bekannten niederländischen und deutschen Künst-
lern auf der Bühne kam beim Publikum an. Da das Publikum anfangs kaum
kontrolliert wurde, kamen auch viele Nichtjuden in die Revue in die *Holland-
sche Schouwburg*, die in *Joodsche Schouwburg* umbenannt werden musste. Ab
November 1941 war der gesamte jüdische Kulturbetrieb in der *Van-Leer-
Stichting* untergebracht. Der jüdische Industrielle Bernard van Leer hatte
Geld für eine jüdische Kulturstiftung zur Verfügung gestellt. Es war eine Art
Abschiedsgeschenk, denn Van Leer hatte bei den Behörden seine offizielle
Ausreise durchsetzen können.[61] In der *Van-Leer-Stichting* verdiente jeder
Angestellte dasselbe, ob er nun als Schauspieler im Kleinkunstensemble oder
als Musiker in einem der zahlreichen Musikensembles spielte. Das Klein-
kunstensemble musste zu gleichen Teilen aus niederländischen und deutschen Mitwirkenden bestehen. Sicher ist, dass Kurt Gerron Mitarbeiter in
der *Van-Leer-Stichting* war, jedoch taucht sein Name vorerst weder als Regisseur noch als Mitwirkender der Revuen auf. Die Revuen wurden jetzt von
Werner Levie und Henriette Davids präsentiert, die als Leiter der *Van-Leer-
Stichting* angestellt waren. Inwieweit *präsentieren* auch *Regie führen* bedeutet, geht aus den Anzeigen im *Joodsche Weekblad* nicht hervor.

Obwohl von Anfang an geplant war, dass innerhalb der *Van-Leer-Stichting*
auch ein Schauspielensemble entstehen sollte, kam dieses erst im Frühjahr
1942 zustande. Zum Schauspielensemble gehörten nur niederländische
Schauspieler – außer Kurt Gerron, der schon in der ersten Inszenierung unter
Elias van Praag mitspielte, *Kap der guten Hoffnung* von Ladislaus Bus-Féke-
te, die am 11. April 1942 Premiere hatte.[62] Da inzwischen die zur Verfügung
stehenden Räumlichkeiten auf die *Hollandsche Schouwburg* beschränkt wa-
ren, musste alternierend zur Revue gespielt werden. Und da die Revue beim
Publikum beliebter war, wechselte eine Woche Schauspiel mit drei Wochen
Revue ab. Das Schauspielensemble setzte seine Aktivitäten mit einem Lust-
spiel fort, geschrieben und inszeniert vom Schauspieler und Bühnenbildner
Eduard Veterman. Kurt Gerron spielte darin eine der Hauptrollen, einen
Patenthändler.[63] Am 26. Juni inserierte Gerron im *Joodsche Weekblad* als
Lehrer in Vortrag, Chanson und Schauspiel. Wenige Tage später wurde ein
abendliches Ausgangsverbot für Juden verhängt, was bedeutete, dass die Vor-
stellungen nun tagsüber stattfinden mussten. Trotzdem wurden neue Stücke

einstudiert, jetzt *Wiegenlied* von Fodor. Premiere war am 10. Juli. In der nächsten Ausgabe des *Joodsche Weekblad* wurde Gerron in seiner Rolle als Husarenoberst als ein markanter und amüsanter Komödiencharakter gelobt.[64]

Am 17. Juli betrat während einer Vorstellung von *Wiegenlied* Ferdinand aus der Fünten, der Leiter der so genannten *Zentralstelle für jüdische Auswanderung* mit ein paar Männern das Theater. Man gab den Schauspielern zwar die Möglichkeit, das Stück zu Ende zu spielen, aber danach wurde das Gebäude mit sofortiger Wirkung konfisziert. Es sollte nun als Sammelstelle für die Deportationen dienen. Es gelang den Leitern der *Van-Leer-Stichting*, alle Mitarbeiter vorerst beim Jüdischen Rat unterzubringen, was bedeutete, dass sie in ihrem bisherigen Theater als Helfer eingesetzt wurden. Kurt Gerron bekam die Aufgabe zugewiesen, das Gepäck der Neuankömmlinge zu beaufsichtigen und fungierte als eine Art Fundbüro. Die junge Soubrette Silvia Grohs, deren umstrittene Autobiografie 2002 in deutscher, zuvor bereits in englischer und niederländischer Sprache erschien, schreibt, der sonst so fröhliche Kurt Gerron habe in jenen Tagen seine Heiterkeit verloren.[65]

Ab Mitte Juli 1942 wurden die niederländischen Juden systematisch größtenteils über die Sammelstelle in der *Hollandsche Schouwburg* und das Durchgangslager Westerbork im Nordosten des Landes deportiert. Es musste den Mitarbeitern des Jüdischen Rats bald klar geworden sein, dass ihre Position sie nicht ewig vor diesem Schicksal bewahren konnte. Einigen gelang es, rechtzeitig unterzutauchen, doch für deutsche Emigranten war das schwierig, weil sie nicht über die nötigen Kontakte verfügten und weil man oft auch ihnen misstraute. Kurt Gerron hatte eigentlich zahlreiche Kontakte, aber man weiß nicht, ob er sich überhaupt um eine Untertauchadresse bemüht hat.

Aus Herbert Nelsons Tagebuch,[66] das er von September 1942 bis März 1943 führte, geht hervor, dass Gerron im September 1942 gleichzeitig mit Nelsons Lebensgefährtin Silvia Grohs einen Freistellungsstempel erhielt. Gerron versuchte, sich wieder mit Schauspielunterricht über Wasser zu halten. Anfang Januar 1943 konnte er noch einmal verhindern, dass seine Eltern deportiert wurden; im Mai wurden sie abgeholt. Kurt Gerron und seine Frau Olga wurden am 20. September 1943 nach Westerbork abtransportiert.

Zu dem Zeitpunkt befand sich schon ein großer Teil der Künstler aus der *Schouwburg* im Lager Westerbork. Max Ehrlich und seine Frau waren bereits Ende 1942 dorthin gekommen, der Pianist Erich Ziegler, Willy Rosen, Camilla Spira und die Tänzerin Chaja Goldstein im Laufe von 1943. Seit Sommer 1943 gab es die von Ehrlich, Rosen und Ziegler ins Leben gerufene *Gruppe Bühne*[67] unter Leitung von Max Ehrlich, die ihre Mitglieder vorläufig vom Weitertransport in die Todeslager im Osten freistellte. Als Kurt Gerron in Westerbork ankam, hatte die erste große Lagerrevue, *Humor und*

Melodie, bereits erfolgreich Premiere gehabt. Die zweite Revue, *Bravo! Da capo!*, hatte am 17. Oktober Premiere. Kurt Gerron trat mit einer Solonummer – betitelt *Eifersucht* – auf. Wie Gerrons Verhältnis zur Lagerbühne und ihren Mitgliedern war, darüber gibt es nur Vermutungen. Camilla Spira sagte in einem Interview, Kurt Gerron und Max Ehrlich seien Konkurrenten gewesen,[68] und darum habe Ehrlich Gerron nicht ins Ensemble aufgenommen. Allerdings ist es fraglich, ob sie das beurteilen konnte, denn Camilla Spira war an der zweiten Revue nicht mehr beteiligt, sondern betrieb zu der Zeit ihre so genannte *Arisierung* und verließ Westerbork am Tag nach der Premiere von *Bravo! Da capo!*. Schließlich hatte Gerron zwei Jahre zuvor auch unter Ehrlichs Regie gespielt, warum sollte er Ehrlich jetzt seinen Posten streitig machen wollen? Allerdings waren die Umstände jetzt andere, und es ging buchstäblich um Leben und Tod – Max Ehrlich rechnete wohl tatsächlich mit der Protektion des Kommandanten Gemmeker. Gerron gehörte jedenfalls nicht zum Kreis der Hauptdarsteller der Revue, denn diese waren weiterhin vom Transport freigestellt, als im November die so genannte *Sperre* für die meisten Mitglieder der Revue aufgehoben wurde. Wegen Quarantänebestimmungen fand im Winter 1943/44 keine weitere Revue statt. Allerdings wurden auch die Transporte von Mitte November bis Mitte Januar eingestellt.

Noch vor der nächsten Revue wurden Kurt Gerron und seine Frau am 25. Februar 1944 zusammen mit 810 anderen Personen einem Transport nach Theresienstadt zugeteilt. In Theresienstadt wurde Gerron noch einmal als Cabaretier und Regisseur aktiv. Er gründete das Kabarett *Karussell*, das unter seiner Leitung 15 Vorstellungen gab. Zum Ensemble gehörten auch der Pianist Martin Roman und der Sänger Michel Gobets, die Gerron beide aus der Zeit in der Hollandsche Schouwburg kannte. Im Sommer 1944 wurde Gerron dazu verpflichtet, die Regie des *Theresienstadt*-Films zu übernehmen, der unter dem apokryphen Titel *Der Führer schenkt den Juden eine Stadt* bekannt geworden ist. Spätestens hier ist der Schnittpunkt von Exil und Holocaust überschritten. Direkt nach Ende der Dreharbeiten wurde Kurt Gerron nach Auschwitz deportiert und dort am 15. November 1944 ermordet.

1 Kathinka Dittrich: *Der niederländische Spielfilm der dreißiger Jahre und die deutsche Filmemigration*. Amsterdam 1987 (= Amsterdamer Publikationen zur Sprache und Literatur, Bd. 69), S. 82. — 2 Jan-Christopher Horak: »Exilfilm, 1933–1945. In der Fremde«. In: Wolfgang Jacobsen u. a. (Hg.): *Geschichte des deutschen Films*. Stuttgart – Weimar 1993, S. 101 f. — 3 Ebd., S. 103. — 4 Zur Biographie Gerrons vgl. Barbara Felsmann, Karl Prümm: *Kurt Ger-*

ron – Gefeiert und gejagt. 1897–1944. Das Schicksal eines deutschen Unterhaltungskünstlers. Berlin – Amsterdam – Theresienstadt – Auschwitz. Berlin 1992. — **5** Zu diesem Film vgl. *Unerwünschtes Kino. Der deutschsprachige Emigrantenfilm 1934–1937.* Hg. von Armin Loacker und Martin Prucha. Wien 2000, S. 145–147. — **6** *Het Volk,* 19.9.1935. Übersetzung der niederländischen Zitate von der Verfasserin, im Folgenden KBZ. — **7** Ludwig Berger lebte ebenfalls mehrere Jahre lang in Amsterdam, doch ist seine Situation nicht mit der Gerrons zu vergleichen. — **8** Vgl. Kathinka Dittrich: »De speelfilm in de jaren dertig«. In: Karel Dibbets, Frank van der Maden (Hg.): *Geschiedenis van de Nederlandse film en bioscoop tot 1940.* Weesp 1986, S. 116. (Übersetzung KBZ). — **9** Horak: »Exilfilm, 1933–1945. In der Fremde«, (s. Anm.2), S. 109. — **10** Vgl. Dittrich: »De speelfilm in de jaren dertig«, (s. Anm.8), S. 122. — **11** Dittrich: *Der niederländische Spielfilm der dreißiger Jahre und die deutsche Filmemigration,* (s. Anm.1), S. 33. — **12** Het *Volk,* 8.11.1935. — **13** A.M. de Jong: *Merijntje in filmland. Een onwaarschijnlijk doch waar verhaal.* 2. Aufl. Amsterdam, o.J., S. 136 f. (Übersetzung KBZ). — **14** Vgl. ebd., S. 119. — **15** Vgl. ebd., S. 205 ff. — **16** Ebd., S. 135. — **17** Dittrich: *Der niederländische Spielfilm der dreißiger Jahre und die deutsche Filmemigration,* (s. Anm.1), S. 53. — **18** *AVRO's glorie, 1936.* — **19** Zitiert nach Sandra van Beek: »Kurt Gerron in Nederland. Hoe ›Pappie‹ werd binnengehaald en weer buitengesloten«. In: *Flashback,* Nr. 3/1994, S. 11. (Übersetzung KBZ). — **20** Die Auftraggeber erschraken so von der öffentlichen Reaktion, dass sie das Angebot zurücknahmen. Der Film wurde schließlich vom niederländischen Regisseur Max de Haas gemacht. Vgl. Bert Hogenkamp: *De Nederlandse documentaire film 1920–1940.* Amsterdam 1988, S. 91. — **21** Vgl. van Beek: »Kurt Gerron in Nederland. Hoe ›Pappie‹ wird binnengehaald en weer buitengesloten«, (s. Anm.19), S. 11. — **22** Vgl. Dittrich: *Der niederländische Spielfilm der dreißiger Jahre und die deutsche Filmemigration,* (s. Anm.1), S. 78. — **23** Man sprach auch seltener von »Emigranten«, sondern von »Ausländern«. Vgl. Dittrich: »De speelfilm in de jaren dertig«, (s. Anm. 8), S. 125. — **24** Ebd. — **25** Het *Volk,* 12.4.1937. — **26** Vgl. ebd., 16.8.1937. — **27** Vgl. Dittrich: *Der niederländische Spielfilm der dreißiger Jahre und die deutsche Filmemigration,* (s. Anm.1), S. 33. — **28** Vgl. Max Tak: *Onder de bomen van het plein.* Amsterdam – Brüssel 1963, S. 125. — **29** Vgl. ebd. — **30** Ebd., S. 128. — **31** Vgl. http://machno.hdm-stuttgart.de/~frey/disney.pdf (5.6.2003). — **32** Vgl. Tak: *Onder de bomen van het plein,* (s. Anm. 28), S. 129. — **33** Vgl. Dittrich: *Der niederländische Spielfilm der dreißiger Jahre und die deutsche Filmemigration,* (s. Anm.1), S. 79. — **34** Vgl. *Het Volk,* 8.3.1938. — **35** Vgl. *Het Volk,* 24.5.1939. Hierbei geht es allerdings nicht mehr speziell um den Film, sondern um die Schauspielerei ganz allgemein. — **36** Vgl. Ulrich Liebe: »Kurt Gerron«. In: Ders.: *Verehrt – verfolgt – vergessen. Schauspieler als Naziopfer.* Weinheim – Berlin 1992, S. 53. — **37** Vgl. Katja B. Zaich: *»Ich bitte dringend um ein Happyend.« Deutsche Bühnenkünstler im niederländischen Exil 1933–1945.* Frankfurt/M. u.a. 2001, S. 87 f. — **38** De Jong: *Merijntje in filmland. Een onwaarschijnlijk doch waar verhaal,* (s. Anm.13), S. 233. — **39** Zitiert nach Liebe: »Kurt Gerron«, (s. Anm. 36), S. 53. — **40** Der einzige Film über die Mobilmachung, der in den Niederlanden realisiert wurde und im April 1940 Premiere hatte, war *Ergens in Nederland* unter der Regie von Ludwig Berger. Vgl. Dittrich: *Der niederländische Spielfilm der dreißiger Jahre und die deutsche Filmemigration,* (s. Anm.1), S. 123. — **41** Zur Geschichte der *Nelson-Revue* in den Niederlanden siehe Zaich: *»Ich bitte dringend um ein Happyend.« Deutsche Bühnenkünstler im niederländischen Exil 1933–1945,* (s. Anm. 37, S. 64–72, S. 79–83. — **42** Vgl. *Het Volk,* 4.4.1938. — **43** Vgl. *Het Volk,* 24.12.1938. — **44** Vgl. *Het Volk,* 20.2. 1939. — **45** Vgl. Liebe: »Kurt Gerron«, (s. Anm. 36), S. 53; Van Beek: »Kurt Gerron in Nederland. Hoe ›Pappie‹ wird binnengehaald en weer buitengesloten«, (s. Anm.19), S. 12 — **46** Vgl. *Het Volk,* 24.5.1939. — **47** *Het Volk,* 10.6.1939. — **48** Vgl. *Het Volk,* 26.8.1939. — **49** Vgl. *Het Joodsche Weekblad,* 11.4.1941. — **50** Dieser Nachlass befindet sich unter dem Namen »Archiv Jetty Cantor« im Theater Instituut Nederland, Amsterdam. — **51** *Gangsters Geburtstag.* In: Archiv Jetty Cantor. Theater Instituut Nederland. — **52** Vgl. Liebe: »Kurt Gerron«, (s. Anm. 36), S. 53. — **53** Zitiert nach ebd., S. 54. — **54** Vgl. *Het Joodsche Weekblad,* 27.6. 1941. — **55** Brief im Archiv Jüdischer Kulturbund des Archivs der Akademie der Künste Berlin, Nr. 74/86/1052. — **56** Die Schauspielerin Alice Dorell hatte bisher wenig Kontakt mit den anderen Emigranten gehabt. Sie hatte in Den Haag eine eigene Truppe mit vor allem jungen niederländischen Künstlern aufgebaut. — **57** Das *Joodsche Weekblad* berichtet, der Saal sei nur halb voll gewesen. Vgl. *Het Joodsche Weekblad*, 25.7.1941. — **58** Zur niederländischen Variante des Jüdischen Kulturbunds vgl. Eike Geisel: »Da capo in Holland«. In: *Geschlossene Vorstellung. Der Jüdische Kulturbund in Deutschland 1933–1941.* Hg. von der Akademie der Künste. Berlin 1992, S. 189–214. — **59** Vgl. *Het Joodsche Weekblad*, 5.9. 1941. — **60** Vgl. ebd., 24.10.1941. — **61** Vgl. Jannetje Koelewijn, Pauline Micheels: »De oorlog van een geniale grootindustrieel«. In: *Vrij Nederland*, 2.1.1993, S. 45. — **62** Vgl. *Het Joodsche Weekblad*, 17.4.1942. — **63** Vgl. ebd., 5.6.1942. — **64** Vgl. ebd., 17.7.1942. — **65** Vgl. Zaich: »*Ich bitte dringend um ein Happyend.*« *Deutsche Bühnenkünstler im niederländischen Exil 1933–1945*, (s. Anm. 37), S. 157. — **66** Das Tagebuch von Herbert Nelson, geführt vom 17.12.1942 bis zum 2.3.1943, befindet sich im Herbert-Nelson-Archiv, Kasten 16, Archiv der Akademie der Künste Berlin. — **67** Zur Geschichte der Bühne Lager Westerbork vgl. Zaich: »*Ich bitte dringend um ein Happyend.*« *Deutsche Bühnenkünstler im niederländischen Exil 1933–1945*, (s. Anm. 37), S. 179–202. — **68** Das berichtet auch der Westerbork-Überlebende Louis de Wijze auf der 2001 erschienen CD: *Cabaret in kamp Westerbork.*

Charmian Brinson / Richard Dove

»Just about the best actor in England«: Martin Miller in London, 1939 bis 1945
Theater – Film – Rundfunk

»Zwischen dem Berufsleben und mir stand die englische Sprache.«[1] So der berühmte Schauspieler Fritz Kortner, dem es – gleich vielen anderen emigrierten Schauspielern – nicht gelang, sich auf der englischen Bühne durchzusetzen. Auch der österreichische Schauspieler Martin Miller glaubte, als er im Frühjahr 1939 in London eintraf, zusammen mit der deutschen Sprache auch seiner Schauspielerkarriere auf immer »Adieu« sagen zu müssen. Er war 39 Jahre alt, ein Provinzschauspieler, der lange Lehrjahre auf deutschsprachigen Bühnen in Böhmen und Mähren verbracht hatte, und der erst 1936 nach Wien zurückgekehrt war, um auf Kleinkunstbühnen wie *Literatur am Naschmarkt* und *ABC* aufzutreten. Ende 1938 emigrierte er – über Berlin! – nach London.

Zur Zeit seiner Ankunft in England sprach er sehr wenig Englisch und wusste noch weniger über Londoner Theaterverhältnisse, aber er konnte sich sehr schnell zurechtfinden. Wenige Wochen nach seiner Ankunft gründete er zusammen mit anderen emigrierten Theaterkünstlern das österreichische Exiltheater *Das Laterndl*, in dem er drei Jahre lang als Leiter, Regisseur und Schauspieler mitwirkte. Das Eröffnungsprogramm fand im Juni 1939 unter der Schirmherrschaft des *Austrian Centre*, einer bereits bestehenden österreichischen Emigrantenorganisation, statt. Im Programmheft der Eröffnungsrevue hielt man fest, dass das *Laterndl* die Tradition der österreichischen Kleinkunstbühne fortsetzen sollte: »It may be hoped that the Lantern will preserve one of the characteristic forms of Austrian culture.« Das kleine Theater war daher eine kulturpolitische Aussage zugunsten Österreichs zu einem Zeitpunkt, als Österreich gerade von der Landkarte verschwunden war.

Die Kleinkunstprogramme des *Laterndl* folgten bewusst dem Format der Wiener Kleinkunstbühne, bestehend aus Kurzszenen, Rezitationen und Liedern, in denen sich Ernstes und Heiteres abwechselten. Im Eröffnungsprogramm *Unterwegs* trug Miller das *Lied des einfachen Menschen* des im KZ Buchenwald verstorbenen Dichters Jura Soyfer vor, der für die österreichische Emigration zu einer symbolischen Figur werden sollte. Außerdem trat er in verschiedenen von den Hausautoren verfassten Szenen auf, wie *Der blühende Garten* von Franz Hartl, eine boshafte Anspielung auf Hitlers Ver-

sprechen, Wien in einen blühenden Garten zu verwandeln; in der Szenenfolge *Bow Street* von Rudolf Spitz, die die Vorgänge im Wartesaal und Inter-
view-room der Londoner Einwanderungsbehörde, bei der alle Emigranten
sich anzumelden hatten, schilderte, sowie im satirischen Sketch *Wiener Ringelspiel* von Hugo Koenigsgarten, der die Nazi-Besetzung Österreichs ad
absurdum führte, in dem er einen Kalendermann durch die Jahre führen ließ,
in denen Wien von den Römern, den Türken und den Franzosen besetzt
wurde: »Alle wollten für immer da bleiben, und sind alle wieder fort. Aber
Wien ist noch immer da. Mir scheint, sie werden auch nicht die letzten sein.«[2]
Dass das Emigrantenpublikum dieses Programm, das ihre eigenen Nöte und
Hoffnungen auf die Bühne brachte, mit großer Begeisterung begrüßte, war
vorauszusehen. Weniger zu erwarten war, dass die gesamte englische Presse
von dem kleinen Theater Notiz nahm. *The Times* stellte fest, dass die Revue
»made an extremely favourable impression«, und nannte sie »an entertainment which reflects the grim present and is yet delightfully informed with
traditional Viennese gaiety«.[3]
    Als der Krieg ausbrach, wurde das *Laterndl,* gleich allen anderen Londo-
ner Theatern, aus Sicherheitsgründen vorübergehend geschlossen. Nach
einer zweimonatigen Pause fand die Wiedereröffnung mit einer neuen Revue
in einem neuen Theatersaal statt.[4] Das Programm *Blinklichter* enthielt verschiedene von den Hausautoren verfasste Szenen und Sketche, wie etwa *Wo
liegt Deutschland?* von Albert Fuchs, in der eine Gruppe von Mars-Bewoh-
nern kreuz und quer durch Deutschland reist, um zu entscheiden, ob das
deutsche Volk mit den Nationalsozialisten gleichzusetzen sei, eine These, die
von führenden englischen Politikern wie Sir Robert Vansittart vertreten wurde. Aber der Höhepunkt des Programms war ohne Zweifel Martin Millers
großartige Hitler-Parodie *Der Führer spricht,* die ihn weit über Emigranten-
kreise hinaus bekannt machen sollte. In dieser fingierten Führer-Rede (übrigens von Miller selbst verfasst) lobt Hitler die Entdeckung Amerikas durch
Columbus »gestützt auf die Erfahrungen deutscher Gelehrter und unterstützt
von deutschen Apparaten und Instrumenten«. Er erklärt die Vereinigten Staaten zum deutschen Protektorat und verkündet schließlich: »Seit dem Jahre
1492 (...) habe ich geschwiegen und im Interesse des Friedens diese Probleme unberührt gelassen. Aber nun ist meine Geduld zu Ende. Herr Roosevelt möge zur Kenntnis nehmen, dass es mein unerschütterlicher Wille ist,
endlich den mir von der Vorsehung bestimmten Stuhl im Weißen Haus einzunehmen und es damit zum Braunen Hause zu machen.«[5]
    Millers unheimlich überzeugende Führer-Rede war nicht nur der große
Erfolg des zweiten *Laterndl*-Programms, sondern auch der Grundstein seiner Karriere in England. Unter den prominenten Besuchern im *Laterndl* war
auch Richard Crossman, damals Leiter der deutschen Abteilung von EH,
einer geheimen Abteilung des Außenministeriums, die für britische Rund-

funk-Propaganda an feindliche Länder zuständig war.[6] Auf Crossmans Für-
sprache hin wurde Millers Hitler-Parodie am 1. April 1940 im deutschen
Dienst der BBC ausgestrahlt. Millers Hitler-Imitation ließ an Echtheit nichts
zu wünschen übrig. Die amerikanische Rundfunkgesellschaft CBS war von
diesem Aprilscherz so alarmiert, dass sie sich erkundigte, wann Hitler diese
Rede gehalten und wie die BBC sie aufgenommen habe.[7] Mehrere englische
Zeitungen brachten Berichte, die *News Chronicle* sogar mit einem Bild Millers als Pseudo-Hitler auf der Titelseite.[8] *Der Führer spricht* war die erste von
unzähligen Sendungen, die Miller beim Deutschen sowie beim später gegründeten Österreichischen Dienst der BBC machte.

Die Hitler-Parodie verhalf ihm auch zu seiner ersten Filmrolle in England.
Dank der technischen Möglichkeiten des Films hatten es emigrierte Schauspieler oft leichter, im Film Fuß zu fassen als auf der Bühne. Das galt auch
für Martin Miller. Sein englisches Filmdebüt hatte er 1940 im Lustspielfilm
Let George do it, mit dem urenglischen Komiker George Formby – auf
Deutsch. Man brauchte in einer Szene jemanden, der den Führer überzeugend darstellen konnte, und wandte sich an Miller. Im *Laterndl* spielte Miller weiterhin Kleinkunst. Im Frühjahr 1940 wurde – Brechts *Schwejk im
zweiten Weltkrieg* zum Teil vorwegnehmend – eine von den Hausautoren
verfasste Szenenfolge *Der unsterbliche Schweyk* inszeniert, wobei Miller die
Titelrolle spielte und auch Regie führte. Auch diesmal nahm die englische
Presse Notiz davon: Ein zweiseitiger Bildbericht erschien in der populären
Wochenschrift *Picture Post*.

Anschließend inszenierte Miller Brechts *Dreigroschenoper*, aber die Aufführung fiel mit der britischen Internierung »feindlicher Ausländer« zusammen. Miller konnte der Internierung zwar entgehen, aber viele Emigranten,
darunter Mitwirkende des *Laterndl*, wurden interniert, und das Theater
musste zum zweiten Mal geschlossen werden. Als man das *Laterndl* im September 1941 wieder eröffnete, inszenierte man sowohl Kleinkunst als auch
deutschsprachige Lustspiele, in denen Millers Talent als Charakterkomiker
voll zur Geltung kam. In Carl Zuckmayers *Der Hauptmann von Köpenick*
spielte er die Titelrolle und führte zugleich Regie. Die österreichische Emi-
grantenzeitung *Zeitspiegel* bewertete die Aufführung durchaus positiv: »Das
Stück wird vom Laterndl hervorragend gespielt. Martin Millers Voigt ist ein
müder, gehetzter, am Ende triumphierender Mensch, eine lebende und
rührende Figur (...) Was Regie und Schauspieler aus der winzigen Bühne,
auf der es sich natürlich sehr schwer spielt, gemacht haben, ist erstaunlich.«[9]

Im März 1942 inszenierte Miller anlässlich des Todes von Stefan Zweig
dessen Bearbeitung von Ben Jonsons Komödie *Volpone*, wobei er auch selbst
die Titelrolle übernahm. Es soll eine mitreißende Aufführung gewesen sein,
in der auch Millers spätere Ehefrau, Hanne Norbert, mitwirkte. Hierzu
berichtete *Zeitspiegel*: »Die Qualität der Aufführung überschreitet weit das

gewohnte gute Laterndl-Format, holt alles aus der Komödie heraus, ist prächtige Ensembleleistung, das Verdienst von Martin Millers Regie.«[10] *Volpone* war Millers letzte Hauptrolle im *Laterndl*, denn er war gleichzeitig mit Proben für sein englisches Theaterdebüt beschäftigt. Führende englische Theaterkünstler waren bereits auf das *Laterndl* und besonders auf Martin Miller aufmerksam geworden – in der Tat so aufmerksam, dass er bereits 1942 aufgrund seiner Verpflichtungen auf englischen Bühnen gezwungen war, seine Funktion als Leiter des *Laterndls* aufzugeben.

Im Frühjahr 1942 hatte der junge Schauspieler Alec Clunes das *Arts Theatre*, eine kleine Experimentierbühne im Herzen des Londoner Westends, wieder eröffnet. Als erste Inszenierung wählte er *Awake and Sing* von Clifford Odets. Auf Empfehlung des deutschen Dramatikers H. J. Rehfisch wurde Miller zu einer Leseprobe eingeladen, von der er später behauptete, er habe kein Wort des englischen Lesetextes verstanden. Er wurde trotzdem für die Rolle des jüdischen Großvaters Jacob Berger engagiert. Neben ihm spielten die deutsche Schauspielerin Lily Kann und der 19-jährige englische Schauspieler Richard Attenborough, der viele Jahre später als Regisseur der Spielfilme *Ghandi* und *Cry Freedom* Weltruhm erlangen sollte. Das Stück spielt in der Wohnung einer jüdischen Familie im New Yorker Armenviertel Bronx. Auf einer winzigen Bühne, kaum größer als die des *Laterndls*, spielte Miller eine Rolle, die ihm wie auf den Leib geschrieben schien. Das Emigrantenmilieu ermöglichte es ihm, seine mangelnden Englisch-Kenntnisse in seine Interpretation der Rolle des jüdischen Patriarchen zu integrieren. Der Kritiker der führenden Sonntagszeitung *Sunday Times* bezeichnete die Aufführung als »one of the best and certainly one of the best-acted plays in London at the moment« und nannte Millers Darstellung »a performance of extraordinary poignancy«.[11] *Awake and Sing*, zunächst für eine Spieldauer von nur zwei Wochen auf den Spielplan gesetzt, hatte einen so starken Eindruck hinterlassen, dass man die Aufführung nach kurzer Unterbrechung im viel größeren *Cambridge Theatre* wiederaufnehmen konnte.

Von nun an war Martin Miller auf der Londoner Bühne immer voll beschäftigt – und zwar als englischsprachiger Schauspieler. Er hatte sich schon weitgehend etabliert, als man Ende 1942 die Komödie *Arsenic and Old Lace* (*Arsen und Spitzenhäubchen*) in London inszenierte. Man engagierte ihn für die Schlüsselrolle des Dr. Einstein, eines verkrachten plastischen Chirurgen, der viel zur Heiterkeit des Stückes beizutragen hat. Man bot Miller sofort einen »run-of-the-play contract« (einen Vertrag für die Spieldauer der Inszenierung) an, eine besondere Auszeichnung für einen relativ unbekannten Schauspieler, der außerdem noch »feindlicher Ausländer« war.

Arsenic and Old Lace hatte in New York einen Bombenerfolg gehabt, den man in London so bald wie möglich wiederholen wollte, aber der Versuch misslang zunächst. Das erste Bühnenmanuskript aus den USA ging verloren, weil das Schiff, das es nach London bringen sollte, von einem deutschen U-Boot versenkt wurde. Das Stück wurde schließlich am 26. Dezember im *Strand Theatre* uraufgeführt und lief dort ohne Unterbrechung auch während der V2-Raketenangriffe des Jahres 1944. Das Theater war eines der wenigen, das zu dieser Zeit kontinuierlich weiterspielte.

Es sei daran erinnert, dass es den Westend-Produzenten bis heute bei jeder Neuinszenierung darum geht, die längstmögliche Laufzeit zu erzielen. *Arsenic and Old Lace* lief bis März 1946. Miller, der in 1.336 Aufführungen auftrat, blieb bis zum Ende und wurde in diesen dreieinhalb Jahren zum festen Bestand der Londoner Theaterlandschaft. Der damalige König der Londoner Theaterkritik, James Agate, lobte Millers schauspielerische Leistung bei der Uraufführung als die beste in einer überhaupt glänzend gespielten Aufführung. Martin Miller war jetzt offensichtlich arrivierter Schauspieler auf der Londoner Bühne.

Parallel zu seinem Erfolg auf der Westend-Bühne hatte sich Miller auch als Charakterdarsteller in britischen Spielfilmen einen Namen gemacht, ein Erfolg, der um so bemerkenswerter war, als er vor seiner Ankunft in Großbritannien nie in einem Film mitgewirkt hatte. Während seiner langen Lehrjahre auf deutschsprachigen Provinzbühnen hatte er verschiedene Rollen gespielt – dramatische wie komische –, hatte aber keine Erfahrung als Filmschauspieler. Auf sein englisches Filmdebüt mit George Formby folgte eine kleine Rolle in dem Film *One of our Aircraft is missing* (ein frühes Ergebnis der erfolgreichen Zusammenarbeit zwischen Michael Powell und Emeric Pressburger). Der Star des Films war der prominente englische Schauspieler Eric Portman, der sich damals auf dem Höhepunkt seiner Karriere befand. Portman war einer von mehreren britischen Schauspielern, die das kleine *Arts Theatre* besucht hatte, um sich die Inszenierung von *Awake and Sing* anzusehen. Er war dermaßen von Millers Auftritt beeindruckt, dass er ihn für eine wichtige Nebenrolle in seinem nächsten Film, dem von RKO Radio produzierten Spionagefilm, *Squadron Leader X*, unter der Regie von Lance Comfort, empfahl. *Squadron Leader X* war äußerst erfolgreich, was die hoch angesehene Kritikerin C. A. Lejeune dem hohen Niveau des ursprünglichen Drehbuchs zuschrieb: »Mr. Pressburger, as you may have noted, if you are a smart reader of credit titles, wrote the story of *49th Parallel* and *One of Our Aircraft is Missing*. His speciality is escape.«[12] Tatsächlich handelt es sich bei *Squadron Leader X* um den Versuch eines Nazi-Fliegers, gespielt von Portman, aus England zu entfliehen. Die Rolle eines ängstlichen schweizerischen Küchenchefs wurde mit Miller besetzt, dessen Darstellung mit großer Begeisterung in der amerikanischen Zeitschrift *Variety* gewürdigt wurde: »The outstanding characterisation is that of a Swiss cook who is blackmailed into assisting the Nazi espionage in England. Temperamentally, his technique is more that of an Italian, but he, nevertheless, gives an especially

moving performance. His name, Martin Miller, is unknown, but report has
it that he is an Austrian refugee.«[13]

Der damalige Doyen der Londoner Kritiker, James Agate, war ebenfalls
voll des Lobes über Millers schauspielerische Leistung, die er bereits in
Awake and Sing bewundert hatte: »I gave it as my opinion recently that the
best performance in *Arsenic and Old Lace* was by a Mr. Martin Miller. In the
present film easily the best performance is that of the Austrian grocer, who
(...) is a Mr. Martin Miller. As somebody of the same name ran away with
Awake and Sing, I begin to think this Mr. Martin Miller must be just about
the best actor in England.«[14] Leider ist es heute nicht mehr möglich, die Richtigkeit dieser Ansicht zu überprüfen, da anscheinend kein Exemplar von
Squadron Leader X mehr erhalten ist.

Dennoch pflichteten britische Filmemacher Agates Urteil schnell bei.
Während der nächsten drei Jahre spielte Miller Charakterrollen in mehreren
britischen Filmen, die erste in der MGM-Verfilmung von *The Adventures of
Tartu.* Dieser Film – als »comedy-spy thriller« beschrieben – überspannte die
beiden Genres, die das britische Kino der Kriegszeit dominierten.[15] Der Film
handelte von einem in die Tschechoslowakei gesandten britischen Spion, der
dort einen Sabotageakt in einer Giftgasfabrik durchführen soll. Die Reaktionen auf den Film selbst waren nicht sehr positiv, er wurde, in den Augen
der damaligen Kritiker, nur durch die schauspielerische Leistung seines Stars
Robert Donat gerettet. Miller trat als Dr. Novotny auf, die erste einer Reihe
von »Doktorrollen«, die er sowohl auf der Bühne als auch auf der Leinwand
spielen sollte.

Im Jahre 1944, während er allabendlich als Dr. Einstein im *Strand Theatre*
auftrat, fand Miller trotzdem Zeit, in zwei wichtigen Film-Produktionen mit-
zuwirken, und zwar in *English Without Tears* und *Hotel Reserve.* Einer der
Verfasser des Drehbuchs für *English Without Tears* war der populäre englische Dramatiker Terence Rattigan – der Titel des Films ist eine offene Anspielung auf sein eigenes, erfolgreiches Theaterstück *French without Tears.*
Der Film war eine satirische Komödie, in der der junge Michael Wilding
(der später in Hollywood Karriere machte und einer der Ehemänner von
Elizabeth Taylor wurde) und die österreichische Schauspielerin Lilli Palmer
die Hauptrollen spielten. Letztere war in Großbritannien nach ihrem englischen Filmdebüt 1934 ein sehr beliebter Star geworden. Miller spielte neben
ihr die Rolle eines Diplomaten des Völkerbundes.

Später im selben Jahr befand sich Miller unter einer mit großem Starauf-
gebot für eine RKO Radio Produktion zusammengebrachte Besetzung für
den Film *Hotel Reserve,* einen weiteren in der Folge von Spionagefilmen, die
einen wichtigen Teil des Unterhaltungsangebots für britische Kinobesucher
in der Kriegszeit ausmachten. In dem Film – nach dem Roman *Epitaph for
a Spy* des bekannten Verfassers von Thrillern Eric Ambler – geht es um einen

in Südfrankreich lebenden österreichischen Flüchtling, gespielt von Miller, der von der Polizei gebeten wird, ihr dabei behilflich zu sein, einen Spion unter den anderen Hotelgästen aufzuspüren. Die Reaktionen der Kritiker auf diesen Film waren ziemlich negativ, wobei er immerhin mehreren emigrierten Schauspielern, einschließlich Lucie Mannheim, Herbert Lom und Frederick Valk, Arbeit in lukrativen Nebenrollen bot.

Millers letzter Film während der Kriegszeit war *Latin Quarter* im Jahre 1945. Es handelt sich um ein Melodrama, das im Paris von etwa 1890 spielte, in dem ein verrückter Bildhauer seine Verlobte ermordet und sie in seinem jüngsten Werk versteckt. Ein Kritiker war beeindruckt genug zu schreiben, dass der Film »wenigstens einen besonders prächtigen Augenblick – die Episode, in der ein meisterhafter Schauspieler, Martin Miller, im Leichenhaus großartige Arbeit leistet«, enthielt.[16]

Einer der bemerkenswerten Aspekte in Millers Filmkarriere – und der britischen Filmindustrie in der Kriegszeit überhaupt – war die Tatsache, dass so viele seiner Schauspielerkollegen Emigranten waren. Während Millers Entree in die Filmwelt sich unmittelbar aus seinen Bühnenerfolgen ergeben hatte, schlugen viele seiner Landsmänner den entgegengesetzten Weg ein. Es ist fast ein Klischee der Exilforschung, dass die meisten mit einer neuen Theaterkultur und Sprache konfrontierten Exilschauspieler gezwungen waren, ihre Karrieren neu zu gestalten. Viele fanden es leichter, im Film Fuß zu fassen als im Theater. Die technischen Verfahren der Film-Produktion machten es gewiss einfacher, die sprachlichen Unzulänglichkeiten fremdsprachiger Schauspieler zu überwinden.

In der Tat hatte sich eine Welle von deutschsprachigen Schauspielern, Regisseuren und Technikern während der 30er Jahre in der britischen Filmindustrie etabliert, einschließlich Stars wie Conrad Veidt, Elisabeth Bergner und Peter Lorre sowie des Regisseurs Berthold Viertel, von denen viele jedoch Großbritannien 1939/40 – wegen der größeren Sicherheit in den USA – verließen. Dennoch gab es andere, denen wie Miller während der Kriegsjahre der Durchbruch beim britischen Film gelang, in vielen Fällen allerdings nur nach der Entlassung aus der Internierung 1940/41. Obwohl sie hauptsächlich in Nebenrollen auftraten, war ihre schauspielerische Leistung in einer Vielzahl dieser Rollen unvergesslich. Zu denen, die neben Miller erschienen, zählten Walter Rilla und Friedrich Richter in *The Adventures of Tartu*, Lilli Palmer, die die Starrolle in *English without Tears* einnahm, Lucie Mannheim und Herbert Lom in *Hotel Reserve* sowie auch Frederick Valk und Lily Kann in *Latin Quarter*, während *Squadron Leader X* von dem Kameramann Mutz Greenbaum gefilmt wurde.

Trotz seiner Erfolge auf britischen Bühnen und in englischsprachigen Filmen wirkte Martin Miller in diesen Jahren weiterhin bei verschiedenen Veranstaltungen in deutscher Sprache mit. So gab er zum Beispiel, auch nach-

dem er das *Laterndl* verlassen hatte, seine Mitwirkung an von Exilanten in-
szenierten Vorstellungen nicht auf. Im Gegenteil: während der gesamten
Kriegszeit trat er weiterhin im *Freien Deutschen Kulturbund auf* [17] sowie auch
in den verschiedenen Zentren des *Austrian Centre* [18] – oft an Sonntagen, wenn
die Londoner Theater geschlossen waren – und nahm an Galaveranstaltun-
gen der Exilgemeinde teil. [19]

Darüber hinaus war Martin Miller allerdings während der ganzen Kriegszeit an Sendungen des Deutschen und Österreichischen Dienstes der BBC
beteiligt. Die am 1. April 1940 übertragene Hitler-Parodie, die Martin Millers Entree in den britischen Rundfunk wie in die britische Filmwelt darstellte, war lediglich eine aus der Reihe solcher Parodien, die er selbst
verfasste und in denen er dann auch auftrat. Es folgten zum Beispiel am
11. Oktober 1940, um aus den englischen Programmplänen zu zitieren, »Hitler speaks in an Air-raid Shelter« und am 30. April 1941 »Hitler's May Day
Speech«. Ein Aufruf »To German Women and Girls« wurde am 4. Dezember 1941 übertragen und drei Tage später wiederholt, während »Hitler's New
Year Message« am 27. Dezember 1941 zu hören war. [20] Rudolf Spitz, selbst
unter anderem Autor politischer Satiren für das *Laterndl*, hat auf den starken Einfluss von Karl Kraus, den Martin Miller sehr bewunderte, auf Millers parodistischen Stil hingewiesen. [21] Es sollte vielleicht noch erwähnt werden, dass Miller während seiner Jahre in Großbritannien Lesungen aus Kraus'
Werken zu seinem Spezialfach machte.

So überzeugend wirkte Martin Miller in seiner Darstellung als Hitler, dass
die BBC ihn mehrmals einlud, im Rahmen verschiedener weiterer Beiträge
den Führer zu spielen. So trat er am 28. Januar 1941 in Karl Ottens *Die
Machtübernahme* auf, um des kommenden 30. Januar zu gedenken. Einen
ähnlichen Auftritt von Martin Miller gab es in einem österreichischen
Feature vom 12. März 1941, nämlich in *Der Anschluss*. Am 12. April 1941,
am Ostersonntag, spielte er die bizarre Rolle des »Papua-Führers« in einem
Feature von Robert Ehrenzweig (das heißt Robert Lucas), *Head-he-go-round*,
in dem die Sound Effects Trommeln, Stammestänze, das Horst-Wessel-Lied
und Auszüge aus Hitlerreden beinhalteten. Miller wurde auch von Zeit zu
Zeit in seiner Rolle als Hitler-Darsteller in Walter Rillas etwas überzogener
Serie *Vormarsch der Freiheit* eingesetzt, der er eine dringend benötigte Leich-
tigkeit verlieh, wie Carl Brinitzer sich erinnerte: »Aber hin und wieder gab
es selbst im *Vormarsch der Freiheit* einige Lichtpunkte (...) Unvergeßlich ist
mir der Silvesterabend 1940, an dem Miller-Hitler bei uns eine Ansprache
hielt, die mit den Worten schloß: ›Es ist mein unerschütterlicher Wille, daß
das Jahr 1940 noch heute zu Ende geht, und die Welt möge es zur Kenntnis nehmen, einschließlich Herrn Roosevelt, dass ich fest entschlossen bin,
noch diese Nacht dem deutschen Volke ein neues Jahr zu schenken – das
Jahr 1941.‹« [22]

Unter den wenigen erhaltenen Archivmaterialien über Martin Millers BBC-Karriere der Kriegszeit befindet sich ein Brief von der BBC vom 6. Oktober 1942 an die *German and Austrian Labour Exchange*, in dem die »very many useful things«, die Miller für die BBC geleistet hat, aufgelistet sind, unter ihnen selbstverständlich das Verfassen von und das Auftreten in Hitler-Parodien. »He is,« so fuhr die BBC fort, »the only man in London we have been able to find to do this.« Zusätzlich sei Miller »as an occasional speaker in the Austrian programme« aufgetreten und habe auch »short feature scripts that have been a great success« geschrieben.[23] Dies bedeutete allerdings nicht, dass jeder von ihm übermittelte Beitrag für eine Sendung akzeptiert wurde, wie in einem Brief von Walter Rilla, der damals für *German Features* zuständig war, zu lesen ist. Rilla lehnt darin Millers *Weihnachtsständchen für Adolf* ab, das nicht verwendet werden konnte.[24] Zudem gibt es Hinweise, dass Miller Mitte 1940 mit Peter Smollet (das heißt Smolka) im *Ministry of Information* ein Vorstellungsgespräch hatte, jedoch nicht als deutschsprachiger Nachrichtenansager eingestellt wurde.[25]

Trotzdem war Miller offensichtlich der BBC und ihren deutschen und österreichischen Übertragungen äußerst wertvoll. Selbst in dem Brief, in dem Rilla das *Weihnachtsständchen* ablehnte, versicherte er Miller sofort: »I need your help for our next programme.« Aus den BBC-Programmplänen ist zu ersehen, dass Miller sowohl in zahlreichen Einzelprogrammen als auch in mehreren kurzen oder länger dauernden satirischen Serien im *Deutschen* und *Österreichischen Dienst* (der Letztere wurde im März 1943 formell vom *Deutschen Dienst* abgetrennt) aufgetreten ist. So gab es zum Beispiel eine Serie in österreichischem Dialekt namens *Schickel und Gruber*, die 1941 und 1942 gesendet wurde; Miller war hier sowohl als Autor[26] als auch als Schauspieler beteiligt (er übernahm normalerweise die Rolle des Schickel als Gegenfigur zu der seines *Laterndl*-Kollegen Fritz Schrecker, der die Rolle des Gruber innehatte). Dieser Serie folgte gegen Ende des Jahres 1942 eine weitere mit dem Titel *Zum braunen Karpfen* – auch in österreichischem Dialekt verfasst – von Richard Wiener, Autor der besser bekannten österreichischen Monolog-Serie *Der Alois ist wieder da*. In der nur kurze Zeit laufenden Serie *Zum braunen Karpfen* – es gab insgesamt nur sieben Episoden – spielte Miller die Rolle des Haberzettl, während Erich Pohlmann die seines Gesprächspartners Slama übernahm.

Es scheint heute weder ein Manuskript von *Schickel und Gruber* noch eines von *Zum braunen Karpfen* zu existieren. Glücklicherweise ist dies aber nicht bei einer dritten satirischen Serie der Fall, in der Miller regelmäßig auftrat, nämlich Richard Duschinskys lang laufender *Kartenstelle*-Serie (unter dem englischen Titel *Daily Worries* aufgelistet), die im *Österreichischen Dienst* vom Mai 1943 bis Kriegsende in ungefähr zweiwöchentlichen Abständen herauskam, und von der mehrere Manuskripte und eine Tonaufnahme erhalten sind.[27] Jede Episode verläuft nach demselben Prinzip und beruht auf einem Bericht im *Völkischen Beobachter* über nervliche Anstrengungen an der Wiener »Kartenstelle für Bedarfsgegenstände«, die durch die Kriegszeit-Verknappungen und Einschränkungen verursacht waren. Die Hauptfiguren sind ein überforderter Beamter (normalerweise Miller) und der sich naiv stellende Herr Mayerhofer (Josef Almas), denen es zusammen gelingt, offizielle nationalsozialistische Vorschriften und Kundgebungen ins Lächerliche zu ziehen. So beschwert sich Herr Mayerhofer in der achten Episode (am 8. August 1943), seiner Situation gemäß nuschelnd und lispelnd, darüber, dass er seine Zähne am zähen Fleisch seiner Kriegszeitration ausgebissen habe – außerdem habe auch Mussolinis Sturz dazu beigetragen, da er infolgedessen mit außerordentlicher Heftigkeit gekaut habe – woraufhin ihm angesichts der amtlichen Einschränkungen bezüglich falscher Zähne mitgeteilt wird: »Für die Dauer des Krieges werden Sie halt die Zähne, die Sie noch haben, fester zusammenbeißen müssen.« In der 31. Folge, am 4. April 1944 stellt Mayerhofer, in so genanntem »vaterländischen Bestreben«, einen Antrag auf Dynamit, um sein Haus in die Luft zu sprengen, um in dieser Weise einem jüngsten Aufruf von Goebbels nachzukommen, nämlich die Härten der in ausgebombten Gebieten Lebenden zu teilen. In jeder Folge wird der von Miller verkörperte Beamte – der als »straight man« wie eine Gegenfigur zu Almas' skurrilem Antragstellen wirkt – auf einen Zustand äußerster Frustration reduziert.

Was Millers einzelne BBC-Engagements betrifft, so reichten diese von seinen Rollen als Meissner und Ribbentrop (22. Juli und 2. August 1941) in einer Serie, in der Mitglieder der Nazi-Elite angegriffen wurden und die unter dem Kollektivtitel *Die Ungehängten* lief, bis zur Beteiligung an von hoher deutscher Kultur abgeleiteter Propaganda, so zum Beispiel *Fidelio und die Gestapo* am 22. Januar 1942, welche aus Auszügen aus dem »Gefangenen-Chor« bestand, oder eine stark gekürzte Version des *Egmont* (die nur ganze zwölfeinhalb Minuten dauerte) am 21. März 1942, in der Miller die Rolle des Jetter spielte. Er wurde auch regelmäßig zur Beteiligung an Programmen gebeten, die speziell österreichische Daten von Bedeutung feierten: zum Beispiel ein Nestroy-Jubiläum im Mai 1942 oder ein Kraus-Jubiläum im April 1944. Als außerordentlich effektiv erwies sich Miller auch in Programmen, in denen es um die Vorführung satirischer Songs ging. So sang er am 28. Mai 1941 Heinrich Fischers *Kometenlied*,[28] eine Nestroy-Parodie, in der Aktuelles über Hess zu hören war (dieser war gerade zur allgemeinen Verblüffung in Schottland gelandet), während am Silvesterabend 1942 ein Programm mit dem Titel *Sylvester Quodlibet* übertragen wurde, das aus traditionellen österreichischen Melodien mit zeitgenössischen Texten von Paul Knepler (dem ehemaligen Librettisten Franz Lehárs) bestand.[29]

Mitte 1941 hatte Millers Rundfunkkarriere der Kriegszeit ihren Höhepunkt erreicht: Im Juli 1941 zum Beispiel war er in nicht weniger als zwölf Sendungen des BBC German Service zu hören. Darüber hinaus prophezeite die BBC im Oktober 1942 im Brief an die *German and Austrian Labour Exchange*: »Should we at any time wish to increase our Austrian output, it can be taken for granted that Mr. Miller would have more to do for us.« Aber trotz der darauf folgenden Erweiterung der österreichischen Sendungen nahm Miller schließlich an weniger BBC-Programmen der letzten Kriegsjahre teil, wohl als Resultat von zeitlich sich überschneidenden Bühnen- und Filmengagements. Am 24. Dezember 1944 übernahm er allerdings eine neue BBC-Aufgabe, indem er zum ersten Mal als Moderator in einem *Austrian Prisoner of War Cabaret* auftrat. An solchen Programmen sollte er dann nach dem Krieg regelmäßig teilnehmen, als die seriösen Kriegsgefangenen-Programme der Kriegszeit einen etwas leichteren Ton annehmen durften.

Schauspieler stellten eine Berufsgruppe dar, die in den ersten Nachkriegsjahren aus sprachlichen Gründen verstärkt nach Deutschland oder Österreich zurückkehrte. Für Martin Miller und seine Frau Hanne Norbert kam die Rückkehr grundsätzlich nicht in Frage. Zum Glück bot ihm die lange Spieldauer von *Arsenic and Old Lace*, das bis März 1946 auf dem Spielplan stand, die materielle Grundlage für eine gesicherte Existenz in London.

Die Nachkriegsjahre waren für das britische Kino beispiellose Boomjahre, und so konnte sich Miller auch in der Nachkriegszeit einer erfolgreichen Karriere in britischen Filmen und im Fernsehen erfreuen. Seine Filmkarriere erreichte in den 60er Jahren ihren Höhepunkt, als er in so wichtigen Produktionen wie *Exodus* mitwirkte; hier stellte er in wunderbarer Weise in einer Nebenrolle einen jüdischen Arzt dar, der sich auf einem Schiff auf dem Weg nach Palästina befand. In einer weiteren Produktion *The VIPs* trat er neben international bekannten Stars wie Richard Burton, Elizabeth Taylor, Maggie Smith und Orson Welles auf.

Ebenso wie beim Theater und Rundfunk wirkte Miller bis zum Ende seines Lebens weiter beim Film mit. In seiner Filmkarriere, die fast 30 Jahre dauerte, trat er in 54 Filmen auf. Sein letztes Engagement in einem Film hatte er ironischerweise in seinem Heimatland Österreich. Bei Außenaufnahmen in Innsbruck zum Film *The Last Valley* erlitt er einen Herzschlag und starb im Alter von 69 Jahren.

Für ausführliche Hilfe und Informationen danken die Autoren Herrn Daniel Miller; Frau Erna Woodgate; dem Institute of Germanic Studies, University of London; dem BBC Written Archives Centre, Caversham; dem Theatre Museum, London; der Stiftung Deutsches Kabarettarchiv e.V., Mainz, und dem Deutschen Rundfunkarchiv, Frankfurt/M. Schließlich danken wir auch der British Academy für ihre freundliche finanzielle Unterstützung.

1 Fritz Kortner: *Aller Tage Abend.* München 1959, S. 427. — 2 Die Texte von *Bow Street* und *Wiener Ringelspiel* erschienen in: Hans Weigl (Hg.): *Weit von Wo. Kabarett im Exil.* Wien 1994. — 3 *The Times,* 28.6.1939. — 4 Vgl. Rezension im *Manchester Guardian,* 6.11.1939. — 5 Die Originalhandschrift befindet sich in den Martin Miller Papers am Institute of Germanic Studies, University of London. — 6 EH = Electra House, genannt nach dem gleichnamigen Gebäude am Londoner Victoria Embankment; 1942 wurde EH in die Political Warfare Executive aufgenommen. — 7 »Es erinnert sich Hanne Norbert«. In: Gunda Cannon (Hg.): *Hier ist England. Das deutsche Programm der British Broadcasting Corporation 1938–1988.* London 1988, S. 111. — 8 *News Chronicle,* 2.4.1940. — 9 *Zeitspiegel,* 22.11.1941. — 10 *Zeitspiegel,* 4.4.1942. — 11 Alan Dent in: *Sunday Times,* 24.5.1942. — 12 C. A. Lejeune in: *Observer,* 3.1.1943. — 13 *Variety,* 27.1.1943. — 14 James Agate: »Myself at the Pictures«. In: *Tatler and Bystander,* 13.1.1943. — 15 Obwohl der Film in England gedreht wurde, wurde er auch in den USA unter dem Titel *Tartu* herausgebracht. — 16 Zitiert nach Bedrich Rohan: *Wo Marx die Revolution erfand.* Freiburg 1989, S. 123. — 17 Im Juni 1943, zum Beispiel, las Miller Heinz Karpeles' Drama *Flieder* im *FDKB* vor. — 18 Zum Beispiel am *Austrian Centre* Finsbury Park, am Sonntag, dem 27. Februar 1944, »Ein heiterer Abend mit Martin Miller«; und am *Austrian Centre* Paddington, am 24. März 1945, »Jüdischer Abend« mit Hanne Norbert, Mela Wiegandt, Martin Miller und Professor R. Bachner. — 19 Zum Beispiel am 7. Mai 1944 am *Whitehall Theatre* zur Feier »Fünf Jahre Austrian Centre« (mit den Künstlern Claire Born, Maria Lonova, Engel Lund, Ferdinand Rauter, Martin Lawrence, Martin Miller, Ernst Possony, dem Rosé Quartett, Fritz Schrecker, Ernst Urbach). — 20 Entwürfe dieser und anderer Hitler-Parodien befinden sich in den *Martin Miller Papers.* Die Titel werden angegeben, wie sie im *Overseas Programmes as Broadcast* der BBC aufgelistet sind, BBC Written Archives Centre (WAC). — 21 Siehe Rudolph [sic] Spitz: »*Das Laterndl* und seine Autoren«. In: Lothar Schirmer (Hg.): *Theater im Exil 1933–1945. Ein Symposium der Akademie der Künste.* Berlin 1979, S. 130. — 22 Carl Brinitzer: *Hier spricht London. Von einem, der dabei war.* Hamburg 1969, S. 112. — 23 Martin Miller Papers. — 24 Ebd., datiert 24. Dezember 1940. — 25 Vgl. ebd., Brief vom 6. August 1940 vom *Ministry of Information* an Miller bezüglich des kürzlichen Vorstellungsgesprächs, in dem Miller gebeten wird, »to hold yourself in reserve until further notice«. — 26 Siehe BBC Memoranda (die zwar unvollständig sind), in denen Miller als Autor der 2. und 7. Episode genannt wird (WAC, Martin Miller, R Cont 1 – Copyright, Mappe 1, 1941–62). — 27 Manuskripte von 10 der 45 Episoden befinden sich im WAC, ES7, Austrian Service Talk Scripts. Eine Tonaufnahme der 31. Episode, vom 4. August 1944, ist in den BBC *Sound Archives,* 7682, erhalten. — 28 Tonaufnahme im privaten Besitz der Familie Miller. — 29 Aufgeführt von Martin Miller und Josef Almas, Tonaufnahme im Deutschen Rundfunkarchiv, Frankfurt/M., 002783629.

Peter Roessler

Ein Exildrama im österreichischen Nachkriegsfilm
Von Fritz Hochwälders *Flüchtling* zum Film *Die Frau am Weg*

I

Exildrama und österreichischer Nachkriegsfilm sind zunächst nur als Gegensatz vorstellbar. Es gibt wenige Filme, in denen die jüngere Vergangenheit auch nur thematisiert wird, und der erste österreichische Film, dem diese zum Stoff wird, handelt keineswegs vom Exil, sondern von der Heimkehr der Soldaten aus der Kriegsgefangenschaft.[1] Die Erfolgskurve des bald alles dominierenden österreichischen Heimatfilms[2] mit seiner Idyllisierung des ländlichen Lebens hängt mit dem Vergessen und Verleugnen des eben erst Geschehenen zusammen.

Sucht man nach anderen Spuren, so käme der heute völlig unbekannte Film *Die Frau am Weg* von 1948 in Betracht.[3] Flucht, Verfolgung, Widerstand – die darin behandelten Themen haben im Film der Nachkriegszeit kaum ihresgleichen. Hinzu kommt, dass Exilanten diesen Film mitgestaltet oder doch zumindest mitgeprägt haben. *Die Frau am Weg* ist ein Film der *Willi Forst Film Produktionsgesellschaft* und eine der ersten Literaturverfilmungen nach 1945. Er entstand in einer frühen Phase der Nachkriegszeit, als diesen Themen in anderen Bereichen der Kultur, etwa am Theater, noch gewisse Möglichkeiten eingeräumt wurden.[4] Bricht der Film mit den bekannten Schablonen oder wird hier nur das Thema der Flucht vereinnahmt, um es mit den üblichen Retuschen zu versehen?

Die Handlung des Films *Die Frau am Weg* basiert auf Fritz Hochwälders Drama *Der Flüchtling*. Hochwälder schrieb dieses Stück 1944 im Schweizer Exil nach einem Entwurf, den ihm der Dramatiker Georg Kaiser zur Verfügung gestellt hatte. Für das Drehbuch der *Frau am Weg* zeichneten Walter und Irma Firner gemeinsam mit dem Regisseur des Films Eduard von Borsody. Walter und Irma Firner waren 1946 aus dem amerikanischen Exil nach Wien zurückgekehrt.[5] Der 1898 in Wien geborene Eduard von Borsody war seit 1937 Regisseur und Drehbuchautor einer Vielzahl von Ufa-Filmen gewesen. Brigitte Horney, die Darstellerin der Frau, war unter Heinz Hilpert am *Deutschen Theater Berlin* engagiert und hatte zwischen 1934 und 1943 jedes Jahr in mindestens einem Film mitgewirkt, darunter Produktionen der *Bavaria* und der *Ufa*.[6] Heute noch gegenwärtig ist ihre Darstellung der Zarin Katharina II. im Film *Münchhausen* (1942), das Drehbuch schrieb übrigens Erich Kästner, mit dem Brigitte Horney persönlich bekannt war, unter dem

Pseudonym Berthold Bürger. Ihre Mutter, die bedeutende Psychoanalytike-
rin Karen Horney, hatte bereits 1932 Deutschland verlassen und war zunächst
in Chicago tätig.[7] Horney war eine der wenigen, die beim Begräbnis der
Familie Gottschalk anwesend waren, obwohl dies von den Organen des
Regimes für unerwünscht erklärt wurde. Der Schauspieler Joachim Gottschalk war mit einer jüdischen Frau verheiratet, er und seine Frau Meta sahen
angesichts der Verfolgungen und Repressalien keinen Ausweg mehr und gingen gemeinsam mit ihrem Sohn Michael 1941 in den Tod.[8] Etwas von Hor-
neys eigener Biographie der Zerrissenheit zwischen Mitmachen und Distanz
mag wohl bei der Gestaltung der Rolle der Frau mitgeschwungen haben.
Horney selbst hielt den Film für »wirklich großartig« und konnte nicht
verstehen, dass er kein Erfolg wurde.[9] Ihre Partner waren in der Rolle des
Grenzwächters Otto Woegerer, der von 1934–36 Mitglied des *Agnes-Straub-
Ensembles*[10] gewesen war, dann von 1936 bis 1944 am *Deutschen Theater* in
Berlin gespielt hatte und nach der Theatersperre als Soldat eingezogen worden war, sowie, in der Rolle des Flüchtlings, Robert Freitag. Dieser, Sohn
einer Wienerin und eines Amerikaners, war Schweizer Staatsbürger, wuchs
in Wien auf, ging 1932 in die Schweiz und kam 1939/40 erneut nach Wien,
um an jener Institution zu studieren, die einst das Reinhardt-Seminar gewesen war, nach der Übernahme durch die Nazis aber nicht nur ihres Namens
beraubt worden war, sondern durch Verfolgung und Ermordung ihre besten
Lehrer verloren hatte.[11] 1941 ging der Nazigegner Freitag ans Zürcher Schauspielhaus, er war übrigens in erster Ehe mit Maria Becker verheiratet.

Die Musik zum Film komponierte Willi Schmidt-Gentner, einer der meist-
beschäftigten Komponisten des »Dritten Reiches«, der die Musik zum NS-
Propagandafilm *Heimkehr* geschrieben hatte. Über einen der Statisten erzählt
Robert Freitag in seinen Memoiren eine Anekdote: Willi Forst, der bei den
Dreharbeiten in Thiersee in Tirol[12] zeitweilig dabei war, meinte zu dem Wirt
des Hotels, der als Statist in SS-Uniform mitwirkte: »›Mit diesen langen Haa-
ren können Sie aber nicht einen SS-Mann spielen. Die müssen Sie sich schnei-
den lassen.‹ – ›Wieso? Bei der SS hab' i mer a immer die langen Hoar unter
das Kappi g'steckt‹, bekam Forst zur Antwort.«[13] Der Exkurs in die Fakten-
und Aktenwelt von Biographie und Filmographie zeigt, dass hier ein gemisch-
tes Team am Werk war.

II

Im Folgenden wird es mehr um Fragen zur Dramaturgie und Gestaltung
gehen, die allerdings im Geschichtlichen verwurzelt sind. Das führt zunächst
ins Schweizer Exil. Georg Kaiser hatte seine Zweifel gegenüber dem eigenen
Dramenentwurf. Das hing nicht nur damit zusammen, dass er, der meistge-

spielte Dramatiker der Weimarer Republik, sich durch das Exil in der Schweiz – wie er an Hochwälder schrieb – zerstört fühlte. Er war der Ansicht, dass er mit dem Entwurf zu spät kam.[14] Auch Hochwälder war gegenüber seinem eigenen Stück skeptisch, obwohl es in der Folge (und bis heute) häufig aufgeführt wurde.[15] Und tatsächlich ist das Werk, mehr als den beiden Dramatikern wohl bewusst war, irgendwie aus der Zeit gerutscht. Es kam nicht nur zu spät, da die Kenntnis der grauenhaften Verbrechen des NS-Regimes eine Dramenhandlung, die davon nur gestreift schien, wohl fragwürdig machte. Es war von der szenischen Welt her mit Eigenarten behaftet, die den Stoff als einer ferneren Vergangenheit entnommen erscheinen ließen. Die Sprünge vom Dramenentwurf des Georg Kaiser zum Gesellenstück des jungen Fritz Hochwälder und zum Film von 1948 sind auch mit Ortssprüngen verknüpft. Diese Sprünge tragen wohl ebenso dazu bei, dass das Gefühl von einer unbestimmbaren Verschobenheit in der Zeit entsteht.

Georg Kaiser hatte als Ort der Handlung Frankreich im Kopf, er schrieb in seinem Entwurf: »In diesem Schauspiel soll eines der erniedrigensten Vorkommnisse dieses Krieges festgehalten werden: die Deportation von Menschen zur Zwangsarbeit. Bei diesem Vorgang ist es besonders erregend, dass zur Ergreifung der Zwangsarbeiter die Polizei jenes Landes verwendet wird, aus dem die Verschickung stattfindet. So geschieht es uns am nächsten im benachbarten Frankreich. Wir nehmen also als Hintergrund Frankreich ohne es im Schauspiel zu nennen. Es stärkt unsere Vorstellungskraft und unsere Empörung (,) hieraus entsteht Dichtung.«[16]

Im *Flüchtling* mag der von Hochwälders Mentor anvisierte Ort Frankreich als stoffliche Klammer nachwirken, es gibt jedoch keine regionale Fixierung, es entsteht der Eindruck einer Ansiedlung im Niemandsland oder in einem Überall, das zugleich ein Nirgendwo ist. Im Film *Die Frau am Weg* wird das Geschehen explizit nach Österreich verlegt. Darauf und auf die Konsequenzen dieser Verlagerung wird noch zurückzukommen sein.

Das Schauspiel *Der Flüchtling* von Fritz Hochwälder ist mit jener speziellen dramentechnischen Manier verfasst, die dem Geschehen Dichte und Spannung verleiht, zugleich aber auch Konstrukt und Schablone durchscheinen lässt.[17] Strenge Einheit des Ortes und der Zeit, Reduktion des Geschehens auf drei Personen, Konzentration auf den Dialog sind die dramaturgischen Merkmale. Alle drei Akte spielen in der Wohnstube des Hauses eines Grenzwächters, die Personen sind typisiert als »der Flüchtling«, »die Frau« und »der Grenzwächter« bezeichnet. Als regionale Orientierung wird vom Dreiländereck gesprochen, ohne dass die entsprechenden Länder genannt werden.[18] Man erfährt, dass Okkupanten arbeitsfähige Männer als Zwangsarbeiter über die Grenze deportieren, wo sie dann in Bergwerken arbeiten müssen. Die Frau des Grenzwächters hat in der Nacht einem von den Transporten geflohenen jungen Mann – dem Flüchtling – Unterschlupf

gewährt. Er ist auf der Flucht in das einsam am Berg gelegene Haus einge-
drungen, findet sie allein im Bett, da ihr Mann, der Grenzwächter, Nacht-
dienst versehen muss, und legt sich dazu. So entkommt er den Verfolgern,
die den Erklärungen der Frau glauben und annehmen, der im Bett liegende
Flüchtling sei ihr Ehemann. Dieses Geschehen muss der eingefleischte Dramatiker Hochwälder nicht umständlich vorführen, er vermag es im Dialog
der ersten Szenen knapp zu exponieren.

Das Stück beginnt »in grauer Morgenstimmung« wie es in der Szenenan-
weisung lautet, die Verfolger sind fort, und die Frau drängt den Flüchtling
zum Aufbruch, sie kennt den Weg, wie er über die Grenze kommt. Der
Flüchtling jedoch ist vollkommen entkräftet, er braucht etwas zu essen, die
Frau stellt ihm Brot, Käse und Milch hin, und während er isst, kommt es zu
einem Gespräch. Darin wird bereits eine wichtige Thematik des Stücks ange-
schlagen: Die Problematik des Sich-heraushalten-wollens aus dem Grauen
der Gegenwart. Der Flüchtling beschreibt seinen Leidensweg und bekennt,
dass er anfangs selbst weggesehen habe, als die neuen Machthaber, zuerst –
wie es in einer seltsamen Formulierung heißt – die »Ausländer« geholt hatten, dann aber alles begriffen habe, als er selbst zur Zwangsarbeit deportiert
wurde.

Das Entree des Stücks weist bereits den seltsamen Widerspruch auf, von
dem das gesamte Werk gezeichnet ist, den Widerspruch zwischen partieller
Plastizität und einer Schemenhaftigkeit und Undurchsichtigkeit im Ganzen,
die wiederum wenig Möglichkeiten zur räumlichen und zeitlichen Konkre-
tisierung der Szene erlaubt. Die Erzählung des Flüchtlings ist in gewisser
Weise packend, aber wo seine Geschichte greifbar zu werden scheint, zer-
fließt sie wieder. Bei nicht wenigen Exildramen lässt sich das Phänomen studieren, dass in ihnen das NS-Regime nicht wie eine Tötungsmaschinerie,
sondern eher wie eine anachronistisch anmutende Diktatur dargestellt wird.
Die Gründe hierfür sind vielfältig und noch nicht wirklich erforscht. Sie lassen sich auch nicht von der jeweiligen Dramaturgie des Autors her bestim-
men. Es wäre demnach falsch, die erwähnten Eigentümlichkeiten von Hochwälders Schauspiel *Der Flüchtling* damit zu erklären, der Dramatiker habe
im Schweizer Exil zum Zeitpunkt der Arbeit am Stück nicht die volle Kenntnis über die Verbrechen des Nationalsozialismus gehabt. Für Hochwälders
gesamtes Schaffen ist nämlich kennzeichnend, wie die Gestaltung besonderer Situationen und besonderer Charaktere auf nahezu paradoxe Weise mit
einem Hang kontrastiert, dem Geschehen eine symbolische oder paraboli-
sche Allgemeingültigkeit zu verleihen. Das führte dazu, dass Hochwälder seine Auseinandersetzung mit den Themen Diktatur, Verbrechen und Verfolgung gerne in eine ferne Historie verlegte und so über das historische Gewand
Probleme der Gegenwart ins Zeitlose bringen wollte. Darin mag auch einer
der Gründe für den Erfolg des Exildramatikers auf den Nachkriegsbühnen

zu suchen sein. Der häufige Verweis auf den Konservativismus der so genannten aristotelischen Dramenform hat vielleicht diese Problematik des Dramatikers Hochwälder verdeckt.

Die Frau wird im Stück nur als Trägerin von Mitmenschlichkeit und Liebe gebraucht, sie ist Projektionsfläche des Dramatikers und hat kaum eine
eigene Geschichte. Das verbindet sie mit den Frauenfiguren zahlreicher
Exildramen, die den Mythos von Vollkommenheit zu verkörpern haben und
denen die Autoren kaum Ambivalenzen zugestehen.[19] Die Figur des Flüchtlings hat zwar individuelle Züge, ist aber so konzipiert, dass sie im allegori-
schen Sinn Themen direkt auszusprechen hat. Das vordringliche Thema
bleibt dabei die Frage von menschlicher Verantwortung im Gegensatz zum
Sich-heraushalten und zum Mitläufertum. Die ganze sorgsame Architektur
des Stückes ist davon geprägt. Womit wieder zur Handlung zurückgekehrt
sei, die von der szenischen Konstellation so klar und von der inneren Dramaturgie doch so eigenartig verworren ist. Das zwingt zu einer gewissen Aus-
führlichkeit bei der Rekapitulation des Geschehens.

Nachdem die Frau also, die sich mit ihrer spontanen menschlichen Hilfe
für den Verfolgten der Verantwortung nicht entzogen hat, dem Flüchtling
den Weg, der über die Schlucht zur nahen Grenze führt, gezeigt hat, tritt in
der folgenden Szene dessen Gegenspieler, der Grenzwächter, auf. Dieser kehrt
vom Dienst zurück, erhält ebenfalls eine Mahlzeit, bei der er seine Lebens-
philosophie vorträgt, die da lautet, man solle sich nur für sein eigenes Dach
interessieren, alles andere sei gleichgültig. Natürlich hat der Grenzwächter
von der Flucht des Häftlings gehört, er gibt ihm keine große Chance, da der
Weg durch die Schlucht bewacht ist. Das Schicksal des Flüchtlings ist ihm
gleichgültig, ja er hält ihn für einen »Trottel«, da er sich den neuen Herren
widersetzt und beabsichtigt die pflichtgemäße Auslieferung, sollte er ihn
erwischen. Die Frau verrät den Flüchtling nicht. Der erste Akt endet damit,
dass der Grenzwächter ins Tal aufbricht. Bei der Wachablöse war ihm der
Befehl übermittelt worden, zum Rapport beim Kommandanten zu erscheinen. Der Vorwurf lautet, er habe in der Nacht nicht im Wald seinen Wach-
dienst versehen, sondern sei zu Hause im Bett gelegen. Diese Vermutung war
durch die Aussage seiner Frau, die den Flüchtling als ihren Mann ausgegeben hat, entstanden. Der Grenzwächter, der von alledem natürlich nichts
weiß, glaubt, die Angelegenheit rasch klären zu können.

Der zweite Akt weist – typisch für den dramatischen Konstrukteur Hochwälder – von den Auftritten her eine dem ersten Akt analoge Struktur auf,
nun aber spitzt sich die Situation dramatisch zu. Der Flüchtling kehrt zurück,
er hat den Weg bewacht gefunden. Die Frau erklärt sich bereit, ihn auf einem
anderen Fluchtweg über die Grenze zu führen. Der Flüchtling aber macht
sich Sorgen um die Frau, er rechnet damit, dass deren Fluchthilfe bald entdeckt wird, und möchte sie zur gemeinsamen Flucht überreden. Jetzt erst

offenbart ihm die Frau, dass sie verheiratet ist und zwar mit dem Grenzwächter. Da kehrt auch schon der Grenzwächter vom Rapport zurück, rechtzeitig noch kann die Frau den Flüchtling im Schlafzimmer verstecken. Beim
Rapport scheint man dem Grenzwächter geglaubt zu haben, nun benötigt
man noch die Aussage der Frau, die bezeugen soll, dass sie die Nacht allein
war. Natürlich bemerkt der Mann, dass sich jemand im Schlafzimmer versteckt hält, und die Frau muss ihm vom Geschehen der letzten Nacht berichten. Der Grenzer sieht nur einen Ausweg, nämlich den Flüchtling zu erschießen. Er glaubt, damit sich und seine Frau vor den sonst unweigerlich
drohenden Repressalien der Machthaber zu retten. Die Frau akzeptiert
scheinbar den Plan des Mannes, flüchtet dann jedoch ins Schlafzimmer, und
schließt sich dort mit dem Flüchtling ein.

Im dritten Akt werden alle drei Personen auf der Bühne zusammenkommen, und das Stück hat ja neben und durch die Thematik des Verhaltens in
der Diktatur tatsächlich etwas von einer Dreiecksgeschichte -- die Frau zwischen zwei Männern. So beginnt der Akt mit einem Dialog zwischen den
beiden Antipoden. Die Frau ist vor Erschöpfung im Schlafzimmer zusam-
mengebrochen und der Flüchtling stellt sich dem Grenzwächter. Um die
Frau zu retten, schlägt der Flüchtling dem Wächter vor, ihn zu verhaften,
und dann anzugeben, er habe ihn im Wald aufgespürt. Das Gespräch der
Männer führt zur zentralen Thematik des Stücks zurück. Der Grenzer sucht
seine Haltung des Gehorchens zu rechtfertigen. Er wird aber durch den
Flüchtling beunruhigt, dass mit den »Denunzianten und Speichelleckern«
eines Tages abgerechnet wird. Dennoch geht er auf das Angebot des Flüchtlings ein, legt ihm Handschellen an und pfeift nach seinen Kollegen im Wald.
Nun stürzt die Frau aus dem Zimmer, und es folgt ein windungsreiches und
verworrenes Gespräch zwischen Frau, Grenzwächter und Flüchtling. Die
Frau ist bereit, bei ihrem Mann zu bleiben, wenn er den Flüchtling laufen
lässt, der Flüchtling aber fordert den Mann zur gemeinsamen Flucht auf.
Dafür ist es zu spät, die Verfolger nahen bereits. Flüchtling und Frau laufen
in die Berge, der Grenzwächter jedoch, der nun so etwas wie einen Wand-
lungsprozess vollzogen hat und auch nicht mehr mit seiner Schuld weiterleben möchte, stellt sich an die Schwelle des Hauses, empfängt die Verfolger
mit einem lauten Ruf (»Hohé«), schreit ihnen zu, dass er den Flüchtling in
die Berge hinaufgeführt habe und sich den Partisanen anschließen möchte.
Man hört die Salve einer Maschinenpistole, der Grenzer ist tödlich getroffen und bricht auf der Schwelle des Hauses zusammen.

Eine gewisse Nähe zu den Konstellationen in Karl Schönherrs 1915 urauf-
geführtem Drama *Der Weibsteufel* ist bereits scharfsichtig festgehalten worden, auch dort ist das Personal auf ein Dreieck – Mann, Weib und Jäger –
beschränkt und der einheitliche Ort der Handlung eine »Stube«.[20] Umgekehrt liegt bei Schönherr das Verhältnis zum Gesetz, der Mann ist nicht

Grenzwächter, sondern hehlt mit Schmuggelware und der Jäger ist kein Flüchtling, sondern Vertreter des Gesetzes, wenn er auch zum Gesetzlosen wird. Vor allem aber ist Hochwälders Stück keuscher, das hängt mit der Figur der Frau zusammen, die nicht dämonisiert wird und damit zu keiner Allegorie im getriebenen schönherrschen, sondern im hellen schillerschen Sinn wird.

Hochwälder hatte das Stück dem ihm befreundeten Herbert Lüthi geschickt, der sich der Mühe einer eingehenden brieflichen Kritik des Werkes unterzog. Ihn irritierte manches, und es ist hier nicht der Ort, diese Kritik auszubreiten. Zwei Punkte aber seien erwähnt: Lüthi kritisierte die kaum motivierte Kampfpose des Grenzwächters am Ende des Stückes, und er zeigte sich irritiert, dass hier drei Leute, die eigentlich nicht miteinander reden können, im Stück so viel miteinander sprechen müssen. »Jedes Wort klingt falsch«. Und tatsächlich wäre ja in einer solchen Situation eigentlich das Schweigen unter der Diktatur ein Thema. Das aber passt wiederum nicht zu Hochwälders stets beredten und in die allegorische Typik hinüberspielenden Figuren, die ihre Situation und ihre Gedanken in einer Überfülle von Erörterungen ausdrücken müssen. Herbert Lüthis Resümee lautete: »Eine verrückte Situation für ein Theaterstück, aber eine herrliche Sache für einen fast stummen Film oder eine getanzte Pantomime«.[21]

III

Fritz Hochwälder wird das Drehbuch für die 1958 ausgestrahlte österreichische Fernsehverfilmung des *Flüchtlings* schreiben.[22] Mit dem Film *Die Frau am Weg* von 1948 hat er, der im Zürcher Exil blieb, nichts zu tun. Das geht unter anderem aus einem Brief an die Witwe Georg Kaisers, Margarethe Kaiser, hervor. »Leider wurde ich von Anfang an in dieser leidigen Filmsache nicht gefragt«, heißt es darin, aber Hochwälder setzt fort: »Der Film soll übrigens gut sein.«[23] Zweck des Briefes war, Margarethe Kaiser die Abschrift eines Schreibens zu übermitteln, das Hochwälder an die *Willi Forst Film Produktionsgesellschaft* gerichtet hatte. Darin protestierte er, dass im Vorspann zum Film ein Text, der den Zusammenhang des Stückes mit dem Entwurf von Georg Kaiser klarstellte, nicht in der ursprünglich vereinbarten Form gebracht wurde. Wiener Freunde hatten Hochwälder darüber informiert, der sich dann im Büro der *Elite-Film* Zürich den Text vorlegen hatte lassen. Hochwälder passte es nicht, dass nun im Vorspann fälschlicherweise von der Skizze Georg Kaisers als dem letzten Werk des Dramatikers die Rede war, und davon, dass dieser »es als Vermächtnis dem jungen Dichter Fritz Hochwälder (übergab), der es vollendete«. Sein Zürcher Rechtsvertreter Franz Reichenbach hatte Anfang September 1948 mit der *Willi Forst Film*

Produktionsgesellschaft einen anderen Text abgesprochen.[24] Die Kritik an der
nunmehrigen Ungenauigkeit des Vorspanns zeigt uns, dass man auf den
Autor keine besondere Rücksicht nahm. Für uns heute ist wohl ein anderer
Passus im Vorspann bedeutsamer, ein Passus nämlich, der die Ortsverschie-
bung des Geschehens vornahm und damit wohl mehr als eine Landschaft
veränderte, was man bereits an Formulierungen erkennen kann, die für die
neue örtliche Festlegung gewählt wurden. Vor dem Hintergrund einer Bergwelt ist folgende Schrift eingeblendet: »Die Geschichte spielt in einem Dorf
hoch oben auf den Bergen Österreichs und nahe der Grenze, deren Passage
sieben Jahre lang für viele die letzte Hoffnung bedeutete. Die Personen sind
frei erfunden. Trotzdem sind sie uns, die wir in diesem Land leben, gut
bekannt. Ihr, die ihr draußen lebt, kennt sie nicht. Aber – könnte diese
Geschichte nicht auch in Eurem Lande spielen, wenn es allein gelassen von
der Welt, seiner Freiheit beraubt wurde.«

Aus einem der überfallenen Länder – Georg Kaiser hatte, wie gesagt,
Frankreich im Kopf – wurde nun ausdrücklich Österreich. Will man es direkt
politisch deuten, und das muss man wohl auch, so ist diese Passage eine der
zahlreichen einseitigen Auslegungen der Moskauer Deklaration: Österreich
als eine Person genommen, die dann in ihrer Gesamtheit zum Opfer gerät.
Zudem enthält die Passage den in der Nachkriegszeit so vielfach verwendeten Dualismus von drinnen und draußen, der teils freundlich, teils aggres-
siv verwendet wurde, und doch immer wieder auf die eine Aussage hinauslief, dass jemand, der in einem nicht näher bezeichneten »Draußen« gelebt
hat, die Verhältnisse in einem Österreich unter dem NS-Regime nicht wirklich beurteilen könne.

Im Vorspann spielt natürlich bereits die Musik von Willi Schmidt-Gentner eine wichtige Rolle: sentimental-pathetisch, von den Streichern getragen, von einem Chor unterstützt, gleitet die Leitmelodie in ein alpenländi-
sches Motiv für Bläser über. Man sieht als erstes Bild die Tafel zur »Schweizer
Landesgrenze«, und nun ist der Heimatfilm da.[25] Der Beginn besteht aus
Naturaufnahmen und Bildern dörflichen Lebens in den Bergen. Die Funktion solcher Aufnahmen gilt nicht allein der Orientierung in den räumlichen
Voraussetzungen der Filmhandlung, sondern der Konnotation von Natur
und Dorf mit einem Österreichischen schlechthin. Die Bilder schließen an
Motive an, die der Repräsentation des austrofaschistischen Ständestaates
gedient haben: Land, Bauerntum, Kirche usw. Die Bergwelt war ein »Fetisch
der ›Österreich‹-Ideologie«[26].

Die Ersetzung des unbestimmten überfallenen Landes als dramaturgi-
schem Ort des Exilstückes durch das bestimmte Land Österreich im Film
geschieht über die Idylle, eine Idylle, so werden die Bilder erzählen, die von
außen gestört und zerstört wurde. Das Österreichische ist auch dadurch
betont, dass Frau und Grenzwächter im Unterschied zum Stück einen Kunst-

dialekt sprechen. Man hat von der Sprache, von der Mimik und Gestik bis hin zur archaisch anmutenden Einrichtung des Hauses den Eindruck, als würde man in die Zeit und Welt der Heimatdichtung versetzt. Dazu passt auch, dass die Gegenwelt, nämlich die den Flüchtling verfolgende SS, als mit Technik operierend gezeigt wird: Die SS-Männer fahren mit Motorrädern. Im Stück kommt die SS nicht vor, es wird nur »von denen aus der Kaserne« geredet, im Film sieht man in kurzen Szenen Männer in SS-Uniformen und das SS-Zeichen auf den Motorrädern, einer trägt die Hakenkreuzbinde. Allerdings wird niemals von der SS gesprochen, ebensowenig wie vom Nationalsozialismus oder von Hitler.

Der durch das Drama vorgegebene Handlungsverlauf ist beibehalten. Die Dialoge wurden von der Abstraktion ins Milieuhafte gebracht und die Ideendiskussionen weggenommen, es gibt – besonders zu Beginn – viel Schweigen im Film, Bilder untermalt mit Schmidt-Gentner-Streichern, wodurch sich Akzente verschieben: historische und private. In der Filmhandlung wird eigentlich die Frau zur Hauptfigur erhoben, ohne deshalb von ihrer dramaturgischen Funktion des bloß Projektiven befreit zu werden. Die Frau, sie heißt im Film Christine, symbolisiert das österreichische Land, es ist ihr Hof, ihre Heimat, sie wird zur Nachfahrin von zahlreichen bäuerlichen Generationen, die, so ihre Selbstcharakteristik, immer mit den Nachbarn zusammengehalten haben. Das wird nun durch ihren Mann gefährdet, der ein Notizbuch über Dorfbewohner führt, die sich – und das scheinen den Gesprächen des Ehepaars zufolge fast alle zu sein – gegen die Machthaber äußern. Die Dorfgemeinschaft war, das wird suggeriert, vor den neuen Machthabern in Ordnung. Ziemlich zu Anfang wird die Frau als Österreich-Patriotin kenntlich, was übrigens einer der wenigen politischen Hinweise im Film bleibt. Sie, die immer noch von Schillingen statt von Reichsmark spricht, irrt sich, weil sie, wie sie sagt, vielleicht gerne vergessen möchte, »dass wir keine Österreicher mehr sind«. Ihr Mann ist beunruhigt: »Bist du stad. Du redst di no um dein Kopf, außerdem hob I mein Diensteid abglegt.« »Das is deine Sach«, gibt die Frau zur Antwort. In dieser Szene erhalten wir übrigens eine konkrete zeitliche Angabe, der Film spielt ungefähr ein »Vierteljahr« nach der Annexion Österreichs.

Zur filmischen Umwertung der Figur der Frau gehört, dass das Problem der Kinderlosigkeit ins Zentrum gerückt wird. Gerührt betrachtet sie das Kalb sowie Katzen- und Hasenjunge. Als sie das Kalb zum Verkauf aus dem Stall holt, spricht sie zur Kuh: » Hast wenigstens eins g'habt, immer noch besser, als gar keins.« Neben der Sehnsucht nach Kindern gibt es die Sehnsucht nach einem anderen Leben, nach Ferne. »Hawaii, Hawaii, Hawaii, a song of love and tears for my memory, Hawaii, Hawaii, Hawaii« tönt es aus dem Radioapparat (die Frau hört » Feindsender«), zu dessen Musik die Frau in Abwesenheit ihres Mannes sich in einem schönen Kleid vor dem Spiegel wiegt. Sie ist eigentlich, das wird vermittelt, zu edel für ihren ziemlich primitiven Mann, deshalb entzieht sie sich auch seinen sexuellen Annäherungsversuchen. Dafür werden dem zum Voyeur gemachten Zuseher erotische Bilder dargebracht; man sieht den Schatten der Frau, während sie ihr Kleid auszieht, ihre nackten Beine im Schaffel, während sie sich mit Wasser übergießt. Die Frau – was alles wurde in diese Rolle gebunden: Österreich, Mitgefühl, aber auch Laszivität, Ausbruch. Man hat den Eindruck, Brigitte Horney spielt verschiedene Rollen in verschiedenen Stilen gleichzeitig; sie vermag das Unvereinbare kaum gestisch zusammenzuhalten, zerrissen zwischen Expressionismus und volkstümlichem Realismus.

Die Figur des Grenzwächters – für dessen Darstellung übrigens Otto Woegerer als der »neue Emil Jannings«[27] gelobt wurde – hätte eigentlich durch die Verschiebung des Ortes nach Österreich einige wesentliche Veränderungen erfahren müssen. Er hätte von der Figur des Kollaborateurs doch weit stärker zum österreichischen Mitläufer oder zum österreichischen Nazi werden müssen, ist aber im Film weitgehend der Kollaborateur geblieben, da ja Österreich darin behandelt wird, als wäre es etwa das von Hitlerdeutschland überfallene Frankreich. Privat zwischen Gutmütigkeit und Grobheit seiner Frau gegenüber schwankend, sie offenkundig liebend, ist er in seinem Beruf das, was man in unseren Tagen einen »Pflichterfüller« nennen wird: »I tu meine Pflicht und damit is guat!« Und darin liegt doch vielleicht sogar, zieht man einmal die Verzerrungen und Abstraktionen der Figur ab, etwas wie ein in die Zeit hineingeholtes Thema des sonst in vielen Szenen so zeitfern anmutenden Films. Die Darstellung einer Haltung nämlich, die nur auf Pflichterfüllung sowie auf Sicherung der eigenen behaglichen Existenz beruht und die daher auch das Einverständnis mit den Verbrechen des Regimes beinhalten muss. Die große Wandlung, die Selbstopferung, die Hochwälder dem Grenzwächter andichtet, ist hier einer nüchternen Gestaltung gewichen. Der Grenzwächter bleibt unverändert, aus seinem Haus tretend, wird er irrtümlich von der SS erschossen. In Großaufnahme sieht man sein erstauntes Gesicht, sterbend fragt er: »Ich? Warum ich?«

Am folgenreichsten ist wohl die Verlegung des Geschehens nach Österreich für die Figur des Flüchtlings geworden. Zwar hat er einen Namen – Thomas Amrainer – erhalten, wird in der Fahndungsbeschreibung sogar als »Politischer« bezeichnet und in seiner sozialen Position angehoben: Er ist jetzt Bahningenieur. An Stelle seines »Fremdarbeiter«-Status im Stück ist aber nun die Biographielosigkeit getreten. Der Zuschauer erhält sonst kaum Hinweise zu seinem Umfeld, etwa Näheres zu seiner politischen Haltung oder zu den Motiven und der Art seines Widerstands. Einzig das Wort »Freiheit« fällt einmal. Der Flüchtling mit Namen ist noch diffuser als der hochwäldersche Flüchtling ohne Namen. Er ist die Leerstelle des Films, obwohl sich doch alles um ihn dreht. Ein Film, der wie immer mystifiziert und verklausuliert den Nationalsozialismus thematisiert, hat zu den Verfolgten nichts zu sagen. Mit der praktischen Anonymisierung des Flüchtlings werden alle Verfolgten und Ermordeten anonymisiert. An die Stelle einer möglichen Gestaltung der Persönlichkeit, der Herkunft, der Ansichten ist die erotische Attraktion des Flüchtlings auf die Frau voller Sehnsucht getreten. Die beiden sind, um in der Dramaturgie des Heimatfilms zu bleiben, füreinander bestimmt, seit sie sich das erste Mal sahen. Schon deshalb kann der Grenzwächter dieses neue Paar nicht trennen.[28] Der Flüchtling ist der jüngere Mann, »blond und blaue Augen« heißt es in der Suchmeldung, und er kommt aus dem städtischen Bereich, spricht hochdeutsch. Der Schluss zeigt denn auch beide, Frau und Flüchtling, wie sie zu Schmidt-Gentner-Klängen Arm in Arm den Schweizer Bergen entgegengehen.

Die Frau zwischen den Männern war keine neue Rolle für Brigitte Horney, im volkstümlichen wie eleganten Milieu hatte sie solches in Ufa- und Bavaria-Produktionen verkörpert.[29] Könnte man sich die Dreiecksgeschichte der *Frau am Weg* auch ohne die Folie des ohnehin niemals genannten Nationalsozialismus vorstellen? Es scheint danach. Im *Illustrierten Filmkurier*, der die Funktion eines Programmheftes für Kinobesucher hatte, wird der Film so dargestellt. Hier ist von Schicksal, Mutterschaft und Urinstinkten die Rede: »Und es war kein schlechtes Leben, es schritt ruhig seinen Gang, unberührt von der ewigen Unrast der Welt, die tief unten und unwirklich weit hinter der steinernen Mauer der Berge brodelte und gärte. (...) Ganz anders aber als Christine in stillen Träumen ersehnt, brach das Schicksal in ihr Leben. Nicht mit zärtlicher Hand und nicht mit leichtem Gekose, mit Urgewalt fuhr es wie ein Sturm der Berge in ihr gleichförmiges Dasein, riß unbarmherzig die letzten Schleier von der Seele, tobte mit elementarer Wucht und wühlte auf, was am Grund des Herzens tief verborgen geschlummert. Nicht die Liebe war es, die es erweckt, alle Urinstinkte der Mütterlichkeit, des Helfenmüssens, der naturgegebenen Bereitschaft des Weibes zu schützen, wo immer ein Geschöpf in Not und Gefahr ist.«[30]

Diese Sätze, es sind noch viel mehr in solchem Stil, hätten ebenso unter dem Nationalsozialismus geschrieben werden können, und der Programmhefttext entfernt sich nur partiell vom Inhalt des Films. Dennoch geht es im Film um Verfolgung, Terror, Flucht, Rettung. Die Mystifikation entsteht zu einem Gutteil durch die so nahe liegenden und zugleich so zeitfernen Motive des Heimatfilms. Unwillkürlich denkt man, der Flüchtling sei bloß ein zu Unrecht des Wilderns Beschuldigter, bald fängt die große Liebe an und der Kindersegen kommt.

Freilich ist es ein Film, in dem die Protagonistin nicht das liebe Mädel ist, das den Förster heiraten will, und auch die anderen Figuren schon von der Besetzung her sich keineswegs zur trauten Identifikation mit dem Herzigen und Noblen anbieten. Das Beunruhigende, Bedrohliche bleibt während der gesamten Filmhandlung, die sich doch in den vertrauten Bildern des Heimatlichen bewegt, spürbar. Darüber hinaus erfolgt die Darstellung des Terrors in Sequenzen, die in dem sonst bekannten Ambiente irritierend wirken und einen, gegenüber den sonst breit ausgespielten Szenen, anderen Rhythmus haben. Bevor die Verfolgung des Flüchtlings aufgenommen wird, sieht man Gewehre in einer Reihe aufgestellt, und dann Hände die Gewehre rasch ergreifen. Später blickt man auf Hände beim Kartenspielen: »Achtung!«, die Karten werden fallen gelassen, Körper in schwarzen Uniformen springen auf, die Hände fahren an die Hosennaht, der Befehl zum Mord – »egal wo, sofort schießen!« – wird vernommen.

Weitere knappe Szenen zerreißen das Kontinuum des Heimatlichen; auch wenn sie das Grauen kaum annähernd darstellen: Menschen, die im Viehwaggon transportiert werden und nach Wasser schreien, oder Menschen, die zu flüchten versuchen und dabei erschossen werden. Oder die tätowierte Nummer am Arm des Häftlings oder der schneidende Befehl des Kommandanten, den Flüchtling, wenn man ihn findet, auf der Stelle zu erschießen. Hier entsteht vielleicht eine Ahnung, was der österreichische realistische Film hätte sein, wie er gegen die Mystifikation der Vergangenheit, vor allem gegen das Schweigen über die Verbrechen arbeiten hätte können. Von einem »Meilenstein am Weg einer gesunden, aufrechten und künstlerischen österreichischen Filmproduktion, wie sie sein soll und sie die Welt von uns erwartet« wurde in der *Österreichischen Kinozeitung* geschwärmt.[31] Danach aber deckt die angestrengte Harmonisierung in den Heimatfilmen wieder sämtliche Fragen zu. Alle Unruhe darin wird nur der Befestigung einer ewigen Ruhe gelten: wie ein ländliches Gewitter, vor dem zwei Menschen in die Jagdhütte flüchten, um auf immer ein Paar zu werden.

---

1 *Der weite Weg* oder *Schicksal in Ketten* (R.: Eduard Hoesch; 1946). — **2** Vgl. dazu Gertraud Steiner: *Die Heimat-Macher. Kino in Österreich 1946–1966.* Wien 1987. — **3** Kinostart in Wien war Mitte Oktober 1948 in fünf Kinos, in der zweiten Woche lief der Film bereits in zehn Vorstadtkinos. Nach einigen Unterbrechungen war der Film im Dezember noch in drei Kinos, später in einem zu sehen. — **4** An den großen Wiener Bühnen kamen von 1945 bis 1947/48 u. a. Exildramen von Ferdinand Bruckner, Franz Theodor Csokor, Heinrich Carwin zur Aufführung. Ebenso Stücke von Fritz Hochwälder, der dann in den folgenden Jahren zum erfolgreichsten österreichischen Dramatiker werden sollte. — **5** Der Regisseur und Autor Walter Firner hatte 1933 die *Österreichische Bühne* gegründet, deren Ensemble hauptsächlich aus Exilanten und Exilantinnen aus Deutschland bestand, die Zusammenarbeit mit dem *Theater der Jugend* wurde aufgrund des Antisemitismus der verantwortlichen Beamten vereitelt. 1938 floh Walter Firner mit seiner Frau, der Schauspielerin Irma Firner, in die USA. Vgl. u. a. Horst Jarka: »Fallstudie: Theater für eine ›Jugend in Gefahr‹«. In: *Aufbruch und Untergang.*

Österreichische Kultur zwischen 1918 und 1938. Hg. von Franz Kadronoska. Wien 1981, S. 579–586; Hilde Haider-Pregler: »Exilland Österreich«. In: *Handbuch des deutschprachigen Exiltheaters 1933–1945.* Hg. von Frithjof Trapp, Werner Mittenzwei, Henning Rischbieter und Hansjörg Schneider. Bd. 1: *Verfolgung und Exil deutschsprachiger Theaterkünstler.* Red.: Ingrid Maaß und Michael Philipp. München 1999, S. 97–155. — **6** Brigitte Horney war bereits von Max Reinhardt engagiert worden und blieb (ab 1933) unter der Leitung von Heinz Hilpert. Vom Ufa-Star wird in ihren Memoiren gesprochen. Vgl. Brigitte Horney: *So oder so ist das Leben.* Aufgezeichnet von Gerd Horst Heyerdahl. Bern – München – Wien 1992, S. 40 ff. Horney wurde auf die vom Leiter der Theaterabteilung Rainer Schlösser zusammengestellte Liste der vom Regime geschätzten Künstler und Künstlerinnen gesetzt. Oliver Rathkolb merkt aber an, dass man von dieser Liste noch kein Naheverhältnis der genannten Künstler zum NS-Regime, sondern nur Präferenzen Rainer Schlössers ableiten kann. Vgl. Oliver Rathkolb: *Führertreu und gottbegnadet. Künstlereliten im Dritten Reich.* Wien 1991, S. 166 ff. — **7** Vgl. Bernard J. Paris: *Karen Horney – Leben und Werk.* Aus dem Amerikanischen von Ulrike Stopfel. Freiburg 1996. — **8** Vgl. Joseph Wulf: *Theater und Film im Dritten Reich. Eine Dokumentation.* Frankfurt/M. – Berlin – Wien 1983, S. 436. — **9** Vgl. Horney: *So oder so ist das Leben* (s. Anm. 6), S. 178. — **10** Zur Geschichte des *Straub-Ensembles* vgl. Hilde Haider-Pregler: *Überlebenstheater. Der Schauspieler Reuss.* Wien 1998, S. 89–125. — **11** Das Seminar firmierte bis 1938 unter dem Titel »Schauspiel- und Regieseminar Schönbrunn. Leitung: Professor Dr. Max Reinhardt«. Zu den bedeutenden Lehrern zählten u. a. der Schauspieler, Regisseur, Theaterdirektor und Co-Leiter des Seminars Emil Geyer, der 1942 im KZ Mauthausen ermordet wurde sowie der Schauspieler und Regisseur Paul Kalbeck, der vor den Nazis in die Schweiz flüchtete, wo er u. a. am Stadttheater Bern wirken konnte. — **12** Das nahe Kufstein gelegene Atelier in Thiersee, ein umgebautes Passionsfestspielhaus, war seit 1947 im Besitz der Ö.F.A. (*Österreichische Film-Gesellschaft m.b.H.*), einer Dachgesellschaft von *Filmateliers.* Vgl. Christian Strasser: *The Sound of Klein-Hollywood. Filmproduktion in Salzburg. Salzburg im Film.* Wien-St. Johann / Pongau 1993, S. 92, 106 f. — **13** Robert Freitag: *... es wollt mir behagen mit Lachen die Wahrheit zu sagen.* Zürich 1994, S. 310. — **14** Vgl. Brief Georg Kaisers an Fritz Hochwälder, ohne Datum. Nachlass von Fritz Hochwälder in der Wiener Stadt- und Landesbibliothek, Handschriftensammlung. (Im Folgenden zitiert als NLH). — **15** Kritiken zu Aufführungen und Interviews des Autors zum Stück befinden sich im NLH. — **16** Der Entwurf befindet sich im NLH. — **17** Fritz Hochwälder: *Der Flüchtling. Schauspiel in drei Akten.* Wien o. J. (Bühnenmanuskript). Die Uraufführung erfolgte am 5. September 1945 am *Städtebundtheater Biel-Solothurn,* Regie führte Johannes von Spallart. Eine veränderte Fassung von 1955 wurde zum einzig autorisierten Spieltext, der sich auch in der Werkausgabe des *Styria*-Verlags (Fritz Hochwälder: *Dramen III.* Graz 1979) findet. — **18** In einem Brief an Hansjörg Schneider, der den *Flüchtling* in seine Anthologie von Exildramen aufgenommen hat, schrieb Hochwälder 1982: »Was den Handlungsort betrifft, so dachte ich damals an die Dreiländerecke Österreich / Schweiz / Deutschland ...« Vgl. *Stücke aus dem Exil.* Hg. von Hansjörg Schneider. Berlin / DDR 1984, S. 463. — **19** Vgl. Heike Klapdor-Kops: *Heldinnen. Die Gestaltung der Frauen im Drama deutscher Exilautoren (1933–1945).* Weinheim-Basel 1985. — **20** Vgl. Friedbert Aspetsberger: »Versuchte Korrekturen. Ideologie und Politik im Drama um 1945«. In: *Literatur der Nachkriegszeit und der 50er Jahre in Österreich.* Hg. von Friedbert Aspetsberger, Norbert Frei und Hubert Lengauer. Wien 1984, S. 246–248. — **21** Brief Herbert Lüthis an Fritz Hochwälder, Genf 16. April 1945. (NLH). Lüthis Kritik am Stückschluss lautet: »Es paßt mir eigentlich nicht, daß er am Schluß in Kampfpose auf dem Schlachtfeld stirbt, ich würde ihn eher einfach sitzen lassen. (...) Die beiden (Frau und Flüchtling, Anm. d. Verf.) gehen ab, er bleibt stumpf am Tisch hocken und schießt sich eine Kugel ins Hirn.« — **22** Regie: Theodor Grädler. Mit: Grete Zimmer, Hans Christian Blech, Wolf Hebenstreit. Ausgestrahlt am 27.3.1958. Das Drehbuch, das dem Text der überarbeiteten Fassung des *Flüchtlings* folgt, befindet sich im NLH. — **23** Brief Fritz Hochwälders an Margarethe Kaiser, Zürich, 24. Dezember 1948 (NLH). — **24** Der vereinbarte, dann aber nicht gebrachte Text lautete: »Dieser Film basiert auf einem Entwurf zu einem Schauspiel von Georg Kaiser. Er übergab diesen Entwurf dem jungen österreichischen Dichter Fritz Hochwälder, der ihn durchführte.« Hochwälder zitiert diesen Text in seinem Protestschreiben an die *Willi Forst Film Produktionsgesellschaft*, Zürich, 24. Dezember 1948 (NLH). — **25** Auf die Schweizer Grenze wird im Film dreimal verwiesen. Das erste und das letzte Bild zeigt die Grenztafel, im Dialog zwischen Flüchtling und Frau – er erklärend, sie naiv – heißt es: »Warst du schon einmal in der Schweiz?« – »Sind die Berge dort wirklich viel höher als hier?« – »Nicht viel höher, aber viel freier«. — **26** Alfred Pfoser, Gerhard Renner: »›Ein Toter führt uns an!‹ Anmerkungen zur kulturellen Situation im Austrofaschismus«. In: *»Austrofaschismus«. Beiträge über Politik, Ökonomie und Kultur 1934–1938.* Hg. von Emmerich Tálos und Wolfgang Neugebauer. Wien 1984, S. 241. — **27** Vgl. *Illustrierte Wochenschau*, 11.12.1955. — **28** Im Dialog zwischen Frau und Flüchtling heißt es: »I geh mit dir!« – »Für immer?« – »Für immer!« — **29** Vgl. etwa *Savoy-Hotel 217* (1936, Regie: Gustav Ucicky; Regieassistent war Eduard von Borsody) oder *Das Mädchen von Fanö* (1940, Regie: Hans Schweikart). — **30** *Illustrierter Filmkurier, Zeitschrift für das Kinopublikum*, Nr. 521, Oktober 1948. — **31** Zitiert nach Walter Fritz: *Kino in Österreich. 1945–1983. Film zwischen Kommerz und Avantgarde.* Wien 1984.

Carola Tischler

Zwischen Nacht und Tag

Erich Weinerts sowjetische Exilzeit im DDR-Spielfilm der 70er Jahre

Nicht das Filmschaffen im Exil, sondern umgekehrt die Darstellung des Exils im Film steht im Zentrum des folgenden Beitrags. Als Beispiel dient der für das Moskauer Filmfestival 1975 nominierte DEFA-Spielfilm *Zwischen Nacht und Tag*. Er ist der einzige (ost- und west-) deutsche Spielfilm, der das sowjetische Exil thematisiert. An Aufsätzen zu der Frage, inwiefern Filme als Quelle für die Geschichtswissenschaft nutzbar sind, herrscht kein Mangel. Die erste Überlegung dazu stellte bereits drei Jahre nach Erfindung des Kinematographen der Pole Matuszewski an.[1] Seltener haben Historiker dagegen die vielfachen theoretischen Überlegungen angewendet. An die historische Filmanalyse wird dabei die Forderung nach »umfassender Detailforschung des Kontextes«, nach »Fakten aus dem ökonomischen, politischen, sozialen, ideologischen und kulturellen Umfeld der Filmproduktion und -rezeption« gestellt.[2] Nach wie vor sind es vor allem Medienwissenschaftler, die Handreichungen für Filmanalysen entwickeln oder Filme kulturgeschichtlich einordnen. Für Geschichtswissenschaftler ist deren filmästhetische Herangehensweise jedoch nur teilweise aufschlussreich. Das mag ein Grund dafür sein, dass an der Bedeutung von Filmen als Quelle nicht grundsätzlich gezweifelt wird, dies sich aber bisher kaum in der Historiographie widerspiegelt. Von besonderem Interesse für die Geschichtswissenschaft sind vor allem Filme, die sich der Vergangenheit zuwenden. Die Bedenken, die von Historikern Spiel-, aber auch Dokumentarfilmen entgegengebracht werden – Manipulation, Verfälschung, Emotionalisierung – haben dazu geführt, den eigentlichen Quellenwert zu übersehen: in Anlehnung an Droysens Historik den Film nicht als Tradition zu verstehen, als Quelle, die uns etwas über die Zeit aussagt, von der der Film handelt, sondern als Überrest, als ein Zeitdokument mit einer Reihe von Informationen über die Zeit, in der der Film entstand.[3] Außerdem – und das wäre ein zweiter Aspekt bei der Betrachtung von Spielfilmen durch Historiker – ist das Bild, das wir von der Vergangenheit besitzen, in hohem Maße geprägt von Filmbildern. Dies trifft vor allem auf das Bild über den Nationalsozialismus zu. Das sowjetische Exil ist dagegen in den Nachkriegsmedien wie in der Exilgeschichtsschreibung insgesamt eher stiefmütterlich behandelt worden. In Westdeutschland waren es politische Berührungsängste und fehlende Kenntnisse, die zu der Vernachlässigung führten, in Ostdeutschland vor allem die politischen Tabus, die mit dem Ter-

ror der stalinistischen Herrschaft verbunden waren. Der vorliegende Spielfilm *Zwischen Nacht und Tag* ist somit eine Ausnahme. Die Frage, inwieweit
er auf das Bild über das Exil eingewirkt hat, stellt sich indes nicht, da er kaum
rezipiert wurde. Es bleibt aber die Frage, welchen Quellenwert er für Historiker besitzt. Befördert er tatsächlich etwas zu Tage über das Exil, das aus
anderen Quellen nicht bekannt war, oder ist er allein ein Dokument über
die 70er Jahre? In diesem Fall ist beides zu konstatieren. Dies soll an einigen
Beispielen demonstriert werden. Zuvor sollen verschiedene Projekte der
DEFA, das sowjetische Exil filmisch darzustellen, kurz vorgestellt werden.

I

Die Jahre nach dem 11. Plenum der SED 1965, die für die gesamte Kulturpolitik der DDR mit einem verheerenden »Kahlschlag« einhergingen, waren
auch oder gerade bei den Filmschaffenden geprägt von Lähmung und Ein-
schüchterung.[4] Erst langsam erholten sich Regisseure und Autoren von den
restriktiven Eingriffen der Politik in ihr Metier. Dabei spielten vor allem die
Absetzung Walter Ulbrichts 1971 und die von dem neuen Parteichef Erich
Honecker verkündeten Freiheiten auf kulturellem Gebiet eine maßgebliche
Rolle. Im Dezember 1971 hatte Honecker auf einer Tagung des Zentralko-
mitees folgende Sätze gesprochen, die damals weithin als Signal einer neuen
Linie verstanden wurden: »Wenn man von der festen Position des Sozialismus ausgeht, kann es meines Erachtens auf dem Gebiet der Kunst und Literatur keine Tabus geben. Das betrifft sowohl Fragen der inhaltlichen Gestaltung als auch des Stils – kurz gesagt: die Fragen dessen, was man die
künstlerische Meisterschaft nennt.«[5] Auch wenn die Äußerungen Honeckers
an die Adresse der Künstler unterschiedlich interpretiert werden konnten
und auch wurden – die neuen Umstände bewirkten einen Schub in der Arbeit
der DEFA, der in den Augen mancher gar zu den »besten Jahren« des Babels-
berger Studios führte.[6] Im Vordergrund der Produktionen standen nun zeit-
genössische Themen. Der Alltag der DDR mit seinen Problemen und Wi-
dersprüchlichkeiten, individuelle Schicksale und nicht klassenspezifische
Typisierungen fanden ihren Niederschlag in den Filmen. Diese Entpoliti-
sierung bedeutete nicht, dass Filme mit historisch-politischen Themen gänzlich vermieden wurden. Aber auch in ihnen ist eine Hinwendung zu vorher
tabuisierten Themen wie beispielsweise der bürgerliche Widerstand gegen
den Nationalsozialismus (*KLK an PTX – Die rote Kapelle*, 1971, Regie: Horst
E. Brandt) oder das umstrittene Leben des anarchistischen Revolutionärs
Max Hoelz (*Wolz – Leben und Verklärung eines deutschen Anarchisten*, 1974,
Regie: Günter Reisch) zu beobachten. An historisch-politischen Filmen entstanden in diesen frühen 70er Jahren unter anderem noch ein Film über Karl

Liebknecht (*Trotz alledem!*, 1972, Regie: Günter Reisch) und der einzige für einen Oskar nominierte DEFA-Film über die Judenverfolgung im »Dritten Reich« (*Jakob der Lügner*, 1975, Regie: Frank Beyer). Schon 1970 kam anlässlich des 100. Geburtstags Lenins der Film *Unterwegs zu Lenin* (1970, Regie: Günter Reisch) in die Kinos, der sich an dem gleichnamigen Erlebnisbericht Alfred Kurellas orientierte.

Nach dem Kinostart des letztgenannten Films schlug der Dramaturg Dieter Wolf um 1970 Kurella vor, spätere Stationen seines politischen Lebens für ein Drehbuch aufzuschreiben. Kurella, von 1934 bis 1954 im sowjetischen Exil, entschied sich für eine Episode aus dem Zweiten Weltkrieg, als er in der Propagandaabteilung der Roten Armee an der Front tätig war. Während der sowjetischen Winteroffensive 1942/43 in Welikie Luki hatte sich ein deutscher Kessel gebildet und die 7. Abteilung versuchte mittels eines Kommandos aus deutschen Antifaschisten und Rotarmisten in Wehrmachtskleidung, die Deutschen zur Kapitulation zu bewegen. Kurella fertigte ein umfangreiches Manuskript an, das sich jedoch noch nicht für ein Drehbuch eignete. Sein Tod im Jahre 1975 beendete die Arbeit an dem Stoff.[7]

Die Hinwendung der Regisseure zu individuellen Alltagsproblemen stieß nicht auf ungeteilte Zustimmung – auch dies ein Ausdruck unterschiedlicher Positionen zu Fragen der künstlerischen Freiheit. Eine Beratung der Abteilung Kultur zu »Problemen und Aufgaben der Entwicklung der sozialistischen Filmkunst in der DDR« im Mai 1973 stellte fest, dass »manche Filmschaffende sich ein so genanntes Sozialismusbild geschaffen haben, in dem weder die Arbeiterklasse und ihre Partei, noch der imperialistische Klassenkampf eine Rolle spielen.«[8] Daraufhin erarbeitete die Abteilung in Zusammenarbeit mit dem Institut für Marxismus-Leninismus und dem Schriftstellerverband einen Themenplan, auf dem eine Reihe von Stoffen auftaucht, die dem Kurella-Projekt ähnelten. Sie blieben alle auf die Zeit des deutsch-sowjetischen Krieges beschränkt: die Tätigkeit der Fallschirmspringergruppe Greiner/Gyptner/Gieffer/Kiefel/Hofmann, Erlebnisse eines Frontbeauftragten des *Nationalkomitees Freies Deutschland*, die Erinnerungen von Vinzent Porombka,[9] das Leben von Albert Hößler[10] sowie die antifaschistische Erziehungsarbeit in den Lagern und der Umdenkungsprozess deutscher Kriegsgefangener in der Sowjetunion bis zur Teilnahme an der Bewegung *Freies Deutschland*.[11] Mit *Mama, ich lebe* (1977, Regie: Konrad Wolf) ist das zuletzt genannte Thema aufgegriffen worden. Zwei weitere Projekte sind nur bis zur Vorlage eines Szenariums gekommen. Das erste, *Ich will Euch sehen*, handelte von der Bewährung eines deutschen Arbeiters, des Wehrmachtsüberläufers Fritz Schmenkel, an der Seite sowjetischer Partisanen. Als Regisseur war Janos Veiczi vorgesehen, der zusammen mit Igor Bolgarin das Szenarium geschrieben hatte. Auch das zweite Projekt *Als die Eltern Kinder waren* spielte zur Zeit des Zweiten Weltkriegs, allerdings nicht an der

Front, sondern erstmals im sowjetischen Hinterland. Im Mittelpunkt der Handlung sollte die Familie des deutschen Politemigranten Georg Becker stehen, die in der Evakuierung zusammen mit sowjetischen Menschen an der Lösung schwieriger Arbeitsaufgaben beteiligt ist. Die Autorin Hanni Simon hatte in dem Szenarium eigene Kindheitserlebnisse verarbeitet. Ilja Fres vom Moskauer Gorkij-Studio war als Gastregisseur vorgesehen.[12]

Der bekannteste nichtrealisierte Film zum sowjetischen Exil ist jedoch die *Troika*, bekannt gemacht durch die Veröffentlichung von Markus Wolf, der zusammen mit seinem Bruder Konrad seine Jugendzeit in Moskau verbracht hatte. Wolf veröffentlichte 1989 das Buch mit dem Stoff, den der Bruder seine letzten fünf Lebensjahre mit sich herumgetragen hatte und an dem er gescheitert war.[13] Eine erste Skizze zu dem Film schrieb Konrad Wolf 1977 nieder, ein Jahr, nachdem einer der drei Jugendfreunde der Moskauer Exilzeit, Lothar Wloch, unter nicht ganz geklärten Umständen ums Leben gekommen war. Zusammen mit dem Drehbuchautor Angel Wagenstein versuchte Wolf, die Lebensgeschichten der Troikamitglieder Lothar Wloch, Viktor Fisher und seine eigene seit den gemeinsamen 30er Jahren zu verfilmen. Das Scheitern des Films, aber auch der Erfolg des Buches 1989 ist symptomatisch für die Kompliziertheit und die Bedeutung, die die Verarbeitung des sowjetischen Exils für die DDR besaß.

II

Der Stoff für den Weinert-Film ist also – so erwünscht auch Filme über Personen der Arbeitergeschichte waren – zu Beginn der 70er Jahre nicht ganz ohne politischen Zündstoff gewesen. Der Film war von den Szenaristen Wera und Claus Küchenmeister als Teil einer Trilogie geplant, die die Arbeit der KPD während der faschistischen Herrschaft in Deutschland thematisieren sollte. Ein weiterer Teil über die letzte Tagung der KPD in Ziegenhals 1933 findet sich nur in den schon erwähnten Planungen der Abteilung Kultur. Der Regisseur Horst E. Brandt, Jahrgang 1923, debütierte mit dem zweiteiligen Film *Irrlicht und Feuer* 1966 für das Fernsehen, nachdem er seit 1955 für die DEFA als Kameramann gearbeitet hatte. Auch bei seinen Regiearbeiten für die DEFA bevorzugte er politische Themen. Erste Planungen zu einem Film mit dem Arbeitstitel *Erich Weinert* existierten bereits 1970. Zu diesem Zeitpunkt war noch daran gedacht worden, die Spanne von vor 1933 bis zu Weinerts Rückkehr aus dem sowjetischen Exil in die DDR zu behandeln. Im Laufe der Arbeit am Drehbuch veränderte sich aber der Zeitrahmen. Im Bemühen um einen aktuellen Bezug – der Film sollte 1975 zum 30. Jahrestag des Kriegsendes fertig werden – kristallisierte sich schließlich als erzählte Zeit Mitte Mai bis Ende Juni 1941 heraus. In einer für die öffent-

liche Bekanntmachung formulierten kurzen Inhaltsangabe liest es sich so:
»Von Erlebnissen in den letzten Tagen vor und den ersten Tagen nach dem
faschistischen Überfall auf die Sowjetunion ausgehend werden Stationen aus
dem Leben Erich Weinerts erzählt: Der spanische Krieg, der Aufenthalt in
Frankreich, das Leben in der sowjetischen Emigration. Sie haben den Menschen, den Kommunisten, den Dichter Erich Weinert vor allem geprägt.
Über sie und die durch sie ausgelösten Gedanken, Empfindungen, Haltungen wird die Persönlichkeit Weinerts in emotionell berührender Weise dargestellt.«[14] Die kulturpolitische Begründung lautete folgendermaßen: »Die
Beziehung eines Menschen zu seinem Vaterland, die Notwendigkeit des
Bekenntnisses zum proletarischen Internationalismus und zu seinen Konsequenzen, die unlösbare Verbindung, die für uns zwischen menschlicher und
politischer Verantwortung bestehen, diese Fragen stehen im Mittelpunkt des
Filmes.«[15] Die beiden Grundthemen, die die Dialoge der Figuren durchzie-
hen, sind deshalb auch die Sehnsucht nach der Heimat Deutschland und die
Frage, wie sich die Deutschen in ihrer Exilsituation zum Krieg stellen.

Die Dreharbeiten und damit auch die Kosten waren – auch daran kann
man die Bedeutung ermessen, die dem Film zugedacht war –, recht aufwändig. Immerhin wurde außer in Moskau auch in Spanien, Frankreich und
Jugoslawien gedreht, wofür die immer knappen Devisen bereitgestellt werden mussten. Die Zusammenarbeit mit dem jugoslawischen Filmstudio
Bosna-Film war für das DEFA-Team ausgesprochen erfreulich, während es
mit dem Gorki-Studio in Moskau zu Problemen kam. Verschiedene Motive
(Waldstück, Ausflugsdampfer auf der Moskwa, Tretjakow-Galerie) wurden
aus der Drehgenehmigung herausgenommen, bestimmte erforderliche Requisiten (z. B. ein altes Auto) wurden aus Gründen nicht bereitgestellt, die
der Hauptdarsteller Kurt Böwe in seinem Tagebuch als »nervenaufreibende,
lächerliche Aktion ›Saubere Leinwand‹«[16] bezeichnete. »Da drehen wir eigens
in Moskau,« so notierte Böwe voller Wut, »um mit sowjetischer Hilfe die
Authentizität dieser 1941er Zeit nacherzählen zu können, und was machen
die Verantwortlichen der sowjetischen Seite, die uns wie Feinde belauern?
Selbst eine Kantine im Studio, in der wir drehen, darf keine Flecken auf-
weisen, und unser Szenenbildner Lehmann geht also kurz vor jeder Aufnahme an die Wand, und mit einem Öllappen tupft er, unterm Faltenge-
sicht des Aufpassers, ein paar Flecken Leben aufs Weiß. Wir wollen eine
Pförtnerloge aus jenem Jahr 1941 drehen, eine Bude mit ein paar Schlitzen
und eisernem Tor – nein, wir dürfen nur einen Einlass aus Marmor filmen.«[17]

Auf dem Moskauer Filmfestival im Juli 1975 fiel der ostdeutsche Beitrag
beim sowjetischen Publikum durch. Der Moskau-Korrespondent der west-
deutschen *Frankfurter Allgemeinen Zeitung* wunderte sich in seinem Festi-
val-Bericht über diese Tatsache: »Merkwürdigerweise findet jedoch dieser
gutgemeinte, ideologisch völlig richtig liegende, allen hiesigen Anforderun-

gen entsprechende Musterstreifen mit seinen talentvollen Schauspielern und Regieeinfällen beim sowjetischen Zuschauer überhaupt keine Resonanz.«[18] Aber auch die Filmkritik der DDR war alles andere als enthusiastisch. Es gab die eine oder andere Nuance in der Beurteilung, aber der Streifen wurde weitgehend verrissen. Dabei gaben filmästhetische und nicht politisch-ideologische Gesichtspunkte den Ausschlag. Dem Film fehle eine gültige Filmidee (*Norddeutsche Zeitung Schwerin*, 21.9.1975), er gerate nicht selten in die gefährliche Nähe einer bloßen Illustration innerer Monologe (*Sächsische Zeitung Dresden*, 8.8.1975). Durch harte Schnitte und unüberschaubare Aneinanderreihung von Rückblenden sei nicht immer gleich ersichtlich, wo die Handlung spielt (*Liberal-Demokratische Zeitung Halle*, 25.9.1975). Es wurden die mangelnde künstlerische Gestaltungskraft (*Volksstimme Magdeburg*, 25.9.1975) und die über Strecken quälende Klaviermusik (*Sächsische Neueste Nachrichten*, 21.9.1975) beklagt. »Horst E Brandt befleißigt sich einer solch biederen Inszenierung«, schreibt Holland-Moritz im *Eulenspiegel*, »dass binnen kurzem jedes Interesse erlahmt.«[19] Aber auch internen Beurteilungen kann man entnehmen, dass die hohen Erwartungen, die in den Film gesetzt worden waren, nicht erfüllt wurden.[20] In Monographien oder Sammelbänden zur DEFA, die in den letzten Jahren in großer Zahl erschienen, wird auf ihn nicht eingegangen,[21] und ein wichtiges Nachschlagewerk der DDR verzeichnete weder bei den Szenaristen Wera und Claus Küchenmeister noch beim Regisseur Brandt den Film in der Filmographie.[22] Obwohl in den archivierten Zuschauerstatistiken bislang keine Hinweise zu diesem Film gefunden wurden, kann man vermuten, dass er nur kurz in den Kinos lief.

III

Der Film griff das Thema Exil in der UdSSR auf, noch bevor die ostdeutsche Exilforschung mit den Studien von Simone Barck über Bechers Exilpublizistik, von Peter Diezel über das Exiltheater und der Reihe *Kunst und Literatur im antifaschistischen Exil* sich des Themas erstmals annahmen.[23] Er fällt auch aus den übrigen Filmprojekten heraus, weil er nicht in der Zeit des deutsch-sowjetischen Krieges spielt, sondern in der bis dahin meist verschwiegenen Zeit des Hitler-Stalin-Paktes. Schon in dem 1971 mit großem Erfolg aufgeführten Film *KLK an PTX – Die rote Kapelle*, der auch von dem Gespann Brandt/Küchenmeisters gedreht wurde, wird in einer kurzen Szene die Unverständlichkeit des Paktes für deutsche Kommunisten angesprochen. In dem Weinert-Film, der ja – abgesehen von den Rückblenden – ausschließlich in dieser Zeit spielt, sind Anspielungen und offene Äußerungen dazu häufig zu hören. Weinert befindet sich in der im Film dargestellten Zeit in einer Schaffenskrise. In der Tat sind in den vom Aufbau-Verlag in den 70er Jahren herausgegebenen Gesammelten Gedichten nur fünf Gedichte aus den Jahren 1940/41 des ansonsten äußerst produktiven Schriftstellers aufgenommen. Das letzte trägt den Titel *Zwischen Nacht und Tag.* Allerdings war Weinert nicht ganz untätig in diesen Jahren. Eine Arbeitsaufstellung von ihm, die die Moskauer Zeit von April 1939 bis Juni 1941 umfasst, verzeichnet 20 Gedichte, acht Erzählungen, drei Szenen, zwölf Artikel, etwa 150 Vortragsabende und Vorträge auf Meetings und ungefähr 20 Radiosendungen. Dazu kommt noch die Arbeit an 13 Büchern, Übersetzungen und Anthologien, die Weinert in dieser Zeit erledigte.[24] Der Film vermittelt eine Produktivitätshemmung, die durchaus bei Weinert vorhanden war. Sie war aber nicht – worauf alle Filmkritiken abhoben – bedingt durch die Lage eines deutschen Schriftstellers im Exil allgemein, sondern durch die besondere Situation Weinerts als antifaschistischer Volksdichter nach dem Hitler-Stalin-Pakt. Die letzte Einstellung, in der Weinert durch den Überfall der Deutschen im Juni 1941 seinen früheren Elan und Kampfgeist wiedererlangt, spricht eindeutig für diese These.

Geradezu revolutionär war aber die ausführliche Szene, in der Weinert in einem Pariser Café ein Gespräch mit Gustav Regler – im Drehbuch bezeichnenderweise mit R. für Renegat abgekürzt – führt. Regler war in der DDR als Renegat eine Unperson.[25] In diesem fiktiven[26] Gespräch wird ausführlich der stalinsche Terror angesprochen. Wegen der Bedeutung dieser Szene soll der Dialog hier wiedergegeben werden:

(0:58:54)

Renegat: Das Lager hätte nicht sein müssen.[27] Ich hätte Dich bestimmt geholt.

Weinert: Ohne Zweifel.

Renegat: Na, und wie bist Du rausgekommen?

Weinert: Ich habe eine Einladung vom sowjetischen Schriftstellerverband.

Renegat: Und nun?

Weinert: Warten auf ein Visum.

Renegat: Nach Moskau?

Weinert: Nach Moskau. Li wartet dort auf mich.

Renegat: Bist Du sicher, dass sie noch in Freiheit ist?

Weinert: Ich versteh Dich nicht.

Renegat: Entschuldige bitte. Die Frage ist es doch wohl wert.

Weinert: Warum sollte sie nicht in Freiheit sein?

Renegat: Tja, wenn man das immer so wüsste.

Weinert: Hast Du irgendwelche Nachrichten?

Renegat: Nein, gar keine, gar nichts, nur …

Weinert: Also nur Gerüchte, Panik, zu gute Informationen aus falschen Quellen.

Renegat: Du tust naiv. Oder bist Du es vielleicht?

Weinert: Das wär mir neu.

Renegat: Nach meiner Verwundung und später hier im Krankenhaus hatte ich viel Zeit, sehr viel, um nachzudenken. Alles konnte Revue passieren, gnadenlos. Da habe ich gemerkt, wo eigentlich meine Verwundung liegt. Wo es mich, und nicht nur mich, Erich, bis ins Mark getroffen hat. Woran ist dieses Spanien wirklich gescheitert? Mit den Prozessen in Moskau, 36, da fing es an. Das weiß ich jetzt. Und das alles hängt mit einem Namen zusammen: Stalin.

Weinert: Also unsere Niederlage in Spanien, die Prozesse in Moskau, Stalin – alles in einen Topf. Es ist so einfach, wenn nur einer Schuld hat. Ich bin gewohnt, wir zu sagen, nicht der oder ich.

Renegat: Hast Du Bomber, haben wir Soldaten? Er hätte seine Bomberflotten schicken können, Tankgeschwader.

Weinert: Sollte er einen Weltkrieg entfesseln, der sich gegen die Sowjetunion gerichtet hätte?

Renegat: Siehst Du, Stalin vertritt die Interessen der Sowjetunion, die Interessen eines Landes. Und darum wird auf die Weltrevolution verzichtet. Alles wird den Interessen Moskaus untergeordnet, alles wird von Moskau reglementiert.

Weinert: Du bist schon weit von uns weg. Ich glaube, Du hast niemals recht begriffen, dass dieses Moskau, dieses Land, weit mehr ist als irgend ein anderes auf der Welt.

Renegat: Ich habe nicht anders gedacht. Wäre ich denn sonst angetreten, um die Weltrevolution zu machen? Zu allem bereit, zu allem. Auch das Stück revolutionärer Gymnastik haben wir uns geleistet. Immer wieder. Diese reaktionäre, muffige Welt wollten wir restlos zerstören. Erich, hab ich nicht gekämpft, unter Einsatz meines Lebens, wieder und wieder. Ich weiß, was es heißt, wenn sich ein Ziel, für das man gekämpft hat, als Phantasmagorie in ein Nichts zerstiebt. Glaub mir, ich bin durch Höllen gewandert, ich bin tausend Tode gestorben.

Weinert: Lass das Pathos.

Renegat: Erich, es geht doch auch um Dich, um Deinen Namen als Dichter. Überwinde die letzte Schwelle. Ich sprech doch zu Dir als Dein Freund, als Dein Genosse.

Weinert: Also, was soll ich tun?

Renegat: Gegen den stalinschen Terror auftreten, öffentlich. Wie es auch Koestler getan hat und wie es noch viele tun werden. Es geht um die Reinhaltung des – der Weltrevolution. Gib den Vielen, sprachlos Gewordenen Stimme durch Dein Wort. Man wird auf Dich hören.

Weinert: Und jedes meiner Worte wird mit Gold aufgewogen, nicht wahr, von eben den Leuten, die mitgeholfen haben, die Spanische Republik abzu-

würgen, die Tausende meiner Genossen auf dem Gewissen haben.
Renegat: Jetzt vereinfachst Du.
Weinert: Wovon lebst Du?
Renegat: So kann man die Frage nicht lösen.
Weinert: Man kann.
Renegat: Wir Intellektuellen haben die Wahrheit in die Welt zu bringen, egal, wen es trifft. Und wenn wir darüber vergehen sollten. Mahner, Deuter, Warner und Seher sollten wir sein. Wo Machtwahn und Niedertracht auftreten, haben wir sie anzuprangern. Hitler, Stalin, Churchill oder der Papst.
Weinert: Für ein entsprechendes Honorar. Ansonsten sind wir ohne Verantwortung.
(Ein Ehepaar betritt das Café.)
Mann: Wie ich höre Landsleute? Wenn die Herren gestatten?
Renegat: KdF-Germanen, was?
Mann: Bitte?
Renegat: Ist man denn vor diesen braunen Wanzen nirgends mehr sicher?
Frau: Unerhört, man hat uns doch gleich vor dieser Kneipe gewarnt.
Renegat: Das breitet sich über ganz Europa aus.
Weinert: Deine zukünftigen Verbündeten.
Renegat: Was? Willst Du mich einen Faschisten nennen?
Weinert: Gibt es eine Alternative?
Renegat: Ich lasse mich von Dir nicht beschmutzen, auch von Dir nicht.
Weinert: Ich fürchte, das hast Du schon selbst getan.
Renegat: Fanatiker, Blinder, Parteidichter, Denunziant.
Weinert: Fanatiker – gut. Parteidichter – danke, das ist mir ein Ehrentitel. Aber Denunziant – dafür müsste ich Dir in die Fresse schlagen. Aber meine Hand ist mir dafür zu schade. Renegat.
(Weinert verlässt aufgebracht das Café.)
(1:04:13)

Diese Szene war zweifellos die kritischste des ganzen Films. Bei der Diskussion über die erste Fassung des Drehbuchs spielte deshalb die Motivierung des Renegatentums von R. auch eine besondere Bedeutung. R., so heißt es in einer Aktennotiz nach einer Besprechung mit den Autoren Wera und Claus Küchenmeister im Januar 1974, »schiebt Ablehnung des Personenkults vor. Tatsächlich wird R. zum Renegaten, weil er politisch ungenügend gefestigt ist, die Erfordernisse der internationalen Klassenauseinandersetzung nicht versteht und der Härte des Kampfes ausweichen möchte. Weinerts Urteil über R. ist kompromißlos, aber expressis verbis wird R.s Motivierung des Verrats nicht widersprochen. Es wäre günstig, wenn die realen Wurzeln des Renegatentums deutlicher konturiert würden.«[28] Auch bei der Studioabnahme kam diese Szene zur Sprache, und zwar die in dieser Szene angeschnittene Frage der Niederlage der Spanischen Republik, die von R. auf die fehlende Hilfe durch die Sowjetunion zurückgeführt wird. Das könne, so der damalige Chefdramaturg der Gruppe Babelsberg Dieter Wolf, beim Zuschauer zu falschen Schlussfolgerungen führen. Er hielt es deshalb für angebracht, im Programmheft darauf hinzuweisen, »dass die Sowjet-Union das Maximum an Hilfe geleistet hat, ihr aber darüberhinaus ein direktes Eingreifen nicht möglich war, um nicht die Gefahr eines Weltkrieges heraufzubeschwören.«[29] Der Generaldirektor der DEFA Albert Wilkening stimmte dem Vorschlag von Wolf zu, stellte aber über den Film als Ganzes das Urteil aus, »dass im vorliegenden Film ein interessanter und wichtiger Teilabschnitt aus dem Leben Erich Weinerts behandelt wird, der sich emotional über die Figur des Schauspieler Böwe erschließt«[30] und erklärte den Film für das Studio als abgenommen.

Massive Probleme setzten aber ein, als der Film für das Moskauer Filmfestival nominiert wurde. Die an der Sichtung beteiligten sowjetischen Kollegen konnten Schnitte durchsetzen, die sich auf diese Szene bezogen.[31] Auch für den Einsatz in der DDR nach dem Festival wurde er in dieser umgearbeiteten Fassung vorgesehen. Die Autoren drohten daraufhin, ihre Namen aus dem Titelvorspann zurückzuziehen,[32] was anscheinend dazu führte, dass er in seiner ursprünglichen Fassung in die DDR-Kinos kam. Aber für die sowjetische Ankaufsdelegation, die den Film im September 1975 anlässlich einer Verkaufsmesse der sozialistischen Länder in der geschnittenen Moskauer Fassung sah, gingen selbst die bereits getätigten Eingriffe nicht weit genug. Sie wünschten weitere Schnitte, die sich auf den Moskau-Komplex Ende der 30er Jahre bezogen.[33] Restriktionen erfolgten, wie gezeigt wurde, ausschließlich von sowjetischer Seite. In der DDR war mehr möglich. Die undramatische langsame Erzählweise verhinderte jedoch, was der Film in den 70er Jahren in der DDR hätte sein können: eine Diskussionsgrundlage über eine schwierige Vergangenheit.

IV

Die Stärke des Films besteht in der in vielen Details erreichten Authentizität, die von den Filmemachern angestrebt wurde. Dazu trugen die Einfälle des Regisseurs, die Arbeit des Szenenbildners Paul Lehmann und die Vorarbeiten der Autoren bei. Wera und Claus Küchenmeister verwendeten bei ihrer Arbeit am Szenarium außer Gedichten auch Tagebuchaufzeichnungen Weinerts, die die Forschungsliteratur bisher kaum rezipiert hat. Dadurch bereichert der Film die Kenntnisse über das sowjetische Exil durch zwei wichtige und interessante Einzelheiten. Die erste bezieht sich auf die Figurenkonstellation. Der Film zeigt Erich Weinert sowohl in seinen Arbeitsbeziehungen als auch in seinem Freundeskreis. Ein Teil der Figuren tritt dabei unter dem historischen Namen auf, ein Teil wurde im Laufe der Arbeit am Szenarium immer stärker fiktionalisiert. Die meisten sind aber historischen Personen zuzuordnen und für jene, die mit dem sowjetischen Exil vertraut sind, mehr oder weniger schnell zu erkennen. Dass das nicht automatisch für das DDR-Publikum der 70er Jahre galt, kann den Filmkritiken entnommen werden. Weinert – so heißt es dort – sei aus seinem Kreis herauspräpariert und nur mit fiktiven Figuren, die als Sprachrohre jeweiliger politischer Auffassungen figurierten, konfrontiert worden.[34] Der einzige aus dem Freundeskreis Weinerts, dessen richtiger Name genannt wird, ist Ernst Noffke.[35] Der Name Noffke wird aber nur in den russischsprachigen Dialogen ausgesprochen, so dass sogar in einer zeitgenössischen Kritik mit Ernst nicht Noffke, sondern Ernst Busch gemeint war.[36] Der Freund Karl, mit dem Weinert und Noffke in einer Szene im Wald spazieren gehen und mit dem sie sich regelmäßig zum Skatspielen treffen, heißt in einer frühen Besetzungsliste noch Willi B. und ist unschwer als Bredel zu identifizieren, zumal er auch in den Szenen im Spanischen Bürgerkrieg zu sehen ist. Der Schauspieler Wilhelm, der einmal die Skatrunde stört, ist Gustav von Wangenheim, und Hans, der Arbeitskollege im Filmstudio, der gerade aus Odessa kommt, ist der Schauspieler Hans Klering. Als Renegat wurde schon Regler identifiziert. Lediglich der junge Dichter und Dozent am Literaturinstitut Fred ist eine Kunstfigur, die für den Handlungsstrang eingeführt wurde. Sie trägt entfernt einige Züge von Johannes R. Becher. Die Anonymisierung wurde den Filmemachern zufolge bewerkstelligt, um Angriffen auf historische Ungenauigkeiten vorzubeugen.[37] Der wissenschaftliche Berater des Films, Rudolf Engel, wurde vorrangig für die Spanien-Kriegs-Szenen herangezogen. Das Moskau der unmittelbaren Vorkriegszeit kannte er nicht. Vor allem die Szenaristen waren durch persönliche und/oder berufliche Beziehungen mit ehemaligen Sowjetunion-Emigranten verbunden und nutzten insbesondere das Wissen Ernst Noffkes für ihre Arbeit.[38] Informationen über Freundschaften und Animositäten sind vor allem der Memoirenliteratur zu entnehmen. Da weder Weinert noch Bredel oder Noffke Erinnerungen an die Exilzeit hinterlassen haben, war über deren private Beziehungen, auch über die Animosität zwischen Weinert und Wangenheim, wenig bekannt.[39] Gerade die Freundschaftsbeziehungen sind in der Forschung noch unterbelichtet, weil die meisten Archivquellen seltener das Alltägliche, Normale als eher das Außergewöhnliche, Problematische thematisieren.

Das zweite Detail gibt Aufschluss über die Filmarbeit deutscher Emigranten. In einer für den Film nicht zentralen, aber in diesem Zusammenhang recht interessanten Episode wird gezeigt, wie Weinert und Klering in einem Moskauer Filmstudio einen sowjetischen Film synchronisieren. Es handelt sich dabei um den Film *Die Dreizehn*, der den Kampf der sowjetischen Staatsmacht gegen die aufständischen Basmatschen in Mittelasien zeigt und der in

der Regie von Michail Romm 1937 in die Kinos kam. Brandt nutzt eine
Kriegsszene, um eine von mehreren Spanien-Rückblenden einzufügen.
Tatsächlich wird diese Tätigkeit deutscher Emigranten – das Synchronisieren sowjetischer Filme – weder in Erinnerungen möglicher Beteiligter noch
in der Forschungsliteratur bisher erwähnt. Die Tagebuchaufzeichnungen
Weinerts bestätigen diese Darstellung.[40] Im Januar 1940 hatte Peter Kleist,
für kurze Zeit zum Kulturreferenten an der Deutschen Botschaft Moskau
ernannt, in Absprache mit der Gesellschaft für kulturelle Verbindungen mit
dem Ausland VOKS ein Programm für die Entwicklung der kulturellen
Zusammenarbeit zwischen Deutschland und der Sowjetunion erarbeitet.
Neben dem Austausch von Wissenschaftlern, einem Buchaustausch, dem
gegenseitigen Besuch von Sportlern und wechselseitigen Ausstellungen war
auch das Zeigen sowjetischer Filme in Deutschland in den Vorschlägen enthalten.[41] Es könnte durchaus möglich sein, dass eine solche Arbeit seitens
der Emigranten als willkommene und notwendige Einnahmequelle genutzt,
aber auch als Unterstützung des faschistischen Deutschlands bewertet und
deshalb in den Nachkriegserinnerungen verdrängt und verschwiegen wurde.
Außer dieser Arbeit Weinerts kommt vor allem seine Übersetzungstätigkeit
zur Sprache (» Übersetzungen werden gebraucht, Übersetzungen bringen die
Völker einander näher«) sowie seine Arbeit und die seiner Frau Li für den
Rundfunk.

V

Warum blieb der Film so unbekannt? Ein Grund – und es war sicherlich
nicht der unwichtigste – ist wohl darin zu sehen, dass die Zuschauer ihn
nicht angenommen haben. Daran schuld ist nicht die Thematik, auch wenn
die Agitprop-Dichtung Weinerts sich Anfang der 70er Jahre überlebt hatte,
sondern die Art der Inszenierung. Möglicherweise kam aber der Misserfolg
nicht ungelegen. Der Film beinhaltet eine Reihe von Punkten, die im Nachhinein doch anders wirken konnten als beabsichtigt. Was sich im Laufe der
Arbeit am Drehbuch herausstellte, war erstens die Problematik der Perso-
nenkonstellationen. Gerade unter den Schriftstellern herrschten im Moskauer Exil große Eifersüchteleien und Animositäten. Wenn aus dem nicht
gerade sympathisch gezeichneten Gustav von Wangenheim die Figur des Wilhelm wird (immerhin ist Wangenheim erst 1975 verstorben), so muss auch
die Identität anderer Personen kaschiert werden – das könnte eine weitere
Erklärung für die Anonymisierung sein. Die Szene mit dem Renegaten, und
dies wäre ein zweiter Problempunkt, ist erstaunlich und damit spielt dieser
Film eine Vorreiterrolle. Selbst in der späteren wissenschaftlichen Literatur
wird der stalinsche Terror nicht so klar benannt. Auch wenn der Renegat als

zwielichtige Figur eingeführt und auch in der betreffenden Szene so behandelt wird, so bleiben seine glasklaren Aussagen doch ausgesprochen. Als
letzten Punkt: Der Film steht in der damaligen kulturpolitischen Linie der
Betonung des Nationalen. In seiner Gestaltung entsteht dadurch ein merk-
würdiges Sowjetunion-Bild. Die überstarke Betonung des Heimwehs nicht
nur bei Weinert und seinen Schriftstellerkollegen, sondern selbst bei Kindern der Emigranten vermittelt nicht das sonst so gern benutzte Bild von der
Sowjetunion als zweiter Heimat.

Das Dilemma Weinerts, das im Gespräch mit dem Renegaten offenbar wird,
nämlich für die Sowjetunion – weil gegen Hitlerdeutschland – zu sein,
wiederholt sich auf eigenartige Weise beim Schauspieler Böwe. In seinem
Tagebuch notiert er am 31. Juli 1974: »Moskau – ich denke an Goworit
Moskwa, goworit Moskwa! Von hier aus wird die Entwicklung einer neuen
Weltordnung geleitet, ferngesteuert quasi, mal sichtbar, mal nicht sichtbar;
schwer trägt das Volk an der internationalistischen Bürde, die es tragen muß
(muß es das wirklich?). Dieses Volk hat gelitten, unter dem Zaren, unter
Lenin, es kennt Hunger und Pest, Tod und Verderben, und doch ist Neu-
geburt eines seiner Hauptwörter geblieben. Wie hat sich dieses Volk aus dem
Dreck unter Stalin aufgerichtet, erzogen vom Glauben an den Messias, welchen Namen der auch tragen möge, durch einen Krieg getrieben, hin zum
Sieg für die anderen Völker der Welt, wie groß war die Hoffnung nach jenem
9. Mai 1945, vorbei nicht nur der Krieg, vorbei auch die Zeit der Verdächtigungen und Verhaftungen, des nächtlichen Verschwindens und des Mor-
des unter seinesgleichen. So meint die Hoffnung und treibt es den Menschen
in die Sinne. Aber nichts da! Nie wurde der Wahrheit und der wirklichen
menschlichen Veränderung eine Chance gegeben, der Stalinismus wurde nie
ausgewertet, beseitigt, und so lebt das Land, so lebt dieser Sozialismus mit
einem Krebsgeschwür. Von dem es sich nicht befreien wird, ich bin mir in
trauriger Weise sicher. Ach, dabei wäre so sehr das zu wünschen, was im Lied
der Wunschträume geschrieben steht: ›Denn es gibt kein andres Land auf
Erden, / wo das Herz so frei dem Menschen schlägt.‹ Ich schreibe das hin und
weiß doch, dass ich selbst ein Teilchen der von hier geleiteten Welt bin. Ich
kann mich nicht wegstehlen; ich bin verdammt, ein Teil jener verwunsche-
nen Aktion zu sein, der alten Welt mehr auf Verderb als auf Gedeih eine
Alternative entgegenzusetzen (...)«.[42] Welche Gedanken müssen Böwe beim
Spielen gerade der Renegatenszene durch den Kopf gegangen sein?

Auskünfte und Hilfestellung durch: Günter Agde, Simone Barck, Horst E. Brandt, Wera und
Claus Küchenmeister, Michael Müller, Inga Wolfram.

1 Siehe Boleslaw Matuszewski: *Une nouvelle source de l'histoire. Création d'un dépot cinéma-tographique.* Paris 1898. Eine ausgezeichnete Einführung in die Thematik mit einem umfassenden Literaturüberblick bietet: Günter Riederer: »Was heißt und zu welchem Ende studiert man Filmgeschichte?«. In: Bernhard Chiari, Matthias Rogg, Wolfgang Schmidt (Hg.): *Krieg und Militär im Film des 20. Jahrhunderts.* München 2003 [im Erscheinen]. — **2** So Detlef Kannapin: »Was bedeutet: Aufarbeitung der Vergangenheit im Film. Einige Vorschläge zur historischen Kontextanalyse von Spielfilmen«. In: *apropos: Film 2002. Das Jahrbuch der DEFA-Stiftung,* S. 138–156, hier S. 156. — **3** Vgl. z. B. Peter Stettner: »Film – das ist Geschichte 24 mal in der Sekunde«. In: *Geschichtswerkstatt,* H. 17, 1989, S. 13–20. — **4** Vgl. *Kahlschlag. Das 11. Plenum des ZK der SED 1965. Studien und Dokumente.* Hg. von Günter Agde. 2. Aufl. Berlin 2000. — **5** Zitiert nach Manfred Jäger: *Kultur und Politik in der DDR..* Köln 1982, S. 136. — **6** So Wolfgang Gersch: »Film in der DDR. Die verlorene Alternative«. In: Wolfgang Jacobsen u. a. (Hg.): *Geschichte des deutschen Films.* Stuttgart – Weimar 1993, S. 323–364, hier S. 347; in Anlehnung an den gleichnamigen Film von Günther Rücker aus dem Jahre 1965. — **7** Vgl. Dieter Wolf: *Gruppe Babelsberg. Unsere nichtgedrehten Filme.* Berlin 2000, S. 69–73 (»Rache für Horst Kreipe«). — **8** Aktennotiz über eine Beratung der Abteilung Kultur zu Problemen und Aufgaben der Entwicklung der sozialistischen Filmkunst in der DDR am 18.5.1973; Bundesarchiv Berlin/Lichterfelde (im Folgenden abgekürzt: BA) DY 30 IV B2/2.024/84. Die benutzten Akten sind durchgehend ohne Paginierung. — **9** Vinzent Porombka (1910–1975), Mitglied der Internationalen Brigaden, seit etwa 1939 in der UdSSR, Ausbildung und Einsatz (1943) als Fallschirmspringer, nach dem Krieg im Apparat der SED tätig; vgl. ders.: »Als Fallschirmspringer im illegalen Einsatz«. In: *Im Kampf bewährt.* Hg. von Heinz Voßke. 3. Aufl. Berlin 1987, S. 111–143. — **10** Albert Hößler (1910–1942), 1935 Leninschule, 1937–1939 Mitglied der Internationalen Brigaden in Spanien, 1939–1942 UdSSR, Ausbildung und Einsatz (1942) als Fallschirmspringer, Okt. 1942 von den Deutschen verhaftet und im Gestapohaft umgekommen. — **11** Vgl. Brief Peter Heldt an Kurt Hager, 5.6.1973 mit Anlage; BA DY 30 IV B2/2.024/84. — **12** Vgl. 1. Entwurf für die thematische Planung des DEFA-Studios für Spielfilme der Jahre 1976/77, 24.3.1975; BA DR 1/12860a. Zu dem Schmenkel-Stoff vgl. auch Wolf: *Gruppe Babelsberg. Unsere nicht gedrehten Filme* (s. Anm. 7), S. 54 f.; zu dem Projekt von Hanni Simon vgl. auch BA DR 1/15191a. — **13** Vgl. Markus Wolf: *Die Troika. Geschichte eines nichtgedrehten Films.* Nach einer Idee von Konrad Wolf. Berlin – Weimar 1989. — **14** »Kurze Inhaltsangabe«, ohne Datum; BA DR 117/3122. — **15** »Kulturpolitische Begründung«, ohne Datum; BA DR 117/3122. — **16** Hans-Dieter Schütt: *Kurt Böwe. Der lange kurze Atem.* Berlin 1996, S. 205. — **17** Ebd., S. 204. — **18** Hermann Pörzgen: »Ein linientreuer Defa-Film blieb ohne Resonanz«. In: *Frankfurter Allgemeine Zeitung,* 17.7.1975. — **19** Renate Holland-Moritz: »Zwischen Nacht und Tag«. In: *Eulenspiegel* 1975, Nr. 43. — **20** Vgl. beispielsweise »Diskussionsgrundlage zu den kulturpolitischen Ergebnissen des DEFA-Studios für Spielfilme seit dem VIII. Parteitag der SED, 1.12.1975; BA DR 1/12860; Brief von Rainer Otte an Hans-Heinrich Hoffmann, 10.9.1975; BA DR1/14916. — **21** Siehe z. B. Seán Allan, John Sandford (Hg.): *DEFA. East German Cinema,* 1946–1992. New York – Oxford 1999; Corinna Schier: »*Entwicklung wahrhaft sozialistischer Persönlichkeiten und Erfüllung kultureller Aufgaben«. Eine exemplarische Untersuchung von DEFA-Spielfilmen und des Einflusses von Partei und Staat in den 70er Jahren.* Mag.-Arbeit Leipzig 2000; *Der geteilte Himmel. Höhepunkte des DEFA-Kinos 1946–1992.* Hg. von Filmarchiv Austria. 2 Bde. Wien 2001; Dagmar Schittly: *Zwischen Regie und Regime. Die Filmpolitik der SED im Spiegel der DEFA-Produktionen.* Berlin 2002. Klaus Wischnewski summiert ihn unter »einige(n) zum Teil unerlaubt schwache(n) Arbeiten«, ders.: »Träumer und gewöhnliche Leute 1966–1979«. In: Ralf Schenk (Hg): *Das zweite Leben der Filmstadt Babelsberg. DEFA-Spielfilme 1946–1992.* Berlin 1994, S. 212–264, hier S. 254. — **22** Vgl. *Film A-Z.* Hg. von Wolfgang Klaue und Christiane Mückenberger. Berlin 1984. — **23** Vgl. Simone Barck: *Johannes R. Bechers Publizistik in der Sowjetunion 1935 -1945.* Berlin 1976; Peter Diezel: *Exiltheater in der Sowjetunion 1932–1937.* Berlin 1978; Klaus Jarmatz, Simone Barck, Peter Diezel: *Exil in der UdSSR.* Leipzig 1979 (= Kunst und Literatur im antifaschistischen Exil 1933–1945, Bd. 1). — **24** Vgl. Archiv der Akademie der Künste, Berlin,

Nachlass Erich Weinert, Nr. 354 (ohne Paginierung). — **25** Eine erste Auseinandersetzung mit ihm erfolgte meines Wissens erst 1986 durch Dieter Schiller: »›Gläubig an unsere Idee‹. Die letzten Jahre des revolutionären Schriftstellers Regler (1935–1939)«. In: *Weimarer Beiträge*, H. 7, 1986, S. 1172–1191. — **26** Ob es tatsächlich ein Treffen Weinerts mit Regler in Paris gegeben hat, konnte nicht in Erfahrung gebracht werden. Regler berichtet in seiner Autobiographie nichts darüber (vgl. ders.: *Das Ohr des Malchus*, Köln 1958), und auch in dem Nachlass Weinerts fand sich kein Hinweis. Es ist deswegen mit ziemlicher Sicherheit auszuschließen, weil Weinert schon im Sommer 1939 wieder nach Moskau zurückkehrte und Regler erst nach dem Hitler-Stalin-Pakt mit dem Kommunismus brach. — **27** Gemeint ist die Inhaftierung von Weinert 1939 in St. Cyprien. — **28** Aktennotiz, ohne Datum, ohne Unterschrift; BA DR 117/3122. — **29** Protokoll über die Studioabnahme des Films *Zwischen Nacht und Tag* am 26.2.1975; BA DR 117/3122. — **30** Ebd. — **31** Die genauen Schnitte konnten nicht ermittelt werden. Weder der Regisseur noch die Szenaristen, die darüber hätten Auskunft geben können, waren bei der Vorführung in Moskau anwesend. Wera und Claus Küchenmeister hörten jedoch von anderen, dass der Film außerdem in einer Arbeitskopie mit einer übergesprochenen Stimme gezeigt wurde, was natürlich für den sowjetischen Zuschauer den Filmgenuss beeinträchtigte. — **32** Vgl. Aktennotiz Werner Beck, 14.8.1975; BA DR 117/3122. — **33** Vgl. Brief von Rainer Otte an Hans-Heinrich Hoffmann, 10.9.1975; BA DR1/14916. — **34** So E.M.: »Pathos und Glätte«. In: *Thüringische Landeszeitung Weimar*, 22.11.1975. Ähnlich äußerte sich A. K.: »Zwischen Nacht und Tag«. In: *Mitteldeutsche Neueste Nachrichten Leipzig*, 21.9.1975. — **35** Ernst Noffke (1903 Hamburg – 1973 Berlin), Lehrer und Volkswirt, 1921 SPD, 1923 KPD, 1933 über Holland in die UdSSR, Redakteur in der Verlagsgenossenschaft ausländischer Arbeiter, Ende 1937 verhaftet und Anfang 1938 wieder entlassen, im Krieg vor allem Arbeit für den Rundfunk und Antifa-Lehrer, 1952 Rückkehr in die DDR, Übersetzer und Hochschullehrer. Die Angabe in den meisten neueren Veröffentlichungen, dass er längere Zeit im Lager interniert und erst bei Kriegsausbruch »zurückgeholt« wurde (so z. B. Christa Uhlig: *Rückkehr aus der Sowjetunion: Politische Erfahrungen und pädagogische Wirkungen. Emigranten und ehemalige Kriegsgefangene in der SBZ und frühen DDR.* Weinheim 1998, S. 323), wird durch die Aufzeichnungen Weinerts widerlegt. — **36** So Joachim Giera: »Am Horizont der Sieg«. In: *Sächsische Zeitung Dresden*, 8.8.1975. — **37** Vgl. Gespräch mit Horst E. Brandt am 2.12.2002 und mit Wera und Claus Küchenmeister am 17.12.2002. — **38** So im Gespräch mit den Küchenmeisters. Außerdem spielten Kontakte mit Sepp Schwab und der Witwe Bredels eine Rolle. Li Weinert hingegen lehnte Drehbuch und Film ab. Sie befürwortete dagegen einen Dokumentarfilm (*Er könnte ja heute nicht schweigen*, 1975) über Weinert, der zur gleichen Zeit von den Küchenmeisters zusammen mit dem Dokumentarfilmregisseur Volker Koepp gemacht wurde. — **39** Über die Skatbrüderschaft von Weinert und Bredel gibt es lediglich in dem autobiographischen Jugendbuch von Weinerts Tochter eine Anspielung, vgl. Marianne Lange-Weinert: *Mädchenjahre*. 2. Tb.-Aufl. Dresden 1987, S. 205. In den Tagebuchaufzeichnungen Weinerts tauchen als regelmäßige »Skatbrüder« auch noch Anton Ackermann und Gustav Gundelach, ein Hamburger wie Noffke und Bredel, auf. — **40** Handschriftliche Notizen von Erich Weinert, 19. Juni (1941): »Abends Vorführung des Films *Trinadcat*, in dem ich die Rolle des Geologen synchronisiert habe«; Stiftung Archiv der Parteien und Massenorganisationen der DDR im BA NY 4065/33, Bl. 60RS. — **41** Vgl. Günter Rosenfeld: »Kultur und Wissenschaft in den Beziehungen zwischen Deutschland und der Sowjetunion von 1933 bis Juni 1941«. In: *Berliner Jahrbuch für osteuropäische Geschichte*. Bd. 1, 1995, S. 126 f. — **42** Schütt: *Kurt Böwe. Der lange kurze Atem* (s. Anm. 16), S. 195 f.

Klaus Honnef

Fotografen im Exil

An seinem 38. Geburtstag, am 18. Mai 1934, traf Martin Munkácsi in New York ein. Er war früher schon hier gewesen, hatte sporadisch für amerikanische Auftraggeber gearbeitet und dabei wichtige Kontakte geknüpft. Aber diesmal wusste er, dass er nicht mehr nach Deutschland zurückkehren würde. Denn in Deutschland war er, einer der berühmtesten und erfolgreichsten Fotografen seiner Zeit, der am besten bezahlte, wie er sich gerne rühmte, zur unerwünschten Person erklärt worden. Die deutschen Zeitungsverlage hatten sich rasch dem antisemitischen Druck der neuen nationalsozialistischen Machthaber gebeugt und die jüdischen Redakteure gefeuert. Und einer ihrer Nachfolger mit rechter Gesinnung und vermutlich entsprechendem Parteibuch bei Ullstein in Berlin schickte eine Reportage zum Thema Obst mit der bezeichnenden Bemerkung: »Das sind Bananen. Bananen sind keine arischen Früchte«[1] an den Fotografen zurück, die sein Vorgänger bei ihm bestellt hatte. Ein knappes Jahr zuvor hatte Munkácsi für eine Sonderausgabe der *Berliner Illustrirten Zeitung* desselben Verlages den so genannten »Tag von Potsdam« fotografiert; als der hinfällige Reichspräsident Paul von Hindenburg den von ihm ernannten Reichskanzler Adolf Hitler sozusagen hoffähig machte und auf der symbolischen Ebene das preußische mit dem nationalsozialistischen Deutschland versöhnte. Auch die Kolonnen der aufmarschierenden SA hatte er aufgenommen – mit professionellem Blick, also durchaus effektvoll. Seine persönliche Haltung geben die Bilder nicht preis.

Munkácsi war einer von vielen Fotografen, die gezwungen waren, Deutschland zu verlassen.[2] Er war jüdischer Herkunft, sein Vater hatte den ursprünglichen Namen Marmorstein (Mermelstein) in Munkácsi ändern lassen, und er war einer der bemerkenswert zahlreichen Fotografen, Filmer und Künstler, die im Südosten der einstigen österreichisch-ungarischen Monarchie geboren wurden. Um nur ein paar Namen zu nennen, die sich tief in die Geschichte der Fotografie, des Films und der Bildenden Kunst eingeprägt haben: László Moholy-Nagy, André Kertesz, Brassaï, Robert Capa (Andrej Friedmann), Michael Curtiz (Kertesz) und György Kepes. Aus der Sicht einer wissenschaftlichen Disziplin indessen, die das weitere Geschick von Künstlerinnen und Künstlern aller Medien und Gattungen erforscht, welche das nationalsozialistische Regime in die Emigration trieb, verkörpert Munkácsi einen sowohl symptomatischen als auch exemplarischen Fall.

Sein Ruf beschränkte sich nämlich nicht auf Deutschland, und seine Bilder wurden massenhaft verbreitet, wo es nur illustrierte Zeitschriften gab. Schon in Budapest war er sehr erfolgreich als Fotograf tätig gewesen, und nachdem er in die USA übergesiedelt war, setzte er seine phänomenale Karriere nicht weniger erfolgreich und mit noch größerer Resonanz als bisher fort – bis seine Art zu fotografieren dem Verdikt des Altmodischen verfiel. Er war so prominent, dass er im »Who is Who«[3] der »Deutsche(n) Kultur im Exil«, dem Buch *Escape to Life* von Klaus und Erika Mann, die ihrerseits Emigranten waren, Aufnahme fand als einer von lediglich drei Fotografen, wenn auch mit einer ziemlich gönnerischen Bewertung etikettiert: »Besonders zu erwähnen sind noch einige Photographen: Eisenstaedt, regelmäßiger Mitarbeiter und Mit-Herausgeber der vorzüglichen Zeitschrift *Life*; Frau Jacobi, New York, eine photographische Portraitistin ersten Ranges, und der sehr begabte Munkácsi.«[4] Die beiden anderen, Alfred Eisenstaedt und Lotte Jacobi, waren ebenfalls jüdischer Abstammung und hatten in Berlin, der eine als Fotoreporter, die andere als Studiofotografin, beträchtliches Renommee erworben. Alle, die Fotografen und der Künstler, waren, wenn auch zum Teil über Umwege, in die USA geflüchtet. Dass Eisenstaedt dennoch nie Mit-Herausgeber der legendären Zeitschrift *Life* gewesen ist, sondern einer ihrer Chef-Fotografen, haben die Manns offenbar nicht gewusst.

Die Eintragung der Geschwister wirft gleich mehrere Fragen auf. Auch wenn manche durch die besonderen historischen Umstände und individuelle künstlerische Vorlieben der Autoren zu beantworten sind, erregen sie nicht nur im Horizont der Exilforschung Interesse, sondern weit darüber hinaus. Warum führen sie bloß drei professionelle Fotografen auf neben dem zutreffend als »Lichtkünstler« charakterisierten Moholy-Nagy, einer Schlüsselfigur der experimentellen Variante moderner Fotografie, die als »Neues Sehen« in der einschlägigen Literatur firmiert? Und warum ausgerechnet diese drei und nicht einmal Dr. Erich Salomon, den gefeierten Meister der »candid camera«? Er fotografierte wie Munkácsi für die *Berliner Illustrirte*[5], war sein Kollege und Konkurrent, und wenigstens in der deutschen Öffentlichkeit schon damals eine lebende Legende. Ihn hatte der französische Außenminister Aristide Briand als »roi des indiscrets« apostrophiert. Den Schmähnamen trug er als Ehrenschild. Damals war es eine Sensation, die politische und gesellschaftliche Elite der Republik »in unbewachten Augenblicken«[6] fotografisch festzuhalten. Die Technik des »Schnappschusses« steckte noch in den Anfängen, und es bedurfte außerordentlichen Geschicks und erheblicher Fantasie, Menschen abzulichten, bevor sie sich in Pose werfen konnten. Auch Salomon musste flüchten, weil er jüdischer Abstammung war. Allerdings flüchtete er nicht in die USA – trotz verlockender Angebote des Zeitungstycoons Randolph Hearst. Den hatte er auf einer Reise nach Übersee besucht und in seinem »Xanadu« fotografiert. Salomon flüchtete in die

Niederlande. Eine Entscheidung, die ihn das Leben kosten sollte. Dort spür-
ten ihn die Nazis nach der Okkupation des Landes auf und brachten ihn
nach Auschwitz. Merkwürdig ist sein Fehlen bei der Aufzählung von erwäh-
nenswerten Fotografen auch deshalb, weil Klaus Mann zunächst ebenfalls in
den Niederlanden Zuflucht gesucht und dort mit der Gründung einer Exil-
zeitschrift seinen Feldzug gegen das Naziregime begonnen hatte.

Womöglich ist das Übersehen Salomons nur ein Zufall oder einer verständlichen Vergesslichkeit geschuldet. Das Medium Fotografie stand ohnehin nicht im Focus des Blickfeldes der Autoren. Wahrscheinlich haben sie
die heftig geführte Debatte der künstlerischen Avantgarde über die Rolle der
Fotografie und des Films in den visuellen Künsten während der »roaring
twenties« in Deutschland kaum registriert, falls überhaupt. Außerdem wäre
es ihnen wie wohl auch den meisten Literaten und Geisteswissenschaftlern
nicht im Traum eingefallen, professionellen Fotografen eine besondere ästhetische Bedeutung zuzubilligen. Ausnahmen waren Siegfried Kracauer, Walter Benjamin, Alfred Döblin, Thomas Mann, Kurt Tucholsky und Hermann
Hesse. Kaufleute, Banker, Handwerker und Arbeiter werden ja auch nicht
im Register der Kultur berücksichtigt. Produzierten nicht die Fotografen sozusagen automatisch Bilder am Fließband, indem sie lediglich auf den Aus-
löser einer Maschine drückten, Bilder über die Nichtigkeiten des Daseins
oder solche, die der Reklame dienten? Bilder auf Zeitungsseiten, in die man
am nächsten Tag bereits den Fisch einwickelte? Nichts als Spekulationen
natürlich – schon deshalb, weil niemand den Manns kulturellen Snobismus
vorzuwerfen vermag. Das widerlegt schon ihre Leidenschaft für die »Kleinkunst«, das Varieté und das Kabarett.

Gleichwohl fällt auf, dass sich von ihrer nichtsdestoweniger partiell einseitigen Sicht ein direkter Faden zur Perspektive der etablierten Exilforschung
fortspinnt. Denn das Schicksal der Fotografinnen und Fotografen unter den
Vertriebenen und denen, die sich aus eigenem Willen zur Auswanderung
entschlossen, erfreute sich bis zum Ende des letzten Jahrhunderts einer nur
geringen oder überhaupt keiner Aufmerksamkeit; jedenfalls gemessen an den
Erfahrungen der Schriftsteller, Wissenschaftler, Künstler. Dabei ist ihr Verlust für die Bildkultur in Deutschland, und nicht bloß für die Fotografie,
exorbitant. Andererseits sollten aber auch nicht die Hindernisse verschwiegen werden, die einer Exploration der komplexen fotografischen Zusammenhänge aus den unterschiedlichsten Gründen objektiv entgegenstehen.
Eine der Ursachen liegt zweifellos im Fehlen einer umfassenden Geschichte
des Mediums; einer Geschichte notabene, die sich nicht auf die ästhetisch-
künstlerische Problematik beschränkt, sondern die massenmedialen und
technischen Aspekte der Fotografie gebührend berücksichtigt.

Ein besonderes Moment verleiht der knappen Liste der publizierenden
Geschwister eine nur scheinbar nebensächliche Signifikanz. Alle genannten

Fotografen und auch der erwähnte Lichtkünstler stammen aus jüdischen Familien. Deren Verhältnis zur jüdischen Religion war allerdings von unterschiedlicher Intensität. Manche waren sogar vollkommen weltlich eingestellt, hatten die überlieferten religiösen Verbindungen aufgegeben. Es ist eine der vielen fatalen Erbschaften des Nationalsozialismus, seine rassisch-ideologischen Kategorien nach wie vor auf Menschen anwenden zu müssen, die diese Zuschreibungen zumindest vor ihrer Stigmatisierung strikt abgelehnt hätten. Ungeachtet dessen spiegelt die verkürzte fotografische Liste in *Escape for Life*, wie fragwürdig sie auch immer ist, ziemlich verlässlich den überproportional hohen Anteil von Repräsentanten jüdischer Herkunft gerade an der professionellen Fotografie wider; das gilt nicht allein für das Deutschland der Weimarer Republik. Ihr Anteil im Rahmen der Fotografie war sicherlich höher als beim Film und beim Theater. Eine schlüssige Erklärung, warum die professionelle Fotografie, eine noch junge Berufssparte, kreative Geister jüdischer Herkunft in besonderem Maße angezogen hat, gibt es nicht. Kann es vermutlich auch nicht geben, will man sich nicht in die Niederungen einer dubiosen »Völkerpsychologie« verstricken. Eine Quelle für die unbezweifelbare Anziehungskraft der Fotografie mag ihr damals noch ungefestigter Status innerhalb der Hierarchie der Bildkünste gewesen sein: ein mechanisches Medium ohne fest gefügte Konventionen. Vor allem auf junge Menschen mit rascher Auffassungsgabe und einiger Risikobereitschaft, deren sozialer Status aufgrund ihrer Abstammung nicht minder prekär war, übte sie eine starke Attraktion aus. Fast alle repräsentierten den fortschrittlichen Geist der Moderne, offen für das Neue, das eine bessere Zukunft verhieß. Ähnliches lässt sich auch für die Fotografinnen behaupten. Beinahe von Beginn an haben Frauen in der Fotografie eine beherrschende Rolle gespielt, und eine Geschichte des Mediums ohne die herausragende Leistung der Fotografinnen wäre so unvollständig wie eine Kamera ohne Optik.

Dennoch wäre es absurd, aus der Vielzahl von Fotografinnen und Fotografen jüdischer Herkunft im Medium Fotografie, das sich in dieser Zeit endgültig aus dem Banne der Malerei befreite und eine eigenständige Ästhetik entwickelte, auf so etwas wie eine »jüdische« Bildsprache zu schließen. Die Nazis haben das getan, um die Vertreibung mit dem fadenscheinigen Argument einer »un-deutschen« Überfremdung zu versehen. In seinen Anmerkungen zum Thema *Juden in der Fotografie* gelangt der amerikanische Fotokritiker A. D. Coleman dessen ungeachtet zu dem nüchternen Resümee: »Es gibt (...) nichts, woran man Fotografien unterscheiden könnte, die Menschen jüdischer Abstammung gemacht haben – unmöglich, eine ›jüdische Fotografie, daran zu erkennen, wie sie aussieht, welches Thema sie hat, welcher Strategie sie bei der Darstellung des Gegenstands folgt oder wie diese Strategie mit dem Inhalt zusammenhängt. Jede einheitliche Feldtheorie jüdischer Fotografie ist schon im Ansatz zum Scheitern verurteilt.«[7]

Wie unsinnig die Vorstellung einer spezifisch jüdischen Fotografie ist, demonstrierte N. Nissan Perez, Kurator für Fotografie des Museums in Jerusalem, schlagend, als ich ihn bei meinen Recherchen im Zuge der Vorbereitung zur Ausstellung *Und sie haben Deutschland verlassen ... müssen* (1997) aufsuchte. Die Ausstellung war ein erstes Unterfangen, die rudimentäre Liste von Klaus und Erika Mann zu vervollständigen und die Exilforschung um ein fotografisches Kapitel zu ergänzen. Perez zeigte mir eine Handvoll fotografischer Bilder von jungen, kräftigen Männern in kurzen Hosen aus leichter Untersicht. In meinen Augen hätte es sich um Mitglieder der Hitlerjugend bei einer paramilitärischen Übung handeln können. Er deckte auf einer Aufnahme die rechte obere Ecke ab, und wollte wissen, wen ich für den Autor halte. Wäre es nicht unmöglich gewesen, hätte ich auf Leni Riefenstahl, des »Führers Auge«, wie sie einer ihrer kritischen Biographen apostrophierte, getippt. Doch im abgedeckten Bildviertel flatterte unverkennbar die spätere israelische Flagge, und Jakob Rosner, bis zum Jahr 1936 in Deutschland zu Hause und offenbar mit der avancierten Fotografie vertraut, war der Urheber der Bilder. Die Aufnahme vergegenwärtigte auch kein deutsches *Jungvolk*, sondern in Palästina geborene Juden, so genannte *Sabres*.

Jedoch erklärt dies alles nicht hinreichend, warum die vertriebenen Fotografen in der Exilforschung bislang eine untergeordnete Rolle gespielt haben. Die Vernachlässigung ist umso erstaunlicher, als das Bedürfnis, sich die sichtbare Welt über die Vermittlung gedruckter Bilder zu erschließen, seit Ende des Ersten Weltkriegs rasant anstieg. Gemeinsam mit dem Film dehnte die Fotografie ihren Einfluss auf die kollektive Vorstellung in einer Weise aus, die kein Bildmedium vorher besessen hat. Die technischen Möglichkeiten, dem wachsenden Bildhunger Rechnung zu tragen, waren vorhanden, und der Krieg hatte sie enorm beschleunigt. Das Bild überflügelte das Wort im Wettstreit um das bevorzugte Informationsmittel. Als der Schatten der Weltwirtschaftskrise auf das Land fiel und das Verlangen nach Ablenkung und Unterhaltung zunahm, erreichte in Deutschland die Illustrierte Presse Rekordauflagen. Die Auflage der *Berliner Illustrirte* schoss auf 1,75 Millionen Exemplare, und die »Auflage der 15 populärsten Illustriertentitel stieg zwischen 1927/28 von 3,5 auf 5,3 Millionen Exemplare.«[8] Während die meisten Branchen ihre Mitarbeiter in die Arbeitslosigkeit entließen, eröffnete die schillernde Glitzerwelt des Journalismus ein expandierendes Betätigungsterrain ohne festgezurrte Vorschriften und eingeschliffene Traditionen, passend für Risikobereite. Ist es vielleicht die irrlichternde Position der Fotografie zwischen Kommerz und Avantgarde, die eine intensivere Beschäftigung der Exilforschung mit ihren vertriebenen Repräsentanten verhindert hat? Doch in der Literatur und im Film sind die Voraussetzungen vergleichbar.

Was die einzelnen Fotografen anbetrifft, die sich unfreiwillig oder aus anderen Motiven für das Exil entschieden, bereiten die unterschiedlichen Nationalitäten sicherlich noch zusätzliche Schwierigkeiten, ihre Situation genauer zu definieren. Viele waren schon Emigranten, ehe sie wiederum vertrieben wurden. Nicht wenige erlitten die schlimme Erfahrung ein drittes Mal, als sie vor den siegreichen Truppen des nationalsozialistischen Deutschland aus Frankreich oder den Niederlanden fliehen mussten. Sie waren aus der Sowjetunion und aus Ungarn nach Deutschland gekommen, weil ihr Leben bedroht oder ihnen die heimischen Verhältnisse zu eng geworden waren. Je nach ihrer politischen Einstellung hatten sie das Missfallen der linken oder rechten Machthaber auf sich gezogen, die nach dem Zusammenbruch der politischen Systeme im Osten und Südosten Europas die politische Herrschaft ausübten – oder umgekehrt. Als ausgesprochen politisch schätzte sich kaum jemand ein. Über die Hälfte der Fotografen, die in Berlin und anderswo gearbeitet oder am Bauhaus in Weimar und in Dessau gelehrt und studiert hatten und später ins Exil getrieben wurden, war außerhalb der deutschen Grenzen geboren worden. In Deutschland waren sie also bereits Fremde. Einige lernten es nie, die Klippen der deutschen Sprache zu meistern – kein großes Problem in ihrem Metier. Zum Fotografieren bedarf es anderer Talente als ausgefeilter Sprachkenntnisse. Was sie angelockt hatte, war das offene kulturelle Klima im Berlin der Weimarer Republik. Nach Überwindung der verheerenden Inflation prosperierte das geschlagene Deutschland dank ausländischer, vornehmlich amerikanischer, Kredite auch auf wirtschaftlichem Gebiet. Die politischen Widersprüche, die im Sog der militärischen Niederlage bürgerkriegsartige Auseinandersetzungen heraufbeschworen, hatten sich vorübergehend entschärft und schufen allenfalls produktive Spannungen. Und die Berufe um die aufblühende Vergnügungsindustrie mitsamt den technischen Medien Fotografie und Film boten aufgeweckten jungen Menschen reiche Betätigungsmöglichkeiten.

Im Unterschied zu den einzelnen Schulen der Malerei war die Fotografie darüber hinaus vom Einfluss nationalspezifischer idiomatischer Eigenheiten weitgehend frei. Sie war gewissermaßen eine »lingua franca« im Reich der Bilder und aufgrund ihrer technischen Verfasstheit auch resistent gegenüber stilistischen Eingriffen. Anstelle eines individuellen Stils trat eine technische und durch den fotografischen Gegenstand vermittelte Sicht. Sprachbarrieren behinderten die Fotografen – anders als die Literaten und Geisteswissenschaftler und, wenngleich in geringerem Maße, die Maler (und Musiker) – bei Ausübung ihrer Tätigkeit nicht. Da die schnellen Kleinbildkameras, die der fotografischen Ästhetik in den 20er Jahren im Verbund mit den lichtempfindlicheren Filmen eine die Bildsprache verändernde Wendung gaben, auch noch die praktischen Voraussetzungen für die uneingeschränkte Mobilität der Fotografen beförderten, waren sie ständig unterwegs und selten in

Versuchung, Wurzeln zu schlagen. Allein ihre Mobilität setzte sie in den Stand, den ungeheueren Bedarf der Illustrierten Presse nach frischen Bildern zu stillen. Munkácsi rühmte sich, bei seinen zahlreichen Reisen sämtliche modernen Verkehrsmittel ausprobiert zu haben, um problemlos nationale und selbst kontinentale Grenzen zu überwinden. Wenn Siegfried Kracauer, seinerseits Exilant, in der Einführung seiner *Theorie des Films* die Fotografie im Kielwasser von Marcel Proust als »das Produkt völliger Entfremdung«[9] und die Fotografen als im Kern unbeteiligte Beobachter, Zeugen und Fremde der fotografisch fixierten Situationen und Ereignisse charakterisiert, kennzeichnet er zwar ein substanzielles Element fotografischer Ästhetik. Zugleich liefert er aber auch eine ziemlich plausible psychologische Erklärung dafür, dass die Mehrzahl der vertriebenen Fotografinnen und Fotografen die Herausforderungen des Exils leichter schulterten als die meisten Schriftsteller und sich auch schneller assimilierten. Die erworbene Fähigkeit, sich anpassen zu können, hatte auch zur Konsequenz, dass die Überlebenden nach der Kapitulation des »Dritten Reiches« nicht daran dachten zurückzukehren – ebenfalls ein Gesichtspunkt, der das Defizit der Exilforschung hinsichtlich der Fotografie zu erklären vermag. Der verwendete Apparat sorgte für Distanz zu den Objekten fotografischer Darstellung und unterband eine tiefere psychische Verwicklung: ein Blickwinkel, der aber nicht unbedingt zur Gleichgültigkeit verurteilt. Deshalb präzisierte der Filmtheoretiker seine Thesen und beschrieb in seinen historischen Reflexionen die genuin fotografische Einstellung als eine Mischung aus Einsicht und Einfühlung, als Ausdruck einer empathischen Haltung. Mit dem problematischen Begriff der Einfühlung sollte Empathie nicht verwechselt werden.

Die nahe liegende Ansicht, Kracauers Einschätzung ziele in erster Linie auf die fotografischen Reporter, ist nicht stichhaltig. Sie passt auf die Fotografie generell, eingeschlossen die Studiofotografen wie Lotte Jacobi und Suse Byk. In ihren mondänen Ateliers am Kurfürstendamm in Berlin hatten sich die Berühmtheiten von Theater und Film, von Gesellschaft und Demimonde die Klinke in die Hand gegeben. Aus dem Kreis der Studiofotografen, die sich in der Regel mit dem Porträtieren befassten, rekrutierten sich bald darauf die Vertreter der sich ausbreitenden Mode-, Architektur- und Werbefotografie wie Yva (Else Ernestine Simon geb. Neulaender), die in Majdanek ermordet wurde, Erwin Blumenfeld und Werner Mantz. Begreiflicherweise waren sie, durch schweres Gerät wie Plattenkameras und Beleuchtungskörper belastet, sesshafter als die Reporter mit ihren Kleinbildkameras. Wer sich ihre Biographien genauer anschaut, entdeckt auch darin häufig ein nomadisches Temperament, eine quecksilbrige Unruhe, die synonym ist mit einer extremen »Empfänglichkeit« (Volker Breidecker) für die phänomenologische Flüchtigkeit der sich voll entfaltenden Moderne. Diese Eigenschaften prädestinierten für eine avancierte Fotografie: jene Form des Mediums, die beinahe im Rhythmus der Mode ihren Darstellungsmodus wandelte und trotz oder gerade wegen ihres außerordentlichen Erfolgs beständig unter ästhetischem Legitimationsdruck stand. Daher überrascht es nicht weiter, dass die herausragenden Fotografinnen und Fotografen durchweg dem Milieu sozialer Aufsteiger angehörten. Entweder hatten ihre Eltern den gesellschaftlichen Aufstieg schon vollzogen oder sie nahmen ihn selber durch ihr berufliches Handeln in die Hand. Die Bereitschaft, beständig den Ort zu wechseln, war ihr immaterielles Rüstzeug. Sogar die Studiofotografen verhielten sich relativ flexibel. Zug um Zug näherten sie sich in Berlin durch häufigen Ortswechsel dem vornehmen Zentrum im Westen der Stadt mit den stattlichen Modehäusern, den pompösen Kinos und den Nobelateliers. Erst die Niederlassung hier signalisierte deutlich sichtbar den beruflichen Erfolg. Einige der Reporter-Fotografen hatten sich auch in konventionellen Berufen betätigt, mit mehr oder minder gutem Ergebnis. Manche hatten ein wissenschaftliches Studium absolviert, bevor sie sich auf Seiten der Fotografie engagierten. Die allerwenigsten verfügten über eine fotografische Ausbildung. Obwohl gerade die fortschrittlichen Köpfe unter den Fotografen beruflichen Erfolg hatten, konnten nicht alle, die mit einer Kamera hantierten, die Aufmerksamkeit der Öffentlichkeit in gewünschtem Ausmaß auf sich lenken und sich als Fotografen nachhaltig etablieren. Entsprechend schwache Spuren haben sie hinterlassen. Demnach ist es nicht verwunderlich, dass überwiegend von den Erfolgreichen die Rede ist. Doch auch die Bedeutung von Suse Byk, Chefin eines der angesehensten Studios am Kurfürstendamm, bezeugen nur rund ein Dutzend recht unwesentliche Aufnahmen sowie die Reproduktionen in den verbreiteten illustrierten Magazinen. Denn das Archiv, das ihre Schülerin Liselotte Strelow übernahm, im Sprachgebrauch der Nazis »arisierte«, löschte ein »Volltreffer« bei einem Bomberangriff aus. Eine große Zahl von Fotografen hat man auch einfach vergessen, auf Zeit oder auf Dauer: entweder, weil sie nach der Vertreibung das Fotografieren aufgaben und sich neuen Aufgaben widmeten wie Marianne Breslauer und Gerda Leo oder weil sie sich wie Hilde Hubbuch in fotografischen Gattungen bewährten, die lange als minderwertig erachtet wurden. Auf sie erstreckt sich die ästhetische Rehabilitation der Fotografie in der zweiten Hälfte des 20. Jahrhunderts (noch) nicht.

Wie facettenreich die Aspekte im fotografischen Kapitel der Emigration aus Deutschland sind, zeigt sich nicht nur an den verschiedenen Biographien der Betroffenen. Diese differenzieren sich außerdem nach Berufsfotografen und Künstlerfotografen und Künstlern wie Moholy-Nagy, Herbert Bayer, Kepes und Moshé Raviv-Vorobeichic (Moi Ver) fiel es schwerer, im fremden Land Fuß zu fassen, als den Berufsfotografen. Es zeigt sich vor allem daran, dass gerade die Erfolgreichen unter den Fotografen mit dem Umstand ihrer Vertreibung äußerst ambivalent umgegangen sind und in ihren Äußerungen zum

Thema verharmlosende Umschreibungen vorgezogen haben – womöglich auch, weil sie sich assimiliert hatten und sich lieber in die Tradition französischer oder amerikanischer Fotografie einreihten als in die deutsche.

Es gab auch einige Fotografen, die aus rein persönlichen Motiven ausgewandert sind. »Aus rein künstlerischen Gründen« kehrte Ilse Bing 1931 dem Deutschen Reich den Rücken, um in Frankreich die Erfüllung ihrer künstlerischen Träume zu finden; aus Weitsicht richtete Werner Mantz, weithin bekannter Architekturfotograf aus Köln, lange bevor Hitler zum Reichskanzler ernannt wurde, eine Dependance im niederländischen Maastricht ein und emigrierte ein Jahr vor Ausbruch des Zweiten Weltkrieges für immer; und auch die Emigration Erwin Blumenfelds und Germaine Krulls bereits zu Beginn der 20er Jahre weist Hintergründe auf, die mit nazistischer Verfolgung, sei es aus rassistischen, sei es aus politischen, sei es aus künstlerischen Motiven, nichts zu tun haben: Die eine hatte sich während der verfehlten deutschen »Revolution« allzu intensiv mit den Kommunisten eingelassen und der andere das preußische Deutschland restlos satt.

Schließlich erschwert das Problem, dass sich eine ganze Reihe der Vertriebenen erst nach ihrer Flucht der fotografischen Praxis zugewandt hat, eine systematische Bestandaufnahme der *Fotografie im Exil*.[10] Unter ihnen Blumenfeld, der Meisterfotograf, Georg Reisner und Hans Namuth, der bei Reisner lernte, der Maler Walter Bondy, den es nach Südfrankreich verschlug, wo sich viele der deutschen Schriftsteller vorläufig angesiedelt hatten. Den Feuilleton-Redakteur Walter Zadek brachte die Erkenntnis, mit seiner ursprünglichen Beschäftigung den Lebensunterhalt nicht mehr verdienen zu können, auf das Fotografieren. Sie waren keine Fotografen aus Berufung, dennoch entwickelten sie sich zu Spitzen ihres Fachs. Die Reporter Capa und Gerta Taro erlangten ihre Reputation im Spanischen Bürgerkrieg; in Berlin hatte der Fotograf durchweg fast nur Labordienste geleistet und war selten mit fotografischem Auftrag ausgeschickt worden.

Von den professionellen Fotografen mit Ehrgeiz und gutem Ruf orientierten sich nahezu alle bei ihrer Flucht in den Jahren 1933 bis 1936 nach Westen. Durch willkürliche Gesetze und die Gleichschaltung der Kultur hatten die Nazis den jüdischen Fotografen die Erlaubnis zu arbeiten entzogen. Die meisten wählten als Zufluchtsort vorderhand nicht die USA, sondern eine Zwischenstation – Frankreich oder Großbritannien. Verschiedene Erwägungen veranlassten sie dazu: In beiden Ländern boten sich für sie, wenngleich eingeschränkt, Möglichkeiten einer professionellen oder halb-professionellen beruflichen Praxis, an die man mit einiger Cleverness gelangen konnte; ohnehin waren etliche durch veröffentlichte Bilder bekannt; beide Länder waren außerdem nicht allzu weit vom früheren Tätigkeitsfeld entfernt, so dass die einstigen Kontakte auch nicht gänzlich abrissen; und falls der Nazispuk, wie viele glaubten, rasch verschwinden würde, war eine sofortige Rückkehr ohne großen Aufwand zu bewerkstelligen. Zudem verfügten beide Länder auch über eine recht vielfältige Illustriertenlandschaft, die durch die Emigranten noch bereichert wurde. *Picture Post*, bald eine der populärsten illustrierten Zeitschriften Großbritanniens, war eine ihrer Gründungen. Stefan Lorant, einst Chefredakteur der *Münchner Illustrierten*, die manchmal der Berliner Konkurrenz ohne »e« den Rang ablief, freilich nicht in puncto Auflage, hatte die gleiche Funktion bei der *Picture Post* inne. Die bedeutenden Fotografen Kurt Hübschmann alias Kurt Hutton sowie Felix H. Man, eigentlich Hans Felix Sigismund Baumann, waren schon vor ihm in London eingetroffen, als er noch inhaftiert war. Man, der in der *Münchner Illustrierten* 1931 eine so eindrucksvolle wie zwiespältige Reportage über Mussolini veröffentlicht hatte, wählte das Exil aus politischer Überzeugung und freien Stücken. Die Entscheidung für den europäischen Westen erleichterte zudem das Wissen, dass es in den Vereinigten Staaten von Amerika für fotografische Reporter zu Beginn der 30er Jahre noch keine angemessenen Herausforderungen gab. Die erste Nummer von *Life*, einer Illustrierten nach deutschem Vorbild, an deren Planung der einstige Chefredakteur der *Berliner Illustrirten* Kurt Korff beteiligt gewesen ist, erschien erst im November 1936. *Life* öffnete dann den Markt für weitere Blätter. Munkácsi, der versierte Reporter, verlagerte seine Aktivität demzufolge auch auf das erheblich lukrativere Territorium der Modefotografie. In den USA setzten Werbe- und Modefotografie die kommerziellen Standards, bevor der fotografische Journalismus gleichzog.

Nachdem sich allerdings im Laufe der Zeit die Befürchtung, der Nationalsozialismus werde keine Episode sein, zur Gewissheit verdichtete, konzentrierte sich die Hoffnung der ambitionierten Fotografen verstärkt auf New York. *Life* hatte sich inzwischen als Erfolgsstory entpuppt, und die Werbebüros der Madison Avenue profitierten zunehmend vom wirtschaftlichen Aufschwung im Windschatten des *New Deal*. Zahlreiche Emigranten wie die Philosophin Hannah Arendt erinnerte die amerikanische Metropole der Ostküste an das Berlin, das sie kannten. Und die fotografischen Aufnahmen, die Andreas Feininger, Ilse Bing und Lotte Jacobi von der Skyline Manhattans realisierten, künden von einer Mischung aus Sehnsucht und Erwartung. New York entpuppte sich für die jüngeren unter den Fotografen als ebenso wirksames Sprungbrett, wie es für die älteren Berlin gewesen war. Auch eine Reihe derjenigen, die wie Horst und Blumenfeld in Paris ihrer Profession nachgingen, handelte auf Order amerikanischer Magazine: *Vogue* oder *Harpers Bazaar*. Ihre berufliche Abhängigkeit erwies sich glücklicherweise als eine Art Nabelschnur, die sie in die USA rettete.

Wer sich nicht mit dem kapitalistischen Westen befreunden konnte, peilte wie John Heartfield Prag an oder schlug sich wie Eva Siao an der Seite ihres Mannes über Skandinavien und die Sowjetunion nach China durch.

Sie war nicht die Einzige. Über das Meer gelangten vereinzelte Flüchtlinge wie Heinz Gert Friedrichs nach Shanghai. Die seinerzeit relativ unabhängige Großstadt verlangte den Einwanderern keine Eintrittsvisa ab. Zwar waren die Lebensumstände denkbar schwierig, und die japanischen Besatzer pferchten die jüdischen Emigranten nach der Eroberung Shanghais in ein Getto, doch sie überlebten ohne direkte Lebensbedrohung. Aber lediglich Friedrichs gelang es, sich als Pressefotograf eine einigermaßen stabile Karriere aufzubauen. Der fotografische Anfänger Helmut Newton – bei Yva hatte er gelernt – flüchtete über Singapur nach Australien, und auch nach Neuseeland[11] und Südafrika kämpfte sich eine Handvoll Fotografen durch. Grete Stern und Gisèle Freund, die nach dem deutschen Sieg im Frankreichfeldzug nicht in Paris bleiben konnten, brachten sich auf dem amerikanischen Subkontinent in Sicherheit.

Wie viele der Fotografen die stalinistische Sowjetunion als Zufluchtsland ansteuerten, ist unklar. Viele waren es – soweit erkennbar – nicht. Obwohl zu vermuten steht, dass einige fotografische Mitarbeiter der *Arbeiter-Illustrierten*, die jedoch in der Mehrzahl keine professionellen Fotografen gewesen sind, nach der Zerschlagung der tschechoslowakischen Republik, wo die *Arbeiter-Illustrierte* bis zur Einstellung erschien und Heartfield seinen »Ein-Mann-Kampf« gegen Hitler führte, in die UdSSR flohen. Vielleicht bewahren die russischen Archive noch Geheimnisse, die zu lüften sind.

Nach wie vor »terra incognita« ist die Fotografie Israels. Dabei war Palästina für die Fotografen jüdischer Herkunft, von denen sich eine Menge, teilweise durch die verschärften Lebensbedingungen in Deutschland provoziert, zum Zionismus bekannten, eine echte Alternative zu den USA. Tim Gidal (Nahum Tim Ignaz Gidalewizsch), der kein Zionist war, hatte sich im Jahre 1930 als freier Mitarbeiter der Berliner Agentur *Dephot*, bei der auch Man, Hübschmann und Capa unter Vertrag waren, nach Palästina eingeschifft und über den eskalierenden Konflikt zwischen Juden und Arabern im nahöstlichen Territorium unter britischer Verwaltung berichtet. Auf der Folie der traditionellen jüdischen Kultur im Osten Europas wirkte Palästina vornehmlich für die von den Ideen des Fortschritts beflügelten Fotografen wie ein Land der Hoffnung; ein Land, wo sie ihre Vorstellungen der Moderne, wenn Deutschland ihnen schon die Existenz bestritt, verwirklichen konnten. Aber nur wenige votierten wie der überzeugte Zionist Raviv-Vorobeichic schon vor dem Machtwechsel im Deutschen Reich für Palästina. Helmar Lerski, Beleuchter, Kameramann beim Film und anschließend Fotograf sowie Autor des Buches *Köpfe des Alltags*, hielt sich in Palästina auf, als Hitler zum Reichskanzler ernannt wurde. Er hatte an seinem Projekt *Jüdische Köpfe* gearbeitet. Nach dem Machtantritt Hitlers und mit dem kontinuierlichen Ausbau der Nazi-Diktatur folgten ihnen zahlreiche Fotografen: solche, die sich bereits einen Namen gemacht hatten, und die jüngeren, die sich noch nicht profiliert hatten. Der schöpferische Aderlass für die Fotografie in Deutschland war immens. Eine nur unvollständige Aufzählung der bekanntesten Lichtbildner veranschaulicht dies: Naftali Avnon, Alfred Bernheim, Walter Christeller, Erich Comeriner, Richard Levy Errell, Sonia Gidal, ihr Ex-Mann Tim, Zoltan Kluger, Erich Mendelsohn – als avantgardistischer Architekt erlangte er mit seinem Buch *Amerika, Bilderbuch eines Architekten* (1926) und eigenen Aufnahmen der Wolkenkratzer ungeheueren Einfluss auf die Ästhetik des »Neuen Sehens« –, Charlotte Meyer, Hans Chaim Pinn, Rosner und Rudi Weissenstein. Zusammen mit den Fotografen, die in Israel das Handwerk erlernten, schufen sie – zumeist von zionistischen Agenturen beauftragt – die visuellen Bausteine für den Gründungsmythos des Staates Israel: ein kollektives Bildepos von außergewöhnlicher Wucht. Den mühsamen Aufbau des Landes, die Auseinandersetzung mit der britischen Mandatsmacht und die blutigen Erhaltungskriege schildern die fotografischen Bilder und summieren sich zum außerordentlichen Reservoir nationaler Selbstdefinition. Was die Fotografie des amerikanischen Bürgerkriegs im 19. Jahrhundert für die US-Amerikaner ist, ein Fundus, aus dem sie ihre Identität als Nation erfahren, könnten diese Bilder für die Israelis sein – sie sind es aber nicht. Eine systematische Erfassung des Bilderbergs mit enzyklopädischem Gewicht hat niemand angestrebt, und so befinden sich die Bilder verstreut in den Archiven der Agenturen oder ihrer Rechtsnachfolger, in den Sammlungen der Museen, in den Unterlagen der Fotografen oder sie sind unwiederbringlich verloren.[12] Eine bittere Pointe der Geschichte: Die deutsche Fotografie, das fotografische Erbe des Landes, das sie vertrieben hat, ist ebenfalls aus Mangel an öffentlicher Sorgfalt in alle Welt verstreut worden, und wer sich darüber informieren will, vermag das am besten in den USA.

1 *Aperture Monograph Munkácsi*. New York, S. 7 — **2** Klaus Honnef, Frank Weyers: *Und sie haben Deutschland verlassen ... müssen. Fotografen und ihre Bilder 1928 – 1997.* Köln – Berlin 1997. (= Ausstellungskatalog) — **3** Klaus und Erika Mann: *Escape to Life – Deutsche Kultur im Exil.* Hamburg 1996. Klappentext / Rückseite. — **4** Ebd., S. 255. — **5** Beide wie auch die Fotografen sonst waren nicht exklusiv an eine Illustrierte Zeitschrift gebunden, auch nicht ausschließlich an einen Verlag, hatten aber ihre Bilder zunächst den Häusern anzubieten, die sie beschäftigten. — **6** Anspielung auf Erich Salomons legendären Bildband *Berühmte Zeitgenossen in unbewachten Augenblicken*, der 1931 in erster Auflage erschien. Leicht veränderter Nachdruck, München 1978. — **7** A. D. Coleman: »Keine Bilder. Anmerkungen zum Thema Juden in der Fotografie.« In: *Übersee. Flucht und Emigration österreichischer Fotografen 1920 – 1940.* Hg. von Anna Auer und Kunsthalle Wien. Wien 1998, S. 26 f. — **8** *Deutsche Fotografie. Macht eines Mediums 1870 – 1970.* Hg. von der Kunst- und Ausstellungshalle der Bundesrepublik Deutschland in Zusammenarbeit mit Klaus Honnef, Rolf Sachsse und Karin

Thomas. Köln 1997, S. 84. — **9** Siegfried Kracauer: *Theorie des Films.* Frankfurt/M. 1964, S. 84. — **10** So lautet der ursprüngliche Titel der Ausstellung *Und sie haben Deutschland verlassen ... müssen* in Bonn. Auf politischen Druck wurde er geändert. — **11** Nach Eröffnung der Ausstellung *Und sie haben Deutschland verlassen ... müssen* erreichte die Veranstalter ein empörter Brief aus Neuseeland mit dem Hinweis, es sei nachgerade typisch für die westliche Arroganz, dass Neuseeland vergessen werde. Dabei hatten sie im Handbuch zur Ausstellung unmissverständlich eingeräumt, dass sie ihr Fotografenlexikon als unabgeschlossen betrachteten und für jede weiterführende Information dankbar seien. Vgl. auch den Forschungsüberblick in: Irme Schaber: »Fotografie«. In: Claus-Dieter Krohn, Patrik von zur Mühlen, Gerhard Paul, Lutz Winckler (Hg.): *Handbuch der deutschsprachigen Emigration 1933–1945.* Darmstadt 1998, S. 970–983. — **12** Nur durch die unermüdliche Recherche der israelischen Künstlerin Pesi Girsch kam die einzigartige Übersicht über die israelische Fotografie der frühen Jahre und der ersten Kriege, welche die Nation führen musste, um ihre Unabhängigkeit zu sichern, zustande. Realisiert wurde die israelische Fotografie, soweit ich sehe, ausschließlich von Einwanderern aus Europa, aus Deutschland und Österreich in erster Linie. In Israel hatte man sich zuvor niemals um eine solche Darstellung bemüht. Die meisten der Bilder befinden sich wieder bei den Ausleihern, ein paar, die Girsch von verfügbaren Negativen neu geprintet hatte, übergab sie nach Ende der Ausstellung *Und sie haben Deutschland verlassen ... müssen* in Bonn, ihrer einzigen Station, an ein israelisches Archiv mitsamt den von ihr gesammelten Dokumenten. So gab eine Ausstellung über die Exilfotografie in Deutschland zum ersten und bislang einzigen Mal einen kompakten Einblick in die weithin unbekannte, gleichwohl bisweilen grandiose Fotografie Israels.

Anna Auer

Die Geschichte der österreichischen Exilfotografie

Anfang April 2003 wurde in Wien ein Sammelband über die österreichische Exilforschung vorgestellt.[1] Das Themenspektrum reicht von der Geschichte der Exilforschung über die verschiedenen Wissenschaftsbereiche und die Dokumentation einzelner Forschungsprojekte bis zu den diversen Vermittlungsformen. Erfreulicherweise wird darin auch die Filmexilforschung behandelt, wenngleich die Autoren bedauern, dass die Auseinandersetzung mit diesem Sujet erst relativ spät erfolgt ist. Sie schreiben: »Gemessen an der Rolle, die das Kino hierzulande im öffentlichen Bewußtsein spielt, verwundert es nicht, daß der Film, wie stets, zuletzt kam.«[2]. Umso mehr hat es mich überrascht, dass die österreichische Exilfotografie in diesem Werk völlig ausgespart geblieben ist. Woran mag das wohl liegen, wenn im Jahre 2003 die Existenz der österreichischen Exilfotografie vollkommen übergangen wird?

Ein Blick zurück: Wollte man sich zum Beispiel im Jahre 1980 über die österreichische Fotografie informieren, so stand einem zwar das international anerkannnte, zweibändige Standardwerk von Josef Maria Eder *Geschichte der Fotografie* (Erscheinungsjahr 1932) zur Verfügung, das hatte aber den Nachteil, vorwiegend aus fototechnischen und fotochemischen Abhandlungen zu bestehen. Fotogeschichtliche Essays aus den 20er und 30er Jahren, wie die der Neuen Sachlichkeit, oder Kommentare, welche Auswirkungen das Bauhaus auf die Bildgestaltung der österreichischen Fotografie haben könnten, suchte man dort vergebens. Allgemein bestand der Eindruck, Österreich habe – von ein paar wenigen Ausnahmen abgesehen –, zwar eine sehr interessante Technikgeschichte der Fotografie aufzuweisen, jedoch kaum irgendwelche nennenswerte Fotografen hervorgebracht. Um dem abzuhelfen, hatten sich 1981 elf Personen[3] zusammengetan, um eine *Geschichte der Fotografie in Österreich* bis in die Gegenwart zu erstellen. Diese umfassende Forschungsarbeit wurde 1983 in der gleichnamigen Wanderausstellung (ca. 900 Exponate) in Österreich und in Deutschland gezeigt; sie war begleitet von einem zweibändigen Katalog, in dem bereits Namen von österreichischen Exilfotografen- und fotografinnen vorkamen.[4]

Start mit Hindernissen

Schon 1982 erkannte ich die dringende Notwendigkeit, mich mit der Exilfotografie näher zu befassen. Über Trude Fleischmann (Abb. Nr. 1) hatte ich
im Juni die erste Retrospektive in Österreich für die Sammlung *Fotografis*
der *Österreichischen Länderbank* (heute *Bank Austria-Creditanstalt*) zusammengestellt und auch Bilder für die Sammlung erworben. Eine weitere Anregung erhielt ich im Herbst 1982 von Weston J. Naef (damals Kurator an der
Fotoabteilung am *Metropolitan Museum*), anlässlich meiner Ausstellung *Austrian Photography Today* in New York, im *Austrian Cultural Institute*, der
meinte, ich möge doch einmal eine Ausstellung über die österreichische Exilfotografie zeigen. Direktor Ivo Stanek, der damalige Leiter der Sammlung
Fotografis, nahm bereits im Februar 1983 mit dem österreichischen Bundesministerium für auswärtige Angelegenheiten diesbezüglich Kontakt auf. Leider zogen sich die Verhandlungen so lange hin, bis sie wieder einschliefen.
Indessen begann ich, Unterlagen von österreichischen Exilfotografen zu sammeln, wobei mich viele prominente Fotohistoriker wie Helmut Gernsheim,
Heinz K. Henisch, E. Offenbacher oder die beiden Medienwissenschaftler
A. D. Coleman und Vilém Flusser tatkräftig unterstützten, indem sie mir
Namenslisten von den aus Österreich vertriebenen Fotografen und Foto-
grafinnen zukommen ließen.

Im Gedenkjahr 1988 fand in Wien im Palais Palffy das Symposium *Fotografie und Politik*[5] statt. Die beiden Veranstalter, die *aica-Österreich* (*Association internationale des critic d'art*) und das *Österreichische Fotoarchiv*[6]
hatten dazu Referenten aus Deutschland, Südtirol und Österreich eingeladen. Untersucht wurde die fotografische Berichterstattung politischer Um-
brüche in den Medien, angefangen von der Pariser Commune 1871, den
Revolutionsjahren 1918/19 in Deutschland, die sowjetische Bildrhetorik
zwischen 1928 bis 1932 sowie die spezielle Rolle der Fotografie im italienischen Faschismus bis zum verhängnisvollen Erlass des Schriftleitergesetzes
vom 4. Oktober 1933 in Deutschland.

Am Ende meines Presseberichts über dieses Symposium gab ich ein Eigen-
inserat folgenden Inhalts auf: »In Zusammenhang mit der geschichtlichen
Aufarbeitung des Jahres 1938 bereite ich derzeit eine Dokumentation vor,
die den Titel trägt: *Das 10. Bundesland – Emigration 1938.* Sie ist dem
Schicksal österreichischer Photographen gewidmet, die in den folgenschwe-
ren Jahren kommender Kriegsereignisse ihre Heimat zwangsweise verlassen
mußten (...)«[7] Zu meiner großen Enttäuschung erhielt ich keine einzige
Zuschrift.

Im Winter 1991 erreichte mich ein Telefonanruf von Weston J. Naef, der
seit 1984 die Fotoabteilung am *J. Paul Getty Museum* in Los Angeles, Kalifornien, leitet. Er schlug mir vor, ein Stipendiumsansuchen an das *J. P. Getty*

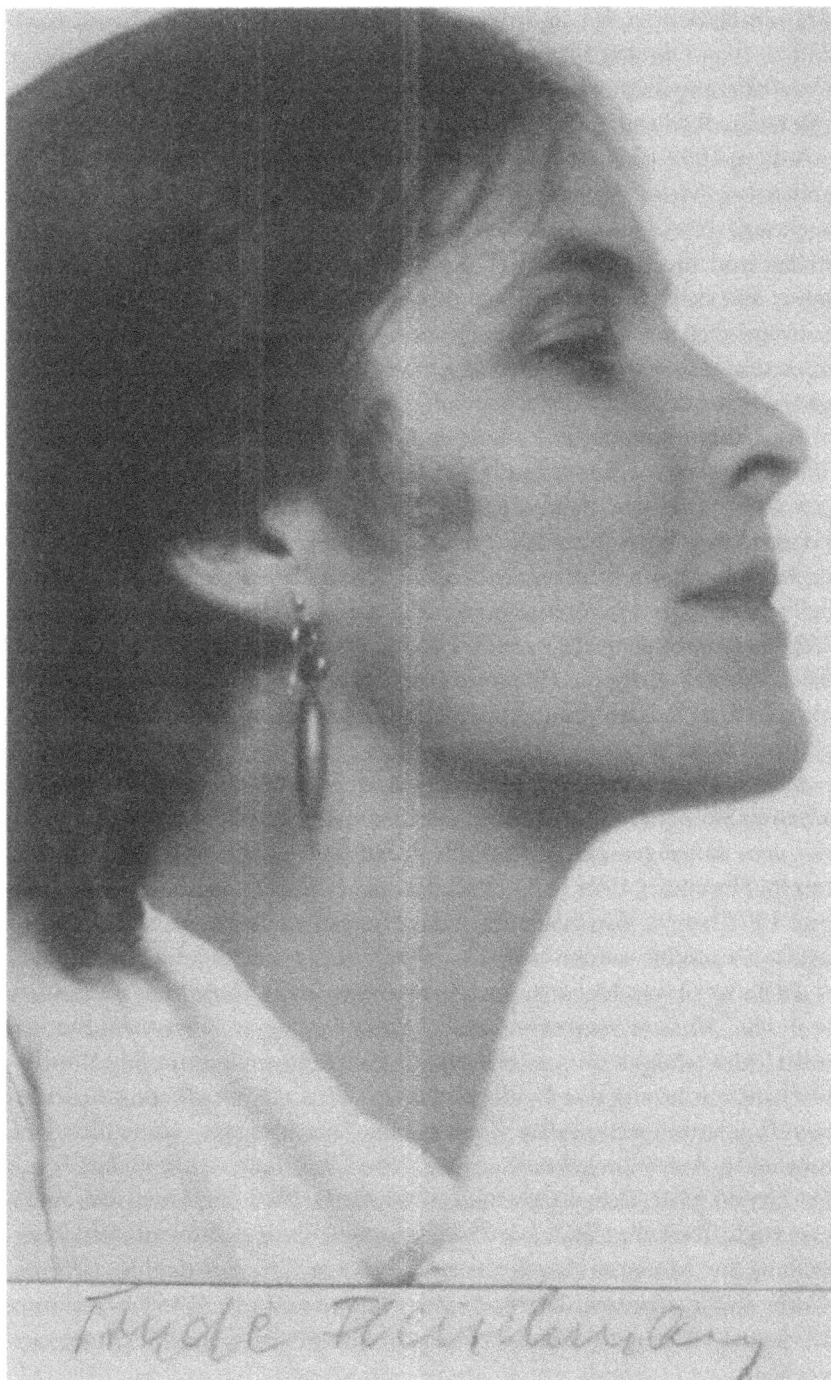

1. Trude Fleischmann: Sibylle Binder, Wien um 1928 (Foto: Fritz Simak)

Museum zu richten. Wenig später wurde mir ein dreimonatiger Studienauf-
enthalt (von Oktober bis Dezember 1992) bewilligt. Durch die großzügige
Unterstützung dieser amerikanischen Institution konnte ich nun direkt vor
Ort meine Recherchen intensivieren.

Anfang 1992 lagen mir bereits etliche Tonbandinterviews mit Exilfotografen vor. Meine Absicht war es, neben der Erstellung einer oral history
auch eine Film-Dokumentation in Form einer Bildcollage zusammenzu-
stellen und die Bilder mit der dazugehörigen Originalstimme zu unter-
legen. Für diese beiden Projekte suchte ich beim Bundesministerium um
Subventionen nach. Meine Eingaben wurden abgelehnt. Trotzdem habe
ich später den Film realisiert,[8] der vom Österreichischen Fernsehen ausgestrahlt wurde.

Am 18. November 1993 wurde in Wien das *Jüdische Museum der Stadt
Wien* im Palais *Eskeles* eröffnet.[9] Von den vier damals gezeigten Ausstellungen waren zwei den Exilfotografen Tim Nachum Gidal (Jerusalem) und
Edmund Engelman (New York) gewidmet: *Die Freudianer* nannte Gidal seine Ausstellung von Bildern, die der damals erst 29-jährige Fotograf von den
Teilnehmern des 13. Internationalen Psychologischen Kongresses im Jahre
1934 in Luzern gemacht hatte.[10] Die Ausstellung von Engelman trug den
Titel *Wien IX. Berggasse 19*. Es waren die letzten Aufnahmen von der Wohnung und der Praxis Sigmund Freuds, die Engelman im Mai 1938 noch fotografieren konnte.

Anfang 1994 wandte ich mich wegen einer Ausstellung der österreichischen Exilfotografie an das *Jüdische Museum der Stadt Wien*. Die Gespräche
mit dem damaligen Leiter, Prof. Dr. Julius Schöps, waren konstruktiv, bis
mir im November 1994 in einem Schreiben mitgeteilt wurde, dass für 1996
und 1997 bereits Vorschläge für Ausstellungen vorlägen, die vor einer Zusage noch geprüft werden müssten. Wieder drohte sich die Realisierung der
Ausstellung zu verschleppen. Auch beim *Historischen Museum der Stadt Wien*
und dem *Museum moderner Kunst Stiftung Ludwig* in Wien bemühte ich
mich leider erfolglos um einen entsprechenden Ausstellungstermin. Immerhin hatte ich bereits eine bindende Zusage für einen Druckkostenzuschuss
vom Bundesministerium für Wissenschaft, Forschung und Kunst für einen
möglichen Ausstellungskatalog.[11] Im Juni 1996 hatte ich schließlich mit
Dr. Gerald Matt, dem Direktor der *Kunsthalle Wien*, ein kurzes Gespräch
und zeigte ihm einige Bilder der Exilfotografen. Er sagte sofort zu, diese Ausstellung im Museumsquartier zu präsentieren. Die Ausstellung *Übersee.
Flucht und Emigration österreichischer Fotografen 1920–1940*[12] fand vom
15. Januar bis zum 15. März 1998 in der Kunsthalle Wien, Museumsquartier statt.

Die Last der Geschichte

Etliche Fotografen, auf die ich im Laufe meiner Recherchen stieß, waren noch vor 1900 geboren worden. Es schien mir deshalb sinnvoll, beide großen Auswanderungsströme des 20. Jahrhunderts in der Ausstellungskonzeption zu berücksichtigen. Waren es in den 20er Jahren meist wirtschaftliche Gründe gewesen, welche die Fotografen zur Emigration gedrängt hatten, so war es nach 1933 vor allem die Verfolgung der Juden, die zum Exodus führte – wie auch viele politisch und religiös Andersdenkende das Land verlassen hatten.[13]

Wichtige Zentren der österreichischen Kultur, neben Wien, aus denen die meisten Fotografen, Künstler und Schriftsteller kamen, waren die Städte Lemberg/Galizien, Czernowitz/Bukowina (heute Ukraine) und Laibach/Triest (heute Slowien bzw. Italien). Als »Schmelztiegel der Nationalitäten« wurde die k.u.k. Reichs- und Residenzstadt Wien oft bezeichnet. Natürlich warf dieses 150 Millionen starke Völkergemisch viele Probleme auf. Die Amtssprache war Deutsch, doch wurde damals jedem das Recht eingeräumt, sich auch in seiner Landessprache an die Behörden wenden zu können. Vilém Flusser schreibt in seinem Buch *Jude sein*: ›Obwohl selbstredend jeder Jude eine Muttersprache hat, definiert ihn diese nicht als Juden, und oft (wie im Falle der deutschen Sprache) handelt es sich (auch) um die Sprache seiner Feinde.«[14]

Am 11. November 1918 unterschrieb Karl von Habsburg sein Abdankungsmanifest. Tags darauf wurde die *Republik Deutschösterreich* gegründet. Die endgültige Loslösung sämtlicher anderer Nationen, allen voran die Tschechen, Slowaken, Südslawen und die Ungarn, wurde jedoch erst nach dem Friedensvertrag vom 10. September 1919 in Saint-Germain-En-Laye (bei Paris) vollzogen. Damit verbunden war auch die neue Namensgebung des Landes in *Republik Österreich*. Nach der Abtrennung der ehemaligen Kronländer setzte ein großer Flüchtlingsstrom in die USA ein.

In den Vereinigten Staaten von Amerika herrschte damals bei den Einwanderungsbehörden über die Vielzahl an Nationalitäten von Menschen, die aus der ehemaligen Habsburger Monarchie kamen und um Asyl baten, lange Zeit große Verwirrung. Deutsche zum Beispiel aus Prag gehörten vor 1918 dem Kronland Böhmen und gleichzeitig Österreich-Ungarn an. Aufgrund der amerikanischen Einwanderungsrestriktionen durfte Österreich ab 1920 jährlich nur etwa 3.000 Asylbewerber in die USA entsenden. Laut einer amerikanischen Statistik von 1930 gaben 31.000 Emigranten aus der Tschechoslowakei Deutsch als ihre Muttersprache an, ebenso 48.000 Ungarn und 32.000 Polen sowie 23.000 Asylbewerber aus Jugoslawien. Die amerikanische Einwanderungsbehörde hielt deshalb in ihren Berichten ausdrücklich fest, dass die Bezeichnung »Österreicher« nicht als ethnische, sondern als sprachliche Zugehörigkeit bei der Einbürgerungsbehörde zu verstehen sei, das Wort »Österreicher« bedeute lediglich, dass jemand in Österreich wohnhaft gewesen ist oder dort geboren wurde. Tatsächlich sind nach einer amerikanischen Statistik bis 1930 insgesamt 4.132.351 Personen in die USA eingewandert, die noch aus Österreich-Ungarn stammten. ( )

Dieses so plötzlich klein gewordene Gebiet der Republik Österreich stellte das Land vor enorme Schwierigkeiten. Es fehlte eine solide wirtschaftliche Grundlage, denn vom Großraum Österreich, der auf Industrie, Banken und staatliche Verwaltung seiner vielen Kronländer angewiesen gewesen ist, blieb nur ein Torso übrig. Der Zugang zum Meer blieb versperrt. Und Ungarn, die einstige Kornkammer Europas, das Budapest durch seinen Getreidehandel zu einem wichtigen Handels- und Industriezentrum gemacht hatte, bekannte sich 1920 zu einer monarchistisch geführten Restauration, einer dem Faschismus anverwandten Staatsform. Die Inflation in den folgenden Jahren war erschreckend hoch, Banken und Firmen brachen zusammen, während die Arbeitslosenrate ständig stieg. Hinzu kamen gravierende innenpolitische Konflikte. Der Börsenkrach von 1929 und die anschließende Weltwirtschaftskrise beschleunigten diese Entwicklung.

Am 4. März 1933 wurde das österreichische Parlament ausgeschaltet und die Schutzbünde wurden aufgelöst. Dennoch gelang es der österreichischen Regierung, noch am 19. Juni 1933 ein allgemeines Verbot der nationalsozialistischen Partei durchzusetzen. Innenpolitisch eskalierten die Auseinandersetzungen zwischen den Sozialdemokraten und der Regierung in einem blutigen Bürgerkrieg, der am 12. Februar 1934 losbrach. Danach erfolgte das Verbot der Sozialistischen Partei sowie die Auflösung der Christlichen Partei. Am 17. Februar 1934 unterzeichneten Rom, Paris und London den Beschluss, die Unabhängigkeit Österreichs, gemäß den geltenden Verträgen aufrechtzuerhalten, der in einem späteren Memorandum vom 14. April 1936 bekräftigt wurde. Die verhängnisvolle Wende trat am 11. Juli 1936 ein, als der Kanzler, Dr. Kurt Schuschnigg, ein Abkommen mit Deutschland schloss, in dem die Souveränität Österreichs anerkannt wurde, das aber den verhängnisvollen Passus enthielt, Vertreter der *Nationalen Opposition* in die österreichische Regierung aufzunehmen und eine Amnestie für alle inhaftierten Nationalsozialisten zu erlassen. Damit war das zukünftige Schicksal Österreichs besiegelt. Als Schuschnigg am 9. März 1938 in Innsbruck bekanntgab, dass er eine Volksbefragung am 13. März 1938 über die Unabhängigkeit Österreichs durchzuführen beabsichtige, sandte ihm Hitler ein Ultimatum für eine Verschiebung des Volksbegehrens und erteilte am 11. März den Mobilmachungsbefehl für den Einmarsch nach Österreich. Am gleichen Abend musste der österreichische Kanzler Dr. Kurt Schuschnigg zurücktreten. Mit dem berühmten Satz »Gott schütze Österreich« beschwor er in seiner Abschiedsrede seine Zuhörer, jedes Blutvergießen zu vermeiden und keinen bewaffneten Widerstand zu leisten. Österreich verlor damit nicht nur seine Unabhängigkeit, sondern durch den Namensverlust auch seine Identität. Zunächst als *Ostmark* dem Deutschen Reich angeschlossen, wurde das Land am 14. April 1939 in sieben Alpen- und Donaugaue aufgeteilt. Noch in der Nacht vom 12. März 1938 begann das nationalsozialistische Pogrom gegenüber den jüdischen Mitbürgern.

In Berlin wurde am 13. März 1933 das *Reichsministerium für Volksaufklärung* gegründet, was zur Folge hatte, dass zahlreiche Großverlage und Rundfunkanstalten ihre jüdischen Mitarbeiter entließen. Einige deutsche Fotografen, wie der Mode- und Architekturfotograf Paulus Leeser oder der Chefredakteur der *Berliner Illustrirten Zeitung*, Kurt Korff, kamen nach Wien, wo die Arbeitsbedingungen noch als relativ normal bezeichnet werden konnten. Auch Richard Erdoes übersiedelte 1933 nach Wien und studierte hier bis 1935 an der *Kunstgewerbeschule* (heute *Universität für angewandte Kunst*). Nach seiner Denunzierung durch eine Hausmeisterin flüchtete er 1940 über Paris und London nach New York. Als Fotograf und Illustrator war er für *Life, Time, American Heritage, Vogue und Fortune* tätig, und spezialisierte sich als Schriftsteller und Anthropologe auf dem Gebiet der amerikanischen Indianerkultur.[15]

Neben Österreichs größter Fotoagentur *Wilhelm Willinger* (30 Angestellte) gab es auch Niederlassungen von großen, internationalen Agenturen, wie *The Associated Press*, London; *The New York Times* und *The World Press Photos*. Mit dem Erlass des *Schriftleitergesetzes* vom 4. Oktober 1933 wurde es für die Fotografen und Fotografinnen nichtarischer Abstammung bzw. nichtarischer Ehegatten auch in Wien immer schwieriger, eine Anstellung bei einem Verlag oder einer Fotoagentur zu finden. Umfasste im Jahre 1930 der österreichische Illustrierten- und Zeitschriftenmarkt noch 25 Titel, so änderte sich das in wenigen Jahren beträchtlich. Nach dem 13. März 1938 wurden »innerhalb weniger Wochen alle nichtarischen Gewerbeberechtigungen gelöscht. Betroffen davon waren 10% aller Betriebe. Es wurden ›arische‹ Pächter oder Käufer für Kunstlichtateliers auf der Wiedner Hauptstraße gesucht.«[16] Die Selbstmordrate von Juden in Wien war zu dieser Zeit erschreckend hoch. Dr. Franz Hahn, der in Wien im *Rothschild-Spital* arbeitete, erinnerte sich: »Wir hatten im Jahr '38 und noch bis zur Hälfte '39 Serienselbstmorde. Also kein Dienst ohne ein bis zwei Selbstmörder. Mit allem, was nur möglich war: mit Schlafmitteln, mit Leuchtgas, das damals noch giftig war, mit falschen Materialien, mit aufgeschnittenen Pulsadern, mit was Sie wollen«.[17] Das New Yorker *Jewish Morning Journal* publizierte 1940 eine traurige Bilanz aus Österreich: 3.741 Fälle von Freitod, 11.000 Gefangene, 87.000 emigrierte sowie 7.856 Unternehmen, die ›arisiert‹ worden sind.[18] Nach 1938 wurde zum Beispiel der Name der europäisch weitverzweigten Wiener Agentur *Schostal* in *Wien Bild, vormals Schostal, Photos für Presse und Propaganda* geändert.

Auch Österreichs größte Agentur entging der Arisierung nicht. Gerhard Jagschitz führte dazu in seinem Vortrag *Der Anschluß als fotografisches Medienereignis* Folgendes aus: »da Willinger Jude war, war die Agentur 1938 rasch arisiert worden, man gliederte sie in den Heinrich Hoffmann Konzern ein. Bis zum Jahre 1945 war dieser Bestand im Heinrichshof archiviert; wurde dann aufgrund der Zerstörung des Heinrichshofes teilweise vernichtet und sodann der Rest von den Russen abtransportiert. Bis heute ist ungeklärt, was mit den ca.1,5 Millionen Glasplatten passiert ist. Wir haben somit keine Antwort auf die Frage, ob von der größten Presseagentur Österreichs – eben dieser Agentur Willinger – überhaupt Fotos zum Anschluß gemacht worden sind, oder ob es sich bei Veröffentlichungen nur um nicht namentlich gezeichnete Bilder handelt, diese aber sehr wohl von der Agentur angefertigt wurden«[19]. Wilhelm Willingers Spur führt 1939 nach Shanghai[20], während sein Sohn László Willinger (er war 1933 von Berlin nach Wien gekommen, um kurzfristig im väterlichen Betrieb zu arbeiten) bereits 1937 nach Hollywood emigrierte.

Der Exodus setzt ein

Viele jüdische Atelierbesitzer flüchteten ins Ausland, und zwar in so unterschiedliche Städte wie Buenos Aires, Toronto, Bogotá, Wynberg bei Kapstadt oder Sydney. Ein wichtiges Asylland indes war Großbritannien. Einigen Fotografen war es gelungen, sich in London erfolgreich zu etablieren, wie 1934 Wolf Suschitzky, Fotograf und vielbeschäftigter Kameramann von Dokumentarfilmen.[21] Der Sohn eines Wiener Buchhändlers für sozialistische Literatur wollte ursprünglich Zoologie studieren. Die Kameraassistenz bei einem englischen Tierfilmer inspirierte Suschitzky zu Tierporträts, die das bisherige Klischee der Tierfotografie beiseite ließ. 1935 entstand seine berühmte Serie über die *Charing Cross Road*, in der sich die meisten Buchhandlungen Londons befinden. 1937 übernahm er die Kameraassistenz bei *Paul Rotha (Strand Films)*. Unter der wissenschaftlichen Leitung von Julian (Sorel) Huxley, dem Bruder des Schriftstellers Aldous Huxley, entstanden eine Reihe von Dokumentarfilmen über Tiergärten. Die Tierporträts verkaufte Suschitzky an *The Animal* und *Zoo Magazine*, während seine sozialkritischen Reportagen in *The Picture Post, Illustrated* und *Geographical Magazine* veröffentlicht wurden. Sein Gesamtwerk als Kameramann umfasst 25 Kinofilme, diverse Fernsehserien und zahlreiche Dokumentar- und Werbefilme. Tudor Hart – seine Schwester – hatte 1929 am Bauhaus in Dessau einen Fachkurs für Fotografie bei Walter Peterhans belegt. 1933 emigrierte sie nach London und begann die Londoner Elendsquartiere aufzunehmen. 1936 eröffnete sie mit einer Kollegin ein Fotostudio in London und spezialisierte sich auf Kinderfotografie, vernichtete aber leider später einen Großteil ihres Negativ-Archivs.

Die Reportagefotografin Gerti Deutsch arbeitete für die *Picture Post* und heiratete später den Herausgeber, Tom Hopkins. Auch Alfred Lammer begann 1934 in London als Fotograf, unterrichtete ab 1949 Fotografie an der *Guilford School of Art*. Er führte 1951 den Agfa-Farbprozess in Großbritannien ein und errichtete 1952 in Guilford die erste Abteilung für Farbfotografie.[22] 1934 emigrierte der Fotojournalist und Sachbuchautor Heinrich (Henry) Guttmann nach England und arbeitete dort mit vielen Fotografen zusammen, u. a. mit Paul Edmund Hahn, Ilse Bing, André Kertész, Roger Schall, er kooperierte auch mit John Heartfield.[23]

England war für viele Exilfotografen oft eine wichtige Zwischenstation, um auf den Erhalt der heiß ersehnten Einreisepapiere für die Vereinigten Staaten zu warten. Betroffen davon waren unter vielen anderen: Trude Fleischmann und Frank Elmer (ihr späterer Geschäftspartner in New York), Edmund Engelmann, Trude Geiringer, Robert Haas und S. Franklin und Hans Spira. Auch der Fotograf, Filmregisseur und später sehr erfolgreiche Hollywood-Filmproduzent, Willy Riethoff, hielt sich zwischen 1934 und 1943 in England auf, bevor er Standfotograf in Hollywood wurde. Walter (Anton Spiegel) Curtin emigrierte 1939 nach London, erhielt 1946 die Britische Staatsbürgerschaft, danach änderte er seinen Namen von »Spiegel« auf Curtin. Er arbeitete bei der Firma *Sun Studio*, die auf die Reproduktion von Kunstwerken spezialisiert war und nur Großformat-Kameras verwendete. Seine Bilder erschienen in *Life, Time, Fortune* und in *Time-Life-Books*. 1952 übersiedelte Curtin zwar nach Toronto, blieb aber jahrelang auch in London fotografisch tätig. In Kanada begann Curtin als Fotojournalist erstmalig mit einer Kleinbildkamera zu arbeiten. 1972 begann er ein umfangreiches Projekt über die Musikszene Kanadas, das 1982 fertig gestellt wurde. 1994 erschien darüber eine Buchdokumentation.[24] Sein etwa 30.000 Aufnahmen umfassendes Negativ-Archiv hatte schon 1981 die *National Photography Collection of the Public Archives of Canada* übernommen. Im Jahre 1994 konvertierte Curtin vom jüdischen Glauben zum Katholizismus.

Andere Fotografen und Fotografinnen wählten Frankreich als Zwischenstation, wie z. B. die Porträtfotografin Lilly Joos Reich, die 1936/37 in Paris ein eigenes Fotostudio eröffnete und dort namhafte Persönlichkeiten fotografiert hat, wie Sacha Guitry, Tristan Bernard, Franz Lehár, Albert Einstein, Baron de Rothschild, Mendès France. 1939 floh Joos Reich nach Casablanca / Marokko, erhielt dort 1941 die Einreisepapiere für die USA und begann in New York für die Fotoagentur *Black Star* zu arbeiten, für die auch

Philippe Halsmann und Henri Cartier-Bresson tätig waren. Dort entstand auch das bekannte Porträt von Fernand Léger, aufgenommen in seinem New Yorker Atelier.

Der Wiener Industrie- und Pressefotograf John (Hans) Popper emigrierte im Herbst 1938 ebenfalls über Belgien und Luxemburg nach Paris, wo seine eindrucksvollen Bildreportagen über die alten Pariser Stadtviertel und zahlreiche Künstlerporträts entstanden. 1940 erhielt Popper das Einreisevisum für die USA, eröffnete in New York ein Fotoatelier und war bald ein viel beschäftigter Pressefotograf. Zu seinen wichtigsten Auftraggebern zählten: Das *Austrian Consulate General's Cultural Institute*, die *Handelsdelegation der österreichisch-amerikanischen Handelskammer, The Union Theological Seminary*, und das *Jewish Theological Seminary of America*. Als 1964 Martin Luther King den Friedensnobelpreis erhielt, wurde Popper vom Pressebüro der Stadt New York eingeladen, den Empfang im New Yorker Rathaussaal zu fotografieren.

Eric M. Sanford hatte in den 30er Jahren zwei Porträtstudios in Wien besessen. Nach seiner Flucht eröffnete er 1938 ein Fotostudio in Paris, 1940 ein weiteres in Conches. Sanford emigrierte 1941 nach Manchester / New Hampshire, USA, er eröffnete dort ein Fotostudio und spezialisierte sich auf Reisefotografie. Der aus Österreich stammende Dadaist Raoul Hausmann hatte sich 1938 ebenfalls in Frankreich, in Limoges, niedergelassen. Lisette Model, die Arnold-Schönberg-Schülerin aus Wien, ließ sich zuerst in Paris nieder, ehe sie 1938 in die USA auswanderte. Von 1950 bis zu ihrem Tode im Jahre 1983 unterrichtete sie Fotografie an der *New School of Social Research* in New York. Zu ihren Studenten zählten Diane Arbus ebenso wie Ralph Gibson. Madame d'Ora (Dora Kallmus) hatte schon 1924 ihr Porträtatelier, gemeinsam mit Arthur Benda, in Paris eröffnet. Nach dem Einmarsch der deutschen Truppen verkaufte sie es und hielt sich bis 1945 versteckt in einem Kloster in Südfrankreich. Sie nahm nach Kriegsende ihre fotografische Arbeit in Paris wieder auf und kehrte erst 1961 nach einem Motorradunfall nach Österreich zurück. Die Fotografin Dora Horovitz (Deborah Lichtmann) arbeitete in Wien gemeinsam mit Trude Geiringer (Gertrude Neumann). Nach der Enteignung des Wiener Ateliers *Geiringer & Horovitz* floh sie im Sommer 1939 nach Belgien und gelangte im Mai 1940 nach Frankreich. Sie lebte bis September 1942 in Montagnac und war ab 1948 als staatenlos in Paris gemeldet. 1959 verliert sich ihre Spur.

Ein nahezu klassisches Auswanderungsziel war Palästina bzw. nach 1948 Israel. Der Pressefotograf David Andermann wanderte 1934 nach Palästina aus, trat 1938 in den Britischen Militärdienst und kehrte erst 1946 nach Palästina zurück. Sein Lebenswerk galt dem Aufbau der Fotoabteilung *Press Information Service*, in der die Geschichte des Staates Israel seit seiner Gründung dokumentiert ist. Der ehemalige Bauhausschüler Erich Comeriner hatte 1928 ein Fotostudio in Berlin eröffnet, arbeitete in diesen Jahren mit László Moholy-Nagy zusammen und wanderte Ende 1934 nach Palästina aus. Nach der Gründung des Staates Israel arbeitete er für die *WIZO* (*Women's International Zionist Organisation*) und den *Jewish Foundation Fund*. Erich Lessing emigrierte mit Hilfe von Teddy Kollek 1939 nach Palästina, kehrte jedoch 1949 wieder nach Wien zurück und arbeitete als Fotoreporter für den amerikanischen Nachrichtendienst *Associated Press*. 1951 wurde er Mitglied der Fotografen-Kooperative *Magnum* mit Niederlassungen in Paris und New York. Vierzig Bildbände, welche Werke der Kunstgeschichte zeigen, belegen Lessings Arbeit und weisen ihn als einen hervorragenden Dokumentaristen aus; sein Archiv umfasst heute 30.000 Bilder. Erich Lessing erhielt 1997 den großen *Österreichischen Staatspreis für Fotografie*. Der Pressefotograf und Fotojournalist David Rubinger emigrierte Ende 1939 nach Palästina und erhielt 1997 als erster Fotograf des Staates Israel den *Israel Preis für Errungenschaften in den Medien*. Der Fotojournalist Avraham Vered ging 1940 über Dänemark nach Palästina ins Exil. Er zählt zu den bedeutensten Fotografen Israels. Der Pressefotograf Harry Weber emigrierte 1938 nach Palästina und diente von 1941 bis 1945 als Soldat bei der Jewish Brigade der Britischen Armee. 1952 kehrte er nach Österreich zurück und war bis 1974 Chefreporter der illustrierten Zeitschrift *Der Stern*. Zahlreiche Bücher und Ausstellungen zeigen das breite Spektrum seiner Arbeit als Pressefotograf. Im Jahre 2002 erhielt Harry Weber für sein Lebenswerk den großen *Österreichischen Staatspreis für Fotografie* zuerkannt.

Der Fotograf und Lehrer für Fotografie David Eldar emigrierte 1939 mit seinen Eltern nach Palästina. Von 1954 bis 1964 war er stellvertretender Direktor an der Staatsdruckerei in Tel Aviv, kam 1955/56 nach Wien zurück und besuchte hier einen Forbildungslehrgang an der *Graphischen Höheren Versuchs- und Lehranstalt*. Zurückgekehrt nach Israel, wandte er sich der Industriefotografie zu und schrieb ein hebräisches Fotolehrbuch. Der Presse- und Porträtfotograf Shimon Weissenstein arbeitete ab 1931 in Prag für die *Prager Presse* und für deren angeschlossene internationale Presseagentur *Centropress* (*Central European Press*). Im Januar 1936 emigrierte er nach Palästina, um als Pressefotograf zu arbeiten. Er eröffnete das Fotostudio *Photohouse Prior* in Tel Aviv. Sein Archiv umfasst etwa 250.000 Negative, welche den Werdegang des Staates Israel der letzten 50 Jahre dokumentieren.

Das bevorzugte Einwanderungsziel aber blieben die Vereinigten Staaten von Amerika. Doch auch hier zeigte die Weltwirtschaftskrise ihre katastrophalen Folgen, außerdem konnte eine gut bezahlte Arbeit von den wenigsten Exilanten sofort gefunden werden, da die meisten keine oder nur sehr dürftige Englischkenntnisse hatten. Zu dieser Zeit hatte die amerikanische Regierung selbst große soziale Probleme zu bewältigen und schon 1935 hatte sie begonnen, ein umfangreiches Wirtschafts- und Sozialprogramm für

2. Theo Jung: Ohne Titel. USA, 1935 (Foto: Fritz Simak)

ihre notleidende Landbevölkerung zu erstellen, im Zuge dessen die *Farm Security Administration* (FSA) gegründet wurde. Etwa 30 amerikanische Fotografen wurden für dieses langjährige Projekt, das bis 1943 dauern sollte, engagiert. Theo Jung (1906–1998), der einzige aus Österreich stammende Fotograf, zählte – als jüngstes Mitglied – ebenfalls zu diesem Team. Jung war bereits 1911 mit seinen Eltern nach Chicago ausgewandert. 1933 kehrte er als 27-Jähriger nach Wien zurück, besuchte hier als Gasthörer die *Graphische Versuchs- und Lehranstalt*, verließ aber noch im Herbst, beunruhigt durch eine Rede Hitlers im Radio, Österreich. Im Jahre 1935 hatte ihn der amerikanische Wirtschaftswissenschaftler Roy Emerson Stryker und Leiter der *FSA* mit einer Fotodokumentation über Maryland, Ohio und Indiana beauftragt. (Abb. Nr. 2). 1973 besuchte Jung Wien, kehrte aber nach wenigen Monaten wegen des hier zeitweisen sehr rauhen Klimas wieder nach Palo Alto, Kalifornien zurück.

Relativ rasch konnten vor allem die Presse- und Porträtfotografen in den USA Arbeit finden, wie es das Beispiel von John Popper gezeigt hat. Auch Trude Fleischmann, die 1939 mit Hilfe der beiden Amerikanerinnen, Helen und Marion Post über London nach New York emigriert war, konnte sich bald etablieren. Sie mietete – kurzfristig gemeinsam mit Frank Elmer[25] – ein Fotoatelier für Mode- und Porträtfotografie, das sie bis 1969 unterhielt. Dank ihres freundschaftlichen Verhältnisses zu Künstlern, Musikern, Schauspielern und Tänzerinnen, gelang es Fleischmann auch in New York wieder,

3. Trude Fleischmann: Albert Einstein, USA, 1950 (Foto: Fritz Simak)

Größen aus der Musik- und Theaterwelt zu porträtieren. (Abb. Nr. 3) Es entstanden Bilder von Elisabeth Bergner, Albert Bassermann, Albert Einstein, Oskar Kokoschka, Lotte Lehmann, Otto von Habsburg und Graf Richard Coudenhove-Kalergi, die alle wie sie selbst, Emigranten waren. Das Emigrantenschicksal von William (1912–1999) und Edith (1912–1982) Kallir könnte stellvertretend für viele österreichische Exilanten stehen. Über Jahrhunderte hindurch war die Familie Kallir im österreichischen Bankgeschäft tätig gewesen. Kallirs Großvater besaß in Wien eine Fabrik für Zigarettenpapier. William Kallirs Vater trat nach seinem Universitätsabschluss in die Wiener Niederlassung der AEG (*Allgemeine Elektrizitätsgesellschaft*) ein, wurde deren leitender Direktor und konnte – dank seiner außerordentlichen Fähigkeiten – auch *nach* dem »Anschluss« weiterhin als Berater für die Firma tätig sein. William Kallir, schlug die juristische Laufbahn ein, musste aber 1938 emigrieren. Nach einem schwierigen Neubeginn eröffneten er und seine Frau ein Fotostudio etwas außerhalb von New York, das auf Kinderporträts spezialisiert war. Später gelang es Kallir, sich in New York als Wirtschaftsprüfer zu etablieren; eine Tätigkeit, die er bis ins hohe Alter ausüben musste.[26] Sein Cousin, Otto (Nirenstein) Kallir war 1939 ebenfalls von Wien nach New York emigriert und begründete dort die renommierte *Galerie St. Etienne*, die sich in der Folge auf österreichische Kunst spezialisierte und die Werke von Alfred Kubin, Egon Schiele und Oskar Kokoschka in den USA bekannt machte. Die Eröffnungsausstellung von Otto Kallir im Herbst 1940 allerdings war der naiven Malerin Anna Mary Robertson, besser bekannt als *Grand' ma Moses*, gewidmet. Edith Kallir wurde damals mit einer Porträtserie von *Grand' ma Moses* beauftragt. Diese Bilder sind in den Illustrierten der 50er Jahre um die Welt gegangen. Noch heute wird deshalb vielen das Gesicht der alten Dame in der Spitzenbluse geläufig sein.

Der Prominenten-, Star- und Filmfotograf Peter Basch, emigrierte 1933 nach New York, übersiedelte dann 1935 nach Hollywood, wo Basch 1941 als Assistent bei László Willinger arbeitete und zahlreiche europäische Filmstars porträtierte. In New York eröffnete er 1946 ein Porträtstudio, in dessen Nähe auch Philippe Halsmann und Arnold Newman ihre Ateliers hatten. Basch hat als Filmfotograf bei vielen berühmten Regisseuren gearbeitet wie Fellini, Vadim, Truffaut, Polanski, De Sica, De Broca, Mankiewicz, Ford, Clouzot, Pabst, Kazan und auch bei Warhol. Anfang der 70er Jahre löste er sein Fotostudio in New York auf und begann als Buchagent für amerikanische Autoren zu arbeiten. Unter anderem betreut er die Bücher von Richard Erdoes, der sich in seinen Schriften immer für die Rechte der Indianer eingesetzt hat.

Erica (Kellner) Anderson war über London in die USA emigriert und ließ sich in New York zur Kamerafrau ausbilden. Anfang der 50er Jahre reiste sie mehrere Male zu Albert Schweitzer (Abb. Nr. 4) nach Afrika in sein Tropenspital nach Lambaréné, in Gabun, um einen Film über dessen Lebenswerk zu realisieren. In Coproduktion mit Jerome Hill wurde der Film *Dr. Albert Schweitzer* 1957 in New York uraufgeführt. 1965 entstand, in Zusammenarbeit mit Rhena Eckert-Schweitzer, der Tochter Albert Schweitzers, ein weiterer Film mit dem Titel *The Living Work of Albert Schweitzer*. Ende der 50er Jahre produzierte sie weitere Dokumentarfilme, wie *Henry Moore, Sculpture, Grand' ma Moses* und *The Salzburg Seminar;* letzterer war ein Film über das Sommersemester mit Oskar Kokoschka. Das gesamte

4. Erica Anderson: Albert Schweitzer, Lambaréne, Gabun, um 1952 (Foto: Fritz Simak)

Archiv, das Erica Anderson im Laufe von Jahrzehnten über Albert Schweitzer zusammengetragen hatte, bestehend aus einer umfangreichen Bibliothek,
einer Handschriftensammlung, Original-Tonbandaufzeichnungen seiner
eigenen Musikinterpretationen, Mitschnitten von Interviews sowie 37.000
Bilddokumenten, großteils Fotografien, wurde 1966 in einer von Erica Kellner gegründeten Museums-Gedenkstätte, dem *Albert Schweitzer Friendship
House* in Great Barrington, Massachusetts, aufbewahrt. Seit 1996 ist der
gesamte Archivbestand an der *Syracuse University,* im Staate New York untergebracht. Die amerikanische Filmwissenschaftlerin Cecile Starr hatte Erica
Anderson als die erste Frau bezeichnet, die in den USA ab 1941 professionell als »movie camera operator« gearbeitet hat.[27]
    Die Wiener Tierfotografin Kamilla (Ylla) Koffler hatte 1932 in Paris ein
Fotostudio für Tierfotografie eröffnet, publizierte 1938 die Bücher *Ylla* und
Petit et Grands. Im selben Jahr erhielt sie den Auftrag des britischen Biolo-

gen Julian (Sorel) Huxley, die Fotografien für das Buch *Animal Language* zu
machen, aber der Krieg unterbrach dieses Projekt. 1941 emigrierte Koffler
in die USA, eröffnete in New York ein gut gehendes Fotostudio für Tierporträts und publizierte bis 1954 zehn Tierbücher.

Unternehmer, Manager und Sammler

Einige Fotografen konnten sich im Exil einen wichtigen Platz in der amerikanischen Wirtschaft als Unternehmer sichern: S. Franklin Spira war aus
Wien 1939 über London nach New York emigriert. Er begann 1940 als kleiner Familienbetrieb mit einem Labor für Fotoausarbeitungen, das sich im
Laufe von drei Jahrzehnten zu einem großen Wirtschaftsunternehmen entwickelte. Ende der 50er Jahre besaß Spira zwei mehrstöckige Warenhäuser,
davon eines in Manhattan, ein anderes in Flushing Queens sowie verschiedene Verkaufslokale im Herzen Manhattans. 1944 gründete Spira die Firma
Spiratone Fine Grain Laboratories, die auf die Ausarbeitung von 35-mm-Film-
entwicklung spezialisiert war. Es gab damals kaum einen berühmten Fotografen, der nicht sein Kunde gewesen wäre: Lisette Model, Weegee, Eugene
Smith, David Douglas Duncan, Ansel Adams, Ernst Haas, Alfred Eisenstaedt oder Arnold Newman, alle ließen sich von *Spiratone* beraten. 1949 begann Spira Qualitätskameras und fotografische Ausrüstungen aus Japan in
die USA einzuführen, die ohne Zwischenhandel an die Endverbraucher verkauft wurden. Daraus entstand 1952 die *Photographic Importing and Distri-
buting Corporation*. Er war damit die erste Lieferantenadresse eines Großhan-
delsvertriebs in den USA für japanische Foto- und Filmausrüstung geworden.
Spira betrieb auch Forschung im eigenen Betrieb. So baute er ein auswech-
selbares Adapter-System für Linsen und Zubehör, das bald zum Weltstan-
dard gehörte. Desgleichen entwickelte er einen Hintergrundkonvertor für
SLR-Linsen, der noch heute in der Industrie für Frontlinsenzubehör seinen
festen Platz hat. Darüber hinaus sammelte Spira Austriaca (beginnend ab
dem 15. Jahrhundert), Photohistorica, Bücher, Autographen und seltene
Original-Dokumente aus der Geschichte der Fotografie. Seine Sammlung
zählt in den USA zu den größten Privatsammlungen.[28]
   Der christlich-soziale Jurist Dr. Hans Walter Hannau (1904–2001) floh
1938 über Algerien in die USA und gründete 1942 in Miami/Florida sein
erstes Unternehmen, die *Hannau Photo Color AG*, dem bald Niederlassungen in New York, Chicago, Los Angeles, San Francisco und Paris folgen sollten. Hannau hatte 1929, als die Rolleiflex Kamera noch im Entwicklungs-
stadium war, den beiden Konstrukteuren bei *Francke & Heidecke* empfohlen,
statt des geplanten 4 x 4-cm Formats doch das weitaus praktischere Format
von 6 x 6-cm in Produktion zu nehmen. Diese Idee wurde auch sofort auf-

5. Leo Sohn: Brooklyn Bridge, New York 1940 (Foto: Fritz Simak)

genommen. Dennoch brachte die Firma vorerst beide Formate auf den Markt; wobei sich nur das 6 x 6-Format – wie von Hannau prognostiziert – durchsetzen konnte; die *Baby Rolleiflex* ist inzwischen zu einem begehrten Sammlerstück geworden. Ende der 40er Jahre schloss Hannau alle Filialen und widmete sich ab 1948 ausschließlich seinen eigenen Buchpublikationen, die in den USA – in oft millionenfacher Auflage – veröffentlicht wurden. Bis 1990 hatte Hans Walter Hannau insgesamt 56 Bildbände herausgebracht.[29]

Der Wiener Fotograf und Fotohändler Leo Sohn kam 1938 wegen »monarchistischer Umtriebe« ins Gefängnis. Sein Fotogeschäft wurde »arisiert« und von einer jungen Nationalsozialistin übernommen. Die ließ aber alle ihre Verbindungen spielen und holte ihn in letzter Minute aus dem Deportationszug heraus, der für Dachau bestimmt war. Sohn emigrierte 1938 nach New York (Abb. Nr. 5), wo er bereits nach 14 Tagen eine Anstellung im

6. Leo Sohn: 42nd Street, New York, 1940 (Foto: Fritz Simak)

Großlabor der *Lorstand Studios* fand. Er arbeitete 45 Jahre bis zu seiner Pensionierung in dieser Firma, zuletzt als deren erfolgreicher Manager (Abb. Nr. 6). Sohn gehörte zu den wenigen Exilfotografen, die Kontakt zu anderen Exilanten hielten, so zu Leopold Fechtner, einem ehemaligen Kollegen bei *Lorstand Studios*, der die größte Witzesammlung der Welt zusammengetragen hat, oder zu Lil Dewton (Lilly Mary Bing), die 25 Jahre bei *Lorstand* als Retoucheurin beschäftigt war. Vor ihrer Emigration war sie eng mit Olga Wlassics in Wien befreundet und hatte auch in deren Wiener *Studio Manassée* kurzfristig gearbeitet.

Ein anderer erfolgreicher Unternehmer war der Reisefotograf und spätere Filmproduzent Josef (Böhmer) Bohmer (1905–1999). Als Mitglied der Arbeiterbewegung der Sozialdemokratischen Partei in Österreich hatte er die Arbeiter-Hochschule in Wien absolviert und war Wanderlehrer geworden. Nach Hitlers Einmarsch leistete das Ehepaar Bohmer Hilfe für politisch und rassisch Verfolgte, bis sie selbst als politisch verdächtig angesehen wurden und 1939 in die USA emigrieren mussten. Seine Frau (Hilde Zechmeister) hatte bei Alfred Adler und Anna Freud studiert und gründete in den USA zahlreiche Jugendwohlfahrtseinrichtungen. Allein im Bundesstaat New York gibt es heute 41 solcher Anlaufstellen. Josef Bohmer betrieb bis zu seiner Emigration eine eigene Schmalfilm-Produktionsstätte in Wien. Er eröffnete in der renommierten 42. Straße in New York ein eigenes Filmstudio. Bekannt wurde er vor allem als Produzent zahlreicher 16-mm-Farbfilme über die amerikanischen Naturreservate. Von 1945 bis 1948 arbeitete er als Assistent für Forschung und Produktion bei der *Encyclopaedia Britannica Films,* unterrichtete zwischen 1948 und 1972 an der *Columbia University* in New York am *Teacher's College* und war bis 1977 der technische Leiter der Filmabteilung des *Psychology Department Vassar College* in Poughkeepsie, New York. Von 1970 bis 1979 widmete sich Bohmer ausschließlich der Produktion von Erziehungsfilmen. Im Dezember 1996 kehrte das Ehepaar Bohmer wieder nach Wien zurück. Als Willkommensgruß hatte ich für Josef Bohmer einen Videofilm-Vortragsabend am 17. Februar 1997 im Volksbildungshaus *Urania* arrangiert. Unter dem Titel *Mit dem Motorrad quer durch Afrika* erzählte Bohmer von der strapaziösen Expedition, die er von 1935 bis 1936 mit seiner Frau unternommen hatte. Das eigentliche Ziel der Reise bestand darin, einen Test für einen speziellen Kinofilm unter schwierigen klimatischen Bedingungen durchzuführen. 1936 publizierte Hilde Böhmer darüber das Buch *Mit 14 PS durch Afrika.* Im Jahre 1979 übernahm das *National Anthropological Film Center* der *Smithsonian Institution in Washington D. C.* das gesamte Film- und Fotomaterial von Josef und Hilde Bohmer aus dieser Expedition.

Eine besondere Marktlücke hatte Robert Haas (1898–1997) in New York für sich entdeckt. In Wien war Haas Teilhaber an der graphischen Werkstätte für Handdruckpresse, der *Officina Vindabonensis* gewesen, in der auch *Die Fackel* von Karl Kraus (Abb. Nr. 7, S. 202) gedruckt wurde. Haas hatte noch bei Trude Fleischmann das Fotografenhandwerk erlernt und emigrierte 1938 über London nach New York. Dort gründete er 1941 seine Handpresse-Druckanstalt *Ram Press,* die er 45 Jahre lang leitete. Zu den Auftraggebern seines *ex-libris*-Programms zählte das *Guggenheim Museum* ebenso wie das *Museum of Modern Art.* Er unterrichtete Kalligrafie und Typografie an vielen amerikanischen Universitäten. Sein Fotoarchiv umfasst etwa 5.000 Negative, darunter Porträts von Musikern, Schauspielern und Künstlern aus

7. Trude Fleischmann: Karl Kraus, Wien 1930 (Foto: Fritz Simak)

den 20er und 30er Jahren, verschiedene Aufnahmen von Sakralbauten und Bilder der Salzburger Festpiele in der Ära Max Reinhardts. Haas stand mit vielen Exilfotografen in persönlicher Verbindung, unter anderem mit Trude Fleischmann, Frank Elmer, Trude Geiringer, Dora Horovitz, Lotte Jacobi, Hans Walter Hannau, Clemens Holzmeister, Käthe Kolliner, Erica Kellner-Anderson, Edith Glogau, Käthe Serog-Bertrand und Mathias Tarnay.[30]

Der Wiener Buchhändler, Kunstsammler und Amateurfotograf Franz Bader emigrierte 1939 nach Washington D.C., wurde dort Teilhaber des *Whyte's Bookshop*, der ein bekannter kultureller Treffpunkt Washingtons in den 40er Jahren war, wo sich regelmäßige Besucher einfanden, wie zum Beispiel: Eleonor Roosevelt, Harry Truman, John F. Kennedy, Dame Edith Sitwell, Herbert Reed und Robert Graves. 1952 eröffnete er in Washington den *Franz Bader Bookshop and Gallery*. Franz Bader erhielt 1984 das Ehrendoktorat für *Fine Arts* der *George Washington University*, zog sich 1985 ins Privatleben zurück und gründete die *Franz Bader Foundation* für Künstler über 40 Jahre.

Der Wirtschaftswissenschaftler Otto (Hild) Ehrlich besaß in Wien bis 1938 eine Werbeagentur und war als Berater für Public Relations und Marketing tätig. Seine frühe Verwendung der Fotomontage in Werbung und Marketing ist in zahlreichen Periodika belegt, so auch im *Photography Yearbook* aus dem Jahr 1936. Nachdem Otto Ehrlich enteignet worden war, emigrierte er 1939 in die USA, erhielt dort Lehraufträge und wurde zwischen 1947 und 1959 sogar Fakultätsmitglied an der *New York University*. Eine echte Innovation in den 60er Jahren bildete sein früher Einsatz von Multimedia-Methoden bei Vorträgen und Konferenzen. Zeit seines Lebens befasste sich Ehrlich mit der Finanzpolitik der internationalen Wirtschaft, der Inflation und der Bekämpfung von Arbeitslosigkeit.

Der »österreichische Picasso«, wie Herbert Bayer einmal vom amerikanischen Kunsthistoriker Van Deren Coke bezeichnet wurde, besaß eine vielfältige künstlerische Bildsprache: Grafikdesign, Typografie, Malerei, Architektur, Fotografie und Landschaftsgestaltung. Jeder einzelne dieser Bereiche erlaubte ihm viele Erwerbsmöglichkeiten. 1931 nahm Bayer an der Ausstellung *Foreign Advertising Photography* in New York teil. 1937 reiste er zum ersten Mal in die USA, um die Ausstellung *Bauhaus 1919–1928*, gemeinsam mit Walter Gropius am *Museum of Modern Art* in New York vorzubereiten. Noch im August 1938 emigrierte er von Berlin nach New York, wo er bis 1945 als viel beschäftigter Ausstellungsgestalter für verschiedene Institutionen in den USA tätig war. 1946 wurde er von der *Container Corporation of America* an das *Institute for Humanistic Studies* nach Aspen, Colorado berufen, um dort die künstlerische Beratung für den Aufbau eines Wintersport-und Kulturzentrums zu übernehmen. Zwischen 1956 und 1965 war Bayer Leiter der Abteilung *Design* der *Container Corporation of America*. Ab 1966 war er künstlerischer Berater der *Atlantic Richfield Company* in Los Angeles. 1974 zog sich Bayer nach Montecito in Kalifornien zurück, von wo er die sehnsuchtsvollen Zeilen nach Wien schrieb: »ich bin ja leider etwas abgeschnitten von meinem büro, da ich aus gesundheitlichen gründen aspen verlassen mußte – für eine niedrigere gegend und wärmeres klima, und ich fühle mich wie im exil ohne meinem studio und des envirements, in dem ich solange lebte. hatte mich mit dem gedanken getragen, nach österreich heimzukehren, aber es ist jetzt unerschwinglich, auch ist wien kalt und kulturell abgelegen«.[31]

Neuere Impulse für die österreichischen Exilfotografie

Eine wichtige Wiener Institution ist die im Jahre 1993 gegründete *Österreichische Exilbibliothek im Literaturhaus*. »Das Fotoarchiv der Exilbibliothek umfasst mittlerweile mehr als 620 Porträts österreichischer Exilautoren und -künstler von Alisa Douer. Abgesehen von ihrer historischen Dimension hat sie auch in ihrer ästhetischen Geschlossenheit Seltenheitswert. 130 weitere Einheiten (Szenen- und typografische Fotos, Kunst), ergänzen diesen Bereich. Neben einer kleinen Video- und Tonbandsammlung betreut die Exilbibliothek eine biografische Datenbank zum österreichischen Exil mit mehr als 6.400 Einträgen. Sie bezieht Kulturschaffende aller Sparten mit ein und weist neben den biografischen Grunddaten nach Maßgabe auch Bildvorlagen, Rechtsinhaber oder Standorte von Nachlässen und Sammlungen nach«.[32]

Die Ausstellung *Übersee* in der *Kunsthalle Wien* im Museumsquartier, die vom 15. Januar bis zum 15. März 1998 stattfand, wurde von etwa 15.000 Menschen besucht. Das internationale Medienecho war enorm und durchwegs positiv. So schrieb *Die Presse*: »Nicht, daß es einen photographischen ›Exilstil‹ geben würde. Vielmehr geht es um das bislang wenig beachtete kunsthistorische Phänomen, daß österreichische Photogeschichte in der Emigration fortgeschrieben wurde.«[33] Für mich aber war mit Beendigung dieser Präsentation die mir selbst gestellte Aufgabe noch nicht abgeschlossen. Mein Wunsch war es, dass aus dem bestehenden Bildkonvolut von etwa 260 Fotografien zumindest Teile davon in ein österreichisches Museum eingegliedert werden. Damit würde das Erbe kulturell und künstlerisch wertvoller Arbeiten von österreichischen Exilfotografen und -fotografinnen, die das Land verlassen mussten, für Österreich erhalten bleiben. Noch vor dem Sommer 1998 nahm ich die Gespräche mit Ministerialrat Mag. Johannes Hörhan vom Bundeskanzleramt für kulturelle Angelegenheiten, Sektion II und dem Stadtrat für Kultur, Dr. Peter Marboe vom Kulturamt der Stadt Wien, erneut auf. Beide sprachen sich für einen Ankauf dieser Bilder aus. Anfang Januar 1999 erwarb das *Historische Museum* der Stadt Wien 496 Fotografien von österreichischen Exilfotografen und -fotografinnen. Das Bundeskanzleramt seinerseits erwarb ebenfalls (etwa 30) Bilder, die in den Bestand der *Österreichischen Fotosammlung Rupertinum moderner Kunst* in Salzburg aufgenommen wurden.

Über die Jahre hatte sich auch mein Tonbandarchiv der österreichischen Exilfotografie ständig erweitert. Die thematisch und zeitlich oft weit gespannten Gespräche berührten oft Bereiche, die auf eine vielfältige Verknüpfung von europäischer und amerikanischer Kultur verweisen. Eine Auswahl von 18 Interviews habe ich im Jahre 2001 zusammengestellt und in meinem Buch *Fotografie im Gespräch* herausgebracht.[34]

Immer mehr öffentliche und private Institutionen haben sich den letzten Jahren um die österreichische Exilfotografie bemüht. Darunter auch der Kurator meiner *Übersee*-Ausstellung, Johannes Faber. Er stellte in seiner Galerie allein im Jahre 1999 folgende Exilfotografen aus: *Wolf Suschitzky, Edith Tudor Hart* und *Lisl Steiner*, im Jahre 2002 präsentierte er die Bilder von *Richard Erdoes*. Das Porträtarchiv der *Österreichischen Nationalbibliothek* erhielt 1999 von *Lisl Steiner* eine Schenkung von 250 Zeichnungen ihrer Musikerporträts und stellte sie noch im gleichen Jahr aus. Das *Kunsthistorische Museum im Palais Harrach* präsentierte zwei große Retrospektiven von Exilfotografen: *Harry Weber* (2001) und *Erich Lessing* (2002). Im Frühjahr 2003 fand in der Wiener Galerie *WestLicht*, in Zusammenarbeit mit der *Österreichischen Nationalbibliothek*, die Ausstellung *Max Wolf. Fotografie in der Emigration*[35] statt, die von einem Katalog begleitet wurde.[36] Zuvor hatte die inzwischen verstorbene Witwe Max Wolfs eine Schenkung von 2.200 Fotografien, 2.000 Dias, 13 Fotoalben der *Österreichischen Nationalbibliothek* übergeben. Max Wolf (1892–1990), ein Dermatologe, war Zeit seines Lebens ein begeisterter Amateurfotograf. Das Ehepaar Wolf war mit Albert Göring, dem Bruder des berüchtigten Hermann Göring gut befreundet gewesen, der ihnen 1940 auch zur Flucht über Jugoslawien nach New York verholfen hat, wo sich Max Wolf eine erfolgreiche Praxis in der noblen Park Avenue aufbauen konnte. Seine ausgedehnten Reisen, die ihn rund um den Erdball führten, fanden in einem vielseitigen fotografischen Œuvre ihren Niederschlag.

1 Evelyn Adunka, Peter Roessler (Hg.): *Die Rezeption des Exils. Geschichte und Perspektiven der österreichischen Exilforschung.* Wien 2003. — 2 Christian Cargnelli, Brigitte Mayr, Michael Omasta: »Zur Filmexilforschung in Österreich«. In: ebd., S. 201. — 3 Anna Auer, Peter Dressler, Monika Faber, Hans Frank, Christine Frisinghelli, Otto Hochreiter, Leopold Kandl, Margarethe Kuntner, Michael Mauracher, Timm Starl, Manfred Willmann. Vgl: Anna Auer: *Die Wiener Galerie Die Brücke. Ihr internationaler Weg zur Sammlung Fotografis.* Passau 1999, S. 131. — 4 Otto Hochreiter, Timm Starl: *Geschichte der Fotografie in Österreich.* Bd. 1.u. 2. Bad Ischl 1983. — 5 Symposium: *Fotografie und Politik.* 16. und 17. April 1988. Referenten: Diethart Kerbs, Berlin; Rudolf Herz, München; Herta Wolf, Wien; Gunther Waibl, Bozen; Viktoria Schmidt-Linsenhoff, Frankfurt; Rolf Sachsse, Bonn; Gerhard Jagschitz, Wien; Brigitte Bruns, München; Detlef Hoffmann, Oldenburg. — 6 Das Österreichische Fotoarchiv war bis 1993 aktiv, wurde 1995 aufgelöst. — 7 Anna Auer: »Fotografie und Politik«. In: *Der Photograph,* Wien, Nr. 5, 1988, S. 147. — 8 Video-Film: *Fragmente der Erinnerung.* Eine Bildcollage (17 Minuten). Drehbuch und Bildauswahl: Anna Auer. Schnitt: Peter Klein. Der Film wurde in den Foto- und Filmlabors der Höheren Graphischen Bundes- Lehr- und Versuchsanstalt Wien XIV, 1997 hergestellt und vom Österreichischen Fernsehen am 22.1.1998 in der Sendung »Kunststücke« ausgestrahlt. — 9 Das Jüdische Museum der Stadt Wien befindet sich in der Dorotheergasse 11, im 1. Bezirk. »Das erste jüdische Museum in

Wien wurde bereits gegen Ende des 19. Jahrhunderts gegründet. Ein Ausstellungsraum wurde 1895 in der Rathausstraße 14, im 1. Bezirk eröffnet. In der Zwischenkriegszeit war das jüdische Museum in der Praterstraße 23, und zuletzt in der Malzgasse 16 untergebracht«. In: *Jüdisches Museum einst und jetzt. Gesamtplan 1: 25000.* Wien 1993, S. 30. — **10** Tim N. Gidal, Volker Friedrich, Heinz K.Henisch (Geleitwort): *Die Freudianer. Auf dem 13. Internationalen Psychoanalytischen Kongreß 1934 in Luzern.* München – Wien 1990. — **11** Antwortschreiben Nr. 52.818/2-III/3/95 vom 6.10.1995. — **12** Anna Auer, Kunsthalle Wien (Hg.): *Übersee. Flucht und Emigration österreichischer Fotografen 1920–1940.* Wien 1997. — **13** Vgl. zu folgenden Ausführungen ebd., bes. S. 19–21. — **14** zitiert nach ebd., S. 14. (Originalzitat Flusser). — **15** Ebd., S. 261. — **16** Auer: »Fotografie und Politik« (s. Anm. 7), S. 146. — **17** zitiert nach Auer, Kunsthalle Wien: *Übersee* (s. Anm. 12), S. 14. — **18** Ebd. — **19** Gerhard Jagschitz: »Der ›Anschluß‹ als fotografisches Medienereignis«. In: *Kairos. Mitteilungen des Österreichischen Fotoarchivs*, 3. Jg. (1988), Nr. 1. u. 2., S. 34. — **20** Wilhelm Willinger wurde am 9.4.1879 in Budapest geboren und hat sich am 13.2.1939 in Wien abgemeldet. In: *Emigranten Adressbuch für Shanghai*, Ausgabe November 1939, hg. von Old Handpress, Hongkong 1995, findet sich die Eintragung: »Willinger, Wh.Wien«. (Information by Courtesy von Paul Rosty, dem Mitproduzenten des Films *Zuflucht in Shanghai*). — **21** Vgl. auch das Interview mit Julia Winckler in diesem Band, S. 248–273. — **22** John Hedgecoe: »Alfred Lammer. Austrian born photographer awarded the Distinguished Flying Cross and bar«. In: *The Guardian*, London, 22.11.2000, S. 24. Alfred Ritter von Lammer wurde am 28.11.1909 in Linz geboren und starb am 4.10.2000 in London. — **23** Vgl. Auer, Kunsthalle Wien: *Übersee* (s. Anm. 12), S. 262. — **24** Walter Curtin: *Curtin Call. A Photographer's Candid View of 25 Years of Music in Canada.* Hg. von Exile Editions Limited. Ontario 1994. — **25** Frank Elmer (1895–1985) leitete in den 50er Jahren in New York eine Galerie für »Pre-Columbian Arts« und wurde für seine Verdienste mit dem *Goldwater Library Price* vom Metropolitan Museum ausgezeichnet. — **26** Auer, Kunsthalle Wien (s. Anm. 12), S. 51–55. Kurzfassung des Originalmanuskripts aus 1956 von William Kallir. — **27** Vgl. ebd., S. 58–59. — **28** Anna Auer: *Fotografie im Gespräch.* Passau 2001, S. 273–283. — **29** Ebd., S. 169–175. — **30** Ebd., S. 149–167. — **31** Zitiert nach Auer: *Die Wiener Galerie Die Brücke* (s. Anm. 3), S. 38. — **32** Ursula Seeber: »Nach dem ›Bedenkjahr‹ sammeln, dokumentieren und publizieren am Beispiel der Österreichischen Exilbibliothek«. In: Vgl. Anm. 1, S. 127. — **33** Johanna Hofleitner: »Lebensbilder«. In: *Die Presse. Das Schaufenster*, Wien, 9.1.1998, S. 8. — **34** Vgl. Anm. 28. — **35** Vgl. Auer, Kunsthalle Wien: *Übersee* (s. Anm. 12), S. 254. — **36** Ulla Fischer-Westhauser: *Max Wolf. Fotografie in der Emigration.* Passau 2003.

Irme Schaber

We return to Fellbach
Das Fotografenpaar Mieth und Hagel nach dem Ende des NS-Exils und
zu Beginn ihres beruflichen Rückzugs während der McCarthy-Ära

Im Juni 1950 erschien in der internationalen Ausgabe der amerikanischen
Illustrierten *Life* eine mehrere Seiten umfassende Fotoreportage von einer
Reise in das Nachkriegsdeutschland von 1948/49.[1] Zwei Berufsfotografen,
das Ehepaar Hansel Mieth und Otto Hagel, berichteten darin in überaus
persönlichen Bildern und Texten von ihren Eindrücken beim Besuch ihrer
Verwandtschaft in der ehemaligen Heimatstadt Fellbach. 1928 respektive
1930 waren sie der Enge der schwäbischen Provinz und vor dem aufkom-
menden Nationalsozialismus nach Amerika entflohen.

In der Weltwirtschaftskrise unter den Wanderarbeitern der USA lebend,
dokumentierten sie mit der Kamera über Jahre hinweg ihre Tagelöhnerjobs
und den entbehrungsreichen Alltag der Besitzlosen. »Der große Hunger«
nannten die Fotografen ihre unverstellten Bilder aus einer am eigenen Leib
erfahrenen amerikanischen Wirklichkeit – ohne feste Bleibe, unter Ernte-
arbeitern, beim Tunnelbau. Über ein Fotoprojekt der New-Deal-Ära unter
Präsident Roosevelt wurde *Life* auf Hansel Mieth aufmerksam.[2] Die
Fotografin machte einen in der ame-
rikanischen Fotowelt einzigartigen Kar-
rieresprung, als sie 1937 aus dem Ar-
beitslosenprojekt heraus in das feste
Team des Magazins berufen wurde; als
einzige weitere Frau neben der gefeierten Margaret Bourke-White. Für die
größte illustrierte Wochenschrift der
Welt arbeiten zu können, die über Jahr-
zehnte hinweg den Bilderhaushalt des
Durchschnittsamerikaners und die internationale Reportagefotografie prägte, galt innerhalb der Branche als die
höchste Auszeichnung. Otto Hagel re-
üssierte damals als freier Fotograf für
Fortune, *Life* und weitere Magazine,
und er wurde von Präsident Roosevelt
persönlich für Wahlkampffotos geor-

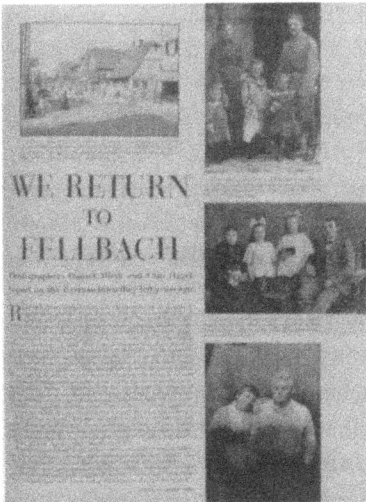

»We return to Fellbach«, in *Life International* 1950.

dert.[3] Im Gegensatz zu Bourke-White standen für Hansel Mieth und Otto Hagel weder fotoästhetische Überlegungen im Vordergrund noch das Bemühen, »am Puls der Zeit« zu sein: »To us, masterpieces didn't mean very much. What we wanted more was human emotion in situations and conditions. (...) A reflection of life.«[4] Niemand sollte für sie vor der Kamera posieren. Mieth zählte in New York zu den frühen Karrierefrauen des Fotojournalismus. Umso erstaunlicher war 1940, nach hunderten von Reportagen, ihr bewusster Rückzug aus der steilen Karriere. Die Fotografin hatte sich in den Jahren zuvor zunehmend als korrumpiert empfunden, weil sie die Welt nurmehr im Sinne von Sujets wahrnam. Sie löste ihren Konflikt zwischen Idealismus und Materialismus mit einem radikalen Ausstieg, erwarb zusammen mit Otto Hagel in Kalifornien ein Stück Land, wo sie hofften, sich als freie Fotografen ein selbstbestimmtes Leben finanzieren zu können. Allerdings verschlossen sich durch den Kriegseintritt der USA nach knapp zwei Jahren für den damals noch nicht eingebürgerten Otto Hagel schlagartig die Arbeitsmöglichkeiten; Mieths Bewerbung als Kriegsberichterstatterin wurde abschlägig beschieden. Sie waren binnen kurzer Zeit gezwungen, von wenigen Aufträgen und ihrer laienhaften Farmarbeit zu leben.[5]

Im Vorspann der 1950 veröffentlichten Reportage werden Mieth und Hagel dem Lesepublikum als verdienstvolle *Life*-Reporter der ersten Stunde vorgestellt. Umfangreiche Fotoessays und berühmte Bilder von ihnen aus den vergangenen Jahren werden in Erinnerung gerufen, ihre deutsche Herkunft skizziert: »Das ist der Bericht von zwei Leuten, die zu der unseßhaftesten und am meisten desillusionierten Generation unseres Jahrhunderts gehören: der Generation, die im Deutschland des Ersten Weltkriegs aufwuchs, in der Bitterkeit der Nachkriegsjahre bis hin zur Schande des Nazismus. Die Hagels hatten Deutschland schon verlassen, bevor die Nazis, die sie verabscheuten, an die Macht kamen.« Sodann werden in einer Art Interview die Beweggründe benannt, die zur aktuellen Arbeit führten: »Während der ganzen Hitlerzeit waren wir beschämt über Deutschland, über jede neue Greueltat. Es war als wenn dein eigener Vater, deine Mutter, Bruder, Schwester sich in Folterknechte und Mörder verwandelt hätten. Aber wie kann man Menschen verleugnen, von denen man abstammt?«[6]

»We return to Fellbach« verdichtet Bildergebnisse und Erfahrungen von drei aufeinander folgenden von 1948 bis 1949 durchgeführten Reisen. Die ursprüngliche Motivation war eine persönliche gewesen. Im November 1948 fuhr Hansel Mieth nach Deutschland, um ihre todkranke Schwester Emma wiederzusehen. In der schwäbischen Kleinstadt und bei ihrer Verwandtschaft traf sie auf die landläufigen Vorurteile gegenüber Emigranten: eine Mischung aus Misstrauen, Angst, Hilfsbegehren, Neid und Ablehnung. »Ich habe gespürt, wie sie sich vor jedem Gespräch über die letzten zwölf Jahre ihres

Lebens fürchteten.«, schreibt die Fotografin in ihren Erinnerungen. »Ottos Mutter beklagte sich mir gegenüber darüber, daß wir – also die Amerikaner – am Tode ihres Jungen (d. i. Otto Hagels jüngerer Bruder Helmut) schuld seien.« Insgesamt waren es für Hansel Mieth »schlimme Wochen in der alten Heimat.«[7]

Dass sich die deutsche Bevölkerung als das eigentliche Opfer ansah, bekamen Mieth, und ein halbes Jahr später auch Otto Hagel, in so vielen Zusammenkünften zu hören, dass sie damit ihre Reportage grundierten. Eine demokratische Umgestaltung war für beide nicht spürbar. Sie begriffen vielmehr, dass die üblichen Schuldzuweisungen – etwa Ottos Vater: »Kein Volk wurde je so betrogen ...« – erfolgreich als persönliche Entschuldigung funktionierten und in der Verallgemeinerung dem Verdrängen von jeglicher Mitverantwortlichkeit und Verstrickung dienten. Für Hansel Mieth war insbesondere die Umkehr der Opfersituation verstörend und beängstigend. Erst die spontane Idee, eine professionelle Fotoreportage darüber zu machen, wirkte befreiend und half ihr »über den Schock hinweg, den mir das Wiedersehen mit der Familie bereitete.«[8] Demnach entstand ein berufliches Interesse erst aus der Notwendigkeit der Selbstbewahrung. Die Distanziertheit des professionellen fotografischen Chronisten ermöglichte es Hansel Mieth in der Folgezeit, genau hinzusehen, ohne emotional übermannt zu werden. Etwa wenn ein früherer Freund ihrer Schwester »von seiner Zeit als Kriegsrat in einer besetzten Stadt in der Ukraine« erzählte. »Schon nach seinen ersten Worten wollte ich das Gespräch am liebsten beenden, aber ich mußte ja sitzen bleiben und ein unbewegtes Gesicht aufsetzen, denn ich wollte ja *Wissen, Begreifen* ...«[9]

Die Reportage erstreckt sich über sieben Seiten. Auf dem ersten Blatt finden sich die oben zitierte Einleitung, eine Ansicht von Fellbach, Familienfotos. Die folgende Doppelseite bildet den Auftakt des Heimatberichts: linkerhand ein Porträt der kurze Zeit später gestorbenen Schwester Emma Mieth. Das rechte Blatt zeigt, das ganze Format einnehmend, den Dachdecker Fritz Hägele bei seiner Arbeit. Die kranke, »unter schwerer Schuldenlast« leidende Schwester und der sich betrogen fühlende Handwerker eröffnen die Reportage und stecken in Wort und Bild eine Bandbreite an Äußerungen und Haltungen ab, die den Fotografen symptomatisch erschienen. Mieth ging mit ihrer Kamera so nah an ihre Schwester heran, dass deren verhärmtes Gesicht zur Landschaft, einer deutschen Gefühlslandschaft, wird. Für die Fotografin war es ihr wichtigstes Antikriegsbild: »Schweigender, himmelschreiender Schmerz, das Herz in eisiger Angst verkrampft. Keine Selbstgerechtigkeit mehr! Keine Haßtiraden! *Nie wieder Krieg!*«, formulierte sie dazu in der Rückschau.[10] Im Bildtext gegenüber erzählt Otto Hagel ungeschönt von den Verstrickungen seines Vaters. Fritz Hägele war SA-Sturmführer gewesen, hatte als Handwerker während des Krieges russische

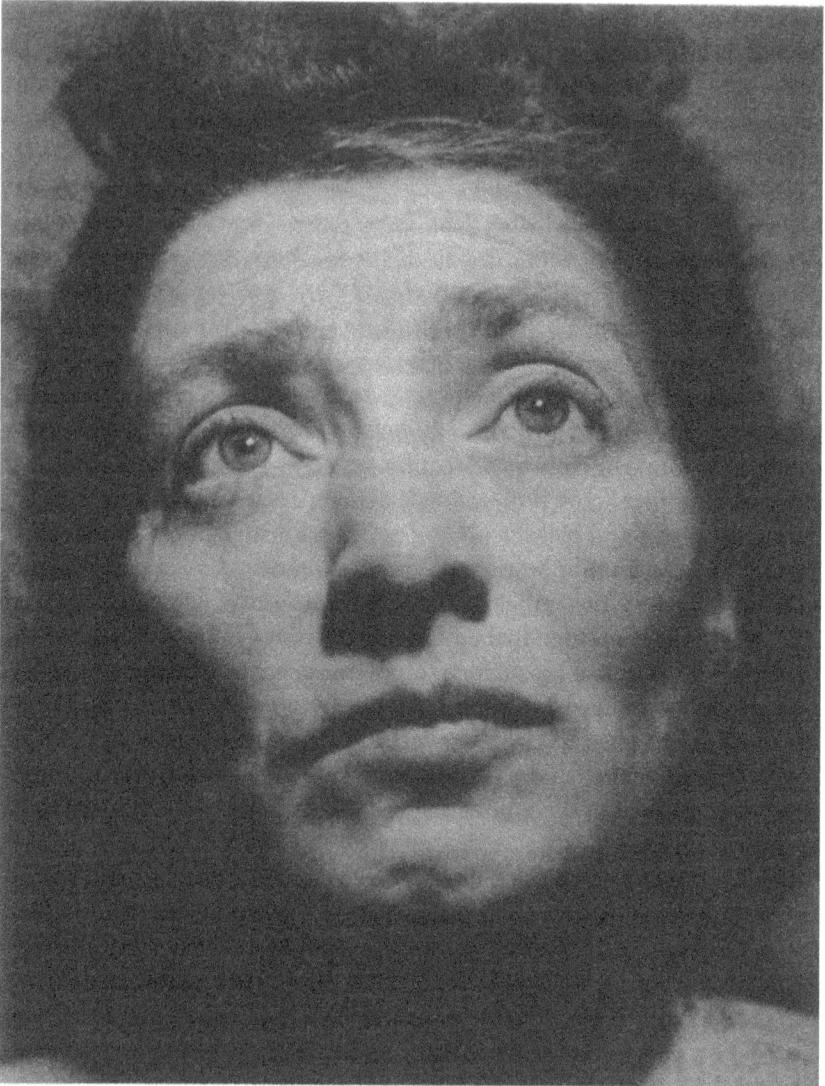

Hansel Mieth: Emma Mieth, 1948.

Mädchen als Zwangsarbeiterinnen beschäftigt. Das zwiespältige Resümee des Dachdeckers lautet: »Nie ist ein Volk so betrogen worden wie wir Deutschen« und »Wer je wieder Krieg will, soll am nächsten Laternenmast aufgehängt werden.«[11]

Auf zwei Doppelporträts und dem Bild eines Hochzeitszuges verdichtet sich auf den folgenden Seiten das ländliche Schwaben der Nachkriegszeit.

Hansel Mieth: Onkel Wilhelm Geiges und seine Frau Mathilde in der Stube, die Bibel lesend, 1948.

Die bäuerliche Verwandtschaft von Hansel Mieth insistierte vor der Kamera auf ihre Rechtschaffenheit und repräsentiert sich in traditionellem Gestus: gefaltete Hände, aufgeschlagene Bibel sowie Brotlaib und Mostkrug, als Attribute der verdienten Früchte ihrer Arbeit. Auf der großformatigen Fotografie im Zentrum nehmen die alte Tante und der alte Onkel von Hansel Mieth jeweils die Hälfte einer Seite ein. Das Bibel lesende Paar in zeitloser Alter-

tümlichkeit seines Sonntagsstaats demonstriert Demut – nicht vor der Kamera der Nichte, sondern vor Gott. Hier gerinnt das vordergründig Anek-
dotische zur Metapher für ein Beharren oder gar Erstarren. Onkel, Tante,
Cousinen und Cousins sprechen über ihre Verluste, über den Krieg, aber nie
über die Zeit davor. Mieth und Hagel konterkarierten die von ihren Verwandten ungebrochen zur Schau gestellten Tugenden mit einem »Was die
Nachbarn so sagen« überschriebenen Textblock, der aussprach, worüber niemand mehr reden wollte: Herrenklasse/Herrenrasse, Konzentrations- und
Vernichtungslager, Arbeitslosigkeit. Sie zitierten einen »früheren Nazi, der
»Deutschland wieder wachsen« sehen will, und einen Bauern, der unschul-
dig tut und die »großen Esel« für alles verantwortlich macht. Auf der gegen-
überliegenden Seite kontrastierten die Fotografen ihre gläubig-rechtschaffe-
ne Verwandtschaft vom Lande mit dem Bild und der Geschichte eines
Opfers, das vermutlich stellvertretend für viele Opfer des Nationalsozialismus stehen sollte und auf die Schuld der Mitläufer hinwies. »We found her
broken«, schrieb Hansel Mieth über ihre Schulkameradin Lydia Baitinger.
Die Mutter von vier Kindern hatte ihre geistig behinderte älteste Tochter vor
Sterilisierung oder gar der Euthanasie gerettet, indem sie sie über Jahre hinweg in einem Verschlag im Haus versteckt hielt. Nun war die Familie erschöpft und traumatisiert. Die jüngste Tochter, so heißt es in *Life* »versteckt
sich, sobald sie Lydia mit einem Messer sieht.«[12] In Hansel Mieths ehemaliger Schulfreundin Gertrud Kramer trafen die Fotografen 1948/49 auf ein
weiteres Opfer der Hitlerzeit. Seit sie aus der sowjetischen Emigration zurückgekehrt war, arbeitete sie als Sekretärin der Kommunistischen Partei in
Stuttgart. Gertrud war im »Dritten Reich« als Ehefrau des Fellbacher KPD-
Funktionärs Hermann Kramer verfolgt worden.[13] Allerdings war den Fotografen bewusst, dass im antikommunistischen Klima der McCarthy-Ära das
Verfolgungsschicksal einer antifaschistischen Familie für eine *Life*-Reporta-
ge nicht opportun war. Mehr noch, es steht zu vermuten, dass der Kontakt
mit Gertrud Kramer und weiteren politischen Verfolgten des NS-Regimes
den Fotografen während ihrer Aufenthalte in Stuttgart Probleme mit den
amerikanischen Militärbehörden einbrachte und durch den Briefwechsel
möglicherweise sogar langfristig Anteil an ihren Schwierigkeiten während
der McCarthy-Ära hatte.[14]
  Die letzte Doppelseite widmete sich der Trauer und war Trauerarbeit
zugleich. Hier berichtete Otto Hagel über die verzweifelten Anstrengungen
seiner Schwester Sofie um die Heimkehr ihres verschollenen Mannes. Wie
zahllose andere Frauen stand sie am Bahnhof, machte ihre Runde in diversen Entlassungscamps, um Informationen von heimkehrenden Kriegsgefangenen zu erhaschen. Die Kriegsheimkehrer waren über Jahre hinweg ein zen-
trales Thema der Bildpresse. Eine 1947 am Wiener Südbahnhof von Ernst
Haas aufgenommene Rückkehrszene gilt als Schlüsselbild für jene »Form

individueller Recherchen, wie sie nach 1945 zur Alltagserfahrung zahlloser
Menschen in Mitteleuropa wurde.«[15] Mieth und Hagel erzählten die Heim-
kehrergeschichte von Ottos Familie anhand zweier Aufnahmen: Sofies Suche
und Helmuts Grab. In Sofies Suche pendelt Onkel Fritz für Sofie und deren
Sohn Siegfried, um das Schicksal ihres seit 1944 in Russland verschollenen
Ehemanns weissagen zu können. Das Zeremoniell des Pendelns über einem
fotografischen Abbild des Vermissten und die optimistischen Vorausagen –
»im März wird er zuhause sein« – nährten die Hoffnung und halfen Sofie
über Jahre hinweg beim Weiterleben. 1950 erfuhr sie dann, dass ihr Mann
seit sechs Jahren tot war.

Die Fotografien von den Geschwistern lassen besonders deutlich werden,
mit welcher Zuneigung sich Hansel Mieth und Otto Hagel ihren Verwandten genähert haben. Das Befremdliche, worüber sie berichten wollen, befindet sich nicht im Bild – äußerlich scheint alles heil. Die Irritation und Spreng-
kraft der Reportage ergibt sich erst aus der Spannung zwischen Wort und
Bild: Heimat als ambivalentes Gefühl zwischen dem, was man zu sehen glaubt
und zu hören (beziehungsweise zu lesen) kriegt.

Otto Hagel: Ottos Onkel, Fritz Schnaitmann, pendelt für Sofie und ihren Sohn Siegfried, 1949.

»Helmuts Grave«, das letzte Foto der Reportage, nimmt die gesamte rechte Seite ein und zeigt die Mutter des Fotografen beim täglichen Besuch am Grab von Ottos jüngerem Bruder Helmut, der als Hitlerjunge aufwuchs, zur SS ging und 1945, noch keine 20 Jahre alt, als amerikanischer Kriegsgefangener starb. Mitte der 30er Jahre hatte Mutter Hägele den Briefwechsel mit ihrem älteren Sohn Otto in Amerika eingestellt, weil dieser den Hitler-Haarschnitt des neunjährigen Bruders mit der Warnung kommentiert hatte, dass er vielleicht nicht alt genug werden würde, um einen Hitler-Schnurrbart zu tragen. Nun zupft die Mutter isoliert unter einem weiten Himmel den Grabschmuck zurecht. Das einfache Holzkreuz des Bruders steht im Zeitschriftenfalz und ragt in das linke Blatt hinein. Dort ist am oberen Rand ein Passbild von Helmut in SS-Uniform montiert, am unteren Bildrand ein kleines Foto von Ottos Schwager in Wehrmachtsuniform mit Helm. Dadurch steht das fotografierte Kreuz für beide Tote der Hägele-Familie am Ende des Berichts von Hansel Mieth und Otto Hagel.

»Andere sind nach Deutschland gegangen und haben verschiedenes gesehen: mehr Hoffnung, mehr Gefahr«, hieß es in der Einleitung. »Aber nur wenige hatten einen so besorgten, intensiven Blick wie diese beiden, die ihren Bericht über ihr Heimatland ›mit einem flauen Gefühl im Magen‹ machten.«[16] Den Rezipienten von *Life* war die Entwicklung in Deutschland ohne Zweifel bekannt – bislang freilich als erfolgreiche amerikanische Mission. Im frühen Nachkriegsdeutschland war die Menschendarstellung unter der Besatzungszeit in *Life* aus der Sicht fotografischer Kriegsberichterstatter wie Robert Capa und Margaret Bourke-White erfolgt. Hansel Mieths frühere Kollegin im *Life*-Team hatte 1945 die ersten Reportagen aus dem zerstörten Land nach New York geschickt. Die Berichte aus den befreiten Konzentrationslagern, die Bilder der besiegten Deutschen und ihrer zerbombten Städte gingen als »Fotografie der Sieger« in die fotografische Geschichtsschreibung ein.[17] Während der ersten Nachkriegsjahre dominierte auf Seiten der Alliierten ein durch die nationalsozialistischen Verbrechen bedingtes Negativimage der Deutschen. So berichtet Bourke-White in ihrem Fotoreportagebuch *Dear Fatherland, Rest Quietly. A Report On The Collapse Of Hitler's Thousand Years* von 1946, »dass die Chefredaktion von *Time* und *Life* ihren nach Deutschland entsandten Fotojournalisten den Auftrag erteilt hatte, den ›Faceless Fritz‹, den entehrten, »gesichtslosen« Deutschen abzulichten.«[18] Dieses Bild war im Laufe der Zeit abgelöst worden durch eine Fotoberichterstattung, die in den Printmedien die Wandlung der deutschen Bevölkerung zur Demokratie verdeutlichen sollte und damit zugleich eine gelungene Besatzungspolitik. Allerdings begannen sich nach der Währungsreform und mitten in der Berliner Blockade, als Mieth und Hagel in der amerikanischen Besatzungszone in Schwaben und Bayern fotografierten, die politischen Vorgaben erneut zu verändern. Die Modifizierung der europäischen

Nachkriegsordnung machte die Deutschlandfrage zum Spiegelbild des Ost-West-Konflikts. Der Wiederaufbau wurde nun verknüpft mit der zukünftigen Rolle der westlichen Besatzungszonen als Bastion gegen den Kommunismus, und die neue deutsche Zeitrechnung hieß nicht »vor der Befreiung – nach der Befreiung«, sondern »vor der Währung – nach der Währung«.[19]

»Kaum ein bildnerisches Medium kann und muß so schnell wie die Fotografie auf politische und kulturelle Veränderungen reagieren. Die deutsche Fotografie in den ersten fünfzehn Jahren nach dem Zweiten Weltkrieg mußte den vom Kalten Krieg und der Konfrontation der Blöcke vorgegebenen gesellschaftlichen Verwerfungslinien folgen; sie spiegelt die ideologische Gegnerschaft unmittelbar.«[20] Dieses Diktum über die deutsche Fotografie jener Jahre gilt gleichermaßen für die westalliierte Berichterstattung über Deutschland in der Zeitschrift *Life*, die in fotohistorischen Untersuchungen als »Stimmungsbarometer« der »amerikanischen Interessenpolitik« betrachtet wird. Demnach übte »der Wandel in der amerikanischen Besatzungspolitik einen augenscheinlichen Einfluß auf den Darstellungsmodus Deutscher im Kontext der Zeitschrift aus.«[21] Nun war die Mieth-Hagelsche Bildreportage insgesamt das Gegenteil einer Berichterstattung vom »Faceless Fritz«. Sie ist eindeutig eine Momentaufnahme aus jener kurzen Übergangszeit zwischen der »Fotografie der Sieger« und der durch den Kalten Krieg definierten Sicht auf die deutsche Bevölkerung. Für »We return to Fellbach« wurden aus den über 150 während der Deutschlandreisen entstandenen Aufnahmen neun Fotografien aus unterschiedlichen Bildstrecken ausgewählt.[22] Indem sich die Fotografen nicht auf gängige Motive einer Anklage des Krieges – Zerstörung, Not – stützten, gelang ihnen eine ungewöhnliche fotografische Recherche hinsichtlich der Folgeschäden. Sie wollten zeigen, wie tief gehend gerade auch die innere Welt der Menschen von Hitlerdiktatur und Krieg beschädigt war. Außerdem bedurfte es ihrer Ansicht nach der dringlichen Aufklärung darüber, dass die demokratische Umerziehung wenig greife. »Die Menschen in Amerika sollten wissen, daß in diesem Land, das in Trümmern lag, noch immer eine überhebliche Denkweise lebendig war, gegen die man ankämpfen mußte,«[23] heißt es in den Erinnerungen von Mieth. Das Dilemma war, dass die Intentionen von Mieth und Hagel auf der (medien)politischen Bühne bereits der Vergangenheit angehörten. Ihre Antikriegshaltung wurde im Frühsommer des Jahres 1950, als sich kurz vor Ausbruch des Koreakrieges der Kalte Krieg zu einem heißen Krieg wandelte, bestenfalls als kontraproduktiv angesehen. Und ihr aus Loyalität erfolgter Hinweis auf die mögliche Wirkungslosigkeit von Reeducation-Maßnahmen störte, weil dadurch eine als erfolgreich abgesegnete Besatzungspolitik in Frage gestellt wurde. Die Folgen dieses Anachronismus hatten Mieth und Hagel schon ein Jahr zuvor, während ihrer letzten Deutschlandreise, auf dem amerikanischen Konsulat in Stuttgart zu spüren bekommen. Ihre Pässe waren eingezogen worden, sie wurden bespitzelt und selbst bei der Verwandtschaft erschien nach ihrem Besuch der CIA. Bei der Rückkehr wartete im New Yorker Hafen bereits das FBI, um Auto und Gepäck nach einem ominösen Film zu durchsuchen.[24]

Eine Überwachung oder Bespitzelung hatte allerdings schon lange vorher eingesetzt, ohne dass Hansel Mieth und Otto Hagel dies auch nur geahnt hätten, wie bei zahlreichen anderen Emigranten aus Hitlerdeutschland, die seit 1939/40 u. a. vom *Immigration and Naturalisation Service*, dem *Office of Strategic Services*, einem CIA-Vorläufer, oder im Falle Hansel Mieths vom FBI bespitzelt wurden. Mittlerweile galten Einwanderer in den zuständigen Behörden weniger als Belastung des Arbeitsmarktes, sondern aufgrund zunehmender Fremdenfeindlichkeit als Sicherheitsrisiko.[25] Mieth erfuhr von ihrer Überwachung nach dem Eintritt der USA in den Zweiten Weltkrieg 1941. Sie »hatte um Entsendung an die Front gebeten, aber eine Zusammenkunft in der *Life*-Filiale machte meine Hoffnungen zunichte. Neben Vertretern der Zeitschrift war da auch ein Verbindungsmann des FBI zugegen, und dieser ließ mich in eine Akte Einblick nehmen, auf der ich ganz deutlich meinen Namen lesen konnte: also interessierte man sich schon seit längerem dafür, was ich so trieb und dachte. Ich durfte nur ein einziges Blatt aus der Akte lesen, und das war die Kopie eines Briefes, in dem ich meine Mutter vor Jahren vor Hitler und seiner Politik gewarnt hatte.«[26] Nach Angaben des FBI-Beamten war ihre Bewerbung als Kriegsfotografin abgelehnt worden, weil sie zu früh gegen Hitler gewesen sei. Nach dem Tod Präsident Roosevelts 1945 kam es in den USA zu einem deutlichen Rechtsruck, der im Namen eines extremen Patriotismus bedrohlich reaktionäre und antisemitische Züge annahm. Der Vorwurf des FBI-Beamten an Hansel Mieth, zu früh gegen Hitler gewesen zu sein, wurde in den Nachkriegsjahren zur Anklage: »frühzeitiger Antifaschismus« war eine Umschreibung für Kommunismus. Für Emigranten aus Nazideutschland schuf die Verfolgung von so genannten »unamerikanischen Umtrieben« während der McCarthy-Ära eine beängstigende Atmosphäre.[27] Die Fotografen waren Mitglieder der *Photo League*, einer Fotografenorganisation, die wegen ihrer linksliberalen Einstellung ab 1947 unter dem Kommunismus-Verdikt des *House Un-American Activities Committee* (HUAC) und damit auf der »schwarzen Liste« stand. Allein der Verdacht, jemand könne dort Mitglied sein, reichte für Observationsmaßnahmen aus. Neben der *Photo League* wurden zahllose weitere künstlerische Zusammenschlüsse, wie die *Artists League of America*, vom Sonderausschuß für un-amerikanische Tätigkeiten als kommunistische Tarnorganisation eingestuft. So hatten nach dem Ende des Krieges nicht nur Mieth und Hagel Probleme mit den amerikanischen Behörden. Margaret Bourke-White, Sid Grossman, Lisette Model und Ben Shahn erging es ähnlich. Ihrem gemeinsamen Freund Robert Capa, dem fotografischen Helden des D-Day in der Normandie und Träger der Freiheitsmedaille der US-Armee, wurde Anfang der 50er Jahre der Pass eingezogen.[28]

Dass ihre Deutschlandreportage im Juni 1950 in *Life* zur Veröffentlichung kommen konnte, verdankten die Fotografen ihrem hervorragenden Renommée, vor allem aber ihrer persönlichen Freundschaft mit dem damaligen Herausgeber von *Life*. Hansel Mieth berichtete in einem Interview, dass sie und Otto bereits Fotos ausgewählt und das Konzept für eine Familienstory mit wörtlichen Zitaten aus Gesprächen und Briefen überlegt hatten. »Und dann (...) haben wir *Life* angefragt, und Ed Thompson, who was the editor then, und is a good friend of ours, er hat uns aus so vielen Sachen geholfen, wenn die CIA oder die military things uns angegriffen haben, hat er sich für uns eingestellt. (...) So hat er so schnell wie möglich die Geschichte in *Life* Magazin reingebracht und beim nächsten Tag, nachdem es veröffentlicht war, nachdem das Magazin rauskam, ist der ... well, es war not a declared Krieg, I mean, die Sache mit Korea hat angefangen.«[29] Der umfangreiche Vorspann zu »We return to Fellbach« gibt Aufschluss darüber, wie Thompson, Mieth und Hagel sich abzusichern versuchten und möglichen ideologischen Angriffen die Brisanz nahmen, indem sie die Reportage als vordringlich private Erfahrung positionierten.[30] Sodann wurde die Meisterschaft eines Fotografenpaares betont, das Amerika von der Großen Depression bis zum Eintritt in den Zweiten Weltkrieg für *Life* fotografiert hatte und von dem folgerichtig nun auch die Ergebnisse seiner Deutschlandreise in *Life* präsentiert wurden.

Gleichwohl erschien bereits am 26. August 1950, zwei Monate nach der Veröffentlichung in der internationalen Ausgabe von *Life*, die Fotoreportage »Heimkehr nach Fellbach« in der *Neuen Münchner Illustrierten* in Deutschland. Der Verlauf des Eisernen Vorhangs markierte inzwischen die Grenze zwischen den neuen Staaten BRD und DDR und Bundeskanzler Adenauer forderte öffentlich, dass die Zeit gekommen sei, wo »die Deutschen die Trennung der Menschen in Sünder und Unschuldige aufgeben müßten.«[31] Die im *Süddeutschen Verlag* in München unter der Chefredaktion des Remigranten Hans Habe erscheinende Illustrierte brachte den Bericht in verkürzter Form und versah ihn für die Rezipienten in Westdeutschland mit einem veränderten Grundton. Die zwiespältigen Gefühle, die das Fotografenpaar zusammen mit Ed Thompson für den ursprünglichen Vorspann formuliert hatten, entfielen ebenso wie der Textblock mit den Äußerungen von Nachbarn. Stattdessen rechnete eine kurze Einleitung die Auswanderer Mieth und Hagel »zu den gesuchtesten Fotografen der USA«. Die Übernahme einer Reportage von »der führenden Illustrierten der Welt, *Life*,« begründete die Redaktion mit dem Interesse, »zu zeigen, wie eine kleine deutsche Stadt auf Menschen wirkt, die seit zwei Jahrzehnten in Amerika leben.« Dann freilich endete die Einleitung mit einer programmatischen

Distanzierung seitens der *Neuen Münchner Illustrierten*: »Doch – so traurig
wie die ›Life‹-Reporter sehen wir die deutsche Wirklichkeit längst nicht. Sie
haben die tiefsten Punkte des deutschen Schicksals nicht miterlebt. Wir
wissen, es geht – trotz allem – aufwärts.«[32]

»Heimkehr nach Fellbach« ist um fünf Seiten kürzer als die ursprüngliche
Reportage. Das einzige Foto, das entfiel, ist bezeichnenderweise das Bild und
die Geschichte von Lydia Baitinger, die aus Furcht vor der Euthanasie über
Jahre hinweg ihr behindertes Kind versteckt hatte.[33] Auf der ersten Seite wurden die Bildunterschriften der Familienbilder mit fett gedruckten Hervor-
hebungen versehen, die den Inhalt neu gewichteten. Das Foto der Familie
Mieth wurde mit »Backfisch mit Haarschleife« betitelt, und unter dem Bild
der Familie Hägele stand fett gedruckt »Kaiserliche Fahne«, außerdem wurde hinzugefügt, dass der siebenjährige Otto »voller Stolz« die Fahne halte.
Das ursprüngliche Schlussbild mit Mutter Hägele am Grab ihres Sohnes bildete nun den Blickfang auf der ersten Seite. Allerdings ist die Fotografie, vermutlich wegen des Abbildungsformats, bearbeitet worden: Mutter Hägele
wurde kurzerhand ausgeschnitten und vor das Kreuz gerückt. Der Text zu
Helmuts Grab entfiel völlig. Die Bildunterschriften der restlichen Fotos sind
gekürzt, jedoch nicht verfälscht. Doch während in der Originalreportage
Mieth und Hagel mit einer Stimme sprechen, erzählt in der deutschen Version nur Otto Hagel.

Im retrospektiven Überblick werden die Besuche in der früheren Heimat,
die Konfrontation mit den von Diktatur und Krieg belasteten Verwandten
sowie die simultan erfahrene Bedrängnis durch die aggressive Ideologisie-
rung des Kalten Krieges als existenzielle Zäsur für Hansel Mieth und Otto
Hagel erkennbar. Wenn die Fotografen 1950 formulierten: »Unseren Weg-
gang aus Deutschland sahen wir als ein Heraus aus der Dunkelheit«, so schie-
nen sie noch im Nachhinein erstaunt, dass sie aus dieser als Desaster emp-
fundenen Kindheit und Jugend einen Weg gefunden hatten.[34] Zum anderen
hatten sie sich in der Krisen- und Umbruchserfahrung jener Zeitenwende
auf die Maxime ihrer Anfangsjahre besonnen, namentlich das zu fotografieren, was sie kannten. Indem sie den Zerstörungshorizont von Krieg und zwölf
Jahren nationalsozialistischer Diktatur im eigenen Familienzusammenhang
ausleuchteten, offenbarte sich, dass die fotografische Thematisierung des
eigenen Lebensumfelds auch nach langen Jahren als kommerziell erfolgreiche Berufsfotografen Teil ihres Selbstverständnisses und zugleich eine schöpferische Quelle geblieben war. Sei es das Tagelöhnerdasein als Erntehelfer
Anfang der 30er Jahre oder die schwäbische Verwandtschaft – sie wussten,
wovon ihre Bilder erzählen sollten.

Die Rückbesinnung auf frühere Arbeitstechniken und Formen der Welt-
aneignung kann als Initiation für die Arbeits- und Lebensweise der folgenden, oft schwierigen 50er Jahre verstanden werden, als sich die von Senator

McCarthy propagierte Säuberung von Kommunisten zur generellen Verfolgung nonkonformer Denkweisen in den USA auswuchs. Mieth und Hagel zogen sich in einer Art innerer Emigration auf ihre Farm zurück, wo sich vornehmlich das materielle, aber auch das intellektuelle Überleben als eine große Herausforderung zeigte. Als landwirtschaftliche Amateure war es nicht einfach, sich eine Existenzgrundlage zu schaffen. Die Fotografen waren Hühnerzüchter, hielten Kühe und Schafe, hatten Einbußen durch Waldbrand. Sie haben diese Jahre, als sie keine Aufträge bekamen, weil sie vermutlich auf der »schwarzen Liste« standen, mit dem mehrdeutigen Etikett »Simple Life« versehen.[35] In ihrer Sehnsucht nach einem ursprünglichen Leben jenseits von Großstadt, kapitalistischer Ausbeutung und Gesinnungsschnüffelei durchdrang die Fotografie nun unter gänzlich anderen Vorgaben ihre Lebenswelt. Das Medium diente der Selbstvergewisserung, wurde künstlerisches Ausdrucksmittel und blieb dabei wie in frühen Jahren Rückgrat und Basis ihres Ringens um die Veränderung der Welt. Die Fotografie als Handwerk wurde immer meisterhafter beherrscht, sie standen sowohl wegen ihrer ästhetischen Ansprüche als auch aus ökonomischen Überlegungen selber in der Dunkelkammer, um ihre Bilder von der Idee bis zur Nachbearbeitung in einem selbstbestimmten Arbeitsprozess herzustellen.[36]

Das Jahr 1955 bildete einen sichtbaren Höhepunkt im damaligen Schaffen von Mieth und Hagel. Vor allem Otto Hagel wurde in jenem Jahr höchste Anerkennung zuteil, indem sein Foto »Ein Junge in den Ruinen von Pforzheim« in dem weltumspannenden Bilderreigen der legendären Ausstellung *The Family of Man* gezeigt wurde, der erfolgreichsten Fotoschau aller Zeiten.[37] Außerdem kam nach langen Jahren erzwungener Abstinenz in *Life* im November 1955 ihr umfangreicher Fotoessay *Simple Life* zur Veröffentlichung. Den Zeitläuften angemessen sprachen die Aufnahmen von der Schönheit des Landes und der Härte der Arbeit. Dass ihrem Dasein als Bauern partiell auch ein erzwungener Rückzug innewohnte, fand hier keinerlei Entsprechung.[38]

Persönliche Freundschaften erwiesen sich in einem Klima des verknöcherten Konservatismus und fortschreitender Hetze als existenzielle Fundamente. Ihre Gründung der genossenschaftlichen Fotoagentur *West-Photo* etwa, zusammen mit Edward Weston, Ansel Adams und Peter Stackpole, stärkte die subjektive Widerstandskraft von Mieth und Hagel ebenso wie informelle Netzwerke mit Dorothea Lange, Imogen Cunningham, Eugene Smith oder dem Bildredakteur John Morris. Die Begegnung mit der Bauhauskünstlerin Marguerite Friedlaender-Wildenhain brachte künstlerischen Zugewinn in ihrer kalifornischen Nachbarschaft. Die Emigrantin hatte die Künstlerkolonie *Pond Farm* bei Guerneville mitgegründet und bot alljährlich Sommerseminare für angehende Töpfer und Keramiker an. Seit 1952

Otto Hagel: Ein Junge in den Ruinen von Pforzheim, 1949.

fotografierte Otto Hagel für die Töpfermeisterin Objekte und einzelne Arbeitsschritte, anhand derer Friedlaender-Wildenhain bei Vorträgen ihre Methodik erläuterte. Er illustrierte mit seinen Fotografien ihr erstes Lehrbuch und drehte einen Dokumentarfilm über die Künstlerin.[39] Marguerite Friedlaender-Wildenhain, Hagel und Mieth teilten nicht nur die verletzende und bedrohliche Erfahrung von rassischer Verfolgung und politischer Ausgrenzung. Mit der Wahl ihres Zufluchtsortes, ihrer Begeisterung für ein einfaches Leben inmitten von Natur und dem Interesse an den indigenen

Kulturen Kaliforniens antworteten sie mit gleichartigen lebensgeschichtlichen Gegenentwürfen und verwandten Positionen zu Aufgabe und Stellung des Künstlers in der Gesellschaft.[40] In den Aufzeichnungen von Mieth und Hagel heißt es dazu: »Kunst kann nicht im leeren Raum existieren. Kunst muß ein treibender Faktor im Leben sein. (…) Was immer wir tun – malen, schreiben, fotografieren – hat einen direkten Bezug zur Wirklichkeit.«[41] Ihre zum Teil aus der Not entwickelte Lebensform, ihre Ideen von selbstbestimmtem Leben und Arbeiten, zu Kunst und Politik, wurden in den 60er Jahren von der protestierenden Jugend als Vorbild alternativer Lebens- und Arbeitsformen erkannt. Nachdem sie lange Jahre doch »mehr oder weniger isoliert gelebt« hatten, wurde das Haus von Hansel Mieth und Otto Hagel auf den »Singenden Hügeln« vornehmlich an Wochenenden zu einer Art Zukunftswerkstatt. Hier verkehrten Künstler und Farmer, Indianer vom nahe gelegenen Reservat und Studenten aus Berkeley. Georgia Brown, eine junge Lehrerin, blieb bei ihnen auf der Farm: »Das war in den Sechzigern, der Vietnamkrieg hatte gerade begonnen, die Gegenbewegung in den USA formierte sich. Hansel und ihr Mann Otto waren mittendrin.«[42]

1 *Life* (internationale Ausgabe), 26.6.1950, S. 105–111. — 2 Mieth fotografierte damals in Kalifornien im Auftrag des Youth and Recreation Projects der *Works Progress Administration* (*WPA*). Vgl. *Interview with Hansel Hagel. Conducted by Mary McChesney at the Artist's in Santa Rosa, California. October 8, 1964.* In: Archives of American Art, Smithonian Institution. http://archivesofamericanart.si.edu/oralhist/hagel64.htm (3.6.2003) — 3 Hansel Mieth kam 1909 als Johanna Mieth in Oppelsbohm zur Welt. Sie starb am 14.2.1998 auf ihrer Farm in Kalifornien. Otto Hagel wurde 1909 als Otto Hägele in Fellbach geboren. Er starb 1971. Die Darstellung der Viten von Hansel Mieth und Otto Hagel stützt sich auf: Johanna Mieth, Christiane Barckhausen: *Im Tal der singenden Hügel. Erinnerungen einer Deutsch-Amerikanerin.* Stuttgart 1991; Hansel Mieth, Otto Hagel: *Simple Life. Fotografien aus Amerika, 1929–1971.* Stuttgart 1991 (= Ausstellungskatalog). — 4 *Interview with Hansel Hagel. Conducted by Mary McChesney.* (s. Anm. 2). — 5 Mieth, Barckhausen: *Im Tal der singenden Hügel* (s. Anm. 3), S. 129, 132 f. — 6 *Life* (s. Anm. 1), S. 105. — 7 Mieth, Barckhausen: *Im Tal der singenden Hügel* (s. Anm. 3), S. 153. Die Haltung, Emotionen und Erwartungen, auf die Emigranten bzw. Remigranten im Deutschland der Nachkriegsära gewöhnlich stießen, fasst die Bremer Historikerin Marita Krauss in insgesamt vier Thesen zusammen, zu denen sich in den Überlieferungen von Mieth reichlich Beispiele finden. Aus der Sicht der Dagebliebenen hatten sich die Emigranten außerhalb der deutschen »Volksgemeinschaft« gestellt. Weil Mieth und Hagel nun auf der Seite der Sieger standen, wurden die ehemals Ausgestoßenen und Verachteten (siehe Abbruch des Briefwechsels) beneidet und gefürchtet. Krauss führt aus, dass das Ende der deutschen Allmachtsfantasien nicht einfach Ressentiments, sondern eine tiefe Wut und unbewusste Rachefantasien erzeugte. Marita Krauss: *Heimkehr in ein fremdes Land. Geschichte der Remigration nach 1945.* München 2001, S. 50 ff. — 8 Mieth, Barckhausen: *Im Tal der singenden Hügel* (s. Anm. 3), S. 153. — 9 Ebd., S. 149. — 10 Mieth, Hagel: *Simple Life* (s. Anm. 3), S. 100. — 11 *Life* (s. Anm. 1), S. 106. — 12 Ebd., S. 109. Dass die Angst

von Lydia Baitinger begründet war, fand Christiane Barckhausen im Fellbacher Stadtarchiv mit dem »Erlaß des Reichserziehungsministeriums über die Sterilisierung von Hilfsschulkindern vom 12.12.1935« bestätigt. Mieth, Barckhausen: *Im Tal der singenden Hügel* (s. Anm. 3), S. 152 f. — **13** Hermann Kramer war bereits am 7. April 1933 durch die SA in Fellbach verhaftet und in das Schutzhaftlager Heuberg bei Ulm verbracht worden. Später kämpfte er im Spanischen Bürgerkrieg, während Gertrud Kramer mit ihrer Tochter Lore in Fellbach lebte und über Jahre hinweg regelmäßig bei der Gestapo vorzusprechen hatte. 1938 floh sie mit ihrer kleinen Tochter in die Schweiz, ein Jahr später emigrierte Kramer mit seiner Familie in die Sowjetunion. Wie es kam, dass Hermann Kramer 1943 von Moskau nach England kam, 1944 mit dem Fallschirm über der Schwäbischen Alb absprang und dort sofort von der Wehrmacht gefangen genommen und im Konzentrationslager Sachsenhausen ermordet wurde, ist bislang ungeklärt. Mieth, Barckhausen: *Im Tal der singenden Hügel* (s. Anm. 3), S. 143–149. — **14** Der Nachlass Mieth/Hagel befindet sich im *Center for Creative Photography* (*CCP*), Tucson, Arizona. Archive Group (AG) 170. Eine Beschreibung der Sammlung befindet sich unter: www.library.arizona.edu/branches/ccp/pdf/AG170MiethHagel.pdf (3.6.2003) — **15** Hans-Michael Koetzle: *Photo Icons. Die Geschichte hinter den Bildern, 1928–1991*. Köln 2002, S. 69. — **16** *Life* (s. Anm. 1), S. 105. — **17** Vgl. dazu Ludger Derenthal: *Bilder der Trümmer und Aufbaujahre. Fotografie im sich teilenden Deutschland*. Marburg 1999, S. 16–43; Ines Barbara Kampe: *Deutschlandbilder. Die Nachkriegssituation in fotografischen Werken. Mit einem Beitrag zum Wiederaufbau der Medienlandschaft nach 1945*. Diss. Hamburg 1998, S. 107–167. — **18** Ebd., S. 8. Für den Kontext vgl. Margaret Bourke-White: *Deutschland, April 1945 – Dear Fatherland, Rest Quietly*. München 1979, S. 80. — **19** Peter Rühmkorf: *Die Jahre die Ihr kennt. Anfälle und Erinnerungen*. Reinbek 1972, S. 35. Vgl. auch Thomas C. Baumann: *Das Verhältnis der KPD und der amerikanischen Besatzungsmacht in Deutschland 1945–1949*. Diss. Mannheim 1994, S. 132–137. — **20** Ludger Derenthal: »Versuchte Neuanfänge. Konstellationen künstlerischer Photographie in Deutschland von 1945 bis 1960«. In: Ulrich Domröse, Ludger Derenthal (Hg.): *Positionen künstlerischer Photographie in Deutschland seit 1945*. Köln 1997 (= Ausstellungskatalog), S. 10. — **21** In der Untersuchung bilden die Fotoessays aus *Life* wegen ihrer weltweiten Verbreitung in immens hoher Auflage die Ausgangsbasis für die Herausarbeitung der sich wandelnden Sehweisen auf den geschlagenen Kriegsgegner von 1945 bis etwa 1950. Kampe: *Deutschlandbilder* (s. Anm. 17), S. 156. — **22** Vgl. dazu den Index der *Hansel Mieth and Otto Hagel Photograph Collection*. In: Center for Creative Photography, Tucson, Arizona. www.library.arizona.edu/branches/ccp/collection/webbooks/mieth-hagel.pdf (3.6.2003), S. 23–26. Insgesamt sind 153 Fotografien aufgelistet. — **23** Mieth, Barckhausen: *Im Tal der singenden Hügel* (s. Anm. 3), S. 150. — **24** Ebd., S. 155–157; »*Fotografieren um des Fotografierens willen genügt nicht*«. *Die Lebensgeschichte der Hansel Mieth*. Feature von Christiane Barckhausen, WDR, 29.6.1989, Ms. S. 28. — **25** Alexander Stephan: *Im Visier des FBI. Deutsche Exilschriftsteller in den Akten amerikanischer Geheimdienste*. Stuttgart 1995, S. 2, 7. — **26** Mieth, Barckhausen: *Im Tal der singenden Hügel* (s. Anm. 3), S. 140. — **27** Zu *House Un-American Activities Committee* (*HUAC*) und McCarthy-Ära vgl. Anthony Heilbut: »Erst undeutsch, dann unamerikanisch«. In: ders.: *Kultur ohne Heimat. Deutsche Emigranten in den USA nach 1930*. Reinbek 1991, S. 352–381; Stephan: *Im Visier des FBI* (s. Anm. 25); Claus-Dieter Krohn: »Vereinigte Staaten von Amerika«. In: Claus-Dieter Krohn, Patrik von zur Mühlen, Gerhard Paul und Lutz Winckler (Hg.): *Handbuch der deutschsprachigen Emigration 1933–1944*. Darmstadt 1998, S. 453. — **28** Vgl. dazu Kelly George: »New York 1941–1984. Künstlerische Diagramme eines naturalisierten Emigranten«. In: *Josef Breitenbach. Photographien*. Hg. von T. O. Immisch, Ulrich Pohlmann und Klaus E. Göltz. München – Paris – London 1996, S. 121; Ann Thomas: »Lisette Model und die McCarthy-Ära«. In: *Lisette Model. Photographien 1934–1960*. Wien 2000 (= Ausstellungskatalog), S. 37–54; Richard Whelan: *Die Wahrheit ist das beste Bild. Robert Capa, Photograph*. Köln 1989, S. 393. — **29** Mieth verwechselte im Interview das Datum. Der Koreakrieg begann am 25. Juni 1950, *Life* Magazin erschien am 26. Juni 1950. »*Fotografieren um des Fotografierens willen genügt nicht*« (s. Anm. 24), Ms. S. 25. — **30** In *Life* vom 11. November 1946, S. 29–33, erschien eine Art Vorläufer: »The Road Back

To Berlin. A LIFE photographer returns to a home and friends shattered by war.« Für den Bildbericht fotografierte der aus Berlin in die USA emigrierte Pressefotograf Walter Sanders (ehemals Walter Süßmann) Bekannte oder Freunde vor den von ihnen bewohnten Ruinen. Nach Kampe setzte *Life* hierbei »die Vertrautheit des Fotografen mit den Porträtierten gezielt ein, um das deutsche Gesicht während der reeducation-Phase zu charakterisieren, das nun von wißbegierigem Interesse geprägt ist.« Kampe: *Deutschlandbilder* (s. Anm. 17), S. 154. — **31** Zitiert nach Kay Boyle: *Der rauchende Berg. Geschichten aus Nachkriegsdeutschland.* Frankfurt/M. 1991, S. 15. — **32** *Neue Münchner Illustrierte*, H. 30, 26.8.1950, S.6 f. Die Illustrierte erschien seit Februar 1950. Der Chefredakteur Hans Habe hatte als Leiter der *Information Control Division* der amerikanischen Armee ab 1945 in Deutschland die ersten Lizenzzeitungen in der amerikanischen Besatzungszone gegründet. Zur Medienpolitik in der US-Zone siehe: Claus-Dieter Krohn, Axel Schildt (Hg.): Zwischen den Stühlen? Remigranten und Remigration in der deutschen Medienöffentlichkeit der Nachkriegszeit. (= Hamburger Beiträge zur Sozial- und Zeitgeschichte, Darstellungen, Bd. 39). Hamburg 2002. Zu Hans Habe ebd., u.a. S. 33, 35–37, 245–250. Stellvertretende Chefredakteurin war Luiselotte Enderle, die Lebensgefährtin von Erich Kästner. Die NMI hatte die Erstverwertungsrechte von *Magnum* in Deutschland erhalten. Inwieweit ähnliche Vorrechte für *Life* vorlagen, ist mir nicht bekannt. Vgl. Derenthal: *Bilder der Trümmer- und Aufbaujahre* (s. Anm. 17), S. 178 ff. — **33** Indem der gesamte Bildaufbau verändert und auf zwei Seiten verdichtet wurde, entfielen zudem mit den beiden Passfotos der Gefallenen der Familie Hägele zwei nicht von Mieth/Hagel aufgenommene Fotografien. — **34** *Life* (s. Anm. 1), S. 105. Sowohl in ihrem Bericht »Vaterland« wie auch in weiteren Aufzeichnungen wie »Gertrud und Lore« begann vornehmlich Hansel Mieth damit, über dieses frühere Leben Rechenschaft abzulegen. Ihre Manuskripte »Vaterland« und »The Singing Hills of Jackass Flat« sind mit der Kennzeichnung »Aus Hansel Mieth's Aufzeichnungen« zu großen Teilen in Mieth, Barckhausen: *Im Tal der singenden Hügel* (s. Anm. 3) veröffentlicht. Vgl. dazu die Liste *Writings by Hansel Mieth, 1933–1971* in ihrem Nachlass im CCP (s. Anm. 14), S. 15 f. — **35** Mieth, Barckhausen: *Im Tal der singenden Hügel* (s. Anm. 3), S. 157–159. Es scheint, daß nach der Fellbach-Reportage ihr Titelbild vom 17.7.1950 über lange Zeit die einzige Arbeit geblieben war, die in *Life* veröffentlicht wurde. Inwieweit Mieth und Hagel in weiteren Magazinen und Illustrierten ab und an vertreten waren, wäre noch zu überprüfen. Beim *Federal Bureau of Investigation (FBI)* und beim *Immigration Network Service (INS)* ist durch die Autorin seit geraumer Zeit, auf Grundlage der Freedom of Information and Privacy Acts, Einsicht in die über tausend Seiten umfassenden Akten von Hansel Mieth und Otto Hagel beantragt, um genaueren Aufschluss über Maßnahmen und Einschränkungen seitens der Überwachungsbehörden zu erhalten. — **36** Den Fotografinnen und Fotografen der Ära der schwarz-weißen Fotografie war es (im Gegensatz zu den mit Farbfilm arbeitenden Kollegen) möglich, als Bildautoren von der Vergrößerung bis eventuell zum Druck alles selbst zu beherrschen. Mieth und Hagel agierten jenseits von Auftragsfotografie, waren Ideen- und Auftraggeber, Kameramann, Regisseur und Produzent zugleich. Vgl. hierzu Klaus Honnef: »Thesen zur Autorenfotografie«. In: Wolfgang Kemp: *Theorie der Fotografie III, 1945–1980.* München 1999, S. 204–210; Zu ihrem fotografischen Selbstverständnis in jenen Jahren ein Text von 1952 von ihrer Freundin und Kollegin Dorothea Lange und Daniel Dixon: »Das Vertraute fotografieren. Eine Stellungnahme«. In: Ebd., S. 73–78. — **37** Die von Edward Steichen am New Yorker *Museum of Modern Art* vorbereitete Ausstellung reiste nach der Eröffnung im Januar 1955 in sechs Kopien durch 69 Länder, erreichte insgesamt neun Millionen Menschen. Sie wurde noch im gleichen Jahr mit großem Erfolg in München und in West-Berlin gezeigt. Aus mehr als zwei Millionen aus der ganzen Welt eingereichten Fotografien waren 503 Bilder ausgewählt worden. Wie Steichen Life-Fotografie bevorzugte und diese in entpolitisierter, die geschichtlichen Unterschiede verleugnenderweise »als Weltsprache« präsentierte, beschreibt Claudia Gabriele Philipp, »Die Ausstellung ›The Family of Man‹ (1955)«. In: *Fotogeschichte*, Jg. 7 (1987), H. 23, S. 45–62; vgl. auch die Kritik von Roland Barthes, der die Ausstellung 1956 in Paris im Museum der Modernen Künste sah und statt dem vorgeführten Mythos der »conditio humana« einen fortschrittlichen Humanismus einforderte. Roland Barthes: »Die große

Familie der Menschen«. In: ders.: *Mythen des Alltags*. Frankfurt/M. 1964, S. 16–19; Susan Sontag: *Über Fotografie*. Frankfurt/M. 1980, S. 36 f. — **38** *Life*, 14.11.1955. Auffallend ist die konzeptionelle Stringenz der Bildreportage hinsichtlich einer deutlichen Ästhetisierung des Alltags und der agrarischen Arbeitswelt in harmonischer Ordnung. Vgl. hierzu Andreas Haus: »Dokumentarismus, Neue Sachlichkeit und Neues Sehen – Zur Entwicklung des Mediums Fotografie in den USA und Europa.« In: *Amerikastudien. American Studies*. Stuttgart 1981, S. 315–339, hier: S. 321, 323. — **39** Marguerite Wildenhain, Otto Hagel: *Pottery: Form and Expression*. Palo Alto, CA. 1958. — **40** Ich beziehe mich auf den bislang unveröffentlichten Vortrag von Katja Schneider: »›Es gibt eine größere Heimat als die des Landes ...‹ *Marguerite Friedlaender-Wildenhains Stationen der Emigration*«. Gehalten auf der 10. Tagung »Frauen im Exil«: Bildende Künstlerinnen und Kunsthistorikerinnen im Exil, 27.–29.10.2000 in der Staatlichen Galerie Moritzburg, Halle. Vgl. hierzu Marguerite Friedlaender-Wildenhain: *Ein Leben für die Keramik*. Berlin 1989. — **41** Mieth, Barckhausen: *Im Tal der singenden Hügel* (s. Anm. 3), S. 134, 140. Die amerikanische und europäische Erinnerungsfigur der 1930er und 1940er Jahre ist zu einem nicht geringen Teil von Fotografinnen und Fotografen wie Hansel Mieth und Otto Hagel geprägt, die aufgrund eigener Emigrationserfahrungen oder Migrationsgeschichte Binnenblick und Außensicht verschmelzen konnten. Sie zeigten Amerika den Amerikanern. Vgl. Otto Hagel und Hansel Mieth in: *Points of Entry: Reframing America*. Tucson, Arizona 1995 (= Ausstellungskatalog), S. 30–49. — **42** Zitiert nach Georgia Brown im Interview mit Ingrid Eißele. In: *Hansel-Mieth-Preis 2001*. Waiblingen 2002 (= Ausstellungskatalog), S. 5.
Alle Abbildungen aus: Hansel Mieth, Otto Hagel: *Simple Life. Fotografien aus Amerika, 1929–1971*. Stuttgart 1991 (=Ausstellungskatalog).

Wilfried Weinke

Verdrängt, vertrieben und – fast – vergessen
Die Hamburger Fotografen Emil Bieber, Max Halberstadt, Erich Kastan
und Kurt Schallenberg

Verhängnisvolle Verharmlosung dieser Epoche

In Hamburg, der Stadt, die sich gern als Medienstadt und Medienstandort präsentiert, veröffentlichten lokale Verlage und Museen in den letzten Jahren unzählige Fotobücher zu allen erdenklichen Orten dieser Stadt. Aufwändige Prachtbände hatten den Hamburger Hafen, die Speicherstadt, das Rathaus, die Kontorhäuser, die Treppenhäuser, die Innenstadt zum Thema. Einige Publikationen widmeten sich explizit Hamburger Fotografen, die durch ihre jahrzehntelange Tätigkeit den Wandel dieser Stadt und das Leben ihrer Einwohner dokumentierten. Der vom ehemaligen Bundeskanzler Helmut Schmidt mit einem Vorwort versehene Fotoband *Historisches Hamburg* präsentiert das ›Lebenswerk der Fotografenfamilie Johann und Heinrich Hamann‹.[1] Andere Monographien würdigen ausführlich Leben und Werk der Hamburger Fotografen, deren Arbeiten immer wieder für Ausstellungen oder Buchillustrationen genutzt wurden. So erschien 1993 das Buch *Erich Andres. Der Mann mit der Leiter. 50 Jahre unterwegs mit dem Hamburger Fotoreporter (1920–1970)*.[2] Gleich zwei Veröffentlichungen gelten dem Fotografen Germin (eigentlich: Gerd Mingram).[3] Es wird in diesen Büchern nicht verschwiegen, dass beide Fotografen auch während der Zeit des Nationalsozialismus – wenn auch in eingeschränkter Weise – weiterhin fotografieren und ihre Arbeiten in der gleichgeschalteten deutschen Presse veröffentlichen konnten. Jüngere Veröffentlichungen stellen die *Photographische Kunstanstalt Emil Puls*[4] oder Fotos zur Arbeit auf Hamburger Werften in den 50er Jahren[5] vor. Als 170 Aufnahmen des unbekannten Fotografen Ernst Heinrich Alfred Schlitte gefunden wurden, feierte dies die Staatliche Pressestelle mit einem Katalog und einer Ausstellung in der Rathausdiele gar als »Wiederentdeckung«.[6]

Dass die Machtübertragung an die Nationalsozialisten auch für Leben und Werk Hamburger Fotografen von einschneidender Bedeutung gewesen ist, war bislang kaum Thema eingehender wissenschaftlicher oder publizistischer Auseinandersetzung. Eine unrühmliche Ausnahme bildet allein der Band *Als Hamburg unter den Nazis lebte*.[7] Das Buch, herausgegeben vom *Bildarchiv Preußischer Kulturbesitz*, und mit einem Vorwort von Werner Jochmann, dem damaligen Leiter der *Forschungsstelle für die Geschichte des Nationalsozialismus in Hamburg* sowie einem Nachwort des in Hamburg geborenen Publizisten Ralph Giordano versehen, präsentierte, so der Untertitel, »152 wiederentdeckte Fotos eines Zeitzeugen«, des Fotografen Joseph Schorer (1894–1946). Der vermeintliche dokumentarische Wert des Buches, die von Giordano betonte historische Ehrlichkeit, provozierte deutliche Kritik. So schrieb der schon erwähnte Fotograf Germin an den Verleger: »Im Hinblick auf nachfolgende Generationen, die den 12jährigen deutschen Faschismus nicht aus eigenem Erleben kennenlernten, ist die Zusammenstellung der Fotos als undienlich und in gewissem Sinne als irreführend zu bezeichnen.« Die Auswahl charakterisierte er als »verhängnisvolle Verharmlosung dieser Epoche«, weil die Fotos »eine zwar straffe, aber im ganzen annehmbare Staatsführung zu dokumentieren scheinen.« Ausdrücklich kritisierte er das Geleitwort von Roland Klemig, des Leiters des *Bildarchivs Preußischer Kulturbesitz:* »Was nun das Vorwort von Roland Klemig angeht, so ist es, soweit es die politische Charakterisierung Joseph Schorers angeht, schlicht als Legende zu bezeichnen. In dem Bildband sind eine Reihe von Fotos zu sehen, die erkennen lassen, daß der Fotograf zum Teil fast auf Tuchfühlung an Hitler und andere Parteigrößen herankam. Das war in keiner Situation jemals möglich, wenn der Betreffende nicht das vollste Vertrauen aller Verantwortlichen und vor allem sämtlicher Dienststellen, einschließlich der Gestapo besaß (...). Wenn es J. Schorer an ›Begeisterung für das Dritte Reich‹ mangelte, so hat er Spuren von Gegnerschaft meisterhaft und dauerhaft hinter Fotos versteckt, denen zumindest eine visuelle Huldigung des Regimes nicht abzusprechen ist.«[8] Der Verleger akzeptierte die »berechtigte Kritik« und versprach, »daß es eine Nachauflage dieses Buches in der vorliegenden Form nicht geben wird.«[9]

»Juden und Ausländer«

Lediglich zwei – höchst ungleichwertige – Veröffentlichungen durchbrechen das hanseatische Schweigen zur Fotogeschichte der Stadt: Der Architekturhistoriker und Publizist Roland Jaeger würdigte in einer umfassenden Monographie das Schaffen der Hamburger Architekten Fritz Block und Ernst Hochfeld.[10] Wegen ihrer jüdischen Herkunft verfolgt und an der Ausübung ihres Berufes gehindert, waren sie 1938 schließlich zur Emigration gezwungen. In einem Exkurs *Der Architekt Fritz Block als Photograph* widmete sich Jaeger den fotografischen Aktivitäten Fritz Blocks im amerikanischen Exil, wo er mit dem Firmennamen *Dr. Block Color Production* einen erfolgreichen Dia-Service mit einem breiten Themenangebot für Schulen und Universitäten betrieb. Auch das Buch *Natascha A. Brunswick. Hamburg – wie ich es sah*[11] stellte das kurze fotografische Schaffen einer Hamburger Jüdin vor, die 1937 in die USA emigrieren konnte. Wobei die 1999 erstmals gezeigten Fotografien und der später vom *Museum für Kunst und Gewerbe* herausgegebene Katalog wohl eher Natascha Brunswicks Liebe zur Fotografie denn das Schaffen einer professionellen Fotografin dokumentieren. Gerade dieses Museum aber, das über eine umfangreiche fotografische Sammlung verfügt und sich von seiner Geschichte her um die – ganze – Fotogeschichte Hamburgs bemühen sollte, macht um die politische Zäsur von 1933 einen weiten Bogen, indem es sich vielmehr mit eher unproblematischen Themenfeldern wie der *Kunstphotographie um 1900*[12] auseinander setzte oder *Photographische Perspektiven aus den Zwanziger Jahren*[13] vorstellte. Die letztgenannte Veröffentlichung erschien zum Gedenken an den 85. Geburtstag des Fotografen und langjährigen Direktors der *Staatlichen Landesbildstelle Hamburg* Fritz Kempe (1909–1988). Zu Kempe, der wie andere seiner Generation während des Zweiten Weltkrieges als Fotograf in einer Propagandakompanie arbeitete, schreibt Hanno Loewy: »Die PK-Fotografen und ihre Kollegen der Bildpresse, sie bildeten den Kern ›deutscher Fotografie nach 1945‹. Hilmar Pabel, Max Ehlert und Wolfgang Weber, Harald Lerchenperg und Hanns Hubmann, Leopold Fiedler und Wolfgang Strache, Gerhard Gronefeld, Bernd Lohse und Fritz Kempe, sie bauten Redaktionen, Verbände und Institutionen der deutschen Nachkriegsfotografie auf (...). Ihre Lebenslügen und ihre Verleugnungen bildeten die Basis für jene seltsam vergeß-liche Moralität, die in Pabels ›Bildern der Menschlichkeit‹ gipfelte.«[14] Von Kempe und seiner vergesslichen Moralität wird später noch die Rede sein.

In den in Berlin erscheinenden *Deutschen Nachrichten*, dem, so der Untertitel, »Organ der Deutschvölkischen Freiheitsbewegung«, erschien im zweiten Augustheft 1933 unter der Überschrift »Deutsche Bilder in der Presse« ein »Verzeichnis deutscher Pressephotographen«. Diesem Verzeichnis stand eine andere Liste gegenüber, die »Liste der Juden und Ausländer«. In dieser Liste finden sich für Hamburg neben Dr. Beer und dem schon erwähnten Architekten Fritz Block (»Block, Dr. Hamburg«), Max Hirsch, die Ateliers Moscigay und Schaul, aber auch die Namen »Bieber, E., Hamburg« und »Kastan, Hamburg«.[15] Gemeint waren der über Hamburg hinaus bekannte Hoffotograf Emil Bieber sowie Erich Kastan. In der Liste der *Deutschen Nachrichten*, die sich selbst, bekränzt von zwei Hakenkreuzen, als »völkisch-monarchisch-sozial« bezeichnete, hätten auch die Namen der ebenfalls in Hamburg lebenden Lichtbildner Max Halberstadt und Kurt Schallenberg stehen können. An diese vier namhaften Fotografen jüdischer Herkunft, Emil Bieber, Max Halberstadt, Erich Kastan und Kurt Schallenberg, die wie viele andere nach 1933 in ihrer Berufsausübung behindert wurden und zur Emigration gezwungen waren, soll an dieser Stelle erinnert werden.

»Bitte lächeln, Majestät!«

Mit dieser Überschrift lud das *Hamburger Abendblatt* seine Leser am 25. Januar 1958 zu einer »Reise in die Vergangenheit mit dem Hamburger Photographen E. Bieber« ein. Stolz wurde vermerkt, dass diese Reise dadurch ermöglicht wurde, »daß das Hamburger Abendblatt einen Schatz von unermeßlichem Wert gehoben hat: 35.000 (fünfunddreißigtausend!) Photoplatten aus dem Hamburger Photo-Atelier E. Bieber.«[16] Eine Woche lang berichtete die Tageszeitung in ganzseitigen, prächtig illustrierten Artikeln über Emil Bieber und die Bedeutung seines fotografischen Schaffens. Schon der erste Artikel präsentierte ein Porträt Wilhelms II. sowie des Malers Adolph von Menzel. Im Lauf der Woche wartete das *Hamburger Abendblatt* neben zahlreichen anderen Fotografien von Mitgliedern des preußischen Adels mit Porträtaufnahmen von Josephine Baker, Otto von Bismarck, Thomas Alva Edison, Joachim Ringelnatz, Rabindranath Tagore auf. Zu den von Emil Bieber Porträtierten zählten auch der Altonaer Oberbürgermeister Max Brauer sowie das Schauspieler-Ehepaar Curt Goetz und Valerie von Martens, die nach 1933 aus Deutschland flohen. Dass es auch für den Fotografen Emil Bieber in Deutschland keine Zukunft gab, wird in dem typischen euphemistischen Sprachduktus der deutschen Nachkriegszeit angedeutet – und verschwiegen: »Bis 1938 hatte der Name E. Bieber hier in Hamburg seine Heimat, dann ging Emil Bieber mit seiner Familie nach Kapstadt in Südafrika.«[17] Neben dem Bericht über dieses einzigartige Fotografen-Archiv bot das *Hamburger Abendblatt* eine Rückgabe der Fotos an, sollte jemand sein Konterfei oder das eines Verwandten auf den Fotografien identifizieren. Die Resonanz auf diese ungewöhnliche Aktion war überwältigend, so überwältigend, dass auch Emil Bieber, der damals nochmals nach Hamburg zurückgekehrt war, in der Zeitung schrieb: »Wirklich – es ist für mich beglückend, daß viele Hamburger, deren Bild ich festhalten durfte, nach so vielen Jahrzehnten wieder in den Besitz dieses Bildes kommen. Und es gibt für mich nichts Schöneres, als auf diesem Wege die photographierten Zeugnisse wieder jenen zurückzugeben, die sich damals mir anvertrauten.« Im gleichen Brief an die Leser schrieb er aber auch: »So wie Sie im Augenblick Ihre eigenen Spuren suchen oder die eines Angehörigen, so bin ich auf dem gleichen Wege, Spuren eigenen Erlebens zu verfolgen. Diese Spuren, die mich wieder nach Hamburg zurückgeführt haben, bringen mich an alle Stätten, mit denen der Name verknüpft ist, seitdem meine Großtante Emilie Bieber im Jahre 1852 das erste Atelier in der Großen Bäckerstraße 26 gegründet hatte.«[18]

Abschied von Europa: Emil Bieber

Emil Bieber, um 1958. Illustration des Artikels »Eine Reise in die Vergangenheit mit dem Hamburger Photographen E. Bieber, der sagen durfte: Bitte lächeln, Majestät!«, erschienen im »Hamburger Abendblatt« vom 25./26.1.1958. (Sammlung Wilfried Weinke)

3 x Bieber (1852–1955): Hamburg. Berlin. Kapstadt

Tatsächlich reicht die Geschichte des Ateliers Bieber bis in die Mitte des 19. Jahrhunderts zurück.[19] Es war Emilie Bieber (1810–1884), deren *Daguerrotyp-Atelier und Photographisches Institut* den Ruhm der drei Generationen umfassenden Fotografie-Dynastie begründete.[20] Der Schriftzug »E. Bieber« wurde zu einem Markenzeichen der 1871 von Prinz Friedrich Karl von Preußen ernannten »Hof-Fotografin«. Nachfolger Emilie Biebers wurde ihr Neffe Leonard Berlin (1841–1931). Unter dem Namen Berlin-Bieber führte er die Geschäfte erfolgreich weiter und wurde Hoffotograf Kaiser Wilhelms II. 1890 gründete Leonard Berlin-Bieber in Berlin eine Zweigstelle des Stammhauses.[21] Wie erfolgreich diese florierende Filiale arbeitete, verdeutlicht eine umfangreiche Liste vorrätiger Bildnisse des *Kunst-Ateliers des Hofphotographen E. Bieber*, die in der *Berliner Feuilleton-Korrespondenz* am 20. Februar 1909 erschien. Die Fotografien seien, so unterstrich die Feuilleton-Korrespondenz, »für illustrierte Zeitungen wichtig als Archivmaterial«; die Liste umfasste 21 Personengruppen, regierende Fürsten, Aristokraten, Bürgermeister, Senatoren, Diplomaten, Generäle, Gelehrte, Bühnenkünstler, Bildhauer und Maler, Schriftsteller, Musiker und Komponisten, Parlamentarier und Geistliche.[22] Schon ein Jahr zuvor, am 1. Oktober 1908, hatte der Hamburger Kunstsalon Louis Bock & Sohn eine »Ausstellung Neuzeitlicher Bildnisse« eröffnet; das »Nummern-Verzeichnis« der Fotografien nennt die Namen des Regisseurs Leopold Jessner, des Schriftstellers Gustav Falke, den Maler Arthur Siebelist, den Reichskanzler Fürst Bülow und – mit dem Zusatz »Neuestes Bildnis August 1908« – natürlich »S. M. Kaiser Wilhelm II.«.[23]

Seit 1902 war der in Hamburg geborene Emil Bieber (1878–1962), der Großneffe der Gründerin und Sohn Leonard Berlin-Biebers, Mitinhaber der Firma geworden. 1912 erstellte Emil Bieber ein voluminöses Album von Hamburgs Bürgerschaft, das in prächtigem Einband und alphabetisch geordnet Porträts aller Bürgerschaftsmitglieder zeigte. Zu den von Emil Bieber porträtierten namhaften Personen der Gesellschaft zählten aber auch Roald Amundsen, Josephine Baker, Ernst Cassirer, Thomas Alva Edison, Emil Jannings, Max Warburg und viele, viele andere. Unter der Leitung Emil Biebers konnte das Atelier nochmals expandieren; zu den neuen Tätigkeitsfeldern gehörten ein »Mal-Atelier«, das Ölgemälde nach fotografischen Vorlagen produzierte, Modeaufnahmen sowie eine Abteilung für Reklame, Handel und Presse. Ein weiterer lukrativer Bereich war die Theaterfotografie. Neben unzähligen Szenenfotos druckten Hamburger Theaterzeitungen auf ihren Titelseiten Porträts des Ateliers E. Bieber.[24] 1927 wurde das 75-jährige Firmenjubiläum begangen,[25] die Hamburger *Galerie Commeter* präsentierte aus diesem Anlass eine Auslese der Arbeiten des verdienten Fotoateliers.[26]

Dass Emil Bieber die traditionsreiche und vielfach geachtete Arbeit in seiner Heimat nicht fortsetzen konnte, weil er seit 1933 in der freien Ausübung seines Berufes massiv eingeschränkt wurde, dass er wegen seiner jüdischen Herkunft zur Emigration nach Südafrika gezwungen wurde, war bislang in dieser Deutlichkeit nur in dem knappen, der breiten Öffentlichkeit vermutlich unbekannten Beitrag *3 x Bieber (1852–1955): Hamburg. Berlin. Kapstadt*[27] nachzulesen.

»Entzogen sich der Arisierung«

In Hamburg griff man, was die Familie Bieber anbelangt, lange zu kaschierenden, missverständlichen Formulierungen. Da heißt es in den Veröffentlichungen des vielfach geehrten Fotohistorikers Fritz Kempe, dass das Jahr 1933 auch für Emil Bieber und seine Familie zum »Schicksalsjahr« wurde. Zur zwangsweisen Geschäftsauflösung und keineswegs freiwilligen Emigration notierte Kempe: »Der Betrieb sollte ›arisiert‹ werden, seine Frau löste ihn jedoch auf.« Noch 1984 schrieb Kempe in einem vom damaligen Senatsdirektor der Hamburger Kulturbehörde herausgegebenen Band zur *Industriekultur in Hamburg* zur Emigration Biebers: »1933 entzogen sich die Biebers der ›Arisierung‹ und emigrierten über England nach Cape Town, wo sie wieder Fuß faßten.«[28] Jenseits der völlig falschen Datierung, mit der suggeriert wird, Bieber habe Deutschland sofort nach der Machtübertragung verlassen können, ist diese Formulierung in grobem Maße vereinfachend. Akten in Hamburger Archiven liefern ein differenzierteres Bild. So beklagte Emil Bieber in einem Schreiben vom 10. Februar 1938 an seinen damaligen Steuerberater, dass alle »Bemühungen, Verbindungen anzuknüpfen, um meine Firma handelsfähig zu machen (...) erfolglos blieben.«[29] Im gleichen Brief beklagte er, dass man ihm seine »alte und bekannte Firma nicht mehr belassen will« und dass es für ihn nur »einen Ausweg aus diesem Dilemma« gäbe, nämlich die Auswanderung. Im März 1938 wurde durch einen Vertrag die stille Liquidation der Firma E. Bieber, Hamburg, festgelegt. Dem Liquidator mussten auch fotografisches Gerät, die Laborausstattung, das Mobiliar des Ateliers, vor allem aber das Archiv der Firma mit ca. 50.000 Glasplatten übereignet werden.

16 Jahre später, im August 1954, stellte Bieber in einem Nachtrag zu seinem Entschädigungsantrag dem Hamburger *Amt für Wiedergutmachung* die damalige Entwicklung seiner Firma dar. Da es nur wenige überlieferte Aussagen zu einem solchen wirtschaftlichen wie gesellschaftlichen Ausgrenzungsprozess gibt, sei aus diesem Brief ausführlich zitiert: »Der Ruf und die ehemalige Bedeutung der Firma E. Bieber wird auch heute noch in Hamburg bekannt sein. Bis 1933 führte ich den Betrieb im Hause Jungfernstieg 8

mit durchschnittlich 18–20 Angestellten und Jahresumsätzen von um und über RM 100.000 (...) Infolge des politischen Umbruchs setzte gleichzeitig für mich auch eine rückläufige Konjunktur ein, weil ich sowohl für die neue Prominenz als auch für die sonstige Öffentlichkeit nicht mehr zuständig war, aber auch die alte Prominenz es nicht mehr verantworten konnte, durch mich photographiert zu werden. Bald machte mir auch die Photographen-Innung Schwierigkeiten: Sie setzte sich bei den Behörden mit Nachdruck für die Löschung meiner Firma E. Bieber im Handelsregister ein (...) Der Betrieb ging (...) immer mehr zurück, anfangs arbeitete ich (...) noch mit 12 Angestellten und beschäftigte kurz vor der Auswanderung im März 1938 nur noch 3 Angestellte. Diese Entwicklung zeigt, daß meine wirtschaftliche Existenz in Hamburg ernstlich gefährdet war. Meine Bemühungen, bereits Anfang 1936 auszuwandern, wurden durch eine schwere Erkrankung und größere Operation durchkreuzt. Ich selbst konnte erst im Januar 1938 nach London fahren, um dort mit Hilfe einiger Freunde Einführungen für Südafrika zu erhalten. Die Absicht, den Hamburger Betrieb nebst Firma durch meine Frau in Ruhe günstig abzuwickeln, konnte infolge der Verschärfung der politischen und wirtschaftlichen Verhältnisse nicht mehr durchgeführt werden (...) Das Atelier mußte dem jüngsten Angestellten übergeben werden, der praktisch ohne verfügbare Mittel war. Ein dem Objekt in keiner Weise Rechnung tragender Betrag von RM 4.500,– wurde als Kaufpreis vereinbart. Meine Frau erhielt hierauf nur eine geringfügige Anzahlung von einigen hundert Reichsmark. Weitere Zahlungen sind nicht erfolgt. Das Atelier soll, wie ich jetzt gehört habe, schon nach kurzer Zeit zur Zwangsversteigerung gekommen sein.«[30]

Zum Neubeginn in Südafrika, der nach Kempes Bemerkung scheinbar mühelos funktionierte, führte Bieber in dem gleichen Schreiben aus: »Von London aus bin ich nach Kapstadt ausgewandert und habe mich dort unter dem Namen Emil Berlin-Bieber naturalisieren lassen. Meine dortigen Bemühungen auf photographischem Gebiet waren dadurch besonders erschwert, daß ich über keinerlei finanzielle Mittel verfügte und somit unter den primitivsten Verhältnissen arbeiten mußte. Hinzu kam auch noch mein Alter (60 Jahre) und die für mich sehr schwierige klimatische Umstellung. Ich habe lange Jahre kein steuerpflichtiges Einkommen gehabt (...) Infolge meines vorgeschrittenen Alters war ich nicht mehr in der Lage, meine berufliche Tätigkeit weiter auszuüben. Die vorgenannten Zahlen zeigen ja auch einen erheblichen Rückgang in den Einnahmen.«[31]

Emil Bieber emigrierte im März 1938 gemeinsam mit seiner Frau und seinen beiden Söhnen von London aus nach Südafrika. Schon im April 1939 berichtete *The Pictorial. South Africa's Leading Illustrated Magazine* unter der Überschrift »Emperor's Photographer« über Emil Bieber und seine Arbeit.[32] Erst zehn Jahre später kommt es zu einer ersten öffentlichen Präsentation seiner fotografischen Arbeiten in Südafrika. Unter dem Titel »Faces of Interest« wurde im April 1948 eine Fotoausstellung von Porträtaufnahmen Emil Biebers in der *S. A. Association of Arts Galleries* in Kapstadt eröffnet.[33] Zur Ausstellung erschien ein Katalogheft, das die 81 porträtierten südafrikanischen Honoratioren namentlich auflistete.[34] Diese Ausstellung wurde im Oktober 1952 nochmals in der *Carnegie Library* in Stellenbosch gezeigt. In seiner Eröffnungsrede sagte der Rektor der Universität Stellenbosch: »Es ist wahre Kunst, die uns hier geboten wird. Verglichen mit der Kunst des Zeichners und des Malers liegt es im Wesen der technischen Prozesse, mit denen der Photograph es zu tun hat, daß er erheblich weniger Bewegungsfreiheit in seiner Bildgestaltung besitzt als jene. Für die außergewöhnliche Art und Weise, in der Herr Bieber es versteht, dieser Begrenzungen Herr zu werden, dafür liefert uns ein Bild nach dem anderen in dieser Ausstellung den deutlichsten Beweis.«[35] Im Januar 1959 erschien im *Hamburger Abendblatt* erneut eine kleine Notiz zu Emil Bieber. In harmonisierendem Tonfall berichtete man von einer Verletzung, die Emil Bieber zu einem längeren Aufenthalt in Hamburg zwang. Im Text hieß es dazu: »Emil Bieber, der große Künstler, der mit seiner Kamera Majestäten, Diener der Muse und unzählige Hamburger photographiert hat, kommt nicht los von dieser Stadt, in der er geboren wurde und in der er die glücklichsten und arbeitsreichsten Jahre seines Lebens verbrachte (...) Es war, als wollte ihn die Stadt nicht loslassen. Und auch Emil Bieber kann die Stadt nicht loslassen – hier haben sich zwei gefunden, die sich lieben.«[36] Drei Jahre später, am 29.4.1962, starb Emil Bieber in – vom *Hamburger Abendblatt* als »Wahlheimat« bezeichneten – Südafrika.[37]

Eine künstlerisch begabte Persönlichkeit

Südafrika wurde auch zum Exil des ebenfalls in Hamburg geborenen Fotografen Max Halberstadt (1882–1940). Nach seiner Lehrzeit setzte er seine Ausbildung in Ateliers in Leipzig, München, Basel und Paris fort, bis er 1907 in Hamburg ein eigenes Atelier eröffnete. Noch vor dem Ersten Weltkrieg hatte er Sophie Freud (1893–1920), eine Tochter von Sigmund Freud, geheiratet. Dass einige der eindringlichsten Porträtaufnahmen Sigmund Freuds von Max Halberstadt stammen, ist heute wohl eher an der Psychoanalyse Interessierten denn Fotohistorikern bekannt. Schon 1914 diente ein Foto von Max Halberstadt der Illustration des Artikels *Der Schöpfer der neuen Seelenkunde. (Professor Sigmund Freud)* von Theodor Reik.[38] Ebenso wie der *Almanach der Psychoanalyse für das Jahr 1926* wartete auch das 1930 erschienene Buch *Freud als Kulturkritiker* von Theodor Reik auf dem Titel mit einer Fotografie Sigmund Freuds auf, die von Max Halberstadt herge-

Max Halberstadt, um 1920. Von Max Halberstadt stammen eindrucksvolle
Porträtaufnahmen Sigmund Freuds. (Sammlung Wilfried Weinke)

stellt worden war.[39] Nach dem Ersten Weltkrieg, an dem er seit 1915 teilgenommen hatte, arbeitete er wiederum als Fotograf in Hamburg; sein
»Atelier für künstlerische Photographie und Vergrößerungen« befand sich in
einer der renommiertesten Straßen Hamburgs, dem Neuen Wall. Dass Max
Halberstadt schon zu diesem Zeitpunkt ein anerkannter und geachteter Fotograf gewesen ist, bezeugt auf eindringliche wie anschauliche Weise das Sonderheft zu Max Halberstadt, das die Halbmonatsschrift *Photofreund* im
November 1920 herausgab. Dort hieß es in Würdigung der Tätigkeit des
Fotografen: »Wir sehen also, daß besondere, über dem Durchschnitt stehende Leistungen in der Photographie nur da entstehen können, wo eine
künstlerisch begabte Persönlichkeit es versteht, die vollendete Technik ihren
Absichten dienstbar zu machen. Und es gibt nicht viele Photographen, die
das in dem Maße verstehen wie Max Halberstadt in Hamburg.«[40] Das Sonderheft präsentierte auf mehreren Innenseiten Porträts, so vom Dirigenten
Otto Klemperer, ein Selbstbildnis sowie Landschaftsaufnahmen.

1923, drei Jahre nach dem Tod seiner ersten Frau, heiratete Max Halberstadt in der Neuen Dammtor-Synagoge zu Hamburg die in Duisburg geborene Bertha Katzenstein. Zu ihrem Mann und seiner damaligen Tätigkeit schrieb sie rückblickend: »Mein Mann hatte sich im Lauf der Jahre auf Grund seiner Fähigkeiten und seiner besonders ansprechenden Persönlichkeit ein bedeutendes Ansehen geschaffen (...) Bis zur Machtergreifung gehörte er zur Prüfungskommission der Fotografen-Innung, Hamburg, für Lehrlinge und Gesellen an. Er war Mitbegründer der Gesellschaft Deutscher Lichtbildner (...) Ab Ende der Zwanziger Jahre beschäftigte sich mein Mann neben seiner Tätigkeit als Portraitfotograf mit Reklamefotografie und erzielte auch auf diesem Gebiete einen namhaften Erfolg. Unter anderem zählten folgende Industriefirmen Deutsche Vakuum Oil Aktien-Gesellschaft, Reemtsma Zigarettenfabrik, Deutsche Werkstätten, Siemens Elektr. Werke, Reichardt, Dralle, Kaffee Darboven zu seinem ständigen Kundenkreis.«[41] Auf seinem Geschäftspapier warb Max Halberstadt damit, künstlerische Bildnisse sowie erstklassige Architektur- und Innenaufnahmen herstellen zu können. Daneben bot er »Technische und Reklamephotos für Kataloge, Klischees, Alben, Photomontagen« an. Hamburger Theater- und Tageszeitungen druckten Max Halberstadts Fotografien auf ihren Titelseiten; und auch in der jüdischen Presse wurden viele seiner Arbeiten veröffentlicht. Von Max Halberstadt stammen Fotos vom Erweiterungsbau der Neuen Dammtor-Synagoge,[42] vom Unterricht in der Israelitischen Töchterschule[43] sowie der Synagoge Kohlhöfen.[44] Max Halberstadt, mit der Familie des letzten Hamburger Oberrabbiners, Joseph Carlebach, verwandtschaftlich verbunden, fotografierte die neun Kinder des Rabbiners,[45] Mathilde Halberstadt, die Großmutter Lotte Carlebachs, den Regisseur und Schauspieler des Deutschen Schauspielhauses Arnold Marlé und seine Frau Lilly Freud-Marlé,[46] die beide nach England emigrierten.

Auch für Max Halberstadt wurde die Machtübertragung an die Nationalsozialisten zu einer einschneidenden Zäsur in seinem Leben: »Durch die Boykottmaßnahmen gegen die Juden wurde ihm die Ausübung seines Berufes als Porträt-Fotograf ab Anfang 1933 zusehends erschwert. Viele seiner arischen Kunden trauten sich nicht mehr, sein Atelier zu betreten, andere stellten die Bedingung, daß er die Bilder nicht mehr mit seinem Namen zeichnen dürfe, da sie, obgleich sie seine Arbeit schätzten, nicht öffentlich zugeben konnten, von einem Juden fotografiert worden zu sein. Auf Grund des vom Kultusministerium erlassenen Verbots der Beschäftigung von Juden wurden die regelmäßigen Aufträge zur Anfertigung von zur Veröffentlichung in Zeitungen bestimmtem Reklamematerial der führenden Industriefirmen eingestellt. Nur inoffiziell wurden ihm noch von einigen seiner Kunden lediglich solche Aufträge erteilt, deren Herstellung in seinem eigenen Atelier hinter verschlossenen Türen möglich war.«[47]

Es waren nach 1933 vor allem Mitglieder der Jüdischen Gemeinde, die sich auch weiterhin von Max Halberstadt porträtieren ließen. Gelegentlich inserierte er noch in der regionalen, jüdischen Tagespresse. In Hamburger Adressbüchern findet sich der Eintrag seines Ateliers bis ins Jahr 1936, doch Max Halberstadts berufliche Lage hatte sich bis dahin massiv verschlechtert. »Die Situation verschlimmerte sich bis 1935 derart, daß er nicht mehr genug verdienen konnte und nach voraufgegangenem Geschäftsverkauf im Jahre 1936 auswandern mußte. Schon ein Jahr zuvor hatten wir unsere Wohnung aufgeben, einen großen Teil der Wohnungseinrichtung verschleudern und uns in den Räumen des Ateliers eine Notwohnung einrichten müssen.«[48]

Im März 1936 wandte sich Max Halberstadt in einem mehrseitigen Schreiben an die Devisenstelle des Präsidenten des Landesfinanzamtes Hamburg, um im Zusammenhang mit seiner geplanten Auswanderung um die Mitnahme von Einrichtungsgegenständen, fotografischer Apparaturen und Materialien zu bitten. Zu seinen Auswanderungsplänen schrieb er: »Ich will zunächst nach Johannesburg, wo ich bereits Verbindungen geknüpft habe. Dort findet in den nächsten Monaten das 50jährige Jubiläum der Gründung der Stadt unter großem Aufwand statt und ich will die Gelegenheit dieses Jubiläums benutzen, um dort einen Start zu haben. Dann ist aber meine Ausreise spätestens in den ersten April-Tagen erforderlich.«[49] Am 17. März 1936 erhielt Max Halberstadt einen Auswanderer-Vorbescheid; und am 15. April 1936 stellte die Polizeibehörde Hamburg ihm eine Dringlichkeitsbescheinigung für eine Auslandsreise aus und gestattete ihm lediglich die Mitnahme von Münzen im Wert von 50 Reichsmark.[50]

Über seine Lebensbedingungen im südafrikanischen Exil berichtete seine Ehefrau: »Im April 1936 wanderte mein Mann nach Südafrika aus. Zur Bestreitung seines Lebensunterhalts mußte er, da er vollkommen mittellos in Südafrika ankam, ein rückzahlbares Darlehen in Höhe von 150 Pfund annehmen, bis er einen Erwerb finden konnte. (...) Erst nach vielen Mühen gelang es ihm, im Juli 1936 eine Anstellung als Fotograf in dem Reklame Atelier der Transvaal Advertising Contractos, Johannesburg zu finden. (...) Im November 1938 eröffnete mein Mann ein fotografisches Atelier in Johannesburg, nachdem er zu der Erkenntnis gekommen war, daß er als Angestellter keine Möglichkeit eines wirtschaftlichen Fortkommens habe. Infolge der Aufregungen in der Verfolgungszeit, des Verlustes seiner Existenz, und dem schweren Lebenskampf im Einwanderungslande, erkrankte er kaum ein Jahr nach seiner Etablierung an einer schweren Angina pectoris, die sich zusehends verschlimmerte, bis er im August 1940 völlig arbeitsunfähig wurde. Am 30.12.1940 erlag er einer Herzthrombose, ohne die Möglichkeit gehabt zu haben, seine frühere Tätigkeit wieder aufzunehmen.«[51]

In Hamburg gab es bislang keine Würdigung von Leben und Werk Max Halberstadts.

Erich Kastan, um 1938. Erich Kastan, der sich erst 1934 als Fotograf selbständig machte, war der Dokumentarist des »Jüdischen Kulturbunds« in Hamburg. (Sammlung Wilfried Weinke)

»E. K was an artist«

Auch der Fotograf Erich Kastan (1898–1954) ist in Hamburg weitestge-
hend unbekannt. Kastan, 1898 in Ludwigslust geboren, kam Anfang der
20er Jahre nach Hamburg und trat 1923 in die Firma seines Onkels Hermann Josephy[52] ein, die in Hamburger Adressbüchern als Handelsvertretung
eingetragen war. Laut Adressbucheintrag hat sich Erich Kastan erst 1934 als
Fotograf selbständig gemacht. Bis 1936 befand sich sein bescheidenes
Atelier im Hause des Arztes Felix Arnheim am Isequai 5,[53] danach in der
Haynstraße 10.

Der Tätigkeit Erich Kastans ist es zu verdanken, dass man sich heutzutage – im wahrsten Sinne des Wortes – überhaupt ein Bild vom jüdischen
Leben in Hamburg nach 1933 machen kann. Seine Fotos wurden von der
jüdischen Tagespresse wie in Festschriften abgedruckt. Sie zeigen die Ab-
schiedsfeier in der Synagoge Kohlhöfen 1934,[54] dienten der Illustration der
Festschrift zum 120-jährigen Bestehen des Israelitischen Tempels,[55] halten
die Zwangsaufhebung des Grindelfriedhofs[56] 1937 fest; von ihm stammt
auch das einzige erhaltene Foto der »Synagoge der Portugiesisch-Jüdischen
Gemeinde in Hamburg«.[57] Vor allem aber dokumentieren die Fotos Erich
Kastans die Arbeit des *Jüdischen Kulturbundes* und das Wirken seiner Akteure.[58] Vom September 1936 bis Oktober 1938 druckten die *Monatsblätter des Jüdischen Kulturbundes Hamburg* Porträts der Schauspieler und
Schauspielerinnen sowie Szenenfotos, die Erich Kastan von den zahlreichen
Aufführungen des *Jüdischen Kulturbundes* gemacht hatte. Sehr schnell galt
er als exzellenter Porträtfotograf; ein von ihm Porträtierter schreibt: »Ich erinnere mich gut an Kastan: ein dunkelhaariger, lebendiger, charmanter Mann,
der damals *der* Photograph der zukünftigen Emigranten war.«[59] Tatsächlich
ließen sich viele Hamburger Juden von Erich Kastan porträtieren, doch leider gelang nicht allen die Emigration. Von Erich Kastan stammen eindringliche Bildnisse des Kunstprofessors Friedrich Adler,[60] der Künstlerin Hedwig Slutzky-Arnheim,[61] des Oberrabbiners Joseph Carlebach,[62] des Cellisten
Jakob Sakom[63]. Sie alle zählen zu den jüdischen Opfern des Nationalsozialismus in Hamburg.

Erich Kastan gelang die Flucht aus Deutschland. Am 23. September 1938
stellte ihm das amerikanische Konsulat in Hamburg ein Einreisevisum für
die USA aus.[64] Von Southampton aus erreichte er am 22. Dezember 1938
an Bord der »SS Manhattan« New York. Fünf Monate später, im Mai 1939,
bewarb er sich um die amerikanische Staatsbürgerschaft, die er am 13. Juli
1944 erhielt.[65]

Ab dem 1. September 1944 bis zum 1. Oktober 1947 arbeitete die ebenfalls aus Hamburg geflohene Edith Hirt in Erich Kastans Fotoatelier, das sich
seit 1939 in 45 West 39 St., New York, befand. Als sie ihre Arbeit bei Erich

Kastan beendete, schrieb er in ihr Arbeitszeugnis: »Since most of my work is done for advertising and reproduction the requirement of her workmanship is of highest standard (...) Miss Hirt leaves my studio of her own will to settle at the West Coast. I am only too glad giving her my best recommandations and wishes for her future I am sorry to see her leave.«[66] Mehr als 50 Jahre später erinnert sie sich an ihren ehemaligen Chef: »E. K. was an artist, he did some excellent work, a little eccentric, never doing sloppy or shoddy work. He had photographic sessions with some famous musicians. I remember Leonard Bernstein, a young man than, living with his sister only a few streets from 36th Street, photographing him at his piano. Robert Casadesus and wife, Rudolph Serkin and others. One day spent at the home at the blind deaf-mute Helen Keller, photographing her with her companion. Those were highlights for me (...) He was very fond of music, especially Beethoven, it was often on in full blast, when I arrived for work.«[67]

Dieses Faible für klassische Musik schlug sich auch in seiner fotografischen Arbeit nieder. Denn tatsächlich erstellte Erich Kastan, der seit Juni 1945 Mitglied der *American Society of Magazine Photographers*[68] war, einige sehr eindrucksvolle Porträts von Leonard Bernstein; die Fotografien wurden vermutlich im März 1945 in Bernsteins New Yorker Wohnung aufgenommen.[69] Wohl im gleichen Jahr porträtierte Erich Kastan den in die USA emigrierten Pianisten Rudolf Serkin (1903–1991).[70] Auch von dem aus Köln stammenden, ebenfalls 1938 in die USA emigrierten Dirigenten William Steinberg (1899–1978) schuf Erich Kastan eine eindringliche Fotografie.[71] Die *Helen Keller Foundation* zeigt im Internet ein Foto mit dem Titel »Helen Keller reading Braille«, das er um 1950 aufgenommen hat.[72] Und ein weiteres, für sein künstlerisches Schaffen äußerst ungewöhnliches Foto stammt von ihm; es zeigt das optisch verzerrte Gesicht des amerikanischen Gewerkschaftsführers John L. Lewis (1880–1969).[73] Über Erich Kastans Tätigkeit auf dem Gebiet der Reklamefotografie sowie sein Leben in New York gibt es bislang leider keine weiteren Informationen;[74] er starb am 12. Januar 1954 im Alter von 56 Jahren.[75]

»Die dauernde Mitgliedschaft«

Aus dem ›Gedächtnis der Stadt‹[76] ist auch der Name von Kurt Schallenberg (1883–1954) fast gelöscht. Der in Köln geborene Schallenberg lebte seit 1904 in Hamburg. Schon ein Jahr später eröffnete er in der Grindelallee 180 sein Fotoatelier. Über dem repräsentativen Eingang und den beiden Schaufenstern stand in großen Lettern »Lichtbildnerei« sowie der Name Kurt Schallenberg. Dass Kurt Schallenberg sich nicht als beliebiger Fotograf verstand, verdeutlicht ein Mitte der 20er Jahre von ihm gestaltetes Leporello. In die-

Kurt Schallenberg mit seinem Sohn Gert, um 1929. Dank der Initiative von Kurt Schallenberg wurde 1919 die »Gesellschaft Deutscher Lichtbildner« (GDL) gegründet. (Sammlung
Wilfried Weinke)

ser »Bilder, die stets gefallen« betitelten Eigenwerbung schrieb Schallenberg:
»Es ist der Geist, der sich den Körper baut. Längere Zeit war es nur der Maler,
der Bildhauer, der dieser ästhetischen Erkenntnis sichtbaren Ausdruck zu
geben vermochte. Heute ist auch die einstige schematische Photographie im

Rahmen des kulturellen Gesamtfortschritts zur Kunst des Lichtbildes geworden, der nicht nur das gelegentliche zufällige Aussehen eines Menschen, sondern auch seine Wesenheit darzustellen vermag (...) In der vorliegenden Auswahl meiner Ausgaben gebe ich mit Absicht nicht lediglich eine Lese prominenter Persönlichkeiten, wie sie auf allen Ausstellungen hinreichend gezeigt werden. Ich bringe vielmehr Tagesarbeiten, welche meine Werkstatt in vorbildlicher Form jedem zu geben bestrebt ist, jede Arbeit mit einer persönlichen Note, jedes Porträt das Individuelle des Dargestellten betonend.«[77] Diesen dezidiert künstlerischen Anspruch unterstrich Kurt Schallenberg, indem er unter seinem Namen seine Mitgliedschaft im *Deutschen Werkbund* und der *Gesellschaft Deutscher Lichtbildner* nachdrücklich hervorhob.

Doch Kurt Schallenberg war nicht nur Mitglied, er war der Gründer der *Gesellschaft Deutscher Lichtbildner*.[78] Nach Ende des Ersten Weltkrieges versandte er am 25.6.1919 von seiner *Werkstatt für zeitgemässe Photographie* in der Hamburger Grindelallee ein Rundschreiben an ausgewählte Kollegen. In diesem als Gründungsaufruf zu verstehenden Rundschreiben hieß es: »Seit 1914 trage ich mich mit dem Gedanken, einen Zusammenschluß derjenigen Lichtbildner zusammenzurufen, welche das Bildnis in wahrer, künstlerischer Form pflegen (...) Mein Bestreben geht dahin, durch gemeinsame Propaganda, durch Ausstellungen, sowie Zusammenwirken als Lichtbildnergruppe gelegentlich großer Veranstaltungen beim Publikum Interesse für unsere Art zu gewinnen, durch Wanderausstellungen zu zeigen, wie weit die Kunst im Lichtbildnis über dem Handwerk steht. Um nach außen hin als besondere Vertreter des Berufes kenntlich zu sein, würde die Führung eines bestimmten Zeichens (etwa B.d.L. = Bund deutscher Lichtbildner analog der Bez. B.d.A. Bund deutscher Architekten) notwendig sein, das vom Publikum mit der Zeit als Ehrenschild anerkannt sein dürfte.«[79] Am 18./19. August 1919 fand in Eisenach die Gründungsversammlung der *Gesellschaft Deutscher Lichtbildner* statt. Durch die Vorstandswahlen wurde bestimmt, eine Geschäftsstelle der Gesellschaft in Hamburg einzurichten. Mit ihrer Führung wurde Kurt Schallenberg beauftragt, eine Aufgabe, die er bis 1922 innehatte. Als man im Juni 1929 anlässlich des zehnjährigen Bestehens der Gesellschaft erneut in Eisenach zusammenkam, ehrte man in besonderer Weise deren Gründungsmitglieder. Zu Kurt Schallenberg führte der Festredner aus: »In erster Linie verleiht die G.D.L. die dauernde Mitgliedschaft (...) dem Gründer derselben, der in Deutschlands schwers-ter Not erkannt hat, daß der Zusammenbruch aller Werte nur durch das Zusammenfassen der Tüchtigsten und Selbstlosen hintan gehalten werden konnte. Er verdient unseren ganz besonderen Dank durch diese Tat, sowie durch seine selbstlose Geschäftsführung in den ersten Jahren des Bestehens der Gesellschaft und durch seine stets rege Mitarbeit bis zum heutigen Tage.«[80] Als der *Deutsche*

Kamera-Almanach das zehnjährige Bestehen der »Gesellschaft Deutscher Lichtbildner« würdigte, präsentierte er seinen Lesern als erstes illustrierendes Foto eine Aufnahme von Kurt Schallenberg.[81]

Kurt Schallenbergs Porträts und Fotografien dienten ebenso wie bei Emil Bieber und Max Halberstadt der Illustration in Hamburger Tages- wie Theaterzeitungen. Sein Studio in der Grindelallee hatte er zu einem namhaften Fotoatelier entwickelt; bekannte Hamburger Persönlichkeiten ließen sich hier fotografieren, Hamburger Bürgermeister wie Dr. Carl Petersen, Dr. Carl August Schröder oder Rudolf Roß, der Hamburger Oberbaudirektor Fritz Schumacher sowie zahlreiche Mitglieder der damaligen jüdischen Gemeinde Hamburgs.

»... sind jüdische Inhaber von Handwerksbetrieben zum 31.12.1938 in der Handwerksrolle zu löschen.«

Doch auch für den vielfach geachteten und geehrten Fotografen Kurt Schallenberg veränderte sich die berufliche Situation nach 1933 dramatisch. Seine Geschäftsanzeigen erschienen von nun an in den *Monatsblättern des Jüdischen Kulturbundes*; hier bot er sich als »Leica-Spezialist« an, warb er für seine »Bildnis-Fotografie und die Erstellung von Paßbildern«.[82] Seine damalige Existenz beschrieb er in Ergänzung zu seinem im Februar 1954 eingereichten »Antrag zur Entschädigung für Opfer der nationalsozialistischen Verfolgung«: »Mein Antrag ist abgeleitet von der Rassenverfolgung, welche erst datiert vom April 1933, an welchem Zeitpunkt Nazis mein Schaufenster mit ›Jude‹ beschmierten und von da ab meine Tätigkeit als Porträtphotograph beeinträchtigten (...) Während der großen Razzia im November 1938 (...) hatte ich Besuch von der Gestapo und floh in die Heide, während ich die Erlangung einer Einreiseerlaubnis in Australien beschleunigte.«[83] In einem nach Kriegsende verfassten Brief erzählte Kurt Schallenberg, der in Australien seinen Nachnamen zu »Shalley« verändert hatte, seinem Freund und Kollegen Theo Schafgans über seine Emigration: »Die Nazis, verfluchte Verbrecherbande, hatten mich ja aus meinem Geschäft herausgesetzt, ich hatte es für 5.000 MK ›verkaufen‹ müssen. Es blieb mir nichts anderes übrig, als mich um eine Zuflucht zu bemühen. Meine verschiedenen Freunde jüdischer Abstammung hat man alle vergast. Es gelang mir durch die Gesellschaft der Freunde (Quäker) eine Einreise nach Australien zu bekommen und ich dampfte im May 1939 über London nach Sydney ab, wohin ich auch meine Möbel und glücklicherweise photographisches Equipment verschifft hatte.«[84] Mit Datum vom 1. Dezember 1938 hatte die Handwerkskammer Hamburg an Kurt Schallenberg folgenden Brief geschickt: »Auf Grund der Verordnung zur Ausschaltung der Juden aus dem deutschen Wirtschaftsleben vom 12.11.1938 und der Ersten Durchführungsverordnung vom 23.11.1938 sind jüdische Inhaber von Handwerksbetrieben zum 31.12. 1938 in der Handwerksrolle zu löschen. Die Handwerkskarte ist einzuziehen. Da Sie nach unseren Feststellungen Jude im Sinne des § 5 der Ersten Verordnung zum Reichsbürgergesetz sind, haben Sie Ihren Betrieb zum 31.12.1938 zu schließen (...) Sie werden weiter ersucht, der Kammer noch mitzuteilen, welche Staatsangehörigkeit Sie besitzen.«[85] Zur erzwungenen Geschäftsaufgabe schrieb Kurt Schallenberg: »Das photographische Atelier habe ich gezwungenermaßen, da die Gewerbekammer mir die Fortführung durch Entziehung der Handwerkskarte untersagt hatte (...), an Herrn R. K. zum Wert der übertragenen Einrichtung (RMK 5.000) verkaufen müssen. Der volle Wert nach dem Umsatz und Namen war s. Z. RMK 12.000.«[86]

Anfang März 1939 hatte Kurt Schallenberg die *Öffentliche Auskunfts- und Beratungsstelle für Auswanderer in Hamburg* aufgesucht, um nachzuweisen, »daß er zusammen mit seinem 12jährigen Sohne Gert nach Australien auswandern will, um sich dort eine neue Existenz zu gründen.« In der Bescheinigung der Beratungsstelle hieß es: »Herr Schallenberg hat sein hiesiges, seit 1905 selbständig betriebenes Photoatelier aufgeben müssen. Da er in Deutschland ein weiteres Fortkommen nicht findet, will er in Australien ein Photounternehmen errichten, um sich dadurch eine neue Lebensgrundlage zu schaffen (...) Die Auswandererberatungsstelle hält die Mitnahme der gebrauchten Photoausrüstung und der Film- und Papiermaterialien im Gesamtwerte von RM 2.800,– (...) zur Gründung einer neuen Existenz in Australien für angemessen und das Auswanderungsvorhaben des Herrn Schallenberg für wirtschaftlich durchführbar.«[87] Laut Ermittlungsbericht der Zollfahndungsstelle Hamburg vom 27. März 1939 gab es keine Bedenken gegen Umfang und Zusammensetzung des zur Mitnahme bestimmten Umzugsgutes, weil es sich um gebrauchte Sachen handelte. Die Ausfuhr einer neu beschafften Papierschneidemaschine, eines Vergrößerungsapparates und eines Objektivs wurde hingegen nicht genehmigt.[88]

Im Mai 1939 gelang Kurt Schallenberg gemeinsam mit seinem Sohn schließlich die Emigration aus Deutschland. In dem schon erwähnten Brief an Theo Schafgans schrieb er zu seinem Neuanfang in Australien: »Geld durfte ich nur mit meinem Sohn je RM 10,– mitnehmen, aber durch die Hilfe eines Generalkonsuls eines südamerikan. Staates gelang es mir, noch 150 Pfund nach London hinüberzuretten. Es war hier keine Kleinigkeit ein Atelier zu eröffnen, zumal die Konkurrenz enorm ist und ich habe heute nach ca. 9 Jahren eben eine Möglichkeit über Wasser zu bleiben und eben zu leben.«[89]

»Gegen deutsche Nazis eingestellt«

Im Juni 1950 schrieb Kurt Schallenberg, der sich auf seinem Geschäftspapier als »Artist Photographer« bezeichnete, erneut an Theo Schafgans. Er berichtete ausführlich von seinem Alltag, der Zunahme des Straßenverkehrs, den gestiegenen Lebensmittelpreisen, dem beruflichen Fortkommen seines Sohnes. In einem Nebensatz erwähnte er auch eine Kontaktaufnahme von seiten der *Gesellschaft Deutscher Lichtbildner:* »Wissen sie, daß die G.D.L. mich zum Mitglied ehrenhalber für ihre Auslandsgruppe ernannt hat? Der Brief ist vom 8. April, aber ich habe mich noch nicht entschließen können zu antworten, da ich mit der Sache nicht viel anfangen kann. Wie die Verhältnisse heute liegen, kann ich hier niemanden sagen, daß ich Mitglied einer deutschen Gesellschaft bin. Zudem lese ich, daß unser Freund Angenendt Vorsitzender der Aufnahmekommission ist und soweit ich erinnere – wenn ich mich nicht in der Person täusche – ist Angenendt bei einer unserer Tagungen als einziger in der Uniform der S.A. erschienen. Er müßte also einer von denen sein, die aus freien Stücken dem Hitler Regime seine Hilfe gereicht hatten.«[90] Eine ähnlich skeptische Haltung nahm Kurt Schallenberg auch in einem Brief an seinen ehemaligen Berufskollegen Fritz Alter ein; ihm gegenüber äußerte er im Januar 1952: »Ich weiß nicht, ob ich Dir seinerzeit schrieb, daß mich die GDL wieder zu ihrem Mitglied ›ehrenhalber‹ gemacht hatte. Ich habe die Sache aber nur angenommen unter der Bedingung, daß keines der Vorstandsmitglieder sich aktiv in einer Nazi-Organisation betätigt hatte. Nachher habe ich nichts mehr von der GDL gehört. Ich habe die Ansicht, daß hier Siemssen mir diese Zusicherung nicht geben konnte oder wollte. Nun, ich mache mir nicht viel daraus, da ich im wesentlichen, meinen Erfahrungen gemäß, gegen deutsche Nazis eingestellt bin.«[91]

Schallenbergs Vorbehalte und Distanz waren nur allzu begründet. Seine »dauernde Mitgliedschaft« währte nur bis 1935; in jenem Jahr strich die *Gesellschaft Deutscher Lichtbildner* ihren Gründer aus ihrer Mitgliederliste.[92] Kurt Schallenberg starb am 28.9.1954 in Sydney. Als die Gesellschaft 1969 ihr 50-jähriges Bestehen feierte und im *Museum für Kunst und Gewerbe Hamburg* eine Ausstellung präsentierte, wurde Kurt Schallenbergs Name und seine Gründungsinitiative in dem einleitenden Textbeitrag zwar erwähnt, jegliche weitere Würdigung seines Werkes durch ausgestellte Fotografien fehlte.[93]

»Die Helligkeit einer überlegenen Rasse«

Auch die Nachkriegsgeschichte der seit Mai 1935 »judenreinen« Organisation blieb von kollektivem Verdrängen und Vergessen geprägt.[94] Dies kann besonders an der Person Fritz Kempes, des vermeintlichen Fotohistorikers des Vereins, verdeutlicht werden. 1966 erschien in Berlin das Buch *Fotografie im Schatten.* Diese Veröffentlichung mit dem Untertitel »Zu den Einflüssen der imperialistischen Politik auf die Fotografie in Westdeutschland« enthält einen Beitrag von G. O. Walther mit dem Titel »Zwei alte ›Kämpen‹. Fritz Kempe, Wilhelm Schöppe und die deutsche Fotografie«. Walther widmete sich speziell Fritz Kempe, dem Ehrenmitglied der *Gesellschaft Deutscher Lichtbildner* und dem Kulturpreisträger der *Deutschen Gesellschaft für Photographie.* Da Kempe in einem würdigenden Artikel in dem in München erscheinenden *Foto-Magazin*[95] als »lauterer, reiner Fotofachmann« vorgestellt wurde, sah sich Walther aufgefordert, einige fehlende Informationen hinzuzufügen: »Fritz Kempe war von 1939 bis 1945 nicht schlechthin Soldat, wie es im Münchner ›Steckbrief‹ heißt. Wir können etwas präzisieren: Er war ›PK-Mann‹, gehörte den nazistischen Propagandakompanien an, die im Auftrag des Goebbelschen Propagandaministeriums auch mittels der Fotografie den faschistischen Krieg dem deutschen Volke ungeachtet aller Opfer und Niederlagen, ungeachtet seines verbrecherischen Charakters schmackhaft zu machen versuchten.«[96] Und bezogen auf Schöppes und Kempes publizistische Aktivitäten in der Nachkriegszeit führte er aus: »Sie gebärden sich ›unpolitisch‹, um den Eindruck zu erwecken, niemals die verbrecherische nazistische Politik verfochten zu haben. Und deshalb weist auch im Jahre 1965 der Münchener ›Steckbrief‹ des *Foto-Magazins* so erhebliche Lücken auf.«[97]

Diese Lücken lassen sich mittlerweile schließen. So wies Rolf Sachsse auf die bereitwillig akzeptierte Rolle hin, die Fotografen in Propagandakompanien einnahmen: »Aus Spiel wird Ernst, aus Frieden Krieg (...) Bereits die ersten Einsätze der Wehrmacht in Polen wurden gefilmt und fotografiert, um propagandistisch ausgewertet zu werden (...) Kriegspropaganda wurde natürlich auf jeder kriegsführenden Seite betrieben, die Anstrengungen der deutschen PK-Kompanien waren jedoch im internationalen Vergleich überdurchschnittlich, was Aufwand, Leistung und Wirkung betraf. Die Flut gerade fotografischer Bildband-Produktionen in den ersten Kriegsjahren legt jedoch auch nahe, daß einzelne Fotografen sich besonders gern und intensiv an die Propaganda-Arbeit gemacht haben, daß die Publikation von ›Bildnissen deutscher Offiziere‹ schöner war als nur ›Soldat werden müssen‹ (...) Erst die Bereitschaft vieler Fotografen vor dem Krieg, sich aktiv an der Verherrlichung oder Verschleierung des kriegslüsternen Regimes zu beteiligen, schaffte ›die Möglichkeit, sich der Photographie als einen mittelbaren und unmittelbaren Kriegswerkzeuges zu bedienen.‹«[98] Sachsses anspielungsreiche Zitate beziehen sich u. a. auf eine Veröffentlichung Kempes, die dieser nur allzu gern dem Vergessen anheimgab. Gemeint war der Artikel von »PK-Bildberichter Fritz Kempe« über »Bildnisse deutscher Offiziere«. Gleich im ersten Absatz seines Textes informierte Kempe seine Leser über sein Glück:

»Als nach fast einjähriger stiller Arbeit im Labor meiner Kompanie eines Tages die Aufgabe an mich herantrat, wieder zur Kamera zu greifen, empfand ich dies als großes Glück. Als besonderes Glück erschien mir aber das Arbeitsgebiet, um das es sich handelte: die fotografische Darstellung des Antlitzes deutscher Offiziere und Soldaten.«[99] Schon zu Beginn des Jahres 1941 war Kempes Artikel »Das Gesicht des deutschen Soldaten« erschienen, in kriegsverherrlichender Weise schrieb Kempe: »Die Haltung des Deutschen war von je eine soldatische, und der Stolz der Deutschen waren immer diese soldatische Haltung und die Taten, die aus ihr erwuchsen. Zeiten, die nicht stolz auf die große soldatische Tradition des deutschen Volkes waren, erwiesen sich als schwache Zeiten. Starke Zeiten liebten stets den Kampf und den Soldaten; stark ist die Zeit, die wir erleben dürfen, stark und kämpferisch.« Und zu dem eigenen Tätigkeitsfeld führte er aus: »Welche Bilder aber künden uns von den Männern, die auf den Schlachtfeldern Europas den Ruhm des Soldatentums gründeten? (...) Erst die Fotografie und nicht zuletzt ihrem sinnvollen Einsatz in der Kriegsberichterstattung blieb diese Aufgabe vorbehalten: die Darstellung des Gesichts des deutschen Soldaten. Die nach uns kommen, sollen wissen: so sahen sie aus, die das große Geschehen gestalteten.«[100]

Als 1987 Reinhold Mißelbecks Buch *Deutsche Lichtbildner. Wegbereiter der zeitgenössischen Photographie*[101] erschien, das trotz der selbstverständlichen Nennung der *Gesellschaft Deutscher Lichtbildner* ohne die Erwähnung Kurt Schallenbergs auskam, veröffentlichte Timm Starl eine vortreffliche Rezension dieses Buches. Seine Polemik trug den Titel »Eine Studie über die Vergeßlichkeit«.[102] Da Mißelbeck in seinem Buch den Nationalsozialismus, so Starl, »als eine Art Betriebsunfall in der Kontinuität nationaler Geschichte« behandele und in den Biographien der Fotografen unterschlug, erlaubte es sich Starl auch auf jene hinzuweisen, für die das Jahr 1933 von einschneidender Bedeutung war: »Nun haben einige Personen in den 30er Jahren Deutschland verlassen und sind bis heute nicht mehr zurückgekehrt (...) Damit auch nicht daran erinnert wird, daß der eine oder andere auswanderte, um zu überleben, oder weil er die Entwicklung in Deutschland anders einschätzte als die in der Heimat ›ausharrenden‹ Kollegen, stellt Mißelbeck die Emigration als eine Art Urlaubsreise mit unbestimmtem Rückkehrdatum und zugleich als die Entscheidung einer nicht repräsentativen Minderheit hin.«[103] Doch Starl beließ es nicht allein bei diesem korrigierenden Hinweis; er geißelte völlig zu Recht Mißelbeck als »Gefälligkeitsbiographen«, dessen Buch als »Machwerk«, in dem »jene, die emigrieren mußten, in eine Reihe gestellt werden mit denen, die Faschismus und Krieg durch mehr als fotografische Gefälligkeiten und markige Sprüche unterstützten.«[104] Starl verwies nachdrücklich auf den Bildband »Das Gesicht des deutschen Soldaten.« Nicht nur die Porträtaufnahmen, sondern auch die Idee und Zusam-

menstellung dieses 1943 vom Oberkommando der Wehrmacht herausgegeben Buches stammen nämlich von Fritz Kempe.[105]

In diesem Buch, das in Kempes Liste seiner Publikationen natürlich fehlt
und von dem es meines Wissens nur noch ein öffentlich zugängliches Exemplar in bundesdeutschen Bibliotheken gibt, erklärte Kempe das Zustandekommen der Fotos: »Die Aufnahmen entstanden in Frankreich und Belgien,
an der Kanalküste und in einigen Garnisonen des Großdeutschen Reiches,
zumeist aber während des Vormarsches im Osten, vor, bei und nach schweren Kämpfen in allen Frontabschnitten.« Allen von ihm porträtierten Soldaten attestierte er »die Helligkeit einer überlegenen Rasse und das Leuch-
ten einer unerschütterlichen Zuversicht.«[106]

Als Fritz Kempe 1988 starb, stand im Nachruf der *Süddeutschen Zeitung:*
»Mit 19 Jahren gründete er eine Photohandlung, 1938 ein Atelier in Berlin.
In den folgenden Jahren blieb er wie viele seiner Berufskollegen, die als Kriegs-
bildberichterstatter arbeiteten, nicht von Irrtümern verschont.«[107] Die Frage darf gestattet sein, ob Kempes kriegsverherrlichendes Engagement als PK-
Mann als Irrtum verharmlost werden darf. Ebenso darf begründet daran
gezweifelt werden, ob Kempe wirklich jener Mann war, dem das *Hamburger Abendblatt* bescheinigte, er hätte »alles ins rechte Licht gerückt.«[108]

Auslöschung jedweder Erinnerung

Die wissenschaftliche Beschäftigung mit der so genannten Arisierung, der
Verdrängung und Entfernung der deutschen Juden aus dem Wirtschafts- und
Berufsleben, reicht noch nicht allzu weit zurück. In Bezug auf das Fotografenhandwerk gibt es erste Ansätze. Der bemerkenswerteste Aufsatz zu diesem Thema stammt von Rolf Sachsse. Zu dem, was er die »Entjudung eines
Berufsstandes« nannte, schrieb er: »Wo es Verfolgte gibt, haben andere Gewinn: Die Geschichte der ›Arisierung‹ war gelegentlich der Beginn eines
eigenen geschäftlichen Erfolgs. Photographen wie Fritz Kempe gaben in Biographien an, sich 1938 in Berlin als Werbe- oder Portrait-Photograph niedergelassen zu haben (...) Nach wie vor leidet jede Recherche zu diesem Thema darunter, daß kaum eine Eintragung in die Handwerksrolle und erst recht
keine Löschung aus dieser mehr nachvollziehbar ist (...) Das Skandalöse an
der ›Arisierung‹ von photographischen Firmen, Archiven, Agenturen und
Ateliers ist die Auslöschung jedweder Erinnerung an ihre früheren Besitze-
rinnen und Besitzer. In gestalterischen Berufen ist dieses historisch einem
Identitätsverlust gleichzusetzen, denn die Entwürfe und Bilder existieren weiter, nur ohne Urheberinnen oder Urheber.«[109] In dem verdienstvollen Katalogbuch *Und sie haben Deutschland verlassen ... müssen. Fotografen und ihre
Bilder 1928–1997*[110] fehlen die Namen von Emil Bieber, Max Halberstadt

und Erich Kastan; zu Kurt Schallenberg gibt es nur lückenhafte Informationen. So soll dieser Beitrag ein notwendiger Nachtrag sein, der diese Fotografen vor der Auslöschung jedweder Erinnerung schützt.

1 Landesbildstelle Hamburg (Hg.): *Historisches Hamburg. Johann und Heinrich Hamann. Das Lebenswerk einer Photographenfamilie.* Mit einem Vorwort von Helmut Schmidt. Hamburg 1993. Vgl. zu dieser in Hamburg lange Jahre tätigen Fotografenfamilie auch: *Johann Hamann. Hamburg um die Jahrhundertwende.* Hg. von Walter Uka mit einem Text von Timm Starl. Berlin 1987; *Johann Hamann. Arbeit im Hafen. Hamburg 1889–1911.* Ausgewählt von Walter Uka. Berlin 1984; *Mein Feld ist die Welt. Die Hamburger Auswandererhallen in Johann Hamanns Fotografien (1909).* Mit einem Text von Ulrich Keller. Köln 1981. — **2** *Erich Andres. Der Mann mit der Leiter. 50 Jahre unterwegs mit dem Hamburger Fotoreporter (1920–1970).* Texte von Ulli Müller. Hamburg 1993; Vgl. Landesmedienzentrum Hamburg (Hg.): *Erich Andres: Hamburger Fotoreporter (1905–1992).* Text von Wilfried Weinke. Hamburg 1998. Siehe auch: Kay Dohnke, Erich Andres: »Bildberichterstatter«. In: *die tageszeitung,* Hamburg, 15.5.1993; Michael Wildt: »Ein Bildberichterstatter«. In: *Die Zeit,* 4.6.1993. — **3** Detlev J. K. Peukert (Hg.): *Improvisierter Neubeginn. Hamburg 1943–1953. Ansichten des Photographen Germin.* Hamburg 1989 (= Schriftenreihe Zeitspuren. Erkundungen zur Hamburger Regionalgeschichte, Bd.1); Museum der Arbeit (Hg.): *Foto Germin. Werk und Leben eines Bildjournalisten.* Hamburg 1994. Vgl. auch Sven-Michael Veit: Fotograf des arbeitenden Menschen. Der Hamburger Pressefotograf Gerd Mingram hat sein Archiv dem Museum der Arbeit übergeben / 80.000 Bilder aus Hamburgs Sozialgeschichte«. In: *die tageszeitung,* Hamburg, 6.10. 1989; Katharina Priebe: »Alltag als Blickfang«. In: *Stern,* 2.11.1989; Günter Zint: »Schatz in Schwarz-Weiß. Der Fotograf Gerd Mingram alias Germin, Dokumentar Hamburger Geschichte, wird heute 90 Jahre alt. Eine Würdigung«. In: *die tageszeitung,* Hamburg, 22.6.2000. — **4** Gerhard Kaufmann (Hg. für das Altonaer Museum – Norddeutsches Landesmuseum): *Die Photographische Kunstanstalt Emil Puls in Altona. Spezialität: Architektur, Interieur, Industrie und Landschaft.* Hamburg 1999. Vgl. auch Wilhelm Roth: »Arbeiten, Essen und Turnen in Altona«. In: *Frankfurter Rundschau,* 19.6.1999. — **5** *Von Nietern, Schweißern und Kedelkloppern. Werftfotografien von Herbert Dombrowski aus den 50er Jahren.* Mit einem Vorwort von Torkild Hinrichsen. Hamburg 2001. Vgl. auch: »Werft, Menschen, Schiffe«. In: *Hamburger Abendblatt,* 8.3.2001; »Bilder vernieten«. In: *Süddeutsche Zeitung,* 21.3. 2001. — **6** *Ernst Heinrich Alfred Schlitte. Photograph. Wiederentdeckt.* Eine Ausstellung der Staatlichen Pressestelle. Idee und Texte: Kristel Gießler und Rainer Scheppelmann. Hamburg o. J. (2001). Vgl. auch: »Matthias Schmoock Das Erbe eines Hamburgers – Bilderschatz im Rathaus«. In: *Hamburger Abendblatt,* 15.12.2001. — **7** Bildarchiv Preußischer Kulturbesitz (Hg.): *Als Hamburg unter den Nazis lebte. 152 wiederentdeckte Fotos eines Zeitzeugen.* Mit einer Einführung von Werner Jochmann und einem Nachwort von Ralph Giordano. Hamburg 1986. — **8** Brief Gerd »Germin« Mingrams an den Verlag Rasch & Röhring vom 28.7.1987 (Archiv des Verfassers). — **9** Brief des Verlegers Hans-Helmut Röhring an Gerd »Germin« Mingram vom 4.8.1987 (Archiv des Verfassers). — **10** Roland Jaeger: *Block & Hochfeld. Die Architekten des Deutschlandhauses. Bauten und Projekte in Hamburg 1921–1938. Exil in Los Angeles.* Berlin 1996. Vgl. Wilfried Weinke »Aus Hamburg vertrieben«. In: *Aufbau,* 2.1.1998; sowie die Rezension von Karin von Behr in: *Zeitschrift des Vereins für Hamburgische Geschichte,* Bd. 84 (1998), S. 284–286. — **11** Natascha A. Brunswick: *Hamburg – wie ich es sah. Photographien aus den zwanziger und dreißiger Jahren.* Hg. von Claudia Gabriele Philipp. Hamburg 2001 (= Dokumente der Photographie 6). Vgl. auch meine Rezension des Katalogs in: Claus-Dieter Krohn, Erwin Rotermund, Lutz Winckler, Irmtrud Wojak

(Hg.): *Metropolen des Exils.* München 2002, S. 294 f. (= Exilforschung, Bd. 20). — **12** Museum für Kunst und Gewerbe (Hg.): *Kunstphotographie um 1900. Die Sammlung Ernst Juhl.* Hamburg 1989 (= Dokumente der Photographie 3). Vgl. auch die Rezension von Ulrich Pohlmann: »Kunstphotographie. Die Sammlung Ernst Juhl«. In: *Fotogeschichte,* Jg. 9 (1989), H. 34, S. 55–57. — **13** Museum für Kunst und Gewerbe (Hg.): *Photographische Perspektiven aus den Zwanziger Jahren.* Hamburg 1994 (= Dokumente der Photographie 4). — **14** Hanno Loewy: »› ... ohne Masken‹. Juden im Visier der ›Deutschen Fotografie‹ 1933–1945«. In: *Deutsche Fotografie. Macht eines Mediums 1870–1970.* Hg. von der Kunst- und Ausstellungshalle der Bundesrepublik Deutschland in Zusammenarbeit mit Klaus Honnef, Rolf Sachsse und Karin Thomas. Köln 1997, S. 147. — **15** Liste der Juden und Ausländer. In: *Deutsche Nachrichten,* Berlin, 8. Jg. (1933), Nr. 32, S. 7 f. Meines Wissens erstmals abgedruckt in: Diethart Kerbs, Walter Uka, Brigitte Walz-Richter (Hg.): *Die Gleichschaltung der Bilder. Zur Geschichte der Pressefotografie 1930–1936.* Berlin 1983, S. 65. Neuerdings in: Torsten Palmér, Hendrik Neubauer: *Die Weimarer Zeit in Pressefotos und Fotoreportagen.* Köln 2000, S. 407. — **16** »Bitte lächeln, Majestät! Der abenteuerliche Bericht eines Jahrhunderts. Erzählt von Rudolf Weschinsky«. In: *Hamburger Abendblatt,* 25.1.1958. — **17** Ebd. — **18** »Liebe Leser! (Brief Emil Biebers an die Leser des ›Hamburger Abendblatts‹)«. In: *Hamburger Abendblatt,* 10.2.1958. — **19** Vgl. zur Geschichte der Fotografen-Dynastie Bieber: »Das Atelier Bieber – ein typisches Beispiel«. In: Fritz Kempe: *Vor der Camera. Zur Geschichte der Photographie in Hamburg.* Hamburg 1976, S. 61–73; Fritz Kempe: »Die Biebers – weltberühmte Fotografen-Dynastie aus Hamburg«. In: *Fotografie. Zeitschrift Internationaler Fotokunst,* H. 16, 1981, S. 58–61. Eine kurze Biographie zu Emil Bieber findet sich in: Museum für Kunst und Gewerbe (Hg.): *Photographie zwischen Daguerreotypie und Kunstphotographie.* Bearbeitet von Fritz Kempe. Hamburg 1987 (= Bilderhefte des Museums für Kunst und Gewerbe Hamburg 14), S. 151 f. — **20** Vgl. Bodo von Dewitz, Fritz Kempe: *Daguerreotypien. Ambrotypien und Bilder anderer Verfahren aus der Frühzeit der Photographie.* Hg. vom Museum für Kunst und Gewerbe. Hamburg 1983 (= Dokumente der Photographie 2). In dieser Dokumentation finden sich mehrfach Erwähnungen zu Emilie Bieber; einige ihrer Daguerreotypien wurden reproduziert. — **21** Vgl. die Zeitungsmeldungen anlässlich des 75. Geburtstages von Leonard Berlin. In: *Hamburgischer Correspondent,* 17.11.1916 sowie *Hamburger Nachrichten,* 18.11.1916. – Fritz Kempes Behauptung, die Gründung der Berliner Filiale stünde in Zusammenhang mit der Cholera-Epidemie in Hamburg 1892, ist nicht belegbar. — **22** »Aufnahmen aus dem Kunst=Atelier des Hofphotographen«. In: *Berliner Feuilleton-Korrespondenz,* 1. Jg. (1909), Nr. 51. Archiv Fritz Kempe. Museum für Kunst und Gewerbe, Hamburg. – Der Nachlass wurde mir in sehr kollegialer Weise von Claudia Gabriele Philipp zugänglich gemacht. Die Materialien erhielt Fritz Kempe von Emil Bieber, nachdem sich beide 1955 anlässlich einer Reise Biebers nach Hamburg kennen gelernt hatten. — **23** Vierseitiger Prospekt »Ausstellung Neuzeitlicher Bildnisse‹ vom Hofphotograph E. Bieber vom 1. bis 15. Oktober 1908 im Kunstsalon Louis Bock & Sohn, Große Bleichen 34«. Sammlung Weinke; Vgl. zur Ausstellung auch: Anton Lindner: »Bieber-Bildnisse«. In: *Neue Hamburger Zeitung,* 2.10.1908. — **24** Vgl. das Porträt von Erich Ziegel in: *Hamburger Theater-Zeitung,* 1. Jg. (1919), Nr. 17; das Porträt Mirjam Horwitz-Ziegel in: *Der Freihafen. Blätter der Kammerspiele im Lustspielhaus,* Jg. 11 (1929), Nr. 6. Sammlung Weinke. — **25** »75 Jahre E. Bieber-Hamburg«. In: *8 Uhr Abendblatt,* Hamburg, 14.9.1927. — **26** »Ausstellung des Ateliers E. Bieber«. In: *Hamburger Fremdenblatt,* 15.9.1927. »Frauenbildnisse aus der Jubiläumsausgabe E. Bieber in der Galerie Commeter«. In: *Hamburger Nachrichten,* 24.9.1927. — **27** »3 x Bieber (1852–1955): Hamburg. Berlin. Kapstadt«. In: *Photography in Germany & international. Aktuelles Zweimonatsbuch.* Hg. von Dietrich Schneider-Henn. München, Nr. 12, September / Oktober 2000, S. 22–27. — **28** Fritz Kempe: »Photographen und Operateure«. In: Volker Plagemann (Hg.): *Industriekultur in Hamburg. Des Deutschen Reiches Tor zur Welt.* München 1984, S. 316. — **29** Brief Emil Biebers, London, an Achim Lingner, Hamburg, vom 10.2.1938. Staatsarchiv Hamburg, Bestandsnr. 314–15, Oberfinanzpräsident F 132. Akte Emil Berlin. Eingefügt findet sich die Abkürzung des Zwangsnamens »Israel«. — **30** Schreiben Emil Berlin-Biebers an das Amt für Wiedergutmachung,

Hamburg, vom 17.8.1954. Amt für Wiedergutmachung, Hamburg. Akte Emil Berlin-Bieber. Für die Einsichtnahme und die Unterstützung danke ich Frau Christa Peters. – Vgl. in diesem Zusammenhang auch: Frank Bajohr: ›Arisierung‹ in Hamburg. Die Verdrängung der jüdischen Unternehmer 1933–45. Hamburg 1997 (= Hamburger Beiträge zur Sozial- und Zeitgeschichte, Bd. 35). — **31** Ebd. — **32** »Hands Sing a Song. Emperor's Photographer. Now Living in Cape Town«. In: The Pictorial. South Africa's Leading Illustrated Magazine, April 1939, S. 16–17, 81. Archiv Fritz Kempe. Museum für Kunst und Gewerbe, Hamburg. — **33** »Faces of Interest. An Exhibition of Camera Portraits«, S. A. Association of Arts Galleries, Argus House, Burg Street, Cape Town, 16th to 27th April, 1948. Archiv Fritz Kempe, Museum für Kunst und Gewerbe, Hamburg. — **34** Sowohl die Einladungskarte als auch das Katalogheft befinden sich im Archiv Fritz Kempe im Museum für Kunst und Gewerbe, Hamburg. — **35** Zitiert nach der Übersetzung der Eröffnungsansprache der Ausstellung »Faces of Interest« von Dr. R. W. Wilcocks, Rektor der Universität Stellenbosch, Carnegie Library, Stellenbosch, 1.10.1952. Archiv Fritz Kempe. Museum für Kunst und Gewerbe, Hamburg. — **36** »Zwei, die sich lieben«. In: Hamburger Abendblatt, 8.1.1959. Diese namentlich nicht gekennzeichnete Notiz erschien in der Rubrik »Menschlich gesehen«. — **37** »Emil Bieber starb«. In: Hamburger Abendblatt, 30.4.1962. Diese Meldung ging zurück auf eine Meldung der Agentur »Associated Press« vom gleichen Tag. — **38** Theodor Reik: »Der Schöpfer der neuen Seelenkunde. (Professor Sigmund Freud)«. In: Ost und West. Illustrierte Monatsschrift für das gesamte Judentum. Berlin, 14. Jg. (1914), H. 6, S. 433–435. Das Foto ist auf S. 434 abgedruckt. Sammlung Weinke. — **39** Theodor Reik: Freud als Kulturkritiker. Wien – Leipzig 1930. Auf dem Titel findet sich in der unteren linken Ecke der Hinweis »Phot. M. Halberstadt, Hamburg«. Sammlung Weinke. — **40** H. Ph.: »Eindrücke eines Atelier=Besuches«. In: Photofreund. Halbmonatsschrift für Freunde der Photographie, Hamburg, H. 10, 15.11.1920. Sonderheft Max Halberstadt, S. 2. — **41** Schreiben Bertha Halberstadt, Johannesburg, an das Amt für Wiedergutmachung, Hamburg, vom 28.4.1955. In: Amt für Wiedergutmachung, Hamburg. Akte Bertha Halberstadt, geb. Katzenstein. — **42** »Der Erweiterungsbau der Hamburger Neuen Dammtor-Synagoge«. In: Aus alter und neuer Zeit. Illustrierte Beilage zum Israelitischen Familienblatt, Hamburg, Nr. 4, 27.10.1927. — **43** S. B. Bamberger: »Naturwissenschaftlicher Unterricht«. In: Gemeindeblatt der Deutsch-Israelitischen Gemeinde zu Hamburg, 6. Jg. (1930), Nr.10, S.2 f.. Alle illustrierenden Fotos zu diesem Artikel stammen von Max Halberstadt. Sammlung Weinke. — **44** Gemeinde-Synagoge Kohlhöfen 1859–1934. Verfasst im Auftrage des Deutsch-Israelitischen Synagogenverbandes Hamburg von Julian Lehmann. Hamburg 1934, S. 32–33. Sammlung Weinke. — **45** Vgl. Miriam Gillis-Carlebach: Jedes Kind ist mein Einziges. Lotte Carlebach-Preuss. Antlitz einer Mutter und Rabbiner-Frau. Hamburg 1992, S. 17. In den Erinnerungen von Miriam Gillis-Carlebach finden sich mehrere Erwähnungen zu Max Halberstadt. — **46** Weitere Informationen zu Arnold Marlé und seiner Frau finden sich in dem von Frithjof Trapp u. a. herausgegebenen biographischen Lexikon: Handbuch des deutschsprachigen Exiltheaters 1933–1945. München 1999. — **47** Schreiben Bertha Halberstadt (s. Anm. 41). — **48** Ebd. — **49** Schreiben von Max Halberstadt, Hamburg, an den Herrn Präsidenten des Landesfinanzamtes Hamburg, Devisenstelle, vom 5.3.1936. Staatsarchiv Hamburg, Bestandsnr. 314–15, Oberfinanzpräsident F 865. Akte für Max Halberstadt und Ehefrau Bertha. — **50** Dringlichkeitsbescheinigung für Auslandsreise für Max Halberstadt, ausgestellt von der Polizeibehörde Hamburg am 15.4.1936. In: ebd. — **51** Schreiben Bertha Halberstadt (s. Anm. 41). — **52** Vgl. Staatsarchiv Hamburg, Bestandsnr. 376–3, Zentralmeldekartei, Film K3901. Der Eintrag zu Erich Kastan besagt, dass dieser am 1.1.1923 in die Firma seines Onkels Hermann Josephy eingetreten ist. Als Gewerbe war »Kaufmann und Photograf« angegeben. – Hermann und Ida Josephy wurden am 15.7.1942 von Hamburg nach Theresienstadt deportiert, wo Hermann Josephy zwei Monate nach seiner Ankunft im Alter von 73 Jahren starb. Seine Frau Ida Josephy wurde am 21.9.1942 von Theresienstadt nach Minsk verschleppt. Dieses Datum gilt als ihr Todesdatum. Vgl. Hamburger jüdische Opfer des Nationalsozialismus. Gedenkbuch. Bearbeitet von Jürgen Sielemann. Hamburg 1995, S. 199 (= Veröffentlichungen aus dem Staatsarchiv der Freien und Hansestadt Hamburg, Bd. 15). — **53** Felix Arnheim emigrierte am 15.8.1939

nach Belgien, wo er starb. — **54** Vgl. *Gemeinde-Synagoge Kohlhöfen* (s. Anm. 44), S. 56–57. —
55 Festschrift zum hundertzwanzigjährigen Bestehen des Israelitischen Tempels in Hamburg
1817–1937. Hg. von Oberrabbiner Dr. Bruno Italiener. Hamburg 1937, S. 7, 24, 34, 40.
Sammlung Weinke. — **56** Vgl. die Fotos zu dem Artikel »Wiederbeisetzung der Gebeine des
Chachams Isaac Bernays«. In: *Jüdisches Gemeindeblatt*, 13. Jg. (1937), Nr. 5, S. 7 Sammlung
Weinke; Fotos zum Artikel »Zum Abschied vom Grindelfriedhof«. In: *Jüdisches Gemeinde-
blatt für das Gebiet der Hansestadt Hamburg*, 13. Jg. (1937), Nr. 7, S. 3. — **57** Vgl. *Jüdisches
Gemeindeblatt für das Gebiet der Hansestadt Hamburg*, 14. Jg. (1938), Nr. 6, S. 7. Kastans Foto
diente der Illustration des Artikels »Zweite Konferenz des Weltbundes der sefardischen
Gemeinden«. — **58** Vgl. dazu die illustrierenden Fotos zu dem Beitrag von Barbara Müller-
Wesemann: »Seid trotz der schweren Last stets heiter«. Der Jüdische Kulturbund Hamburg
(1934–1941) sowie zu meinem Porträt der Tänzerin Erika Milee. In: Ursula Wamser, Wilfried Weinke (Hg.): *Ehemals in Hamburg zu Hause: Jüdisches Leben am Grindel.* Hamburg
1991, S. 137, 160; siehe auch die Fotos in dem *Katalogheft »Jüdischer Kulturbund Hamburg
1934–1941«.* Hg. vom Rendsburger Kulturkreis in Zusammenarbeit mit dem Schleswig-
Holsteinischen Landesmuseum, Rendsburg 1991, das zur gleichnamigen Ausstellung im Jüdischen Museum Rendsburg erschien. — **59** Brief von Thomas G. Rosenmeyer, Berkeley, an
den Verfasser, undatiert (vom November 1999). Thomas G. Rosenmeyer wurde 1920 in Hamburg geboren, emigrierte im Mai 1939 über England, Kanada in die USA, war nach verschiedenen Lehrtätigkeiten und bis zu seiner Emeritierung Professor an der University of
California, Berkeley. — **60** Vgl. Brigitte Leonhardt u. a. (Hg.): *Spurensuche: Friedrich Adler
zwischen Jugendstil und Art Déco.* Stuttgart 1994. Friedrich Adler wurde im Juli 1942 von
Hamburg nach Auschwitz deportiert und dort ermordet. — **61** Vgl. die Biographie zu Hedwig Slutzky-Arnheim in: Maike Bruhns: *Kunst in der Krise. Hamburger Kunst im »Dritten
Reich«.* Bd 2: *Künstlerlexikon Hamburg 1933–1945*, Hamburg, München 2001, S. 363 f. —
62 Vgl. Miriam Gillis-Carlebach: *Jüdischer Alltag als humaner Widerstand 1939–1941.* Hamburg 1990, S. 27. (= Beiträge zur Geschichte Hamburgs. Hg. vom Verein für Hamburgische
Geschichte. Bd. 37). — **63** Der in Litauen geborene Dr. Jakob Sakom, dessen Todesdatum
unbekannt ist, wurde in Litauen ermordet. Für die Vermittlung seines Fotos und Auskünfte
über ihren Großvater danke ich Nora Stiefel, New York. — **64** Mit Datum vom 8.10.1999
erhielt ich vom U.S. Department of Justice, Immigration and Naturalization Service, Washington, ein Konvolut kaum lesbarer Kopien, die Erich Kastan betreffen. Unter diesen Ko-
pien befindet sich das Dokument des amerikanischen Konsulats in Hamburg. — **65** Erich
Kastans Certificate of Arrival, seine Declaration of Intention, Petition for Naturalization, sein
Oath of Allegiance erhielt ich durch Vermittlung meines Freundes Stephen T. Falk, Wayne,
PA, am 1.10.2000. Er hatte diese Kopien für genealogische Nachforschungen vom National
Archive, New York, bekommen. — **66** Undatiertes Arbeitszeugnis von Erich Kastan für Edith
Hirt. Geschenk von Edith Moser, geb. Hirt, New York. Sammlung Weinke. — **67** Brief von
Edith Moser, Malverne, an den Verfasser vom 21.12.1999. — **68** Mitteilung der American
Society of Media Photographers, Philadephia, an den Verfasser vom 26.3.2002. — **69** Mit-
teilung der Library of Congress, Music Division, Washington, an den Verfasser vom
29.4.2002. Denise Gallo danke ich für ihre unbürokratische und direkte Hilfe. — **70** Mehrere wunderschöne Fotografien seines Vaters wurden mir für Ausstellungszwecke von Peter
Serkin, Richmond, überlassen. Für seine umgehende Unterstützung und Kooperation danke ich ihm sehr. — **71** Die University at Buffalo, State University of New York, präsentiert
im Internet ein Foto William Steinbergs, das dieser 1953 signiert hat: http://ublib.buffalo.edu/
libraries/units/music/exhibits/perry/steinberg.html (4.6.2003).Ob dieses Foto in diesem Jahr
von Erich Kastan erstellt wurde, ist bislang nicht zu klären. — **72** Siehe www.helenkeller-
foundation.org/hkpicts/images/braille.jpg. Weitere Aufnahmen Helen Kellers, die von Erich
Kastan stammen, besitzt die *American Foundation for the Blind*, New York. — **73** Diese Fotografie wurde von mir im Dezember 2001 ersteigert. Lucille Eichengreen, Oakland, danke ich
für ihr freundschaftliches Engagement. — **74** Auch in dem jüngst von Max Kozloff veröffentlichten Katalogbuch *New York: Capital of Photography* (New York-New Haven 2002)
sucht man den Namen Erich Kastans vergeblich. Vgl. auch: Andrian Kreye: »Nervöse Außen-

seiter. Gibt es einen jüdischen Blick? Die Debatte um die Ausstellung, ›New York: Capital of Photography im Jewish Museum‹«. In: *Süddeutsche Zeitung*, 20.8.2002. — 75 Mitteilung der American Society of Media Photographers, Philadelphia, vom 14.3.2002. — 76 Peter Reichel (Hg.): *Das Gedächtnis der Stadt. Hamburg im Umgang mit seiner nationalsozialistischen Vergangenheit.* Hamburg 1997. — 77 Leporello »Bilder, die stets gefallen«. Diese von Schallenberg entworfene Eigenwerbung wurde mir zur Reproduktion von seinem Sohn Peter Shalley, Newport, Australien, geliehen. Für sein Vertrauen und seine Unterstützung danke ich ihm sehr. – Das Leporello enthält neben den von Schallenberg erwähnten Tagesarbeiten zwei vorzügliche Porträts des Hamburger Bürgermeisters Dr. Schröder sowie des Dichters und Pädagogen Jacob Loewenberg. — 78 Vgl. Lothar Kräussl: *Fotografie zwischen Handwerk, Kunsthandwerk, Kunst. Die Geschichte und Entwicklung der Gesellschaft Deutscher Lichtbildner seit 1919.* Stuttgart 1992. — 79 Brief von Kurt Schallenberg vom 25.6.1919. Archiv der *Gesellschaft Deutscher Lichtbildner*, Stadtarchiv Leinfelden-Echterdingen. Für Kopien aus dem Archiv der *Gesellschaft Deutscher Lichtbildner* gilt mein Dank Dr. Bernd Klagholz. — 80 Ehrung der Gründungsmitglieder der Gesellschaft Deutscher Lichtbildner durch Professor Dr. Erich Stenger am 9. Juni 1929. Archiv der *Gesellschaft Deutscher Lichtbildner*. Stadtarchiv Leinfelden-Echterdingen. — 81 Vgl. Wt.: »Die Gesellschaft Deutscher Lichtbildner (G.D.L)«. In: *Deutscher Kamera-Almanach. Ein Jahrbuch für die Photographie unserer Zeit.* Hg. von Karl Weiss. 19. Bd. Berlin o.J. (1929), S. 33–40. – Das Foto »Hände« von Kurt Schallenberg wurde auf der Seite 33 veröffentlicht. Diese Seite des Almanachs inspirierte Kurt Schallenberg zu einem Stillleben, das mir sein Sohn, Peter Shalley, zur Reproduktion zur Verfügung stellte.. — 82 Vgl. *Monatsblätter des Jüdischen Kulturbundes Hamburg*, H. 8, August 1938, S. 19. — 83 Anlage 1 zum Entschädigungsantrag von Kurt Shalley (vormals: Schallenberg) vom 1.2.1954. Amt für Wiedergutmachung, Hamburg. Akte Kurt Shalley (vormals: Schallenberg). — 84 Brief von Kurt Shalley, Sydney, an Theo Schafgans, vom 21.8.1948. Eine Kopie dieses Briefes wurde mir freundlicherweise von Boris Schafgans, Berlin, zur Verfügung gestellt. — 85 Schreiben der Handwerkskammer Hamburg an Kurt Schallenberg vom 1.12.1938. Amt für Wiedergutmachung, Hamburg. Akte Victoria Shalley (Ehefrau von Kurt Shalley). — 86 Anlage 2 zum Entschädigungsantrag von Kurt Shalley (vormals: Schallenberg) vom 1.2.1954. Amt für Wiedergutmachung, Hamburg, Akte Kurt Shalley (vormals: Schallenberg). — 87 Bescheinigung der Öffentlichen Auskunfts- und Beratungsstelle für Auswanderer in Hamburg vom 3. März 1939. Staatsarchiv Hamburg, Bestandsnr. 314–15, Oberfinanzpräsident, FVg 4483 Akte Kurt Schallenberg. — 88 In ebd., Ermittlungsbericht der Zollfahndungsstelle Hamburg vom 27.3.1939. — 89 Brief von Kurt Shalley (s. Anm. 84). — 90 Brief von Kurt Shalley an Theo Schafgans vom 25.6.1950. — 91 Brief von Kurt Shalley an Fritz Alter vom 14.1.1952. Zitiert aus einer Abschrift dieses Briefes, die mir ebenfalls von Boris Schafgans, Berlin, zur Verfügung gestellt wurde. — 92 Vgl. Kräussl: *Fotografie zwischen Handwerk, Kunsthandwerk, Kunst* (s. Anm. 78), S. 62–64. Kräussl beendet seinen »Exkurs: Vom Umgang mit jüdischen Mitgliedern« mit der trefflich zugespitzten Bemerkung: »Der Reichspropagandaminister Goebbels konnte erst im November 1936 verkünden, daß die Reichskulturkammer ›judenrein‹ sei. Der Vorsitzende der G.D.L., F. Grainer konnte den Vollzug der ›Arisierung‹ der Gesellschaft schon im Mai 1935 melden.« — 93 *foto-selection 50 Jahre GDL.* Ausstellung der Gesellschaft Deutscher Lichtbildner GDL veranstaltet vom Museum für Kunst und Gewerbe Hamburg und der Staatlichen Landesbildstelle Hamburg. Redaktion: Heinrich Freytag, Fritz Kempe, Otto Steinert. Hamburg 1969. — 94 Vgl. Kräussl: *Fotografie zwischen Handwerk, Kunsthandwerk, Kunst* (s. Anm. 78). In Lothar Kräussls Kapitel »Die ›wiederbelebte‹ Gesellschaft« ist der Abschnitt »Die Vergangenheitsbewältigung« von besonderem Interesse. — 95 Vgl. »Fotoliterarischer Steckbrief: Fritz Kempe«. In: *Foto-Magazin*, Nr.10, 1965, S. 18–20. — 96 G.O. Walther: »Zwei alte ›Kämpen‹. Fritz Kempe, Wilhelm Schöppe und die deutsche Fotografie«. In: Gerhard Henniger (Hg.): *Fotografie im Schatten. Zu den Einflüssen der imperialistischen Politik auf die Fotografie in Westdeutschland.* Berlin 1966, S. 69. — 97 Ebd., S. 70. –– 98 Rolf Sachsse: »Die Arbeit des Fotografen. Marginalien zum beruflichen Selbstverständnis deutscher Fotografen 1920–1950«. In: *Fotogeschichte. Beiträge zur Geschichte und Ästhetik der Fotografie*, Jg. 2 (1992), H.4,

S. 60 f. — **99** Fritz Kempe: »Bildnisse deutscher Offiziere«. In: *Gebrauchsfotografie*, 48. Jg. (1941), H. 7, S. 134. Auch die Seiten des nachfolgenden Artikels wurden durch Fotos des PK-Angehörigen Fritz Kempe illustriert. — **100** Fritz Kempe: »Das Gesicht des deutschen Soldaten«. In: *Gebrauchsfotografie*, 48. Jg. (1941), H. 1, S. 5 . Auch diesen Artikel illustrieren Fotos des PK-Angehörigen Fritz Kempe; die Fotos tragen Unterschriften wie »Nachwuchs der Kriegsmarine« und »Sein kriegserfahrener Kamerad«. Vgl. auch Dr. Willy Stiewe: »Vom Fotografen zum Bildberichter«. In: *Gebrauchsfotografie*, 49. Jg. (1942), H. 12, S. 209–213. Dieser Artikel gilt speziell dem PK-Mann Fritz Kempe. Auch hier stammen alle illustrierenden Fotos von ihm. — **101** Reinhold Mißelbeck: *Deutsche Lichtbildner. Wegbereiter der zeitgenössischen Photographie.* Köln 1987. — **102** Timm Starl: »Eine Studie über Vergeßlichkeit. »Deutsches« aus dem Museum Ludwig«. In: *Fotogeschichte. Beiträge zur Geschichte und Ästhetik der Fotografie*, Jg. 7 (1987), H. 26, S. 66–68. Timm Starl danke ich für seine kollegiale Unterstützung. — **103** Ebd., S. 67. — **104** Ebd., S. 68. — **105** Oberkommando der Wehrmacht (Hg.): *Das Gesicht des deutschen Soldaten.* Berlin 1943. Ausdrücklich wird darauf hingewiesen, dass »Aufnahmen, Idee und Zusammenstellung« von Fritz Kempe stammen. Sammlung Weinke. — **106** Ebd. Das Nachwort des unpaginierten Buches trägt die Überschrift »Wie die Bilder wurden« und stammt ebenfalls von Fritz Kempe. — **107** Koe: »Ein Photojäger. Zum Tod von Fritz Kempe«. In: *Süddeutsche Zeitung*, 4.1.1989. — **108** M. R.: »Alles ins rechte Licht gerückt. Fritz Kempe gab der Landesbildstelle Hamburg ihr Profil«. In: *Hamburger Abendblatt*, 30.4.1968. — **109** Rolf Sachsse: »›Dieses Atelier ist sofort zu vermieten‹. Von der ›Entjudung‹ eines Berufsstandes«. In: Fritz Bauer Institut (Hg.): ›*Arisierung*‹ *im Nationalsozialismus. Volksgemeinschaft, Raub und Gedächtnis.* Frankfurt/M. 2000, S. 280 f. (= Jahrbuch 2000 zur Geschichte und Wirkung des Holocaust). — **110** Klaus Honnef, Frank Weyers: *Und sie haben Deutschland verlassen ... müssen. Fotografen und ihre Bilder 1928–1997.* Köln 1997. Die Veranstalter der Ausstellung verweisen im Vorwort des Katalogbuchs auf die forschungsbedingte Unvollständigkeit der vorgestellten Exilfotografen. In diesem Sinne versteht sich der vorliegende Beitrag als Fortführung und notwendige Ergänzung.

Julia Winckler

Gespräch mit Wolfgang Suschitzky, Fotograf und Kameramann

geführt in seiner Wohnung in Maida Vale, London, am
15. Dezember 2001, 22. März 2002, 17. Mai 2002

Einführung

Wolfgang Suschitzky hat in seiner Laufbahn als Kameramann an über 100 Filmen mitgewirkt. Seine Fotografien sind in Sammlungen vertreten und in zahlreichen Katalogen veröffentlicht worden. Suschitzkys Fotografien finden sich in internationalen Galerien; allein in London wird er von der *Photographers' Gallery*, der *Focus Gallery*, der *Special Photographers Company* und der *Zelda Cheatle Gallery* vertreten. 1989 wurde das Buch *Charing Cross Road in the Thirties* vom Nishen Verlag veröffentlicht.[1] Bereits 1987 war im Nishen Verlag das Buch *The Eye of Conscience* mit Fotografien von Suschitzkys Schwester, der Fotografin Edith Tudor Hart, erschienen.[2] Für dieses Fotobuch schrieb Suschitzky nicht nur die Einleitung, sondern druckte auch alle Fotos erneut nach. Im März 2002 erschien Suschitzkys Katalog *An Exile's Eye*, zusammen mit einer großen Retrospektive über Suschitzky in der *Scottish National Portrait Gallery* in Edinburgh, Schottland.[3] In diesem Katalog ist die Vielfalt seiner Fotoarbeiten vertreten: von dem berühmten Foto der St. Paul's Cathedral in London, das er nach einem Bombenangriff während des Zweiten Weltkriegs machte, über Porträts von Schriftstellern wie H. G. Wells und Politikern wie Nehru, Straßenszenen, bis zu einigen seiner bekannten Tierporträts. Die Retrospektive bestand aus über 60 seiner Fotografien wie auch aus den Filmen *Children of the City*, einem Dokumentarfilm über Jugendkriminalität, der 1943 in Dundee gedreht wurde, und dem Spielfilm *Get Carter* aus dem Jahr 1971.[4]

Suschitzky wurde im August 1912 in Wien geboren. Sein Vater, Wilhelm Suschitzky, und dessen Bruder Philipp gründeten 1901 die erste sozialistische Buchhandlung Wiens. Zunächst wollte Suschitzky Zoologie studieren, doch entschied er sich unter dem Einfluss seiner älteren Schwester Edith, die Fotografie am Bauhaus in Dessau studiert hatte, für ein Studium der Fotografie in Wien. 1934 verließ Suschitzky Österreich mit seiner ersten Frau. Er musste dem Austro-Faschismus entfliehen, auch der großen Wirtschaftsnot. Seine Schwester Edith lebte schon seit längerer Zeit in London. Da er aber in England keine Arbeitserlaubnis erhielt, mussten er und seine holländische Frau zunächst nach Holland ziehen. Die Ehe war schon nach weniger als einem Jahr beendet, und Suschitzky kehrte bereits 1935 allein nach London zurück. 1937 begann er als Kameraassistent für die *Paul Rotha Productions* zu arbeiten. Paul Rotha war ein wichtiger Mann der Theorie des Films und ein führender Dokumentarfilmemacher.[5]

Der junge Suschitzky war sehr beeindruckt von der Dominanz des Sozialen Realismus im Film wie auch von den Filmen von John Grierson, der in den 30er Jahren die britische Dokumentarfilmbewegung begründet hatte.[6] Im Gegensatz zu den meisten österreichischen und deutschen Flüchtlingen gelang es Suschitzky, während des Krieges nicht interniert zu werden, da er als Fotograf von Laboren und bei der pharmazeutischen Firma Burroughs Wellcome als Werbefotograf angestellt war. Von 1939 bis 1942 hatte er als »enemy alien« Arbeitsverbot im Filmbereich gehabt, aber bereits 1942 arbeitete Suschitzky wieder als Kameramann, da viele englische Kollegen zum Kriegsdienst einberufen worden waren und die Filmindustrie dringend Kameramänner benötigte. Suschitzky kehrte nach dem Ende des Krieges nicht nach Österreich zurück, sondern blieb in England. Sein Lebenswerk umfasst neben zahlreichen bisher nicht systematisch erschlossenen Fotografien mehr als 100 Dokumentar-, Spiel- und Werbefilme.[7]

Das nachfolgende Interview beschränkt sich im Wesentlichen auf die frühen Jahre in Wien und die erste, von 1935 bis 1945 reichende Phase des Exils in Großbritannien.

Porträt von Wolf Suschitzky, Dezember 2002 (fotografiert von Julia Winckler)

Frontansicht der Buchhandlung in der Favoritenstraße 57, Wien 10, nach der Renovierung 1937, copyright Wolf Suschitzky

Anfänge

JW: Lassen Sie uns mit den Anfängen beginnen. Können Sie mir Ihre Kindheit in Österreich beschreiben?

WS: Nun, es ist traurig, dass man seine Eltern immer erst zu schätzen lernt, nachdem sie nicht mehr da sind. Während man mit ihnen lebt, weiß man nicht wirklich, was sie tun und was sie bewegt. Mein Vater war für seine Zeit ein sehr fortschrittlicher Mann. Er gründete 1901 eine sozialistische Buchhandlung.[8] Österreich ist und war ein sehr katholisches Land, und die lokale Bezirksverwaltung war auch sehr katholisch, und zunächst wurde meinem Vater und seinem Bruder die Genehmigung, eine Buchhandlung zu eröffnen, verweigert mit der Begründung, dass man in einem Arbeiterviertel keine Buchhandlung brauche. In diesem Arbeiterbezirk, Favoriten, lebten ungefähr 120.000 Menschen, und es gab keine einzige Buchhandlung. Später bekamen mein Vater und mein Onkel dann Probleme, weil sie im Fenster Bücher über Geburtsverhütung, über Freidenker und andere auslegten, und man fand, dass die Jugend durch den Anblick dieser Bücher korrumpiert würde.

Die Bezirksverwaltung verklagte deshalb sogar meinen Vater und meinen Onkel, aber ich glaube, sie wurden nicht verurteilt. Das Geschäft wurde schon bald zur bekanntesten Buchhandlung und zum Treffpunkt für viele

Intellektuelle und Autoren aus dem Verlag, den mein Vater gegründet hatte. Der Verlag hieß Anzengruber Verlag.[9] Ludwig Anzengruber war ein sehr beliebter, sozialkritischer österreichischer Autor, der im Dialekt schrieb, und mein Vater fand deshalb, dass Anzengruber ein guter Name für seinen Verlag war. Die Buchhandlung hieß »Brüder Suschitzky«. Mein Vater und mein Onkel verkauften dort nicht nur Bücher, sie verliehen sie auch; sie hatten auch eine Leihbibliothek. Mein Vater vertrat die Ansicht, dass Leute, die nicht das Geld hatten, Bücher selbst zu kaufen, wenigstens die Möglichkeit haben sollten, Bücher zu lesen. Da das Geschäft in einem Arbeiterviertel lag, bezweifele ich, dass es dort eine öffentliche Leihbibliothek gab. Die Buchhandlung meines Vaters war also sowohl eine Buchhandlung, die Leihbibliothek des Viertels wie auch ein Verlag. Wir wohnten in der Nähe der Buchhandlung. Mein Vater konnte immer mittags nach Hause kommen, war aber meistens von acht Uhr morgens, wenn er die Buchhandlung öffnete, bis abends um sechs Uhr dort. Er arbeitete unermüdlich. Ich selbst verbrachte viel Zeit in der Buchhandlung. Zu Weihnachten half ich im Hinterzimmer Bücherpakete zu machen, da mein Vater und Onkel immer Helfer benötigten. Natürlich konnte ich mir auch Bücher ausleihen, solange ich vorsichtig mit ihnen umging, und gab sie dann wieder zurück. Ich las Freud, bevor ihn meine Lehrer gelesen hatten, und meine Lehrer liehen sich Freuds Werke von mir aus.

JW: Sie gingen auf ein Internat, weil Ihr Vater fand, dass Sie in einer Gemeinschaft aufwachsen sollten.

WS: Mein Vater war mit Herrn Glöckl, dem Wiener Stadtrat für Erziehung befreundet, der die Theorie vertrat, dass Erziehung in der Gemeinschaft besser als Einzelerziehung zu Hause sei. Aber ich konnte immer am Wochenende nach Hause kommen und verlor also den Kontakt nicht. Aber ich kann nicht sagen, dass es mir gefallen hätte. Es war eine recht gute Schule, die uns das nötige Wissen beibrachte, und ich beendete die Schule mit der Matura, dem österreichischen Abitur. Danach ging ich für drei Jahre zu einer Schule für Fotografie in Wien. Dort lernten wir nicht so viel über Fotografie. Man konzentrierte sich darauf, uns das Retuschieren von Negativen beizubringen, etwas, das ich später nie wieder benutzt habe. Aber wir lernten alles über die Druckverfahren, auch das Bromoil Druckverfahren, das ich aber auch später nie wieder angewendet habe. Die Zeichenstunden und das Aktzeichnen waren nützlich, der Kunstunterricht sollte uns beim Retuschieren helfen. Wir lernten auch Geschäftsführung, Buchhaltung, Hygiene und die Arbeit in der Dunkelkammer. Aber Fotografie wurde nie als eine Kunstform diskutiert. Der Leiter der Fotografieabteilung, Professor Koppitz, war ein erfolgreicher Fotograf, der seine Tanzfotos verkaufte. Diese Pigmentdrucke wurden von seinem Assistenten gedruckt, aber auch Herr Koppitz sprach nie über Fotografie als Kunstform mit uns.

JW: Ihre ältere Schwester Edith wurde auch Fotografin. Sie studierte Fotografie am Bauhaus in Dessau. Hat sie dort eine konzeptuellere, interdisziplinäre Ausbildung erhalten?

WS: Das hat sie. Außerdem hatte sie sehr viel Talent. Sie hatte ein gutes Auge für die Komposition eines Fotos. Sie war rundum eine sehr begabte Person. Ich glaube, dass sie mich sehr beeinflusst hat. Sie war vier Jahre älter als ich und Mädchen entwickeln sich ja bekannterweise immer schneller als Jungen. Sie hat mich mit guter Musik und guter Malerei bekannt gemacht. Mein Vater tat das auch. Sonntags führte er mich oft in die Nationalgalerie oder in die Galerie der Modernen Kunst oder ins Belvedere. Dadurch kannte ich die Maler Egon Schiele und Gustav Klimt, aber auch die klassische Malerei. Wenn man gelernt hat, Gemälde zu betrachten, dann hilft das auch bei der Komposition von Fotografien.

JW: Kannten Sie die zeitgenössischen Werke deutscher Künstler?

WS: Wir kannten in Wien die deutschen Künstler. Wir kannten die Musik von Kurt Weill und Hanns Eisler und wir sangen ihre Lieder. Es war wunderbar für uns, in Wien die *Dreigroschenoper* von Bertolt Brecht zu sehen. Wir wussten, was kulturell los war. In der Malerei kannten wir Künstler wie Käthe Kollwitz und andere fortschrittliche Künstler wie Otto Dix und George Grosz.

JW: Was geschah mit der Buchhandlung Ihres Vaters, nachdem Sie Wien 1934 verlassen hatten?

WS: Die Buchhandlung wurde weitergeführt. Mein Vater nahm sich, kurz nachdem ich Wien verlassen hatte, das Leben. Er hatte während der letzten Jahre schon unter Depressionen gelitten und nun kam alles zusammen: Er litt sehr unter dem Faschismus in Österreich und den Schwierigkeiten, unter diesen Umständen weiter eine sozialistische Buchhandlung zu führen. Aber mein Onkel und dessen Sohn Joseph, der gelernter Buchhändler war, führten die Buchhandlung gemeinsam bis 1938 weiter. Meine Mutter Adele wurde zu einer stillen Teilhaberin gemacht und lebte bis zu ihrer Flucht nach England Anfang 1939 weiter in Wien. Schließlich schlossen die Nazis das Geschäft und es kam zu einer Zwangsliquidierung. Ein ehemaliger Angestellter der Buchhandlung hatte das Geschäft übernehmen wollen, aber die Nazis erlaubten es ihm nicht, mit der Begründung, er sei in einer jüdischen, sozialistischen Atmosphäre aufgewachsen. Es wurde ihm gesagt, dass er nicht die richtige Person sei, um unter den Nazis eine Buchhandlung zu führen. Also brachten die Nazis einfach Lastwagen, auf die sie Tausende von Büchern luden. Diese Bücher wurden nie wieder gesehen. Mein Onkel und seine Frau flohen nach Frankreich zu ihrer Tochter, die dort schon seit vielen Jahren lebte. Zusammen mit seiner Frau wurde mein Onkel vom Vichy-Regime an die Deutschen ausgeliefert und sowohl mein Onkel als auch meine Tante endeten in Auschwitz. Meine zwei Cousins kamen nach England, wo sie bei

Ausbruch des Krieges interniert wurden. Einer meiner Cousins war auf der Isle of Man interniert, der andere in Australien. Nachdem sie schließlich aus der Internierung entlassen worden waren, arbeitete mein Cousin Joseph für eine Weile für die große Buchhandlung *Foyles*, dann eröffnete er sein eigenes Geschäft. Bei *Foyles* hat er die Abteilung für seltene Bücher geleitet. Da der alte Foyles selber seltene Bücher sammelte, hatten die beiden Männer häufig Kontakt miteinander und Joseph kam gut mit ihm aus. Joseph hatte die Voraussicht, komplette Bibliotheken verstorbener Emigranten aufzukaufen, und kam auf diese Weise zu sehr seltenen Büchern. Zum Beispiel erstand er Bücher, deren Ausgaben in Deutschland vernichtet worden waren. Nach dem Krieg hatte er ein Haus voller Bücher in der Boundary Road und schickte Kataloge der Buchhandlung mit Bücherlisten an Bibliotheken und Universitäten. Seine Buchhandlung wurde zu einem Treffpunkt für viele intellektuelle Exilanten.

JW: Könnten Sie die Buchhandlung ein bisschen näher beschreiben? Gingen Sie selbst auch oft dorthin?

WS: Die Buchhandlung wurde nach dem Krieg gegründet und erst 1975 geschlossen, als mein Cousin starb und es niemanden gab, der sie hätte übernehmen können. Der Bestand ging an eine Universität in Kanada. Die Buchhandlung hieß *Libris*. Ich ging nicht oft hin, weil ich die ganze Zeit arbeiten musste, aber ich weiß, dass viele Emigranten hingingen, um seltene Bücher zu finden. Die Buchhandlung war in einem ganz gewöhnlichen Haus untergebracht, in dem es vier Stockwerke gab, und das ganze Haus war voller Bücher. Im obersten Stock wohnten Josephs Bruder und dessen Frau. Joseph hatte Verlagswesen und Buchhandel an der Universität in Leipzig studiert. Leipzig war vor dem Krieg das Zentrum des Buchhandels gewesen. Er machte ein Doktorat in Politikwissenschaften, das war der kürzeste Kurs, den er belegen konnte, um sich danach Doktor nennen zu können; es dauerte nur zwei Jahre, um dort ein Doktorat zu erhalten.

Fotografie

JW: 1934 haben Sie Wien verlassen und ein Jahr in Holland verbracht, wo Sie versuchten, als Porträtfotograf Geld zu verdienen, leider ohne großen Erfolg. Nachdem Sie schließlich geschieden wurden, sind Sie 1935 in die Emigration nach London gegangen. Können Sie die ersten Jahre in London beschreiben? Wie war die Situation für Sie als ausländischer Fotograf? Wie war die Atmosphäre hier? Wurden Sie gut aufgenommen?

WS: Im Großen und Ganzen wurde ich gut aufgenommen, da meine Fotografie anders war als die Fotografie, an die Engländer gewöhnt waren. Anfang der 30er Jahre war die Fotografie in England noch sehr malerisch und roman-

Charing Cross Road, ca. 1936, copyright Wolf Suschitzky

tisch. Die Fotografie imitierte die Malerei. Mir hingegen war es egal, wenn ich ein Kind fotografierte, das gerade ein bisschen gesabbert hatte, aber das war etwas, was andere Fotografen hier nicht in einem Fotografiestudio fotografiert hätten. Ich machte meine ersten Tieraufnahmen, während ich als Filmassistent an einer Serie von Zoofilmen arbeitete. Ich trug immer einen Fotoapparat mit mir und die Zoowärter machten für uns Löcher in die

Charing Cross Road, ca. 1936, copyright Wolf Suschitzky

Gitter, sodass ich mein Objektiv durchstecken konnte. Auf diese Weise war es mir möglich, sowohl Fotos von den Tieren zu machen als auch beim Filmen zu assistieren. Es gab eine Zeitschrift, die hieß *Animal and Zoo Magazine*, die hat einige dieser Fotos veröffentlicht. Diese Fotos fanden Anklang und ich bekam dann viele Aufträge von dieser Zeitschrift. *Animal and Zoo Magazine* wurde von der *Odhams Press* herausgegeben. *Odhams Press* gab mir schon bald Aufträge für eine neue Zeitung, die *Illustrated*. Diese Zeitung schickte mich zusammen mit Journalisten los. Meine Tierbilder waren erfolgreich, weil ich Tierporträts machte anstatt zoologischer Aufnahmen, auf denen man immer vier Beine und einen Schwanz sehen musste. Ich fand, dass man in England im Großen und Ganzen ein kleines Talent wie meines anerkannte. Die Menschen waren hilfreich, und persönlich erfuhr ich keinen Antisemitismus und spürte keine ausländerfeindlichen Gefühle, auch nicht während des Krieges. Ich hatte keine Schwierigkeiten. Mein Akzent war natürlich noch offensichtlich, aber die Menschen hier dachten, dass die Österreicher besser seien als die Deutschen, dabei stimmt das gar nicht, denn manche der schlimmsten Nazis waren Österreicher. Hitler war ein Österreicher und Österreicher hatten hohe Funktionen in der SS – ich denke an Adolf Eichmann und viele andere.

JW: Ich glaube, was die Arbeit des Fotografen besonders aufregend macht, ist die Spannung zwischen dem Blick des Insiders und dem Blick des Beobachters. Weil der Fotograf sich hinter der Kamera befindet, entsteht immer eine kleine Distanz zwischen dem Fotografen und dem, was er fotografiert. Wenn dann noch ein anderer kultureller Hintergrund dazukommt, wird das Fotografieren noch interessanter. Ich würde gerne über Ihre Bilderserie von der Charing Cross Road in London sprechen. Für diese Serie haben Sie viele Antiquariate aufgenommen. Gab es da eine Verbindung zur Buchhandlung Ihres Vaters? Hat Sie deshalb die Charing Cross Road mit ihrer Vielzahl von Buchläden besonders angezogen?

WS: Es gab tatsächlich eine Verbindung. Die Gegend zog mich vor Ausbruch des Krieges an, weil eine ganze Straße nur Büchern gewidmet war. Als ich 1934 zum ersten Mal nach England kam, war ich fasziniert von der Tatsache, dass einige Berufsstände, wie die Juweliere, eine ganze Straße, zum Beispiel Hatton Gardens, in Besitz genommen hatten. Natürlich faszinierte es mich, da ich ja aus einer Buchhändlerfamilie komme, dass es eine ganze Straße voller Bücher gab. Jedes Geschäft hatte auch draußen Bücher ausgelegt, meist waren das gebrauchte Bücher, und es gab immer viele Passanten, die in diesen Büchern stöberten. Es faszinierte mich einfach, und ich kam auf die Idee, selbst ein Buch über die Buchhandlungen zu machen. Es gab immer Leute vor den Geschäften, die sich die ganzen Bücherregale durchsahen in der Hoffnung, für sechs Pence etwas Nettes zu lesen zu finden oder vielleicht eine Erstausgabe zu entdecken. Für mich war es ein faszinierender Ort, und ich wollte ein Buch über Charing Cross Road und Soho machen. Für das Charing Cross Projekt hatte ich schon einen guten Autor gefunden, der den Text zur Fotoserie schreiben wollte: Peter de Mendelsohn. Peter war zu der Zeit mit der österreichischen Schriftstellerin Hilde Spiel verheiratet. Sie waren Freunde von mir und Peter war bereit, den Text fürs Buch zu schreiben. Aber zu der Zeit war es sehr teuer, Fotografiebücher zu drucken. Es gab nur einen Druckprozess, die Fotogravur, und es war wirtschaftlich nicht rentabel, Fotobücher zu machen, es sei denn, man hatte große Auflagen von vielleicht 20.000 Büchern. Ein Buch über die Charing Cross Gegend hätte sich vielleicht 2.000 Mal verkauft, aber nicht mehr.

JW: Hat Peter de Mendelsohn den Text fürs Buch geschrieben?

WS: Nein, er begann ihn erst gar nicht, da ich das Buchprojekt aufgab, nachdem ich mehrere Verleger erfolglos kontaktiert hatte.

JW: Haben Sie je bei anderen Projekten zusammengearbeitet?

WS: Leider nicht, und das Charing Cross Buch hat es nie gegeben. Aber sehr viel später entdeckte ein deutscher Verleger, Nishen, diese Fotografien und veröffentlichte 1989 ein kleines Buch, das sich gut verkaufte. Es kostete nur drei Pfund und ist immer noch ein schönes Dokument.[10]

JW: Während des Krieges machten Sie viele Aufnahmen von London, manchmal während oder kurz nach einem Luftangriff. Sie wollten die Kriegsschäden dokumentieren, und eines Ihrer berühmtesten Fotos aus der Zeit ist von St. Paul's Cathedral, aufgenommen von einem zerstörten Fenster aus.

WS: Manche der Kriegsbilder machte ich als Auftragsarbeit, wie zum Beispiel das Bild, das ich vom Dach der St. Paul's Cathedral aufnahm. Es zeigt die Leere ringsum und wie alles zerbombt daliegt. Es wurde fast zu einem täglichen Ereignis, dass man zerstörte Häuser sah. Ich kann mich am besten an das Geräusch von Glas erinnern, das man auf dem Bürgersteig zusammenkehrte, und an den Brandgeruch. Daran kann ich mich gut erinnern. Ich hatte einmal einen Assistenten, er bediente die Kamera, und er war einer der ersten Männer gewesen, die ins Lager Bergen-Belsen gekommen waren. Er erzählte, dass er nie den Geruch dort vergessen werde. Ton und Geruch sind, glaube ich, stärker als bildliche Eindrücke. Man gewöhnt sich daran, Dinge zu sehen, sie werden fast ein Teil des Alltäglichen. Trotzdem habe ich Aufnahmen von Kriegsschäden gemacht. Zum Beispiel machte ich ein Foto im Londoner Zoo, nachdem die Bibliothek des Zoos zerbombt worden war und Glas auf den Tischen und auf dem Boden rumlag. Ich kann nicht mehr erklären, warum ich das Foto machte. Bei dem Bild der St. Paul's Cathedral, das Sie gerade erwähnten, war es so, dass ich das zerbrochene, zerstörte Fenster sah, und es schien die Kathedrale zu umrahmen. Ich musste einfach ein Foto machen, als ich das sah.

JW: Ihre Schwester Edith arbeitete auch während der Kriegsjahre als Fotografin. Manche ihrer Fotografien wurden in dem Buch *The Eye of Conscience*[11] veröffentlicht, für das Sie die Einleitung geschrieben haben und für das Sie auch selbst alle Bildnachdrucke angefertigt haben.

WS: Meine Schwester war eine sehr engagierte Fotografin. Nach ihrem frühen Tod half ich 1987 mit bei der Organisation einer fotografischen Retrospektive in der *Open Eye Gallery* in Liverpool. Die Galerie bezahlte die Drucke für die Ausstellung und behielt sie auch nach der Retrospektive.[12]

St. Paul's Cathedral, 1944 copyright Wolf Suschitzky

JW: Was waren die wesentlichen Einflüsse auf Ihre Schwester und wie hat Ihre Schwester Sie selbst beeinflusst? Das Bauhaus, an dem sie studierte, hatte zu der Zeit gerade den Stil der Neuen Sachlichkeit entdeckt, eine fotografische Richtung, die ziemlich anders war als die Richtung Ihrer Schwester.

WS: Ich glaube, dass das Bauhaus weder die Arbeit meiner Schwester noch meine eigene sehr stark beeinflusst hat. Edith interessierte sich sehr viel mehr für soziale Fotografie. Als sie noch in Wien lebte, arbeitete sie für linke Zeitschriften und machte Fotos in Armutsvierteln. Sie machte außerdem Porträts. Sie kam zunächst nach England, um einen Montessorikurs zu machen, da sie ursprünglich von Beruf Lehrerin war. Ich habe noch ihr *teaching certificate*, das von Maria Montessori unterschrieben wurde. Beatrix, die Schwester von Ediths Mann, Alex Tudor Hart, war Erzieherin, sie leitete eine Schule in Fortis Green, zu der später auch meine eigenen Kinder gegangen sind. Es war eine ziemlich fortschrittliche Schule. Als Edith nach England kam, heiratete sie Alex Tudor Hart. Alex war Arzt und die beiden lebten in Brixton, einem Arbeiterviertel im Süden Londons. Alex nahm dann eine Stelle im Süden von Wales an und Edith zog mit ihm und fing dort an, arbeitslose Bergbauarbeiter und Bergbaustädte zu fotografieren. Heute werden ihre Fotos nach wie vor verwendet. Die Bergbauindustrie ist mehr oder weniger aus dem Süden von Wales verschwunden. Später machte ich dort auch Fotos von den Bergbaugebieten; außerdem fotografierte ich den Bergbau in Schottland, in Notthinghamshire und wo auch immer es Kohlebergbau gab, weil ich an einer Art von monatlichem Newsreel für die Kohlenindustrie arbeitete.

JW: Mir sind Ihre Bergbaufotografien bekannt. Wenn man Ihre Fotografien mit denen Ihrer Schwester vergleicht, entdeckt man, dass Sie sich beide häufig mit ähnlichen Themen beschäftigt haben. Haben Sie je an Fotografieprojekten zusammengearbeitet?

WS: Meine Schwester bekam den Auftrag, das erste Frauenkrankenhaus im Süden von London zu fotografieren, und für die Eröffnung machten wir Fotografien für eine Broschüre. Wir machten auch Fotos für einen Katalog zur Einweihung eines neuen Apartmentblocks in Kensal Rise, der von der *Gas Light and Coke Company* erbaut wurde. Wir arbeiteten an mehreren Katalogen dieser Art zusammen; das klappte immer sehr gut und ohne jegliche Schwierigkeiten. Edith fand, dass ich technisch mehr wusste als sie, aber wir arbeiteten immer gut zusammen.

JW: Es gibt da ein sehr schönes Zitat von ihrer Schwester in dem Katalog *Edith Tudor Hart. A Retrospective,* in dem sie sagt: »Der Fotoapparat hörte auf, ein Instrument zum Aufnehmen von Ereignissen zu sein, und wurde stattdessen ein Instrument des Handelns und man konnte damit Ereignisse beeinflussen. Er wurde zu einer lebenden Kunst, die vom Menschen ausging.«[13] Ihre Schwester betont hier die Fähigkeit des Fotoapparates, Veränderungen herbeizuführen.

WS: Das konnte sie sehr gut ausdrücken. Sie glaubte auch, dass es für eine Frau einfacher ist, mit Menschen Kontakt aufzunehmen. Menschen akzeptieren eine Frau leichter als einen Mann, ich glaube, da ist viel Wahres dran.

JW: Ihre Schwester war Mitglied bei der *Worker's Film and Photo League*. Waren Sie auch Mitglied des Verbandes?

WS: Nein, zu der Zeit war mir die *Worker's Film and Photo League* unbekannt.

JW: Edith Tudor Hart machte Fotos für die Zeitschrift *Picture Post*. Haben Sie auch Bilder in dieser Zeitschrift veröffentlicht?

WS: *Picture Post* kaufte ein paar Fotoserien, die ich in eigener Initiative gemacht hatte. Sie kaufte auch vereinzelt ein paar Fotos als Titelbilder für die Zeitschrift. Ich bekam auch Aufträge von *Illustrated* und dem *Geographical Magazine*. Der erste Auftrag nach dem Krieg hieß »Castles of Europe«, das war ein wunderbarer Auftrag. Ich machte diese Fotoserie in Farbe, was für die damalige Zeit noch neu war. Der Herausgeber war Michael Huxley, er war mit Julian und Aldous Huxley verwandt. Wenn man jung und unabhängig ist, kann man leicht auf eigene Initiative losziehen und Fotos machen. Je älter man wird, desto aufwändiger wird das. Ich habe wahrscheinlich meine besten Fotos gemacht, als ich sehr viel jünger war.

JW: Haben Sie Stefan Lorant, den Gründer der *Picture Post*, kennen gelernt?[14]

WS: Ja, ich habe Stefan Lorant gekannt. Ich bin schon sehr bald zu ihm in die Redaktion von *Picture Post* gegangen, um zu fragen, ob er mir eine Anstellung geben könnte. Er sah sich mein Portfolio an, es gefiel ihm auch, aber er sagte zu mir: »Nun, das ist sehr schöne Fotografie, aber sie ist nichts für uns. Sie sind kein Fotojournalist, Sie wissen zu viel über Fotografie.« Ein paar Jahre später begann ich zu verstehen, was er damit gemeint hatte. Ich war kein richtiger Journalist. 1993 sah ich Lorant noch einmal in Wien, während der Viennale, zu der all diejenigen Filmleute eingeladen waren, die Österreich hatten verlassen müssen.[15] Lorant war bis 1933 in Wien und Berlin als Filmdirektor tätig gewesen, und wir trafen uns auf der Viennale und frühstückten mehrmals zusammen, da wir im selben Hotel untergebracht waren. Zu der Zeit war Lorant schon über 90. Er starb 1997. Er war 1939 schon einmal in den USA gewesen und emigrierte schließlich dorthin.

JW: Ja, er hat in den USA viele illustrierte Bücher über amerikanische Geschichte veröffentlicht, wie zum Beispiel 1988 *Pittsburgh: the Story of an American City*. Die Fotos dazu sind von W. Eugene Smith. In den USA hat es ja eine sehr sozial engagierte Bewegung in der Dokumentarfotografie gegeben, die ihre Anfänge schon um die letzte Jahrhundertwende mit Fotografen wie Jacob Riis und Louis Hine hatte. In den 30er Jahren wurde sie dann fortgesetzt von Fotografen wie Walker Evans und Dorothea Lange, die für die *Farm Security Administration* arbeiteten und während der großen Wirtschaftsdepression Aufnahmen machten von verarmten Landarbeiterfamilien. Auch in Frankreich gab es in den 30er Jahren sozial engagierte Fotografen wie Gisèle Freund oder auch Willy Ronis. Inwieweit glauben Sie, dass

9, Elms Street, 1958, copyright Wolf Suschitzky

sich diese sozial engagierte Fotografie in Frankreich oder den USA aus der
sozialen und wirtschaftlichen Umgebung der damaligen Zeit entwickelte?
WS: Nun, in Europa und in den USA hatte es in den 30er Jahren schreckli-
che Wirtschaftskrisen gegeben und natürlich war die enorme Armut unter
der Bevölkerung so groß, dass man sie nicht übersehen konnte. Viele Künst-

ler und Fotografen wollten etwas dagegensetzen, wollten ihre Kunst nutzen, um andere Menschen zum Nachdenken anzuregen, wollten aufzeigen, was in der Welt los war.

JW: Als Sie in den 30er Jahren anfingen, in England zu arbeiten, lernten Sie da Fotografen wie Felix H. Man, Bill Brandt oder Lucia Moholy kennen, die ja selbst stark sozial engagierte Fotografen und Emigranten waren?[16]

WS: Ich traf sie alle, aber eigentlich nur im Vorübergehen. Vielleicht wechselte man mal ein paar Worte, aber ich habe während der Zeit selbst immer sehr viel gearbeitet, wie man in meiner Filmografie nachlesen kann.[17] Ich arbeitete viel außerhalb Londons und ging deshalb nicht zu vielen Ausstellungen. Es gab aber auch noch nicht so viele Fotografieausstellungen, da man in England die Fotografie vor noch nicht allzu langer Zeit erst richtig entdeckt hat. Damals gab es einmal im Jahr den *Londoner Salon* und auch die *Royal Photographic Society Exhibition*, und das war eigentlich auch schon alles. Die Fotografie wurde nicht anerkannt und war in diesem Land noch ein bisschen zurückgeblieben, wenn ich das mal so sagen darf. Ich war aber recht gut bekannt mit dem Fotografen Helmut Gernsheim, während er im Exil in London lebte. Er zog in den 40er Jahren in die USA, wo er 1995 starb.[18]

JW: Gab es damals Vorbilder, Fotografen, deren Arbeiten Sie beeindruckten?

WS: Es gab viele. Ich denke, vielleicht insbesondere W. Eugene Smith, der ein großartiger Mann war; und natürlich auch Brassaï.[19] Vor kurzem sah ich in South Kensington eine Retrospektive von Willy Ronis. Ronis machte in den 30er Jahren Aufnahmen von Streiks, Fabrikbesetzungen, Demonstrationen – von großen Menschenansammlungen in Paris.[20] Dies sind sehr schöne Fotos. Letzte Woche sind meine Lebensgefährtin Heather Wegener und ich zu einem Vortrag von Ronis gegangen und aßen danach zusammen zu Abend. Er erzählte, wie sehr er von holländischen Malern, wie Brueghel, aus dem 15. und 16. Jahrhundert beeinflusst wurde. Für mich ist das auch mein Lieblingszeitraum in der Malerei und ich schaue mir gern Gemälde aus dem Mittelalter an, besonders wenn ich in Wien bin, wo man zwölf Brueghel-Gemälde in einem Saal antreffen kann. Ronis ist jetzt 91 und ein ganz wunderbarer Mann. Sein Vortrag dauerte fast zwei Stunden und, ohne sich auf Notizen zu berufen, erinnerte er sich noch an die Namen aller Straßen, wo er die gezeigten Fotos gemacht, und wusste genau, wann er sie gemacht hatte.

JW: Wir sprachen vorhin schon über Ihre Londoner Stadtfotografie und Ihr Interesse für sozialdokumentarische Fotografie. In welchen Genres haben Sie am liebsten gearbeitet?

WS: Das ist schwierig zu sagen, da ich in allen Genres zu Hause bin. Vielleicht habe ich am liebsten Tiere fotografiert, weil die sich nicht beschweren, und auch Kinder. Ich habe einfach gerne fotografiert, eigentlich alles. Auf meinen vielen Reisen hat es mir immer Spaß gemacht, Dinge zu fotografieren, die mir fremd waren oder die mir neu waren oder die mir wunderbar vorkamen. Zum Beispiel fand ich die Tempel in Südindien und Indien insgesamt sehr faszinierend. Ich arbeitete an einem Film mit Nehru, für den er interviewt wurde, und konnte ihn immer dann fotografieren, wenn die Dreharbeiten pausierten und wir die Filmkameras mit neuem Film aufladen mussten. Ihm gefiel es, dann schnell eine Zigarette rauchen zu können. Seine Tochter, Indira Gandhi, bewirtete uns damals. Leider habe ich sie selbst nicht fotografiert. Während anderer Dreharbeiten für die *National Broadcasting Company* lernte ich Sean O'Casey kennen und wir wurden sehr gute Freunde. Durch die Dreharbeiten traf ich häufig interessante Leute wie Ben Gurion, De Valera. Es war ein spannendes Leben.

JW: Sie fotografieren jeden immer mit demselben Respekt, ob Sie nun einen berühmten oder einen armen Menschen porträtieren oder ein Tier. Ihr Porträt von Guy, dem Gorilla des Londoner Zoos, zeigt so viel Würde.

WS: Ich hatte immer Achtung für die Menschen und für die Tiere, die ich fotografierte. Ich würde nie ein Tier fotografieren, das man hergerichtet hat, würde ein Kätzchen nicht in einen Pantoffel stecken.

Film

JW: Obwohl Sie eigentlich gelernter Fotograf sind, kennt man Sie in Großbritannien in erster Linie wegen Ihrer umfassenden Arbeit im englischen Film. Wie sind Sie dazu gekommen, in der englischen Filmindustrie zu arbeiten?

WS: Ich hatte 1937 bei der *Strand Film Unit* angefangen, als Kameraassistent mit Paul Rotha zu arbeiten.

JW: Als Sie anfingen, für Rotha zu arbeiten, hatten Sie selbst ja schon ein großes Interesse an der sozialdokumentarischen Fotografie und entsprechenden Filmen.

WS: Rotha und auch John Grierson, mit dem er zusammenarbeitete, waren beide sehr sozial engagiert. Sie machten Dokumentarfilme über Wohnverhältnisse, Ernährung, Erziehung und so weiter. Sie wollten durch ihre Filme die Menschen aufklären und das damalige Elend zeigen.

JW: Welcher Aspekt der Arbeit von Rotha und Grierson war wohl der wichtigste innerhalb des englischen Kontexts?

WS: Beide wollten lehren, glaube ich. Grierson war ein Akademiker und umgab sich mit Leuten aus Cambridge und Oxford. Er hatte nur sehr wenige Vorkenntnisse über Film und lernte alles, was er über Film wusste, in der praktischen Erfahrung. Grierson prägte den Ausdruck »British Documentary« und begann, einfache Leute im Film zu zeigen. Auf einmal tauchten Darsteller auf, die gar keine schauspielerische Ausbildung hatten. Es war überraschend, wie viel Erfolg Grierson damit hatte. Da die nichtprofessio-

nellen Darsteller häufig sich selbst darstellten und ihre eigenen Berufe vor
der Kamera ausübten, wirkten sie sehr natürlich und gewandt. Grierson und
Rotha wollten die Menschen in diesem Land über Armut und über Medi-
zin und Gesundheit aufklären. Rotha schrieb mehrere Bücher, *The Film Till
Now: A Survey of World Cinema* war sein erstes größeres Buch. *Documentary
Film* war sein zweites Buch.[21] Er war ein Filmtheoretiker. Er schrieb zum
Beispiel über russische Filme, die hier in England fast gänzlich unbekannt
waren, weil sie zensiert wurden. Wir hatten aber die Möglichkeit, manche
Filme von Vertow, Pudovkin und Eisenstein in privaten Vorstellungen zu
sehen. Es gab einen Filmklub und ein Kino in Regent Street, die importier-
te russische Filme zeigten.

JW: 1942 löste sich Paul Rotha Productions auf und Sie begannen für
DATA, die erste genossenschaftliche Filmgesellschaft in Großbritannien
zu arbeiten.[22]

WS: 1942 traf ich den Filmdirektor Donald Alexander, einen der Begründer
von DATA. Donald fragte mich, ob ich es mir vorstellen könnte, für DATA
als Kameramann zu arbeiten. Es war ein Zufallstreffen gewesen. Ich trat
DATA bei und das war für mich der Anfang meiner wirklich ernsten dokumentarischen Fotografie und Filmarbeit. Mich zog die britische Dokumentarfilmbewegung an, weil sie ein soziales Bewusstsein hatte. Man wollte die
Lebensbedingungen der armen Bevölkerung zeigen. Außerdem wollte DATA
technische Filme machen und Verschiedenes lehren. Also gab es ein klares
Ziel beim Machen dieser Filme. In einem meiner ersten Filme ging es um
die Rehabilitation von verletzten Bergbauarbeitern. Der Film hieß *Life Begins
Again* und wurde 1942 in einem Krankenhaus in der Nähe von Mansfield
gedreht. Es gab dort einen Arzt, der spezialisiert war auf die Behandlung von
Verletzungen. Wir filmten den Arzt bei der Arbeit. Das war mein erster Kontakt mit Bergbauarbeitern. 1942 bekam die DATA einen Vertrag von der
staatlichen Kohlekommission. Wir sollten eine monatliche Art von Wochenschau über Aktivitäten von Bergbauarbeitern machen. Es war eine zehn
Minuten lange Monatsschau, die in 300 Kinos in Großbritannien gezeigt
wurde. Wir filmten nicht nur Aufführungen von Theater, Musik und Blas-
kapellen oder die alljährlichen Feierlichkeiten der Bergarbeitergala in Dur-
ham, sondern machten auch Wochenschauen über neue technische Entwick-
lungen im Bergbau, zum Beispiel über neue Bergbaumaschinen, die in den
Kohlegruben eingesetzt wurden. Auf diese Weise kam ich auch selbst runter
in die Kohlegruben und filmte die Bergbauarbeiter bei der Arbeit. Die Arbeiter hatten eine wunderbare Gemeinschaft und es war für mich sehr interessant zu sehen, wie viel geselliges Leben sie hatten. Natürlich hatten sie unten
in der Kohlegrube gelernt, dass sie sich aufeinander verlassen mussten, und
ihre geselligen Kontakte waren nur eine Fortsetzung ihrer Arbeit und ihrer
Beziehungen. Viele der Filme, an denen ich während der Kriegsjahre arbei-

tete, wurden vom Ministerium für Information gefördert. 1944 machten wir eine *Newsreel* für das Ministerium, mit dem Titel *Worker and Warfront.* Das war eine monatliche *Newsreel,* die in den Kinos gezeigt wurde. Wir behandelten Themen wie »Wie stellt man einen Sperrballon her«, oder »Wie macht man Benzintanks für hölzerne Flugzeuge« und Ähnliches. Wir filmten auch eine Wochenschau über Frauen, die an Stelle der in den Krieg eingezogenen Männer jetzt in den Fabriken arbeiteten. Es war sehr interessant, durch ganz Großbritannien zu fahren und an diesen Wochenschauen zu arbeiten.

JW: Wenn Sie Ihre Fotografie mit Ihrer Arbeit als Kameramann vergleichen, was sind Ihrer Meinung nach die größten Unterschiede?

WS: Als Fotograf arbeitet man meist alleine. Beim Film gibt es Kollegen, eine Mannschaft von vier bis 90 Mann. Das gefiel mir besser. Außerdem gibt es große technische Unterschiede. Im Film ist es recht schwierig, in einer Szene immer die gleiche Stimmung beizubehalten. Die Filmkamera nimmt nicht nur einen Blickpunkt auf, sondern verändert den Blickpunkt immer aufs Neue, und es ist schwierig, dieselbe Beleuchtung und die gleiche Stimmung aufrechtzuerhalten. Niemand hat mir das Beleuchten beigebracht und am Anfang habe ich zu viel Licht verwendet. Ich sah mir kürzlich einen Film zum ersten Mal wieder an, seit ich ihn 1943 gedreht hatte. *Children of the City* war der erste Film, den ich als unabhängiger Kameramann gemacht habe, und ich war zunächst entsetzt zu sehen, wie schlecht die Belichtung war. Ich hatte zu viel Licht benutzt. Doch man erinnert sich noch an diesen Film, besonders in Schottland, wo er gedreht wurde. Jetzt habe ich ihn gerade noch einmal in der *Scottish National Portrait Gallery* in Edinburgh während einer Retrospektive meiner Fotografie und Filmarbeiten gesehen und fand ihn gar nicht so schlecht.

JW: Worum geht es in diesem Film?

WS: Children of the City wurde 1943 für das schottische Bildungsministerium gemacht. Im Film wirken nur Laiendarsteller mit. Der Film, der in Dundee spielt, stellt Veränderungen im Erziehungsgesetz vor. Er befasst sich mit erzieherischen Alternativen im Umgang mit Jugendkriminalität. Es geht im Film um Kinder, die straffällig werden, weil sie keinen Ort haben, an dem sie spielen können. Also spielen sie auf der Straße, treiben Unfug, brechen in Wohnungen ein, nicht, weil sie hungrig sind, nur einfach so. Die Schotten waren mit ihrem Bildungswesen anderen Regionen Großbritanniens weit voraus. In Schottland hatte man Schulen bewilligt, die für die damalige Zeit sehr progressiv waren. Man schickte Kinder aus der Stadt aufs Land und auf Bauernhöfe. Manche Stadtkinder hatten noch nie in ihrem Leben eine Kuh gesehen. Es war schwierig, die Stimmung im Film durchweg beizubehalten und auch die Beleuchtung, da die Kamera sich fortwährend um Ecken bewegt. Zu der Zeit drehten wir noch ohne Ton. Wir konnten es uns nicht leisten. Normalerweise wurde hinterher ein Kommentar hinzugefügt. 1945 arbeitete ich an einem Film mit einem Produzenten, der den ganzen Dialog nachsynchronisiert hat, nachdem wir den Film bereits ohne Ton gedreht hatten. Ein Sprecher sprach synchron zur Leinwand und das wurde dann aufgenommen. Es war ein Erziehungsfilm über taube Kinder, *Triumph over Deafness*, der ihnen beibringen sollte, sprechen zu lernen. Das ist jetzt natürlich eine altmodische Methode, weil die Zeichensprache längst als legitime Sprache anerkannt worden ist.

JW: Haben Sie während der Kriegsjahre in Ihren Dokumentarfilmen den Krieg in irgendeiner Weise dokumentiert?

WS: 1944 filmten wir beispielsweise *Marine Salvage*, da geht es um die Bergung des Kreuzers *The Quadrington*. Der Film zeigt den Verlauf der Bergung des Kreuzers, der im Hafen von Dover gesunken war. Wir zeigten die technischen Probleme der Bergungsarbeit, während die Bombardierung noch fortgesetzt wurde. Man hatte das Versinken des Kreuzers während des Krieges aus den Medien gehalten. 1943 machte ich einen Film über die Elektrifizierung der schottischen Highlands, *Power for the Highlands*. Es gibt viele Flüsse in den Highlands und damals ging man mit viel Optimismus daran, Strom aus Wasserenergie zu gewinnen. Inzwischen sagt man, dass sehr viel Energie aus Wind und Wellen gewonnen werden kann.

JW: Könnten Sie etwas über *Debris Tunnelling* erzählen, einen kurzen Dokumentarfilm, den Sie 1943 drehten?

WS: *Debris Tunnelling* ist ein Film, in dem es darum geht, die Bevölkerung darüber aufzuklären, wie man Menschen aus den Trümmern von eingefallenen Gebäuden bergen kann. In der Nähe von Basingstoke gab es einen Übungsplatz, an dem wir gefilmt haben und wo es auch ein paar Ruinen gab, mit denen wir eingefallene Gebäude simulieren konnten. Der Film wurde von einer Frau gemacht, der Filmdirektorin Kay Mander. Wir hatten diverse technische Probleme, da die Tunnels, die ausgegraben worden waren, um Leute aus den Trümmern zu bergen, sehr schmal waren und wir nicht das richtige Filmobjektiv zum Filmen hatten. Damals gab es nur ein 25-mm-Weitwinkelobjektiv und wir mussten eine *Newman Sinclair* Kamera benutzen. Von den Dreharbeiten zu diesem Film gibt es noch ein sehr gutes, simuliertes Foto von der Rettung eines Trümmerkindes. Dieses Foto ist heute im *Victoria and Albert Museum* in London.

JW: Falls jemand einen dieser Filme sehen möchte oder andere Filme, die Sie gedreht haben, wo könnte man dann eine Kopie finden?

WS: Das *Imperial War Museum* in London hat einige dieser Filme im Archiv.[23] Leider zerstörte die *Ministry of Information*, das spätere *Central Office of Information*, viele der *off-cuts* und sogar auch manche der Originalnegative. Auch das Archiv des *British Film Institute* hat viele Filme und kann Auskunft darüber geben, wo man noch Filme erhalten kann.[24] Ein anderer Film, *New Builders*, handelte davon, wie man junge Menschen darin unterrichten kann,

Häuser zu bauen. Es war der Regierung 1944 klar, dass man nach Kriegsende viele neue Bauarbeiter brauchen würde, um die zerstörten Häuser wieder zu ersetzen, also machten wir einen Lehrfilm über die Ausbildung zum Bauarbeiter. 1945 bekamen wir einen Auftrag vom *Foreign Office*, einen Film in Jugoslawien zu drehen, *The Bridge*. Der Krieg war gerade erst vorüber und man sah in Jugoslawien noch tote Pferde und Kraftwagen herumliegen. Wir blieben in einem Dorf in Bosnien, wo nicht ein einziges Haus mehr stand. Dort wohnten wir in einem Zelt auf dem Dorfanger; Essensrationen wurden uns vom Britischen Konsulat in Sarajevo zugeteilt. Wir kochten für uns selbst und versorgten uns ganz selbst. Von der jugoslawischen Armee liehen wir uns einen Generator aus, weil ich dachte, dass ich damit Strom für ein paar Fotoflutlichter erzeugen könnte. Aber der Generator war dafür zu klein und wir benutzten ihn stattdessen, um unser Zelt auszuleuchten. Die ganze Stadt lebte im Dunkeln, wir waren die Einzigen mit elektrischem Licht und viele Anwohner kamen, um uns zu beschauen. Wir machten diesen Film nur zu zweit, der Filmdirektor Jack Chambers und ich. Die Britische Armee hatte uns einen Fahrer zur Verfügung gestellt, mit einem Jeep und Anhänger, und außerdem hatten wir einen jugoslawischen Wärter, der darauf achtete, dass wir keinen Blödsinn machen würden. Der Film handelte vom Wiederaufbau einer Brücke über die Drina, die von den Deutschen in die Luft gesprengt worden war. Die Deutschen hatten alle kleinen Brücken über die aus den Bergen kommenden Bäche in die Luft gesprengt. Sie hatten auch die Eisenbahnlinie entlang der Berge zerstört. Diese Brücken wurden von der Bevölkerung, die sehr geschickt mit Holz arbeitete, wieder aufgebaut. Man bediente sich auch Kriegsgefangener beim Wiederaufbau. Ich glaube, man behandelte die Gefangenen recht gut. Die Bevölkerung hatte selbst nichts zu essen, lebte in erster Linie von Bohnen, und die Deutschen bekamen dasselbe.

JW: Und nur 50 Jahre später gab es schon wieder einen Krieg und das Land wurde erneut zerstört.

WS: Ja. Aber wir fanden die Dreharbeiten sehr spannend, denn damals begrüßte die jugoslawische Bevölkerung den Sozialismus mit großem Enthusiasmus – die Bevölkerung wollte ein sozialistisches Land. Jack Chambers und ich trafen sogar Tito; wir wurden ihm bei einer festlichen Veranstaltung vorgestellt. Und wenn wir den Minister für Information oder den Erziehungsminister sprechen wollten, fuhren wir einfach nach Belgrad und baten um ein Gespräch. Dann wurde uns gesagt: »Ja, wartet ein bisschen, er empfängt gerade jemanden«, und dann konnten wir uns mit dem Minister über den Film unterhalten und konnten mit ihm besprechen, was wir in dem Film vermitteln sollten.

JW: Nach dem Krieg arbeiteten Sie weiter als Kameramann und reisten viel. Vorhin sprachen Sie zum Beispiel über Dreharbeiten in Indien.

Suschitzky beim Filmen in Bhopal, 1961, copyright Wolf Suschitzky

WS: Ja, ich habe in sehr vielen Ländern und Kontinenten Filme gedreht. Der letzte Film, den ich 1980 in Indien machte, hieß *Staying on*. Er war Teil der Serie *Jewel in the Crown* von Paul Scott. In diesem Film wurde das erste Buch, das er zur Serie geschrieben hatte, verfilmt; in ihm spielten Trevor Howard und Celia Johnson. Es geht um einen britischen Offizier, der nach der indischen Unabhängigkeitserklärung beschließt, in Indien zu bleiben, weil er dort mit seiner Rente besser leben kann als in England. Im Film versucht man sich damit auseinander zu setzen, was für Probleme beim Leben im postkolonialen Indien entstehen können. Ich arbeitete auch an einem Film, der 1961 in ganz Indien und auch in Bhopal gedreht wurde, wo später das große Unglück stattfand. Dieser Film hieß *The Peaceful Revolution*.
Mein erster Spielfilm nach dem Krieg hieß *No Resting Place*, er wurde 1950 unter der Regie von Paul Rotha verfilmt. Die Geschichte spielte in Irland, aber das Buch, auf dem der Film basiert, spielt eigentlich in Schottland. Im Film geht es um Kesselflicker, die aus Versehen einen Polizisten durch einen Steinwurf töten. Sie wollten ihn nicht töten, aber sie werden am Ende gefasst. *No Resting Place* war einer der ersten Filme, die ganz am Standort gedreht wurden. Keine einzige Szene wurde im Studio gedreht. 1950 waren Standortfilme so selten, dass der Direktor der *Government Films Bank*, die uns Geld für den Film gegeben hatte, nach Irland kam, um uns beim Drehen zuzuschauen. Der Film hatte eine wunderbare Besetzung – irische Schauspieler, die in erster Linie vom Abbey Theatre in Dublin kamen: Jackie

Suschitzky fotografiert im Zoo, 1962, copyright Wolf Suschitzky

McGowran, der irische Komödiant Noel Purcell, der da eine ernste Rolle als Polizist spielte; er war ein sehr guter Schauspieler. Der einzige englische Schauspieler war Michael Gough.

Ich arbeitete auch viel als Kameramann in Dokumentarfilmen. Allerdings muss ich dazu erklären, dass das Wort Dokumentarfilm bald für fast jede Art von Film verwendet wurde, der kein Spielfilm war. Manche der großen Gesellschaften wie *Shell* oder *British Petroleum* hatten ihre eigene Filmabteilung und die machte dann technische Filme, zum Beispiel zum Thema »Wie funktioniert eine Motormaschine«. Ich arbeitete für *Shell* an einem Film über Wasserverschmutzung, den wir am deutschen Rhein und auch in der Schweiz drehten. Das Ausmaß der Verschmutzung, das wir antrafen, war erschreckend; aber da wir für *Shell* arbeiteten, durften wir natürlich nichts sagen, was *Shell* missfallen hätte. Ich machte 1947 auch einen Film darüber, wie es Ingenieuren gelang, genaue Messgeräte herzustellen, mit denen die

Massenproduktion anfing: *Precise Measurements for Industry*. Zum Beispiel kann man ja jetzt jegliches Hasselbladobjektiv für eine Hasselbladkamera kaufen und es wird passen. Ich machte Filme zu fast jedem Thema.

JW: Als Exilant hat die Tatsache, dass Sie in gewisser Weise den Blick eines Fremden hatten, sicherlich Ihren Blick auf die Welt geschärft. In einem Interview mit Steffen Pross sprechen Sie darüber, dass Ausländer, die als Außenseiter in ein neues Land kommen, einen neuen Blick auf das Land mit sich bringen, bevor sie integriert werden.[25] Neuere Aufsätze über Sie haben alle die Tatsache betont, dass Ihre fremde Herkunft Ihren fotografischen Blick geschärft hätte.[26] Der Katalog zu Ihrer Retrospektive in Edinburgh heißt *An Exile's Eye* und betont die Tatsache, dass Sie als Außenseiter nach England kamen wie so viele andere Fotografen vor und während der Kriegsjahre. Inwieweit hat das Ihrer fotografischen Vision geholfen?

WS: Einem Ausländer fallen Sachen auf, die für Einheimische ganz alltäglich sind. Sie nehmen Notiz von Dingen, die Einheimische für ganz selbstverständlich halten und die ihnen nicht mehr auffallen. Alles, was ein bisschen anders ist, bekommt ihre Aufmerksamkeit. So funktioniert das. Wenn ich in Indien bin, fallen mir viele Dinge auf, die Inder selbst nie fotografieren würden, weil sie Bilder des Alltags sind. Deshalb erscheint es mir recht verständlich, dass Ausländer Sachen sehen, die die Einheimischen gar nicht mehr wahrnehmen.

JW: Ich frage mich, ob die Erfahrung, Ihre eigene Heimat verloren zu haben, Ihr Interesse am »gewöhnlichen Leben« beeinflusst hat. Sie dokumentieren das Leben einfacher Menschen und beschäftigen sich damit, wie diese Menschen in ihrer Umgebung zurechtkommen.

WS: Das beginnt bei den Kindern. Der Methuenverlag brachte eine Kinderbuchserie heraus, in der es darum geht, wie Kinder in anderen Ländern leben.[27] Der Verlag bat mich, eine Fotoserie über einen jungen Iren zu machen, diese Serie *Brendan of Ireland* wurde auch recht gut. Ich verbrachte zwei bis drei Wochen in einem Dorf im Westen von Irland und fotografierte dort das Dorfleben. Methuen brachte dann ebenfalls ein Buch über das Leben eines Kindes in Somalia heraus. Es ist gut für Kinder zu sehen, wie andere Kinder leben.

Im Großen und Ganzen glaube ich, dass es einen gerechteren Weg geben muss, um die Gesellschaft so zu organisieren, dass es nicht schrecklich arme und schrecklich reiche Menschen gibt.

Aus dem Englischen übersetzt von Julia Winckler.

Porträt von Wolf Suschitzky beim Betrachten seiner Bilder, Dezember 2002, fotografiert von Julia Winckler

1 Wolf Suschitzky, Raphael Samuel: *Charing Cross Road in the Thirties*. London 1989. — 2 Edith Tudor Hart: *The Eye of Conscience*. London 1987. — 3 Duncan Forbes (Hg.): *An Exile's Eye. The Photography of Wolfgang Suschitzky*. Scottish National Portrait Gallery, Edinburgh. National Galleries of Scotland 2002. — 4 *Children of the City*. Dokumentarfilm 1943. *Get Carter*. Spielfilm mit Michael Caine 1971. — 5 Paul Rotha (1907–1984), Dokumentarfilmemacher und Autor. Vgl. hierzu Paul Rotha: *The Film Till Now: A Survey of World Cinema*. London 1967. Ursprünglich 1930 von Cape veröffentlicht und 1949 von Vision nachgedruckt. Vgl. auch ders.: *Documentary Film*. London 1936 — 6 John Grierson (1898–1972), zusammen mit Stephen Tallents Begründer der *Empire Marketing Board (EMB) Film Unit* (1927–1933) und der *General Post Office (GPO) Film Unit* (1933–1939). Grierson gelang es, einen Filmbereich aufzubauen, der von der Regierung finanziell gefördert wurde und dadurch unabhängig von der Industrie arbeiten konnte. 1939 wurde aus der EMB die *Crown Film Unit* (1939–1952), die dem *Ministry of Information* unterstand. Die CFU war zunächst verantwortlich für Kriegspropaganda, dann für die Nachkriegspropaganda. Vgl. hierzu auch: Forsyth Hardy (Hg.): *Grierson on Documentary*. London 1946 und Ian Aitken: *Film and Reform: John Grierson and the documentary film movement*. London 1990. — 7 Es folgt eine Auswahl von Filmen, an denen Suschitzky als Kameramann arbeitete. Diese Liste wurde übernommen aus dem Band: *Aufbruch ins Ungewisse. Österreichische Filmschaffende in der Emigration vor 1945*. Hg. Michael Qmasta/Christian Cargnelli. Wien 1993. FF steht für Feature Film, DF für Dokumentarfilm. 1942: *Life Begins again* (DF); 1943: *Debris Tunnel-*

278 Julia Winckler

ling (DF); *Defeat Tuberculosis* (DF); *Hello! West Indies* (DF); *Power for the Highlands* (DF); *Return to Life* (DF); *Subject for Discussion* (DF); 1944: *Children of the City* (DF); *Marine Salvage* (DF); *New Builders* (DF); *West Indies Calling* (DF); *Worker and Warfront* (DF); *World of Plenty* (DF); 1945: *The Bridge* (DF); *Triumph over Deafness* (DF); 1946: *Fair Rent* (DF); 1947: *Here's Health* (DF); *Precise Measurement for Industry* (DF); 1948: *Report on Steel* (DF); *The Sardinian Project* (DF); 1949: *Tracing the Spread of Infection* (DF); 1950: *No Resting Place* (FF, directed by Paul Rotha); 1951: *The Plan takes Shape* (DF); 1952: *Fire without Smoke* (DF); *The Oracle* (FF); *The Price of Happiness* (DF); 1953: *It's Up to You* (DF); *Summer Island* (DF); 1956: *The Bespoke Overcoat* (FF); 1957: *Cat and Mouse* (FF); 1958: *Steel Town* (DF); 1959: *Cradle of Genius* (DF); *Stone into Steel* (DF); 1960: *Bara's Story* (FF); *Michali* (FF); 1961: *The Peaceful Revolution* (DF); *Fair Oriana* (DF); *The Boy Who Loved Horses* (FF); *Lunch Hour* (FF); *The Small World of Sammy Lee* (FF); 1963: *Roads* (DF); *Snow* (DF); *The Shape of Plastics* (DF); 1964: *Emma* (DF); *Trinidad and Tobago* (DF); *Vital Link* (DF); 1965: *Design for Today* (DF); *The Name of the Clouds is Ignorance* (DF); *The River Must Live* (DF); *The Specialist* (FF); *The Tortoise and the Hare* (DF); *Sands of Beersheba* (DF); 1966: *Back to the Land* (DF); *Mass Spectography* (DF); *Something Nice to Eat* (DF); 1975: *Carbon* (DF); *On Form* (DF); *Scotch on the Rocks* (DF); *Ullysses* (FF); 1968: *Rembrandt* (DF); *The Three Crosses* (DF); *The Vengeance of She* (FF); 1969: *Entertaining Mr. Sloane* (FF); *Les Bicyclettes de Belsize* (FF); *Ring of the Bright Water* (FF); 1970: *As Others See You* (DF); *Colour of Stamps* (DF); 1971: *Get Carter* (FF); *Something to Hide* (FF); 1972: *Living Free* (FF); *Design in Steel* (DF); *Some Kind of Hero* (DF); 1973: *Theatre of Blood* (FF); 1974: *Portrait of a Salesman* (DF); *Pas de Deux at Wynyard* (DF); 1976: *John and the Magic Mountain Man* (DF); 1977: *World of Netlon* (DF); 1978: *Character of Steel – An Autobiography* (DF); 1980: *Falling in Love Again* (FF); *Staying On* (FF, Granada TV); 1981: *Worzel Gummidge* (FF); 1982: *Clean Simplicity* (DF); 1983: *Good and Bad Games* (FF); 1984: *The Chain* (FF); 1985: *Claudia's Story* (FF); 1989: *Riders to the Sea* (FF); 1990: *Safety Cach* (DF); 1992: *The Case of the Vanishing Customers* (DF). Außerdem machte Suschitzky zahlreiche Werbefilme. — **8** Die Buchhandlung war in der Favoritenstraße 57, Wien 10 untergebracht und das Warenlager bestand aus mehreren tausend Bänden. Vgl. zur Geschichte der Buchhandlung »Brüder Suschitzky« Murray Hall: »Anzengruber-Verlag, Brüder Suschitzky«. In: *Österreichische Verlagsgeschichte 1918–1938.* Bd. 2. Wien 1985, S. 34–50 und die überaus detaillierte Doktorarbeit von Annette Lechner: *Die Wiener Verlagsbuchhandlung »Anzengruber-Verlag, Brüder Suschitzky« (1901–1938) im Spiegel der Zeit.* Sonderdruck aus: *Archiv für Geschichte des Buchwesens.* Bd. 44. o. O. 1995. — **9** Der Anzengruber Verlag existierte fast 40 Jahre, von 1901 bis zum 30. September 1938, als die Nazis sowohl die Firma als auch den Verlag liquidierten. Der Verlag produzierte mehr als 150 Titel, von Belletristik bis zu Buchreihen über sexuelle Aufklärung und diversen Schriftenreihen zu den Themen Wiener Wohnungselend und Krieg; vgl. zum Beispiel Karl Jaray: *Der Selbstmord der Menschheit.* Österreichisches Komitee gegen den drohenden Krieg. Wien 1933; vgl. auch Hall: »Anzengruber-Verlag, Brüder Suschitzky« und Lechner: *Die Wiener Verlagsbuchhandlung »Anzengruber-Verlag, Brüder Suschitzky«* (s. Anm. 8). — **10** Suschitzky, Samuel: *Charing Cross Road in the Thirties* (s. Anm. 1). — **11** Tudor Hart: *The Eye of Conscience* (s. Anm. 2). — **12** Vgl. hierzu den Katalog der *Open Eye Gallery* von Catherine Mitchell und Jenny Wilson (Hg.): *Edith Tudor Hart. A Retrospective (1930–1952).* Liverpool 1987. — **13** Ebd. — **14** Stefan Lorant (1901–1997), in Budapest geboren, 1919 Umzug nach Prag, dann Umzug nach Wien. Zwischen 1921 und 1933 lebte Lorant in Wien und Berlin, wo er als Filmdirektor und Drehbuchautor wirkte. Nach der Inhaftierung durch die Nazis 1933 gelang es Lorant 1934 nach London ins Exil zu gehen. Dort gründete er Zeitschriften wie *Lilliput* (1937) und *Picture Post* (1938). 1940 emigrierte er in die USA, wo er bis zu seinem Tod lebte und weiter journalistisch tätig war. — **15** Anlässlich der Viennale entstand 1993 der Katalog *Aufbruch ins Ungewisse* (s. Anm. 7). — **16** Felix H. Man (1893–1985), Bill Brandt (1904–1983), Lucia Moholy (1894–1989) waren Exilanten, die in den 30er Jahren in London arbeiteten. Man und Brandt machten Fotoserien für *Picture Post*, *Lilliput* und *Weekly Illustrated.* Lucia Moholy schrieb 1939 in London eines der ersten Bücher über die Geschichte der Fotografie: *A Hundred Years of Photography.* — **17** Vgl.

Anm. 7. — **18** Helmut Gernsheim (1913–1995), Fotograf, Herausgeber von *The Man Behind the Camera*. London 1948, das die Methoden, Ideale und Ziele von neun Fotografen untersucht, unter ihnen Felix H. Man, Gernsheim selbst und auch Wolfgang Suschitzky. Autor von *A Concise History of Photography* (1979); *The Origins of Photography* (1983); *Incunabula of British Photography: A Bibliography of British Photographic Literature 1839–1975* (1984). — **19** W. Eugene Smith (1918–1978) war ein amerikanischer Fotograf, der sozial engagierte Fotografieserien wie zum Beispiel *Minamata*, New York 1975, machte. Brassaï (1899–1984) war ein ungarischer Fotograf, der mit *Paris de Nuit*, 60 photos inedites. Text von Paul Morand. Paris 1933, Neuauflage Paris 1987, für das er arme Menschen, Nachtarbeiter und Outsider fotografierte, eines der wichtigsten Porträtbücher machte. — **20** Vgl. dazu etwa Didier Däninckx (Text), Willy Ronis (Fotografien): *A nous la vie! 1936–1958.* Paris 1996. — **21** Vgl. Anm. 5. — **22** *DATA* steht für *Documentary Technicians Alliance*. — **23** Vgl. hierzu *Imperial War Museum*, London, Film and Video Archive. Das Archiv hat die folgenden Filme: 1943: *Defeat Tuberculosis; Debris Tunnelling; Subject for Discussion; Power for the Highlands;* 1944: *West Indies Calling; New Builders; Worker and Warfront newsreel series.* Außerdem *Children of the City.* Dieser Film wird in der Filmografie in *Aufbruch ins Ungewisse* unter 1942 geführt, im *Imperial War Museum* wird das Erscheinungsdatum mit 1944 angegeben. — **24** Vgl. hierzu British Film Institute, London, Cataloguing Unit. Das BFI hat Kopien von *Debris Tunnelling* (1943), *Power for the Highlands* (1943), mehrere Filme der Serie *Worker and Warfront* (1944), *Children of the City* (1944) und *The Bridge.* Dieser Film wurde 1945 gedreht, wird im BFI aber mit Erscheinungsdatum 1946 geführt. — **25** Steffen Pross: »Der Ethiker an der Kamera«. In: *Kunst & Kultur*, H. 1, 2001. — **26** Irme Schaber: »Pioniere mit Langzeitwirkung: Der Einfluss der fotografischen Emigration der NS-Zeit auf die englische Fotolandschaft und Bildpresse am Beispiel von Kurt Hutton, Felix H. Man, Wolf Suschitzky und weiteren Fotoschaffenden«. In: J.M. Ritchie (Hg.): *German-Speaking Exiles in Britain*. Bd. 3. Amsterdam – Atlanta 2001 (= *Yearbook of the Research Centre for German and Austrian Exile Studies*), S. 73–86. Vgl. dazu auch Forbes: *An Exile's Eye*, (s. Anm. 3), Introduction. — **27** Wolf Suschitzky (Fotografie), Bryan McMahon (Text): *Brendan of Ireland.* London 1961, Catalogue No. 2/6359/4. *The Children Everywhere Series* besteht außerdem aus den Titeln: *Mikisoq – Eskimo Boy; Noriko-San Japanese Girl; Sia. Lives on Kilimanjaro; Elle Kari – Lappland; Bamburn – Ghana; Circus Child; Christian Lives in the Alps; Koma is a Maori Girl.*

Rezensionen

Handbuch österreichischer Autorinnen und Autoren jüdischer Herkunft. 18. bis 20. Jahrhundert. Hg. von der Österreichischen Nationalbibliothek. Redaktion Susanne Blumesberger, Michael Doppelhofer, Gabriele Mauthe. 3 Bde. München (K. G. Saur) 2002. 1.818 S.

Der 50. Jahrestag des »Anschlusses« Österreichs und der Reichspogromnacht, der überschattet wurde von der internationalen Diskussion um die nazistische Vergangenheit des österreichischen Staatspräsidenten Kurt Waldheim, ist Anlass gewesen für die Vorbereitung des jetzt publizierten Handbuchs. Die Erinnerung an die Leistungen der nach 1938 dort vertriebenen und vernichteten jüdischen Schicksalsgemeinschaft wollte nicht nur ein moralisches Zeichen setzen, sondern zugleich auf den unersetzlichen Verlust für die österreichische Kultur aufmerksam machen. Die Erhebungen für das Handbuch begannen daher mit den Verfolgten des NS-Regimes und gingen im weiteren Verlauf zurück bis in die Zeit der Aufklärung. Wie in Deutschland sind in diesen beiden Jahrhunderten in der k.u.k. Monarchie die gleichen Veränderungen bei der jüdischen Minderheit auszumachen, so etwa der soziale Aufstieg durch Bildung in geistige Berufe während der Emanzipationsphase, deren wachsende Brüchigkeit gerade jüdische Intellektuelle zu wichtigen Seismographen der Moderne werden ließ. Zurecht verzeichnet das Handbuch daher nicht nur Schriftsteller, sondern auch Wissenschaftler und andere Kulturschaffende aus allen Bereichen.
In vielem folgt es Band 2 des Biographischen Handbuch der deutschsprachigen Emigration von Röder / Strauss. Schon eine oberflächliche Durchsicht zeigt jedoch, dass es an dessen Qualität nicht heranreicht. Die insgesamt 11.742 biografischen Einträge (abzüglich der Querverweise für rund 8.000 Personen) sind in der Regel recht kurz; erwähnt werden noch die Eltern, die Kinder schon nicht mehr. Das erstaunt, weil sich die Herausgeber die Rekonstruktion einer intellektuellen Genealogie der jüdischen Minderheit selbst zum Ziel gesetzt

haben. Bei den Nachweisen ergänzender Quellen und anderer Fundstellen verliert der Leser bald den Überblick. Da tauchen Abkürzungen auf, die im Abkürzungsverzeichnis auf den Buchvorsätzen nicht enthalten sind. Durchgehend falsch als Fleming / Baily abgekürzt ist der von Donald Fleming und Bernard Bailyn 1969 edierte Band The Intellectual Migration. Und die mit Nummern in den Einträgen ausgewiesenen und im Apparat am Ende des Gesamtwerks aufgelösten Quellenhinweise wirken geradezu verunklärend. Die Nummerierung verzichtet auf jede Ordnung; sie erfolgte augenscheinlich nach dem Informationszufluss bei den Recherchen. Wer über das »Quellenverzeichnis« weitere Zusammenhänge erschließen will, so etwa den chronologischen Erkenntnisfortschritt der Forschung oder den zur thematischen Systematik, kommt mit diesem Handbuch nicht weiter. Nicht einmal zu einer alphabetischen Ordnung, die den Abgleich mit anderen Nachschlagewerken zuließe, hat es gereicht.
Das verstärkt die Zweifel an der Sorgfalt der Recherche. Die seit 1978 von John Spalek vorgelegten, minutiösen Nachlassverzeichnisse zur deutschsprachigen Emigration in den USA werden ebenso wenig berücksichtigt wie beispielsweise das von der Deutschen Bibliothek in Frankfurt/Main 1993 herausgegebene Inventar zu den Nachlässen emigrierter Wissenschaftler in Archiven der Bundesrepublik. Beide Unternehmen geben durch ihre Querverweise auf Korrespondenzen in anderen Nachlässen einen hervorragenden Überblick über die intellektuellen Verbindungen und Netzwerke der einzelnen Personen. Über den Nachlass László Moholy-Nagys im Berliner Bauhaus-Archiv erfährt der wenig informierte Leser des Handbuchs daher nichts. Konkret lässt sich dessen informationelle Reichweite an einem vom Rezensenten genauer überblickten biografischen Segment demonstrieren. Das von ihm 1999 mit einem Kollegen herausgebrachte Biographische Handbuch der deutschsprachigen wirtschaftswissenschaftlichen Emigration nach 1933 – es scheint den Bearbeitern ebenfalls nicht bekannt zu

sein – stellt auch fast 100 Gelehrte aus Österreich vor. Ein Personenabgleich mit dem vorliegenden Handbuch zeigt schon für die ersten 20 Namen, dass die Hälfte, 10 Personen, hier nicht berücksichtigt worden sind. Zur fehlenden Genauigkeit kommen unbegreifliche konzeptionelle Schwächen hinzu, die beim Weiterblättern in den folgenden Registern sofort ins Auge springen. Mag im Berufsregister die Angabe der einzelnen Berufe – oder was die Bearbeiter dafür halten – jeweils in der männlichen und weiblichen Form (»Anglist« – »Anglistin«; »Zionist« – »Zionistin«) noch den Obsessionen der Political Correctness geschuldet sein, so fragt sich der Leser, welche Gründe dafür sprechen, einmal den Beruf des »Anwalts« auszuweisen und einige Seiten später den des »Rechtsanwalts«, unter denen jeweils andere Namen subsumiert werden. Welche sprachlichen Sensibilitäten zur Unterscheidung eines »Schuldirektors« von einem »Schulleiter« zwingen oder des »Romanciers« sowie »Dichters« von einem »Schriftsteller«, ist ebenfalls nicht einsichtig. Grob irreführend wird es gar beim Hinweis auf den Beruf einmal des »Grafikers« und dann des »Graphikers«, natürlich jeweils wiederum in der maskulinen und femininen Form. All dieser Unsinn lässt sich nicht mit unzureichenden computergestützten Erhebungen erklären, sondern verweist auf die Unklarheit der Eingabekriterien. Sucht man beispielsweise nach Medizinern, so ist man gezwungen, das ganze Register, mehr als 100 Seiten, durchzusehen; schon der Arzt ist alphabetisch anders platziert als die Ärztin. Gleiches gilt für die Ökonomen, die sowohl unter dieser Bezeichnung als auch unter »Nationalökonomen«, »Wirtschaftstheoretiker«, »Wirtschaftswissenschaftler« usw. mit jeweils anderem Namenskorpus zu finden sind. Wie in solchem Begriffschaos biografische Zuordnungen und intellektuelle oder professionelle Profile transparent werden sollen, bleibt das Geheimnis der Herausgeberin. Und so geht es im folgenden Ortsregister weiter. Warum zum Beispiel Wien und Hamburg dreifach genannt werden müssen (»Wien«, »Wien / Niederösterreich«, »Wien / Österreich«; »Hamburg / BRD«, »Hamburg / Deutschland«, »Hamburg / Hamburg« [sic!], ist ebenfalls nicht zu erkennen. Insgesamt vermittelt sich der Eindruck, dass es mit der Zuverlässigkeit und Seriosität dieses Handbuchs nicht weit her ist. Was die Österreichische Nationalbibliothek bewogen haben mochte, diesen Text offenbar von Fachleuten ungeprüft in den Druck zu geben, ist nicht ersichtlich. Der Leser, der ihn zur Hand nimmt, sollte sich über die mangelnde Reichweite seiner Handhabbarkeit und seines Informationsgehalts im Klaren sein.

Claus-Dieter Krohn

Karin Hartewig: *Zurückgekehrt. Die Geschichte der jüdischen Kommunisten in der DDR.* Köln – Weimar – Wien (Böhlau) 2000. 646 S.

Gruppiert um zwölf Biografien – unter denen die von Alexander Abusch, Klaus Gysi und Helmut Eschwege die bekanntesten sein dürften – gibt die Autorin einen umfassenden Überblick von der »roten Assimilation« der jüdischen Kommunisten in den 20er und 30er Jahren bis hin zu ihrer Rolle als »Gegen-Elite« in der DDR. Subtil werden die Motive der Entscheidung der jungen Juden zumeist aus bürgerlichen Familien für den Kommunismus als Antwort auf die Assimilation ihrer Herkunftsmilieus und auf den Zionismus dargestellt; ebenso ihre spätere Rolle auf den mittleren Rängen des Staats- und Parteiapparates der DDR, zumeist im Bereich von Ideologie und Propaganda, insbesondere bei der Konzeptualisierung des »staatlich verordneten Antifaschismus«, nicht aber im Sicherheits- bzw. Polizei- und Militärapparat. Eindringlich sind die zahlreichen Beispiele für die Verkrümmungen und Entfremdungen, denen die Kommunisten jüdischer Herkunft, für die die KPD zum obsessiven Familienersatz geworden war, mit Beginn der Stalinisierung der DDR seit Anfang der 50er Jahre immer wieder in den unterschiedlichen SED-Kampagnen gegen »Westemigranten«, »Zionisten« und auch gegen das »kapitalistische Weltjudentum« ausgesetzt waren und auf die sie mit Überanpassung und Servilität antworteten. Besonders anschaulich ist das im schwarzen Jahr des angeblich »faschistischen Putsches« von 1953. Keine Seltenheit war daher der »beflissene jüdische IM«, der zugleich als »entlarvter Parteifeind« den Repressionen des Ministeriums für Staatssicherheit ausgesetzt war. Dramatisch waren die erneu-

ten Fluchtbewegungen aus der DDR in dieser Zeit, so etwa des Büroleiters von Staatspräsident Wilhelm Pieck, Leo Zuckermann, für den dessen ebenfalls aus Mexiko zurückgekehrter Bruder für mehrere Jahre in Sippenhaft genommen wurde. Gleiches gilt für die entwürdigende Kaltstellung des Moskau-Rückkehrers Rudolf Herrnstadt. Im Verbot der *Vereinigung der Verfolgten des Naziregimes* (VVN) 1953 mit ihren vielen jüdischen Mitgliedern und deren Ersetzung durch das *Komitee der Antifaschisten* wurde sowohl das jüdische Erbe in der DDR zerstört als auch die ohnehin nur zögerlich diskutierte Wiedergutmachungsdiskussion abgewürgt. Erst in den 70er Jahren reaktivierte die DDR-Führung jene unterdrückten jüdischen Traditionen mit Rücksicht auf ihre internationalen Bemühungen um diplomatische Anerkennung, doch ohne Erinnerung an jene jüdischen Führungskader aus der Frühzeit. Deren Rehabilitation vollzog erst die frei gewählte Volkskammer von 1990.
Erschwert wird die Lektüre durch einen etwas weitschweifigen Darstellungsstil, der den Text unnötig aufbläht. Fragt die Autorin etwa nach der Motivation der verschiedenen nach 1890 geborenen Generationen für die Hinwendung zum Kommunismus, wird erst einmal ausführlich das zugrunde liegende Modell der »Generationenlagerung« Karl Mannheims ausgebreitet, ebenso versichert sie sich bei der Verwendung des Eliten-Begriffs allzu breit bei der von Pareto angestoßenen Diskussion. Häufiger entgleist die Darstellung zu einer allgemeinen Geschichte der DDR. Oder es werden Dinge erzählt, die schon breit untersucht sind, wie etwa der »Fall Paul Merker« als Beispiel für die ostdeutsche Variante der Schauprozesse im Ostblock nach 1950. Überflüssig sind auch die allzu breiten Expositionen zur Demographie der Juden vor 1933, zum Antisemitismus, zum kommunistischen Widerstand und politischen Exil. Insbesondere bei dem hier interessierenden letzten Bereich seien einige Fragwürdigkeiten der Darstellung genannt: Mit nicht mehr ganz aktueller Literatur wird breite Kenntnis und forsche Urteilskraft prätendiert, so beispielsweise die Annahme, dass die Exilforschung sich an der »glanzvollen Aura der Personen« in der Emigration delektiert habe. Gelegentlich bleibt dann auch die Genauigkeit auf der Strecke; nicht jeder, der Benjamin heißt, muss gleich

ein Bruder Walter Benjamins gewesen sein (S. 79).
Eine Halbierung des Umfangs, thematische Straffung und eine Befreiung vom Ballast des Bekannten hätten dem Text gut getan.

Claus-Dieter Krohn

Christian Eggers: *Unerwünschter Ausländer. Juden aus Deutschland und Mitteleuropa in französischen Internierungslagern 1940–1942.* Berlin (Metropol Verlag) 2002 (= Reihe Dokumente, Texte, Materialien / Zentrum für Antisemitismusforschung der TU Berlin, Bd. 42). 566 S.

Christian Eggers' Arbeit zu den französischen Internierungslagern erhebt den Anspruch, »der erste Versuch einer systematischen Gesamtdarstellung des französischen Lagersystems von der Endphase der Dritten Republik über das Vichy-Regime bis zur ›Libération‹« (16) zu sein. Dieser Versuch ist vor allem auch für den deutschsprachigen Raum wichtig. Eggers zeigt uns die Entstehung des Systems aus Schlamperei, Unfähigkeit, Überforderung und Improvisation. So kann er feststellen: »Nachweisbar zufällig zustande gekommen ist (...) die Zuordnung der Internierungslager in den Verantwortungsbereich der Armee.« (47) Zu beachten ist bei dieser Studie die Erweiterung des einbezogenen Zeitrahmens. Bisher wurden in der Forschung vorwiegend die Lager der Kriegsjahre betrachtet. Eggers nun bezieht auch das Vorher (1939/40) und Nachher (1943–1946) mit ein. Er möchte damit »ein Geschichtsbild (...) zeichnen, das die ›dunklen Jahre‹ (Azéma) in die Kontinuität eines weiter gefaßten Zeitrahmens integriert.« (14) Damit geht er über das hinaus, was Anne Grynberg[1] festgestellt hatte: dass nämlich die Dritte Republik die Grundlagen für das von Vichy ausgebildete System gelegt habe. Und tatsächlich lässt die Erweiterung des Blickfeldes die Konturen des Lagersystems in seiner Kernzeit (1939–1942) deutlicher hervortreten. Vergleichbares gilt für die Betroffenen, die Internierten. Im Vordergrund der Betrachtung stehen die deutschen und mitteleuropäischen Juden, aber auch andere Internierungsgruppen kommen immer wieder ins Blickfeld. (Insofern ist der Titel unnötig einschränkend.) Eggers gliedert seine Arbeit in vier große Abschnitte, die er von den »vier handelnden Parteien – dem französischen Staat, den Internierten, den deutschen Besatzungsbehörden und den Hilfsorganisationen« (16) abgeleitet hat. Solch eine thematische Gliederung läuft Gefahr, die Lesbarkeit zu beeinträchtigen, was jedoch durch die innerhalb der Abschnitte durchgehaltene Chronologie ausgeglichen wird.

Der erste und mit rund 200 Seiten längste Abschnitt über *Entstehung und Entwicklung* des Lagersystems überzeugt durch eben diese konsequente Chronologie und die Verarbeitung einer bemerkenswerten Fülle von Einzelinformationen; er schafft tatsächlich ein neues Bild des Systems der französischen Internierungslager und ihrer Entwicklung. Eggers prononciert seinen Ausgangspunkt, wenn er formuliert: »Die Deutschen und Österreicher männlichen Geschlechts werden im September 1939 in ein Lagersystem eingewiesen, das seit sechs Monaten eine Reihe charakteristischer Merkmale herausgebildet hat.« (216) Die nachfolgende Ausformung des Systems durch das Vichy-Regime führt, mit hilflosen und unwirksamen Versuchen zur ›Humanisierung‹, zu einer Differenzierung in Arbeitslager, Internierungslager, Straflager und Lager für Franzosen. Sie mündet schließlich in die Deportation des Jahres 1942 und die Kollaboration mit den Besatzungsbehörden. Eggers benennt den Grund für diesen qualitativen Umschlag: »Mit den Planungen für die Deportationen beginnen die direkten Eingriffe der Deutschen, und damit verändert sich der Charakter des dahin in der Vichy-Zone rein französischen Lagersystems entscheidend. (…) Grund für die Bereitwilligkeit, mit der sie die Auslieferung der Internierten an die Deutschen akzeptieren und teilweise aktiv betreiben, ist die Aussicht darauf, sich eines Problems zu entledigen, das nicht bewältigt zu haben ihnen offensichtlich nur zu bewußt ist.« (169) Zusammenfassend sei für diesen Abschnitt angemerkt, dass die Behandlung der GTE/*Groupements de travailleurs étrangers* (Eggers' Spezialgebiet) besonders hervorsticht, während die Passagen zum Lager Les Milles und zur Emigration deutlich schwächer sind. Vor allem das Lager Les Milles betreffend muss festgestellt werden, dass leider im gesamten Buch neuere Forschungsergebnisse nicht einbezogen wurden,

so dass die alten Legenden (der Lagerleiter habe die Deportationen unterlaufen wollen, S. 175) weiter gepflegt und auch falsche Angaben gemacht werden (Internierungszahlen S. 50, S. 217 und S. 240; Zahlen und Daten zu den Deportationen S. 184 f., S. 308, S. 470). Die Berufung auf eine von A. Fontaine[2] erstellte Liste der »Berühmtheiten« im Lager (S. 218), die für Oktober 1940 gültig sein soll, führt den Leser auf eine falsche Spur: Walter Benjamin und Otto Meyerhof waren nie im Lager Les Milles, andere (wie Walter Hasenclever) waren erst im Mai 1940 dort und wieder andere erst im Jahre 1941 (z. B. Friedrich Wolf, Gerhart Eisler, Rudolf Leonhardt). Auch die Angabe über eine angebliche Schließung des Lagers (S. 11 und S. 240) ist nicht richtig. Andererseits wäre die Erwähnung der Werkstätten des Lagers Les Milles wichtig gewesen, um das Bild im Vergleich zu anderen Lagern, bei denen Eggers auf diese Einrichtungen verweist, zu präzisieren. Schließlich erfolgte die Einrichtung eines Sozialkomitees im Lager Les Milles nicht erst im April 1942 (S. 431), sondern bereits im April 1941, und der katholische Lagergeistliche war kein »Priester im Kirchenbann« (S. 468), sondern Abbé François Moretti, Pfarrer der Gemeinde St. Bartélémy St. Jean de Dieu in Marseille. Insgesamt sind von den 56 Erwähnungen des Lagers Les Milles (ohne die reinen Namensnennungen) 28 falsch oder korrekturbedürftig.

Der zweite Abschnitt zitiert Berichte und Briefe der betroffenen, also internierten Menschen, die – wenn auch in vielem bekannt – stets aufs Neue erschüttern. Hier stützt sich Eggers auf verschiedene Quellen, vor allem den Brieffonds der *Commission des Camps*. Lebensbedingungen, hygienische Verhältnisse, medizinische Betreuung (bzw. deren Fehlen) werden so aus Sicht der Betroffenen vorgestellt. Die Quellenlage bietet viel Unveröffentlichtes, aber die Fülle des Materials lässt streckenweise die Darstellung zur Auflistung werden. Sehr interessant sind Ansätze zur statistischen Auswertung der Dokumente des Brieffonds (S. 311–313).

Im dritten Abschnitt, *Die deutschen Behörden*, stellt Eggers vor, welches Interesse die Besatzungsmacht an den französischen Internierungslagern hatte und welchen Einfluss sie auf sie nahm. Er unterscheidet zwei Phasen des Interesses und der Einflussnahme – Sommer

1940 und Sommer 1942 – sowie eine Phase des relativen Desinteresses. Für die erste Phase, die nach der Unterzeichnung des Waffenstillstandes am 22. (nicht am 21. wie S. 336 vermerkt) Juni beginnt, sind die Reisen unterschiedlichster Kommissionen in der unbesetzten Zone charakteristisch: »Mitte September befinden sich 22 deutsche Kommissionen im unbesetzten Gebiet« (354), merkt Eggers an. Die bedeutendste von ih-nen war zweifellos die *Kundt-Kommission* und diese stellt Eggers sehr ausführlich vor. (S. 340 – 352) Die Phase des relativen Desinteresses (1941) ist gleichzeitig die Zeit der Auslieferungen und des Interesses an den GTE zur Rekrutierung von Arbeitskräften für die Organisation Todt. (S. 358 – 364) 1942 sehen die Besatzungsbehörden die französischen Lager als »Reservoir« an, »aus dem die Pariser SS sich mit Hilfe der französischen Regierung bediente.« (393) Die Bereitschaft der französischen Seite, die Deportationen zu unterstützen, zeigt Eggers in der ausführlichen Darstellung der deutsch-französischen Gespräche vom Sommer 1942, wie sie auch an anderer Stelle schon dokumentiert wurden.[3]

Der vierte und letzte Abschnitt ist der Arbeit der *Hilfsorganisationen* gewidmet. Im Zentrum der Betrachtung stehen das *Comité de Nîmes* und die *Commission des Camps*. Auch hier kann Eggers aus seiner Kenntnis des Fonds der *Commission des Camps* schöpfen und es zeigt sich, dass immer, wenn er die originalen Quellen vorführt und nicht aus zweiter Hand berichtet, seine Darstellung an Überzeugungskraft gewinnt. Sowohl zum *Comité de Nîmes* als auch zur *Commission des Camps* kann er die bisherigen Forschungen korrigieren. »Die Tätigkeit der Hilfsorganisationen«, schreibt er, »beginnt in größerem Ausmaß erst nach der französischen Niederlage und der Übernahme des Lagersystems durch Vichy.« (399) Bis Ende 1940 sind etwa 30 verschiedene Organisationen tätig (405) und die meisten von ihnen schließen sich im *Comité de Nîmes* zusammen, um ihre Arbeit zu koordinieren. Die *Commission des Camps* wurde 1941 ins Leben gerufen. »Sie beginnt ihre Arbeit mit der Beschaffung und der Sendung großer Mengen von Lebensmitteln, und dies bleibt drei Jahre lang ihr Arbeitsschwerpunkt.« (419) Für jeden, der sich mit der Arbeit der Hilfsorganisation beschäftigt, stellt sich die Frage, inwieweit humanitäre Hilfe

nicht der Unmenschlichkeit Vorschub leistet, indem sie den Status quo für die Betroffenen verlängert. Auch Eggers beschäftigt dieser Widerspruch. Hinsichtlich der Mitwirkung der Hilfsorganisationen bei den Deportationen notiert er: »Als glaubwürdige Zeugen der tatsächlichen Vorgänge in den Lagern und der Hintergründe bringen sie die Strategie Vichys, die Affäre so diskret wie möglich zu behandeln, zum Scheitern.« (475)

So bemerkenswert also Eggers' Ansatz erscheint und so anerkennenswert die Aufarbeitung der Materialfülle ist, hinterlässt diese Studie doch keinen ganz befriedigenden Eindruck. Neues droht in der Fülle unterzugehen, Details wie z. B. über das Lager Les Milles halten genauerer Prüfung nicht stand. Und dennoch: Eggers ist für die deutschsprachigen Leser der Einzige, der das Wagnis einer Gesamtdarstellung der französischen Internierungslager eingegangen ist.

Doris Obschernitzki

1 Anne Grynberg: *Les camps de la honte.* Paris 1991. — 2 Zu dem von Eggers viel zitierten Buch von A. Fontaine zum Lager Les Milles vgl. Jacques Grandjonc, Philippe Joutard »La perversion du travail d'historien, ou comment ne pas écrire l'histoire de l'internement en France pendant la guerre«. In: *Cahiers d'Études Germaniques*, Nr. 17, 1989, S. 9–20. Vgl. Doris Obschernitzki: *Letzte Hoffnung – Ausreise. Die Ziegelei von Les Milles 1939–1942. Vom Lager für unerwünschte Ausländer zum Deportationszentrum.* Berlin 1999. — 3 Ausführliche Darstellung in Serge Klarsfeld: *Vichy-Auschwitz.* Nördlingen 1989, aus dem Eggers in jedem Kapitel zitiert; ferner, Michael R. Marrus, Robert O. Paxton: *Vichy et les Juifs.* Paris 1981.

Birgit Schmidt: *Wenn die Partei das Volk entdeckt. Anna Seghers, Bodo Uhse, Ludwig Renn u. a. Ein kritischer Beitrag zur Volksfrontideologie und ihrer Literatur.* Münster (Unrast) 2002. 329 S.

Mit ihrer in Freiburg verfassten Dissertation versucht Birgit Schmidt, im produktiven Sinne des Wortes ein Ärgernis für die Exilforschung zu sein. Die Verfasserin versteht ihre Studie als Gegenentwurf zu Versuchen der Forschung seit den 60er Jahren, die Exilanten als Vertreter eines ›Anderen Deutschland‹ für die Auffassung zu reklamieren, der Nationalsozialismus sei eine gegen den guten Willen der deutschen Bevölkerung etablierte Fremdherrschaft gewesen. Exilanten und Exilforscher seien sich zwar in der Tat einig darin, an diesem imaginierten ›guten Willen‹ festzuhalten und ihn ideell in die antifaschistische Front zu vereinnahmen; eine Berechtigung für diese geteilte Auffassung will Schmidt jedoch bestreiten. Sie beabsichtigt vielmehr nachzuweisen, dass die Orientierung auf die Volksfront eine prinzipienlose Konzession an den deutschen Nationalismus und darüber hinaus eine weit über 1945 hinaus folgenreiche politische Selbstentleibung des linksorientierten Exils darstellte. Diese These versucht Schmidt an der Romanliteratur kommunistischer Exilautoren und an ihren politischen Lebenslinien bis in die DDR zu erhärten. Im Resultat legt sie so eine fundamentale Kritik an der kommunistischen Exilliteratur und der kommunistischen Politik seit 1935 insgesamt vor – jedoch eine Kritik, die sich in ihren Maßstäben und Verfahrensweisen grundlegend von den seit 1989 üblichen Verdammungsurteilen unterscheidet.

Als Quintessenz der Deutschland- und Emigrationsromane der ersten Exiljahre hält Schmidt fest, dass in ihnen Nazianhänger als »im Grunde Anständige« dargestellt würden, die es von antifaschistischer Seite zu gewinnen gelte. In der Tat sind dafür die von ihr aufgebotenen Belege aus Romanen von Ludwig Renn (*Vor großen Wandlungen*), Fritz Erpenbeck (*Emigranten*) und Alfred Kurella (*Kleiner Stein im großen Spiel*) ebenso schlagend wie für Schmidts komplementäre Beobachtung, dass die antifaschistischen Widerstandskämpfer schon körperlich, erst recht moralisch als Idealfiguren gezeichnet würden. In diesem Körperkult ebenso wie in Homophobie und Gegnerschaft zur sexuellen Emanzipation erkennt die Verfasserin fatale Annäherungen an nationalistische Stereotype. Noch stärker setze sich diese Tendenz in den Romanen über den Spanischen Bürgerkrieg fort, an dem etliche der Autoren – zum Teil in hohen politischen oder militärischen Funktionen – teilgenommen haben. Schmidt weist überzeugend nach, dass der kommunistischen Spanienliteratur seit 1936 vor allem ein politischer Gegensatz zwischen Parteikommunisten und anderen linken Gruppierungen, in erster Linie dem spanischen Anarchismus, zugrunde liegt. Dieser politische Gegensatz werde in den Romanen jedoch nicht selbst zum zentralen Thema gemacht,

sondern in eine nationalistische Frontstellung der deutschen Kommunisten gegen Spanier überführt, die als disziplinlos, sexuell hemmungslos und hygieneresistent dargestellt werden. Um so stählerner erscheine dagegen der jederzeit kampfbereite deutsche Antifaschist: Ebenso wie auch chauvinistische Kriegsliteratur verbreite die kommunistische Spanienliteratur die Ideologie, dass man »das Leben erst dann richtig spüre, wenn man es aufs Spiel setzt« (S. 120). Ob dies allerdings exklusives Gedankengut der *deutschen* Exilliteratur sei, wie die Verfasserin implizit behauptet, mag füglich bezweifelt werden: auch Hemingways *Wem die Stunde schlägt* dürfte hier einschlägig sein.

Die Gruppe der nach Mexiko emigrierten Kommunisten, darunter die für den ›linken‹ Nationalismus besonders charakteristischen Bodo Uhse und Ludwig Renn, habe nach Beginn des Zweiten Weltkrieges demgegenüber eine skeptischere Haltung zur prätendierten moralischen Überlegenheit des deutschen Volkes entwickelt. Fälschlicherweise zieht Schmidt zum Beleg dieser Behauptung Anna Seghers' *Siebtes Kreuz* heran, das zwar in der Tat einen im Vergleich zu anderen Deutschlandromanen nüchterneren Blick auf die deutsche Gesellschaft wirft, aber bekanntlich schon vor Beginn des Krieges und Seghers' Flucht nach Mexiko entstanden ist. Die Fehldatierung ist symptomatisch, beruht doch auf ihr das Konzept der Verfasserin, die Abkehr der Mexiko-Gruppe vom deutschem ›Volksfront‹-Nationalismus und vom kommunistischen Antizionismus als Resultat unvoreingenommener, durch keine Rücksicht auf die KPD-Zentrale in Moskau getrübter Aufmerksamkeit für die deutschen Verbrechen, v.a. gegen Juden, darzustellen (vgl. S. 178). Die in der Forschung bereits hinlänglich bekannte Differenz zwischen Westemigration und Moskauer KPD wird so reichlich mechanisch der Argumentationslinie der Studie subsumiert.

Ohnehin weist Schmidts Untersuchung bei aller Materialfülle gravierende Mängel auf. So erscheint ihre Datierung des kommunistischen ›Sündenfalles‹, die (deutsche) Nation als positiven Wert herauszustellen, auf das Jahr 1935 als unpräzise: Zu berücksichtigen wären in dieser Hinsicht wohl auch frühere Tendenzen, etwa Radeks viel beachtete »Schlageterrede« (1923) oder das »Programm zur nationalen und sozialen Befreiung des deutschen Volkes« (1930), in dem die KPD ihre Annäherung an nationalistische Positionen dokumentierte. Von Interesse wäre wohl auch gewesen, wie sich andere politische Gruppen des Exils – sozialdemokratische, linksbürgerliche und konservative – zur Frage der Nation gestellt haben: Die Befunde wären möglicherweise ähnlich ausgefallen. Positionen, die Schmidts These differenzieren könnten, bleiben unerwähnt: So findet sich einerseits kein Hinweis auf Ernst Blochs Aneignung nationaler Werte in *Erbschaft dieser Zeit*, obwohl dies doch in die Argumentationslinie der Verfasserin gepasst hätte; vielleicht weil Bloch als Jude der Verfasserin nicht gut als Kronzeuge eines kommunistischen Deutschnationalismus geeignet scheint. Andererseits bleibt auch die von Brecht im Exil – etwa in den *Flüchtlingsgesprächen* oder in vielen Notizen des *Arbeitsjournals* – geübte Nationalismuskritik (auch am Nationalismus von links) unerwähnt. Das vom kommunistischen Exil gezeichnete Bild bleibt so eindimensional und plakativ.

Vor allem kann es nicht überzeugen, dass Schmidt zur Abstützung ihrer These in erster Linie Werk und Lebensweg von Uhse und Renn heranzieht, also zweier Kommunisten, die ursprünglich dem Rechtsradikalismus zugehörten. Zumindest hätte klarer werden müssen, weshalb die Verfasserin ausgerechnet die *Kontinuität* von Renns und Uhses Nationalismus als repräsentativ für eine kommunistische *Neuorientierung* ansieht.

Auch in methodologischer Hinsicht lassen sich Einwände nicht vermeiden. Was die Verfasserin unter Nationalismus versteht, wird nicht expliziert. Zwar gibt sie einmal einen Hinweis auf die Nationalismustheoretiker Benedict Anderson und Ernest Gellner (S. 105), jedoch liefert sie eine bestenfalls oberflächliche Zusammenfassung von deren – in der Tat einschlägigen – Theorien und macht auch im weiteren keinerlei Gebrauch von ihnen. Theweleits Begriff des »Körperpanzers« wird gelegentlich zitiert, ohne dass er tatsächlich theoretisch entwickelt oder für die praktische Untersuchung fruchtbar gemacht würde. Dass in der »Volksfrontliteratur« auch Antisemitismus zum Tragen komme, wird eher insinuiert als bewiesen (vgl. z. B. S. 134). Vor allem ist an der Arbeit ihr mangelndes ästhetisches Problembewusstsein hervorzuhe-

ben. Die Unterscheidung von Literatur und politisch-diskursivem Klartext erscheint der Verfasserin als zu unwichtig, um sie zum Thema zu machen oder sie durch eine methodologische – etwa diskurstheoretische – Reflexion zu überwinden. Schmidt zitiert z. B. Uhses Darstellung seiner Annäherung an die Kommunisten in seinem autobiographischen Roman *Söldner und Soldat* von 1935, in dem dieser Vorgang wie eine Geburt geschildert wird. Diese ästhetische Darstellung fasst die Verfasserin als zutreffende Selbstauskunft über Uhses tatsächliche politische Entwicklung in den Jahren vor 1933 auf (S. 29–31). Dass Uhse aber seine politische Wendung nur ex post in diesem existenziellen Sinne *darstellen*, d. h. *erscheinen* lassen will, also seinem politischen Beschluss die bildhafte Evidenz eines naturhaften vorrationalen Vorganges verleihen will – was freilich anfechtbar genug wäre –, kommt der Verfasserin nicht in den Sinn. Ein weiteres Beispiel für die literaturwissenschaftlichen Defizite: Adam Kuckhoffs Roman *Der Deutsche von Bayencourt*, 1937 in NS-Deutschland erschienen, behandelt Schmidt als Beispiel für die fatale Eingemeindung völkisch-rassistischer Literatur durch die vom Geist der Volksfront-Ideologie inspirierte DDR-Germanistik (in Gestalt Wolfgang Brekles, vgl. S. 261–266). Dass aber gerade dieser Roman ein prägnantes Beispiel für die Technik der ›Verdeckten Schreibweise‹ ist, also die in ihm artikulierten ›völkischen‹ Standpunkte sorgfältig hinsichtlich der Intention des Autors zu analysieren wären, bleibt unbegriffen, da die Verfasserin zugunsten ihres pauschalen Urteils auf solche Detailanalyse verzichtet.

Hervorzuheben sind diese Schwächen deswegen, da die Verfasserin eine starke These entwickelt: Sie will nachweisen, dass die exilierten Kommunisten nach 1933 nicht bloß ein *taktisches* Verhältnis zum Patriotismus entwickelt hätten, dieser vielmehr ein eigenständiges politisches Ziel geworden sei. Die Volksfront interpretiert Schmidt nicht als taktischen Versuch der KPD, auf andere politische Gruppen des Exils Einfluss zu gewinnen, sondern als ihre irreversible Anpassung an ›bürgerliche‹ Positionen. Schmidt stellt sich damit quer zur vorherrschenden Forschungsmeinung, und sie tut gut daran. Um so wichtiger wäre es gewesen, ihre These durch eine qualitativ breitere Materialbasis und durch ein Mehr an methodischer Reflexion solide zu untermauern. Dennoch: allein schon die von Schmidt zusammengetragenen Belege aus der Literatur sprechen eine irritierende Sprache; ungeachtet der Mängel der Untersuchung lassen sich diese Belege nicht einfach vom Tisch wischen. Sie sind eine Herausforderung an die Exilforschung. Würde Schmidts Material diese zu weitergehenden Analysen provozieren, wäre das allein Verdienst genug.

Carsten Jakobi

René Geoffroy: *Ungarn als Zufluchtsort und Wirkungsstätte deutschsprachiger Emigranten (1933–1938/39)*. (= Studien zur deutschen und europäischen Literatur des 19. und 20. Jahrhunderts. Hg. von Dieter Kafitz, Franz Norbert Mennemeier und Erwin Rotermund, Bd. 45). Frankfurt/M. u. a. (Peter Lang) 2001. 485 S.

Der osteuropäische Raum als Zufluchtsstätte für »Hitlerflüchtlinge« ist bisher von der Exilforschung nur marginal behandelt worden. Ungarn unter Horthy scheint auf den ersten Blick auch nicht gerade ein attraktives Exilland gewesen zu sein. Dennoch fanden dort zahlreiche deutschsprachige Emigranten aus Deutschland, Polen, Österreich und der Tschechoslowakei eine dauerhafte oder vorübergehende Zufluchtsstätte, wie Geoffroys Buch nun zeigt. Er setzt damit die von Klaus Voigt in seiner Italienstudie (1998) begonnene Erforschung undemokratischer bis faschistischer Exilländer erfolgreich fort. Die Arbeit versteht sich selbst als Vorstudie, Materialienbuch oder Basisarbeit, die einerseits auf Osteuropa als Exilraum aufmerksam machen will, andererseits »Fundament« für weitere Detailuntersuchungen des Exillandes Ungarn sein möchte. Zu diesem Zweck bietet die Studie einen äußerst umfangreichen Anhang von 200 Seiten, in dem statistisches Material übersichtlich gegliedert dargeboten wird. Dazu gehört ein Namensverzeichnis der nach Ungarn zwischen 1933 und 1944 geflüchteten Personen, ein Verzeichnis der Beiträge von sowie über deutschsprachige Emigranten in ungarischen Zeitungen und Periodika, ferner eine Auflistung der in der ungarischen Presse enthaltenen Beiträge zum Thema Exil. Auch in

die Darstellung fließen immer wieder detaillierte Statistiken ein. Diesem Charakter der Arbeit schuldet sich bisweilen eine methodische Disparität sowie eine Vorläufigkeit der Urteile und Einzelergebnisse, die aber in erster Linie Folge der unzulänglichen Forschungsbedingungen sind. So wurde Geoffroy der Zugang zu den Archivalien der ungarischen Fremdenpolizei verweigert, da diese im Zuge der politischen Veränderungen nach 1990 auf neunzig (!) Jahre gesperrt worden sind. Und leider war auch die ungarische jüdische Gemeinde zu keiner Kooperation bereit. Einlässlich beschreibt Geoffroy die Probleme, die seinen Nachforschungen dabei entstanden sind. Mangels einschlägiger Quellen hat der Verfasser vielerlei Wege beschritten, um sein Material dennoch zu erfassen. Die Auswertung der ungarischen Presse sowie von Exilzeitschriften, Volkszählungslisten, Nazi-Akten und der einschlägigen wissenschaftlichen Literatur hat 620 Namen erbracht, von denen Geoffroy 541 für seine statistischen Berechnungen berücksichtigte. Der behandelte Zeitraum erstreckt sich bis ins Jahr 1939, wobei stets ein Ausblick bis zum Jahr 1944 versucht wird. Zwar bot Ungarn lediglich bis 1938 Emigranten eine nennenswerte Wirkungsmöglichkeit, jedoch hatte es den stärksten Zustrom von Hitlerflüchtlingen in den Jahren 1938 und 1939 im Anschluss an die Annexion Österreichs und dann noch einmal nach der Zerschlagung der Tschechoslowakei. Unter diesen Flüchtlingen befanden sich zahlreiche Rückkehrer, womit ungarische Staatsbürger gemeint sind, die bis zu ihrer Flucht nach Ungarn in Deutschland, Österreich bzw. der Tschechoslowakei gelebt und gearbeitet hatten. Als Zufluchtsort blieb Ungarn bis zur Besetzung durch die deutsche Wehrmacht im Jahr 1944 relevant.

Die Studie gibt zunächst einen Einblick in die politischen und kulturellen Rahmenbedingungen, die Ungarn als Exilland kennzeichnen. Politisch wird vor allem der konservativ-reaktionäre, wenn auch nicht faschistische Charakter des Horthy-Regimes betont sowie der rigide Antisemitismus, der seit 1920 in Gestalt des so genannten »1. Judengesetzes« rechtlich kodifiziert war. Aufgrund der hohen Arbeitslosigkeit sowie dem Tiefstand der industriellen Produktion war die soziale und wirtschaftliche Situation desolat. Hinzu kam ein weit verbreiteter Revanchismus als Folge

des Trianon-Vertrages. Nationalsozialistisches
Gedankengut wurde unter den Ungarn-Deut-
schen bereits seit den 20er Jahren verbreitet,
zunächst durch den 1926 gegründeten *Un-
garländischen Deutschen Volksbildungsverein*,
aus dem 1934/35 die *Volksdeutsche Kameradschaft* und schließlich 1938 der *Volksbund der
Deutschen in Ungarn* hervorging. Sie erstreb-
ten seit den 20er Jahren eine autonome deutsche »Volksgemeinschaft« und zählten im
Jahr 1944 immerhin 300.000 Mitglieder.
Ausländergesetzgebung und Flüchtlingspoli-
tik der ungarischen Regierung sowie arbeits-
rechtliche Vorgaben für Emigranten, Einbür-
gerungsmöglichkeiten, Überwachungs- und
Ausweisungspraxis sind ebenfalls berücksichtigt. Immer wieder werden dabei Einzelschicksale näher beleuchtet, was der Anschau-
lichkeit zugute kommt. Es zeigt sich, dass
Ungarn zum Teil in vorauseilendem Gehor-
sam gegenüber Nazi-Deutschland, zum Teil
durch eindeutige Abkommen und Zusammenarbeit mit diesem vor allem Flüchtlingen
jüdischer Konfessionszugehörigkeit bzw. »Abstammung« sowie deutschen Emigranten seit
1934 restriktiv begegnete. Mit Einführung
des so genannten »2. Judengesetzes« 1939 und
in Folge der Massenflucht aus dem annek-
tierten Österreich und dem »Protekorat« verschärfte sich das Vorgehen; Abschiebung und
Auslieferung sowie Mithilfe bei Deportationen folgten. Lediglich 1942/43 betrieb Ungarn vorübergehend eine gewisse »Schaukel-
politik« angesichts der militärischen Lage des
»Dritten Reiches« im Krieg gegen die Sowjetunion; nun lockerte sich manches, um
Ungarn für die Westalliierten zum potenziel-
len Bündnispartner zu machen. In diesem Zusammenhang entlarvt Geoffroy einige Legenden und Deckerinnerungen, die nach 1945
der Verdrängung der Mitschuld vor allem am
Völkermord an den Juden diente.
Dieser Beschreibung der allgemeinen Rahmenbedingungen folgt eine dezidierte Darstellung der Fluchtbewegungen nach Ungarn
aus den von Deutschland eroberten Ländern
Polen, Österreich, Tschechoslowakei (Böhmen und Mähren). Dem schrecklichen Schicksal jüdischer Emigranten und Ungarn, von
denen zwischen Mai und Juli 1944 über
430.000 deportiert wurden, ist ein eigenes
Kapitel gewidmet (Counted Remnants). Diese Betrachtung schließt ab mit einer statistischen Aufstellung der soziodemographischen
Zusammensetzung der nach Ungarn geflüchteten Personen.
Eine Fülle von Material breitet ein weiterer
Teil der Studie aus, in dem die Verlags- und
Presselandschaft sowie die Zensurpraxis beleuchtet werden. Ein ausführliches Kapitel zur
Vortragstätigkeit von Emigranten sowie über
die bedeutende Zahl von Filmschaffenden,
die zum großen Teil »Rückkehrer« waren, bildet den Schluss der wertvollen Untersuchung.
Es bleibt zu hoffen, dass diese »Fundgrube«
im Sinne des Verfassers zur weiteren Erforschung des deutschsprachigen Exils in Ungarn sowie im gesamten osteuropäischen
Raum genutzt wird.

Christina Jung-Hofmann

Sabine Rohlf: *Exil als Praxis – Heimatlosigkeit
als Perspektive? Lektüre ausgewählter Exilromane von Frauen*. München (edition text + kritik) 2002. 387 S.

In der Exilforschung wird seit einigen Jahren
ein selbstkritischer Diskurs über Ergebnisse,
neue Perspektiven und veränderte Paradig-
men geführt. Das 14. Jahrbuch der Gesellschaft für Exilforschung (*Rückblick und
Perspektiven*, 1996) zeugte mit der Vielstimmigkeit seiner Beiträge von der Absicht
zur interdisziplinären Weitung des eigenen
Blicks. Mit Sabine Rohlfs Dissertation (Berlin, Humboldt-Universität 2001) liegt nun
eine Arbeit vor, die eben diesen Anspruch ein-
lösen möchte.
Fünf Romane bilden das Textkorpus: Alice
Rühle-Gerstels *Der Umbruch oder Hanna und
die Freiheit*, Irmgard Keuns *Kind aller Länder*,
Adrienne Thomas' *Reisen Sie ab, Mademoiselle!*, Christa Winsloes *Passeggiera* und Anne-
marie Schwarzenbachs *Das glückliche Tal*. Alle
fünf Texte – so die Ausgangsthese – sind aus
einer doppelten Marginalisierung heraus entstanden: Die Autorinnen waren Fremde im
Exil, als Frauen zudem Außenseiterinnen innerhalb des scheinbar geschlechtsneutralen,
tatsächlich aber männlich dominierten politischen und künstlerischen Diskurses. Ein »als
bruchlos imaginierte(s) politische(s) und das
heißt auch antifaschistische(s) ›Wir‹« sei als
Konstruktion in Frage zu stellen (S. 12/13).
Die Arbeit folgt der These, dass die bisherige

Forschung zu diesen ausgewählten Texten deren aus weiblicher Perspektive formulierten politischen Einspruch übersehen habe, so dass dadurch alternative Identitäts- und Sinnangebote des Exils jenseits nationaler, politischer und geschlechtlicher Stereotypen sowie Bezüge zum Geschlechterdiskurs der Weimarer Republik unbeachtet geblieben seien.

Der Exil-Begriff der Autorin ist weit gefasst. Der Titel der Arbeit hätte, da der Begriff »Praxis« bei Judith Butler entlehnt ist, »Exil als *performative* Praxis« lauten können: Exil wird – über die Flucht vor dem nationalsozialistischen Regime hinaus (13, FN 14) – verstanden »als Möglichkeit einer performativen Praxis, die auch ohne festen Ort und ohne Identifizierung und Autorisierung durch stabile nationale oder ideologische Diskurse politische Wirklichkeit entfaltet.« (77) Exil wird als »Referenzraum« (20) beschrieben; Rohlf folgt damit dekonstruktivistischen Konzepten und fasst »Heimat«, »Exil«, »Heimatlosigkeit« und »Geschlecht« nicht als statische Begriffe, sondern als individuelle Praxis jenseits von »nationale(n), ideologische(n) oder metaphysische(n) Bezugsräume(n)« (19) auf. In Abgrenzung zur Forschung (32–49) will die Arbeit keiner biographisch oder (sozial-)historisch orientierten Perspektive folgen; auch Fragen der Akkulturation, Kritik am Antifaschismus- und Realismus-Paradigma öffneten zwar den Blick für neue Herangehensweisen, ließen aber wiederum sexistische Aspekte außer Betracht.

Im Unterschied zum eingeschränkten Blick einer streng dekonstruierenden Lektüre, die (gesellschafts-)politische Implikationen künstlerischer Arbeit außer Betracht lässt bzw. negiert, bezieht Rohlf interdisziplinäre Ansätze in ihre Analyse ein. Sie etabliert dazu ein Koordinatensystem (»Topographien«, 50–85), für das sie poststrukturalistische Ansätze (Kristeva, Derrida) mit Gender- (Butler) und Post-Colonial-Studies (Bhabha) in Beziehung setzt. Dieses System soll das »komplexe (...) Feld kultureller und politischer Sinnstiftung« beschreiben und als Folie dienen, vor die die Texte »nicht nur als realistische Bezugnahmen auf eine außertextuelle Wirklichkeit (...), sondern als performative Einsätze« erscheinen (77).

Die konkrete »Lektüre« folgt – anders als die elaborierte Wiedergabe poststrukturalistischer Positionen zunächst vermuten lässt –

dem Verfahren des *close reading*: Das »altmodische Lesen der Geschichten als Geschichten« stehe im Vordergrund, den diskutierten Theorien komme lediglich die Rolle einer »enabling inspiration« zu (84). Der Stellenwert, der den Autorinnen für die Interpretation der Texte zugemessen wird, ist indes uneindeutig. Jedes Kapitel beginnt mit einer biografischen Darstellung; besonders die »Lektüre« des Romans von Schwarzenbach verweist auf lebensgeschichtliche Umstände. Gleichzeitig wird mehrfach betont, die Besonderheiten der Texte (politische Leistung oder Theorieferne) seien Ergebnis ihrer narrativen Strategie, beruhten nicht auf Intentionen der Autorinnen (140 und 186, FN 77).

Die Analyse von *Der Umbruch oder Hanna und die Freiheit* (entstanden 1936–1938, erstveröffentlicht 1984) erfolgt vor Kristevas Auseinandersetzung mit der hegelschen Dialektik (»Die Revolution der poetischen Sprache«) als »inspirierendem« Hintergrund. Zusammen mit theoretischen Texten der Individualpsychologin und parteilosen Sozialistin Rühle-Gerstel (wie *Freud und Adler* [1924], *Der Weg zum Wir* [1927], *Die neue Frauenfrage* [1929] und *Das Frauenproblem der Gegenwart* [1932]) bilden sie die Folie für die »Lektüre« des Romans. Rohlfs Interesse am frühsten Beispiel kritischer Abgrenzung vom Stalinismus in der Exilliteratur gilt der Mehrdeutigkeit des Begriffs »Umbruch«, die der Text auffächert und die seine Handlung auch strukturell prägt. In dichotomen Gegensatzpaaren (Frau – Mann, Text – Leben, Politik – Privates, Ratio – Irratio, usw.) beschreibt Rohlf, wie bereits Rühle-Gerstel selbst, die Geschichte der Protagonistin als Umbruchsituation in Permanenz und in allen Lebensbereichen. Die Texte der Autorin aus der Zeit vor ihrem Exil, die »Denkbewegungen« der Theoretikerin, lassen sich in den Roman hinein verlängern: Hannas Entwicklung erscheint als »Entfernung von der Konzeption des männlichen, selbstidentischen Menschen« hin zu »weiblich und als ›irrational‹ markierten Praktiken und Daseinsmodi.« (123) Gleichzeitig ist damit ein Umbruch ihrer politisch-philosophischen Auffassungen verbunden: »Mit der sinnverschiebenden Kraft des Umbruchs gibt der Roman ein Bild zu lesen, das die Grenzen der Marxschen Dialektik hinter sich lässt beziehungsweise ihre möglichen Übergänge zu offeneren – nicht teleologi-

schen, nicht universalisierenden – Denkbewegungen aufzeigt.« (131) Rohlfs Kristeva-
Lektüre unterstreicht produktiv die Dimensionen des Romans, die ihn als einen auf
Bewegung, Offen- und Vielstimmigkeit,
nicht auf abgeschlossene (Identitäts-)Kon-
zepte gerichteten Text ausweisen.

In Irmgard Keuns *Kind aller Länder* (1938)
werden im Rekurs auf die Theorien von Hélène Cixous die Positionen und (Geschlechter-)
Rollen der Eltern der Protagonistin einer genauen Analyse unterzogen. Mutter und Vater
stehen sich in einer traditionell bipolaren,
hierarchischen Geschlechterkonstellation in
wechselseitiger Abhängigkeit gegenüber. Die
Frau erscheint als (ökonomisch konnotiertes)
Objekt des Mannes in ihrer an das Haus
(Hotel) gebundenen Passivität, die sich über
ihren Mann definiert und ihm ein Heim symbolisiert, ohne selbst eines zu besitzen (159).
Der Mann dagegen erscheint als Bohemien
und nicht-sesshafter Künstler, den Rohlf mit
der »postmoderne(n) Metapher des Nomadi-
schen« (166) im Sinne Michel Foucaults und
Gilles Deleuzes fasst. Ob man so weit gehen
kann, dieser Figur »die Qualitäten nicht fi-
xierbarer, differenter Weiblichkeit « (169) zu-
zuschreiben, weil sie ohne konsequent starke
Subjektposition ausgestattet ist, die Familie
nicht ernähren und Autos nicht reparieren
kann, sei dahingestellt. Interessant ist, dass die
kindliche Erzählerin weniger als konsistente
Figur denn als »Strategie des Textes« (178)
gelesen wird, wobei Rohlf im Rahmen ihrer
Methode auf bekannte Forschungsthesen
rekurriert. So hatte bereits Doris Rosenstein
festgestellt: »Nicht ein Kind sagt aus, mit der
Geste eines Kindes wird ausgesagt.« (Dies.:
Irmgard Keun. Das Erzählwerk der dreißiger
Jahre. Frankfurt/M. u.a. 1991, S. 189.) Kul-
ly erzähle aus einer Perspektive jenseits geschlechtlicher und nationaler Stereotypien;
äußere »Kritik an heterosexuellen Begehrens-
ökonomien und Abhängigkeiten« (157). Die
Analyse des Erzählverfahrens und der Sprache
Kullys zeige, dass der Text sich selbst zitierend
eindeutige Sinnzuschreibungen auflöse. Die
Arbeit bezieht sich besonders in diesem, wie
auch im folgenden Kapitel auf Erkenntnisse
einer (sozial-)historisch ausgerichteten Forschung, von der sie sich zunächst – durchaus
auch polemisch – abgegrenzt hatte. Das Kapitel kommt im Detail zu neuen instruktiven
Befunden bzw. Neu- und Umbewertungen

aufgrund des gewählten (literatur-)theoreti-
schen Bezugrahmens.

Bisherige Arbeiten (z.B. von Sonja Hilzinger,
Gabriele Kreis, Gabriele Mittag, Erika The-
obald), die Adrienne Thomas' *Reisen Sie ab,
Madmoiselle!* (schwed. 1944, dt. 1947) berücksichtigen, haben den Text vor allem als
Zeitroman gelesen, dessen Handlung und
Figuren in weiten Teilen Mustern des Unter-
haltungsromans verpflichtet seien. Demgegenüber zeigt Rohlf, dass sich der Text zwar
literarischer Topoi und stereotyper Figuren
aus den Genres des Frauen- und Heimat-
romans bedient, sie aber in der narrativen
Praxis gleichwohl dynamisiert. Der Text sei
darum gerade nicht als »dokumentarische
Abbildung einer außertextuellen Wirklichkeit« (226) zu verstehen, sondern rücke seine
Elemente, indem er sie zitiere und sich dabei
von ihnen distanziere, in neue Bedeutungs-
zusammenhänge ein. So macht Rohlf anschaulich, wie das erzählerische Verfahren stereotype Bilder von Weiblichkeit mit Topoi der
Identitätssicherung und Heimat verschränkt
und dabei Figuren entstehen, deren »norma-
tive Kraft zwar nicht abhanden kommt, sich
aber gleichzeitig auf neue Möglichkeiten hin
öffnet.« (232)

Bei der »Lektüre« von Christa Winsloes *Passeggiera* (1938) richtet Rohlf den Fokus auf
die »Inszenierungen des Unsagbaren im Exil«
(248) – welches »Exil« gemeint ist, bleibt
unklar. Die Protagonistin erobere männlich
konnotierte Räume und entwickele vor allem
in sexueller Hinsicht eine veränderte Identität. Der Einfluss »subkulturelle(r) Diskurse
der Weimarer Republik« (279) sowie der
Schriften Sigmund Freuds wird am Text belegt, mit Hélène Cixous und Judith Butler in
modernere Diskurse eingeordnet. Konsequent wird festgestellt, der Roman lese »sich
weniger als Exil- denn als Reiseroman«, der
»statt einer antifaschistischen Botschaft einen
Beitrag zu den De/konstruktionen des
europäischen Subjektes« (292) leiste.

»Das glückliche Tal« (1939) liest Rohlf auf
den Zusammenhang von »(Geschlechts-)
Identität« (303) der Erzählinstanz und viel-
deutiger Topographie (Ort- und Ortlosigkeit)
hin; sie geht den zentralen Symbolen, der Dis-
soziation des Ich, der Sprachkrise und den
religiösen Referenzen des Textes nach. »Exil«
erscheint hier als selbst gewählte, transitori-
sche Lebensform des erzählenden Ich, die es

den Zwängen einer (»heterosexistischen«, 321) gesellschaftlichen wie sprachlichen Ordnung entgegensetzt.

Das Verdienst der Arbeit besteht darin, dass sie der Exilforschung am Beispiel wenig untersuchter Romane von exilierten Autorinnen einen erweiterten, neuen Blick auf den eigenen Gegenstand anbietet. Durch diese produktive Offenheit wird Rohlfs Exil(-Literatur-)Begriff aber gleichzeitig unscharf, denn er verzichtet auf klare Konturierung und systematische Eindeutigkeit. Mit Winsloes und Schwarzenbachs Romanen liegen selbst dann keine »literarischen Interventionen gegen den Faschismus« vor, wenn man damit übereinstimmt, dass diese »ganz unterschiedliche Wege nehmen konnten« (346) und »es viele Fluchtgründe und Exile gab« (348). Die Arbeit benennt diesen Umstand wiederholt selbst (z. B. 352), zieht aber keine Schlüsse daraus. Bei einer Auffasung des Exils als »performative Praxis« hätten unter der Überschrift »Interventionen gegen den Faschismus« Texte der »Inneren Emigration« das Textkorpus womöglich sinnvoller ergänzt. Zudem bewegen sich die zugrunde gelegten Romane auf sehr unterschiedlichem ästhetischen wie intellektuellen Niveau, kommen daher dem elaborierten Ansatz nicht alle auf gleiche Weise entgegen.

Sabine Rohlf kann zeigen, wie alternative Identitätsmodelle vorgeführt, gesellschaftliche Utopien entworfen, ein rigider »Heimat«- wie »Nationen«-Begriff oder ein binäres Geschlechter-Konzept – wo nicht verabschiedet – so doch in Frage gestellt werden. Ihr »Lektüre«-Gegenstand ist allerdings statt mit dem Terminus »Exilromane« besser zu beschreiben als: Romane von Autorinnen, »die im Exil oder in ›fremden Ländern‹« zwischen 1937 und 1944 entstanden sind und von Exil »in unterschiedlichem Sinne« (366) handeln.

Birte Werner

Erwin Rotermund (Hg.): *Spielzeit eines Lebens. Studien über den Mainzer Autor und Theatermann Rudolf Frank 1886–1979.* Mainz (v. Hase und Koehler) 2002, 248 S.

1960 war im renommierten Verlag Lambert Schneider unter dem Titel *Spielzeit meines*

Lebens die Autobiographie von Rudolf Frank erschienen.[1] Der 1886 in Mainz geborene promovierte Jurist, Schauspieler, Theaterregisseur und -kritiker, Hörspiel- und Drehbuchautor, Übersetzer, Herausgeber und Schriftsteller hatte seine Lebensgeschichte »Dem Andenken an die Vielen zu Unrecht Vergessenen« gewidmet. Heute, mehr als 20 Jahre nach seinem Tod 1979 im Schweizer Exil, gehört Rudolf Frank beinahe selbst zu den Vergessenen. Seit einiger Zeit jedoch beginnt sich die wissenschaftliche Forschung für Rudolf Frank zu interessieren.[2] Als typischer Vertreter des bildungsbürgerlich orientierten jüdischen Bürgertums und seines in der Regel unpolitischen Selbstverständnisses gehörte Frank zu jenen Künstlern, deren Lebens- und Wirkungskreis eben nicht die Reichshauptstadt war. Meiningen, Darmstadt, Frankfurt, München oder Düsseldorf waren seine prägenden Stationen als Theaterregisseur. Zwischen den Zeilen seiner Autobiographie kann man jedoch erahnen, dass Franks vergebliche Versuche, in Berlin als Regisseur Fuß zu fassen, eine seiner großen Enttäuschungen war – wie er überhaupt das Wichtige in seinem Leben zwischen den Zeilen und mit vermeintlich rheinischem Humor zu überdecken suchte. Die Jahre, die er seit Ende der 20er Jahre bis zu seiner Emigration in Berlin verbrachte, waren geprägt von finanzieller Not, der er als Autor, Übersetzer englischsprachiger Filmdrehbücher und Hörspielautor zu begegnen versuchte. Der von Erwin Rotermund edierte Sammelband widmet sich dieser bemerkenswerten Bandbreite des frankschen Schaffens. Den Autoren der Einzelbeiträge geht es um die Anerkennung der Leistungen Franks als Theatermann und die Einordnung seines Wirkens als Autor und Kritiker in den zeitgenössischen kulturgeschichtlichen Kontext.

Erwin Rotermund geht der Frage nach, wie es dazu kam, dass Frank in seiner Autobiographie die Entdeckung des jungen Brecht für sich reklamiert, jedoch in der einschlägigen (Brecht)Forschung oder den Erinnerungen Otto Falckenbergs keinerlei Erwähnung findet. Akribisch folgt Rotermund dem Geflecht aus Beziehungen, »persönlicher Attacke und theoretischem Dissens« (S. 34), die letzlich dazu führten, dass bei den in der historischen Erinnerung dominanten Protagonisten und der sich auf sie beziehenden Sekundärliteratur Frank nicht vorkommt. Dabei war es in der Tat Frank, der 1921 als Regisseur an den Münchner Kammerspielen begeistert vom jungen Brecht die Uraufführung von *Trommeln in der Nacht* betrieb. Franks Engagement verdankte es Brecht auch, dass er sein zweites Stück, *Leben Eduards*, selbst inszenieren durfte. Da Brecht eine ungewöhnlich lange Probenzeit für sich in Anspruch nahm, suchte Frank nach einem finanziellen Ausgleich – und fand ihn in dem Komiker Karl Valentin. Der Erfolg der ausverkauften Valentin / Karlstadt-Abende sicherte den Kammerspielen einen finanziellen Rückhalt, brachte den beiden Münchner Komikern den endgültigen Durchbruch und – erlaubte es Brecht zu proben. Überhaupt hatte Frank ein ungewöhnliches Gespür für Begabungen und förderte sie, wenn er ihnen begegnete. Als Beispiele seien Elisabeth Bergner, Erich Kleiber, Helene Weigel oder Carola Neher genannt. Manchem mag die Erörterung dieses Aspektes von Franks Wirken vielleicht belanglos erscheinen – doch geht es hier neben der intellektuellen Redlichkeit im Umgang mit biografischem Material auch um die Frage nach dem Zustandekommen dominanter Perspektiven im historischen Gedächtnis. Auch ist dieses Beispiel typisch für Franks künstlerische Entwicklung. Er hatte zwar ein sehr feines Gespür für künstlerische Authentizität, selbst dann, wenn diese seinen eigenen ästhetischen Anschauungen fremd war, doch hatte er selbst nur wenig Begabung zur theoretischen Reflexion, etwa über ästhetische oder gattungstheoretische Fragen. So verlassen Franks Theaterkritiken, die er als Kritiker der *Frankfurter Zeitung* in den 20er Jahren schrieb, selten den Horizont bildungsbürgerlicher Ansichten. Trotz des spärlichen Materials kann aber Dieter Mayer die Hinwendung Franks zu dezidiert pazifistischen und linken Ideen gegen Ende des Jahrzehnts feststellen. Diese zunehmende Politisierung lässt sich unter anderem auch daran ersehen, dass Frank anfänglich großen Wert auf die sprachliche und formale Analyse der besprochenen Stücke legte, später aber sein Augenmerk auf die Inszenierung selbst verschob. Beinahe völlig in Vergessenheit geraten ist Franks Schrift *Das moderne Theater*, der sich Christina Jung-Hofmann widmet. Der Begriff des Mythos oder des Lebens als mythischer Kategorie verschmelzen bei Frank zur Konzeption des

Theaters als eines »weltumspannenden Organismus« (S. 76). Die Autorin folgt den unterschiedlichen lebensphilosophischen Einflüssen, die Dilthey, Nietzsche oder Dehmel auf Franks Theatertheorie hatten und die wohl auch bestimmend für sein Weltbild – und das seiner Generation – waren.
Nach 1945 stand die Rezeption des schriftstellerischen Werkes Rudolf Franks lange unter dem Einfluss der vernichtenden Kritik Victor Klemperers an dessen Emigranten-Roman *Ahnen und Enkel*.[3] Frank hatte den Roman 1935 im Auftrag der *Jüdischen Buch-Vereinigung* für ein rein jüdisches Publikum geschrieben. Klemperer warf Frank vor, dass er darin die historische Realität, die die Juden zur Flucht zwang, ausgespart habe und bei den Protagonisten kein »verdienter Haß gegen ihre Vertreiber spürbar« sei. Es handele sich gar um »eifrig traditionstreue wie schwärmerisch deutsche, ja deutschtümelnde Juden«, die »in wesentlichsten Punkten genauso empfand(en) und urteilte(n)« wie die »Nazis« und deren Herrschaftsdiskurs sie verinnerlicht hätten.[4] Für den heutigen Leser mag vieles in diesem Roman Franks problematisch erscheinen, doch hat die Beschreibung ländlicher Siedlungsidylle in *Ahnen und Enkel* ihren gedanklichen Ursprung weniger im Schollenmystizismus völkischer Prägung als vielmehr in agrarromantischen Vorstellungen kultursozialistischer oder sogar kulturanarchistischer Utopien – etwa im Sinne Gustav Landauers, mit dem Frank lange Zeit persönlichen Umgang pflegte und den er sehr bewunderte. Obwohl Andreas Wittbrodt in seinem Beitrag Frank gegen Klemperers Kritik zu verteidigen sucht, geht er in seiner Argumentation nicht ausführlich auf den Vorwurf des Völkischen ein. Leider ist der Beitrag auch insgesamt problematisch. Die beliebige Verwendung von Begriffen ohne Rücksicht auf den Kontext oder die Definition – so bezeichnet Wittbrodt die in die Rahmenhandlung von *Ahnen und Enkel* eingefügten Texte abwechselnd als Novellen, Märchen, Anekdoten, Kunstmärchen oder Erzählung – ist ärgerlich. Mit der Etablierung einer jüdischen Literatur deutscher Sprache aber auf Grundlage höchst eigener Definitionen, was ein jüdischer Autor sei, begibt sich Wittbrodt in ein äußerst bedenkliches politisches Fahrwasser.[5] Mangelnde logische und methodische Konsistenz kommt u. a. auch darin zum Ausdruck, dass aufgrund

der Kriterien, die Wittbrodt im Text für Franks jüdische Orientierung ausmacht, gerade Carl Zuckmayer und Anna Seghers, die er doch explizit als jüdische Autoren hervorhebt, eben keine jüdische Autoren wären. Der Hinweis auf Gemeinsamkeiten zwischen Rudolf Frank und Ludwig Strauß, nur weil beide hebräische Zitate bzw. Worte verwenden, ist für die Interpretation nicht sehr hilfreich. Der historische Kontext wie die Debatten und Kontroversen innerhalb der jüdischen Bevölkerung nach 1933 oder die heftige zionistische Kritik an *Ahnen und Enkel* finden keinerlei Würdigung.

Differenzierte und weiterführende Textanalysen dagegen leisten die übrigen Beiträge des Sammelbandes. Beatrix Müller-Kampel etwa geht in ihrem Aufsatz über den 1938 im Wiener Exil verfassten, teils autobiographischen, Roman *Fair Play*[6] der Frage nach, inwieweit sich im Roman eine »historische Perspektive und historiographische Potentialität« (S. 183) finden lassen, und in welchem Verhältnis sie zur realen österreichischen Geschichte zwischen 1934 und 1938 stehen. Tatsächlich zeichnet Frank in *Fair Play* nicht nur ein historisch zutreffendes Bild der österreichischen Verhältnisse und politischen Ereignisse, es gelingt ihm sogar, die unterschiedlichen zeitgenössischen Positionen perspektivisch geschickt zu erfassen. Franks ideologische und ästhetische Ansichten oszillieren oft zwischen liberalen bzw. progressiven Positionen und konservativen Momenten; dass er aber keineswegs reaktionär war, zeigen die Analysen seiner beiden größten publizistischen Erfolge: Das 1931 erschienene Antikriegsbuch für Kinder *Der Schädel des Negerhäuptlings Makaua*, das schnell auch international rezipiert wurde und seitdem immer wieder aufgelegt wird,[7] und die Anthologie *Goethe für Jungens* (1910). Trotz der positiven Aufnahme von Franks Jugendroman wurde schon im Erscheinungsjahr kritisch bemerkt, dass obwohl sich der junge Held Jan am Schluss gegen den Krieg entscheidet, die positive – d. h. die nicht eindeutig negative – Beschreibung der deutschen Soldaten eine pazifistische Lesart unterlaufe. Heidrun Ehrke-Rotermund kann jedoch deutlich machen, dass gerade durch den Verzicht auf jegliche Schwarzweiß-Malerei die freiwillige und auf eigener Einsicht beruhende Entscheidung des Jungen zur Flucht besonders an Gewicht gewinnt. Im

Hinblick auf Franks zweiten publizistischen Erfolg kommt auch Stefan Schwöbel zu einem differenzierten Urteil: Nach Analyse der durchaus progressiven Gesamtanlage und unter Berücksichtigung der zeitgenössischen Schuldidaktik erscheint die Aufnahme »kriegerischer« Werke in die Goethe-Anthologie weniger einen ideologischen Hintergrund zu haben als einen bildungsbürgerlichen, nämlich das Bemühen um eine möglichst vollständige und repräsentative Darstellung von Goethes Werk.

So liefert der reichhaltige Band ausgehend von der Wiederentdeckung Rudolf Franks verdienstvolle Anregungen zu weiterer wissenschaftlicher Beschäftigung.

Heidelore Riss

1 Rudolf Frank: *Spielzeit meines Lebens.* Heidelberg 1960. — 2 Siehe: Artikel »Rudolf Frank« von Saskia Schreuder in: *Metzler Lexikon der deutsch-jüdischen Literatur.* Herausgegeben von Andreas Kilcher. Stuttgart 2000, S. 148 f. sowie Saskia Schreuder: *Würde im Widerspruch. Jüdische Erzählliteratur im nationalsozialistischen Deutschland 1933–1938.* Tübingen 2002 (= Conditio Judaica 39). Einem größeren Publikum wieder näher gebracht wurde Rudolf Frank 2002 auch in einer Ausstellung der Deutschen Bibliothek Frankfurt über das Exil in der Schweiz. — 3 Rudolf Frank: *Ahnen und Enkel. Roman in Erzählungen.* Berlin 1936. — 4 Victor Klemperer: *LTI – Notizbuch eines Philologen,* Leipzig 1975, S. 211. — 5 Dieser Eindruck verstärkt sich noch, wenn es an anderer Stelle im Zusammenhang mit Friedrich Dernburg über dessen Werke zum Beispiel heißt:« (...) die mehr oder weniger in die deutsche Literatur gehören, mögen einige davon auch noch akkulturierte Juden zu Hauptfiguren haben« (S. 126 f.). Meint der Autor tatsächlich, dass, obwohl »akkulturierte Juden als Hauptfiguren vorkommen«, Dernburgs Werke dennoch zur deutschen Literatur zu rechnen seien? — 6 Rudolf Frank: *Fair Play oder es kommt nicht zum Krieg. Roman einer Emigration in Wien.* Leipzig 1998. — 7 Seit 1945 erscheint der Roman unter dem Titel *Der Junge, der seinen Geburtstag vergaß.*

Kurzbiografien der Autorinnen und Autoren

Günter Agde, geb. 1939. Studium der Theaterwissenschaft, Arbeit als Dramaturg, bei der Presse und 1975–1990 wissenschaftlicher Mitarbeiter an der Akademie der Künste der DDR, seither freischaffend. 1984 Promotion zum Dr. phil. Filmhistorische und -wissenschaftliche Forschungen mit Schwerpunkt deutsche Filmgeschichte und Filmexil.

Helmut G. Asper, Studium der Theaterwissenschaft an der Universität zu Köln, lehrt über Theater, Film und Fernsehen an der Fakultät für Linguistik und Literaturwissenschaft der Universität Bielefeld. Zahlreiche Veröffentlichungen zum Forschungsschwerpunkt Theater- und Filmexil, letzte Buchpublikationen: *Max Ophüls. Eine Biographie mit zahlreichen Dokumenten, Texten und Bildern* (1998); *»Etwas Besseres als den Tod ...« Filmexil in Hollywood. Porträts, Filme, Dokumente* (2002).

Anna Auer, geb. 1937 in Klagenfurt. Begründerin der ersten österreichischen Fotogalerie *Die Brücke* (1970–1978) in Wien. Initiatorin und Kuratorin der Sammlung *Fotografis* Länderbank (1976–1986) – heute Bank Austria Creditanstalt. Organisierte die ersten internationalen Fotosymposien im deutschen Sprachraum (1976–1981). Erhielt 1992 ein Stipendium des J. Paul Getty Museums, Los Angeles. Konzeption der Ausstellung *Übersee. Flucht und Emigration österreichischer Fotografen 1920–1940.* Seit 2001 Präsidentin der *European Society for the History of Photography.* Publikationen (Auswahl): *Die vergessenen Briefe. Niépce, Daguerre, Talbot* (1997). Gem. mit Nikolaus Schad: *Schadographien – Die Kraft des Lichts* (1999). *Fotografie im Gespräch* (2001). *Ferdinand Schmutzer. Das unbekannte fotografische Werk* (2001).

Ehrhard Bahr, Professor für Neuere deutsche Literaturwissenschaft an der University of California, Los Angeles (UCLA). Zahlreiche Veröffentlichungen zur Goethe- und Thomas-Mann-Forschung, zur deutsch-jüdischen Exilliteratur und zum Exil in den Vereinigten Staaten.

Wolfgang Benz, Historiker, Professor an der TU Berlin und Leiter des Zentrums für Antisemitismusforschung. Geschwister-Scholl-Preis 1992. Vorsitzender der Gesellschaft für Exilforschung. Mitherausgeber der Zeitschrift für Geschichtswissenschaft. Gastprofessuren in Australien und Mexiko, zahlreiche Veröffentlichungen zur deutschen Geschichte im 20. Jahrhundert.

Charmian Brinson, geb. 1943. Studium der Germanistik an der Universität London, PhD, Professorin für Germanistik am Imperial College London, Gründungsmitglied des Research Centre of German and Austrian Exile

Studies an der Universität London. Publikationen u. a. *The Strange Case of Dora Fabian and Mathilde Wurm: A Study of German Political Exiles in London during the 1930s* (1997).

Richard Dove, geb. 1938. Studium der Romanistik und Germanistik an der Universität Oxford, PhD, Professor für Germanistik an der Universität Greenwich, Gründungsmitglied des Research Centre for German and Austrian Exile Studies an der Universität London. Publikationen u. a.: *Journey of No Return. Five Germanspeaking Literary Exiles in London 1933–45* (2000).

Klaus Honnef, Professor für Theorie der Fotografie an der Kunsthochschule Kassel. 1939 in Tilsit geboren, seit 1960 freier Journalist, Redakteur und ab 1965 Ressortchef in Aachen. 1970–1974 Geschäftsführer des Westfälischen Kunstvereins in Münster. 1974–1999 Ausstellungchef im Rheinischen Landesmuseum Bonn. Seit 2000 freier Kurator und Autor.

Jan-Christopher Horak, Studium Boston University, Promotion, Westfälische Wilhelms-Universität Münster. Z. Z. Kustos, Hollywood Entertainment Museum, Los Angeles, Professor, Film Studies, UCLA, und Redakteur *The Moving Image. Journal of the Association of Moving Image Archivists.*

Wolfgang Jacobsen, geb. 1953 in Lübeck. Studium der Germanistik, Anglistik, Theaterwissenschaft und Kunstgeschichte in Göttingen und Berlin. Filmhistoriker am Filmmuseum Berlin – Deutsche Kinemathek. Autor und Herausgeber von Büchern zur internationalen Filmgeschichte, zuletzt in Zusammenarbeit mit Rolf Aurich und Cornelius Schnauber: *Fritz Lang. Leben und Werk. Bilder und Dokumente* (2001); in Zusammenarbeit mit Rolf Aurich: *European Sixties. Revolte, Phantasie und Utopie* (2002); Mitherausgeber der Zeitschrift *FilmExil.* Lebt in Berlin.

Heike Klapdor, geb. 1952 in Düsseldorf. Literaturwissenschaftlerin und Publizistin. Studium der Germanistik, Politikwissenschaft und Theaterwissenschaft in Berlin. Dr. phil. Freie Mitarbeiterin am Filmmuseum Berlin – Deutsche Kinemathek. Veröffentlichungen im Bereich der Exilforschung, zuletzt: »Ein Exil soll das Land sein …«. In: Wolfgang Jacobsen, Hans Helmut Prinzler und Werner Sudendorf (Hg.), Filmmuseum Berlin (2000). Mitherausgeberin der Zeitschrift *FilmExil.* Lebt in Berlin.

Ronny Loewy, geb. 1946. Mitarbeiter des Deutschen Filmmuseums und freier Mitarbeiter des Fritz Bauer Instituts in Frankfurt am Main. Veröffentlichungen und Fernsehdokumentationen zu Filmexil und Jiddisches Kino. Lebt in Frankfurt am Main.

Peter Roessler, geb. 1958. Dr. phil., Professor für Dramaturgie an der Universität für Musik und darstellende Kunst in Wien. Publikationen u. a. zu Exil- und Nachkriegstheater, Dramaturgie, Theaterpublizistik, Gegenwartstheater. Zuletzt (mit Evelyn Adunka) Herausgeber von *Die Rezeption des Exils. Geschichte und Perspektiven der österreichischen Exilforschung* (2003).

Irme Schaber, geb. 1956. Freiberuflich-wissenschaftliche Forschungstätigkeit über Fotografinnen und Fotografen des Exils nach 1933. Veröffentlichungen u. a.: *Gerta Taro, Fotoreporterin im Spanischen Bürgerkrieg – eine Biografie* (1994); zahlreiche Aufsätze zur Geschichte und Wirkungsgeschichte der fotografischen Emigration.

Carola Tischler, geb. 1963. Studium der Geschichte und Germanistik in Marburg und Göttingen, 1995 Promotion (Flucht in die Verfolgung. Deutsche Emigranten im sowjetischen Exil 1933–1945, Münster 1996), Veröffentlichungen zu deutsch-sowjetischen Beziehungen, zur Geschichte der Arbeiterbewegung und zur sowjetischen Geschichte.

Wilfried Weinke, geb. 1955. Historiker und Publizist, Veröffentlichungen u. a.: *Ehemals in Hamburg zu Hause: Jüdisches Leben am Grindel* (1991). Langjähriger Mitarbeiter der *Tribüne. Zeitschrift zum Verständnis des Judentums*, Frankfurt, und des *Aufbau*, New York, diverse Aufsätze, Rezensionen und Artikel zur deutsch-jüdischen Geschichte Hamburgs und zur Exilliteratur; Herausgabe eines Katalogbuches, Planung und Konzeption einer Ausstellung zu den vier Hamburger Fotografen Emil Bieber, Max Halberstadt, Erich Kastan und Kurt Schallenberg.

Julia Winckler, geb. 1968. Fotografin und Visiting Lecturer in Fotografie an der Anglia Polytechnic University in Cambridge, England. BA in Afrikanistik und Anthropologie sowie Master of Social Work an der University of Toronto, Kanada; Studium der Fotografie an der University of Brighton, England. Ausstellungen in Ulm, Tübingen, Paris, London.

Katja B. Zaich, geb. 1969. Studium der Germanistik und Romanistik an den Universitäten Würzburg, Caen und Hamburg. Promotion 1999 mit einer Arbeit über Exil und Verfolgung deutschsprachiger Bühnenkünstler in den Niederlanden 1933–1945. Lebt seit 1996 in Amsterdam. Veröffentlichungen u. a. in *Theater heute* und *Zwischenwelt*. Buchveröffentlichung: *Ich bitte dringend um ein Happyend. Deutsche Bühnenkünstler im niederländischen Exil 1933–1945* (2001).

Exilforschung. Ein internationales Jahrbuch

Herausgegeben von Claus-Dieter Krohn, Erwin Rotermund,
Lutz Winckler, Irmtrud Wojak und Wulf Koepke

Band 1/1983
Stalin und die Intellektuellen und andere Themen

391 Seiten

»... der erste Band gibt in der Tat mehr als nur eine Ahnung davon, was eine
so interdisziplinär wie breit angelegte Exilforschung sein könnte.«

Neue Politische Literatur

Band 2/1984
Erinnerungen ans Exil – kritische Lektüre der Autobiographien nach 1933

415 Seiten

»Band 2 vermag mühelos das Niveau des ersten Bandes zu halten, in man-
chen Studien wird geradezu außergewöhnlicher Rang erreicht ...«

Wissenschaftlicher Literaturanzeiger

Band 3/1985
Gedanken an Deutschland im Exil und andere Themen

400 Seiten

»Die Beitrage beschäftigen sich nicht nur mit Exilliteratur, sondern auch mit
den Lebensbedingungen der Exilierten. Sie untersuchen Möglichkeiten und
Grenzen der Mediennutzung, erläutern die Probleme der Verlagsarbeit und
verfolgen ›Lebensläufe im Exil‹.«

Neue Zürcher Zeitung

Band 4/1986
Das jüdische Exil und andere Themen

310 Seiten

Hannah Arendt, Bruno Frei, Nelly Sachs, Armin T. Wegner, Paul Tillich,
Hans Henny Jahnn und Sergej Tschachotin sind Beiträge dieses Bandes
gewidmet. Ernst Loewy schreibt über den Widerspruch, als Jude, Israeli,
Deutscher zu leben.

Band 5/1987
Fluchtpunkte des Exils und andere Themen
260 Seiten

Das Thema »Akkulturation und soziale Erfahrungen im Exil« stellt neben der individuellen Exilerfahrung die Integration verschiedener Berufsgruppen in den Aufnahmeländern in den Mittelpunkt. Bisher wenig bekannte Flüchtlingszentren in Lateinamerika und Ostasien kommen ins Blickfeld.

Band 6/1988
Vertreibung der Wissenschaften und andere Themen
243 Seiten

Der Blick wird auf einen Bereich gelenkt, der von der Exilforschung bis dahin kaum wahrgenommen wurde. Das gilt sowohl für den Transfer denkgeschichtlicher und theoretischer Traditionen und die Wirkung der vertriebenen Gelehrten auf die Wissenschaftsentwicklung in den Zufluchtsländern wie auch für die Frage nach dem »Emigrationsverlust«, den die Wissenschaftsemigration für die Forschung im NS-Staat bedeutete.

Band 7/1989
Publizistik im Exil und andere Themen
249 Seiten

Der Band stellt neben der Berufsgeschichte emigrierter Journalisten in den USA exemplarisch Persönlichkeiten und Periodika des Exils vor, vermittelt an deren Beispiel Einblick in politische und literarische Debatten, aber auch in die Alltagswirklichkeit der Exilierten.

Band 8/1990
Politische Aspekte des Exils
243 Seiten

Der Band wirft Schlaglichter auf ein umfassendes Thema, beschreibt Handlungsspielräume in verschiedenen Ländern, stellt Einzelschicksale vor. Der Akzent auf dem kommunistischen Exil, dem Spannungsverhältnis zwischen antifaschistischem Widerstand und politischem Dogmatismus, verleiht ihm angesichts der politischen Umwälzungen seit 1989 Aktualität.

Band 9/1991

Exil und Remigration

263 Seiten

Der Band lenkt den Blick auf die deutsche Nachkriegsgeschichte, untersucht, wie mit rückkehrwilligen Vertriebenen aus dem Nazi-Staat in diesem Land nach 1945 umgegangen wurde.

Band 10/1992

Künste im Exil

212 Seiten. Zahlreiche Abbildungen

Beiträge zur bildenden Kunst und Musik, zu Architektur und Film im Exil stehen im Mittelpunkt dieses Jahrbuchs. Fragen der kunst- und musikhistorischen Entwicklung werden diskutiert, die verschiedenen Wege der ästhetischen Auseinandersetzung mit dem Faschismus dargestellt, Lebens- und Arbeitsbedingungen der Künstler beschrieben.

Band 11/1993

Frauen und Exil
Zwischen Anpassung und Selbstbestimmung

283 Seiten

Der Band trägt zur Erforschung der Bedingungen und künstlerischen wie biographischen Auswirkungen des Exils von Frauen bei. Literaturwissenschaftliche und biographische Auseinandersetzungen mit Lebensläufen und Texten ergänzen feministische Fragestellungen nach spezifisch »weiblichen Überlebensstrategien« im Exil.

Band 12/1994

Aspekte der künstlerischen Inneren Emigration
1933 bis 1945

236 Seiten

Der Band will eine abgebrochene Diskussion über einen kontroversen Gegenstandsbereich fortsetzen: Zur Diskussion stehen Literatur und Künste in der Inneren Emigration zwischen 1933 und 1945, Möglichkeiten und Grenzen einer innerdeutschen politischen und künstlerischen Opposition.

Band 13/1995
Kulturtransfer im Exil
276 Seiten

Das Jahrbuch 1995 macht auf Zusammenhänge des Kulturtransfers aufmerksam. Die Beiträge zeigen unter anderem, in welchem Ausmaß die aus Deutschland vertriebenen Emigranten das Bewußtsein der Nachkriegsgeneration der sechziger Jahre – in Deutschland wie in den Exilländern – prägten, welche Themen und welche Erwartungen die Exilforschung seit jener Zeit begleitet haben.

Band 14/1996
Rückblick und Perspektiven
231 Seiten

Methoden und Ziele wie auch Mythen der Exilforschung werden kritisch untersucht; der Band zielt damit auf eine problem- wie themenorientierte Erneuerung der Exilforschung. Im Zusammenhang mit der Kritik traditioneller Epochendiskurse stehen Rückblicke auf die Erträge der Forschung unter anderem in den USA, der DDR und in den skandinavischen Ländern. Zugleich werden Ausblicke auf neue Ansätze, etwa in der Frauenforschung und der Literaturwissenschaft, gegeben.

Band 15/1997
Exil und Widerstand
282 Seiten

Der Widerstand gegen das nationalsozialistische Herrschaftssystem aus dem Exil heraus steht im Mittelpunkt dieses Jahrbuchs. Neben einer Problematisierung des Widerstandsbegriffs beleuchten die Beiträge typische Schicksale namhafter politischer Emigranten und untersuchen verschiedene Formen und Phasen des politischen Widerstands: z. B. bei der Braunbuch-Kampagne zum Reichstagsbrand, in der französischen Résistance, in der Zusammenarbeit mit britischen und amerikanischen Geheimdiensten sowie bei den Planungen der Exil-KPD für ein Nachkriegsdeutschland.

Band 16/1998

Exil und Avantgarden

275 Seiten

Der Band diskutiert und revidiert die Ergebnisse einer mehr als zwanzig-
jährigen Debatte um Bestand, Entwicklung oder Transformation der historischen Avantgarden unter den Bedingungen von Exil und Akkulturation;
die Beiträge verlieren dabei den gegenwärtigen Umgang mit dem Thema
Avantgarde nicht aus dem Blick.

Band 17/1999

Sprache – Identität – Kultur
Frauen im Exil

268 Seiten

Die Untersuchungen dieses Bandes fragen nach der spezifischen Konstruktion weiblicher Identität unter den Bedingungen des Exils. Welche Brüche
verursacht die – erzwungene oder freiwillige – Exilerfahrung in der individuellen Sozialisation? Und welche Chancen ergeben sich möglicherweise
daraus für die Entwicklung neuer, modifizierter oder alternativer Identitäts-
konzepte? Die Beiträge bieten unter heterogenen Forschungsansätzen litera-
tur- und kunstwissenschaftliche, zeithistorische und autobiografische Analysen.

Band 18/2000

Exile im 20. Jahrhundert

280 Seiten

Ohne Übertreibung kann man das 20. Jahrhundert als das der Flüchtlinge
bezeichnen. Erzwungene Migrationen, Fluchtbewegungen und Asylsuchen-
de hat es zwar immer gegeben, erst im 20. Jahrhundert jedoch begannen
Massenvertreibungen in einem bis dahin unbekannten Ausmaß. Die Beiträge des Bandes behandeln unterschiedliche Formen von Vertreibung, vom
Exil aus dem zaristischen Russland bis hin zur Flucht chinesischer Dissi-
denten in der jüngsten Zeit. Das Jahrbuch will damit auf Unbekanntes aufmerksam machen und zu einer Erweiterung des Blicks in vergleichender
Perspektive anregen.

Band 19/2001
Jüdische Emigration
Zwischen Assimilation und Verfolgung, Akkulturation und jüdischer Identität
294 Seiten

Das Thema der jüdischen Emigration während des »Dritten Reichs« und Probleme jüdischer Identität und Akkulturation in verschiedenen europäischen und außereuropäischen Ländern bilden den Schwerpunkt dieses Jahrbuchs. Die Beiträge befassen sich unter anderem mit der Vertreibungspolitik der Nationalsozialisten, richten die Aufmerksamkeit auf die Sicht der Betroffenen und thematisieren Defizite und Perspektiven der Wirkungsgeschichte jüdischer Emigration.

Band 20/2002
Metropolen des Exils
310 Seiten

Ausländische Metropolen wie Prag, Paris, Los Angeles, Buenos Aires oder Shanghai stellten eine urbane Fremde dar, in der die Emigrantinnen und Emigranten widersprüchlichen Erfahrungen ausgesetzt waren: Teilweise gelang ihnen der Anschluss an die großstädtische Kultur, teilweise fanden sie sich aber auch in der für sie ungewohnten Rolle einer Randgruppe wieder. Der daraus entstehende Widerspruch zwischen Integration, Marginalisierung und Exklusion wird anhand topografischer und mentalitätsgeschichtlicher Untersuchungen der Metropolenemigration, vor allem aber am Schicksal der großstädtischen politischen und kulturellen Avantgarden und ihrer Fähigkeit, sich in den neuen Metropolen zu reorganisieren, analysiert. Ein spezielles Kapitel ist dem Imaginären der Metropolen, seiner Rekonstruktion und Repräsentation in Literatur und Fotografie gewidmet.

Ausführliche Informationen über alle Beiträge in den bisherigen Jahrbüchern EXILFORSCHUNG sowie über alle Bücher des Verlags im Internet unter: http://www.etk-muenchen.de

Oldenbourg

Krieg und Militär im Film des 20. Jahrhunderts

Im Auftrag des Militärgeschichtlichen Forschungsamtes herausgegeben von Bernhard Chiari, Matthias Rogg und Wolfgang Schmidt

2003
X, 654 S.
€ 49,80
ISBN 3-486-56716-0
Beiträge zur Militärgeschichte, Band 59

zum Inhalt Kaum ein anderes Medium hat die Erinnerung und Wahrnehmung von organisierter Gewalt und Krieg im 20. Jahrhundert mehr geformt als der Film. In international vergleichender Perspektive beleuchtet dieses Buch das Spannungsverhältnis von Film als einem Medium der Unterhaltung und politischer Meinungsbildung. Zur Sprache kommen neben methodischen Fragen die Rezeption im Ersten Weltkrieg und in der Weimarer Republik, die Affinität von Militär und Film im Nationalsozialismus sowie die Funktion von Militär- und Kriegsfilmen im Kalten Krieg. Das Spektrum reicht so von militärspezifischen Inhalten über Fragen der narrativen Konstruktion, der cineastischen Form bis zu den Mechanismen politischer Instrumentalisierung und gesellschaftlicher Wirkung von Filmen.

Die Herausgeber:

Bernhard Chiari, Dr. phil., Wiss. Rat, geb. 1965 in Wien

Matthias Rogg, Dr. phil., Major, geb. 1963 in Wittmund

Wolfgang Schmidt, Dr. phil., Oberstleutnant, geb. 1958 in Regensburg

Die drei Herausgeber sind wissenschaftliche Mitarbeiter am Militärgeschichtlichen Forschungsamt, Potsdam.

Aus dem Inhalt:

Kriegsfilm und interdisziplinäres Umfeld

USA – Sowjetunion. Gewalt, Krieg und Nation im Film

Erster Weltkrieg und Weimarer Republik

Die Luftwaffe im NS-Propagandafilm

Krieg und Militär im deutschen Nachkriegsfilm

Ihre Bestellung richten Sie bitte an Ihren Fachbuchhändler oder direkt an: **verkauf-f@verlag.oldenbourg.de**

Film in der edition text + kritik

FILMEXIL 18/2003
Drehbuchautoren im Exil

Herausgegeben vom Filmmuseum Berlin –
Deutsche Kinemathek

64 Seiten, 11 Abbildungen
€ 9,--/sfr 16,20
ISBN 3-88377-747-1

Die besondere Herausforderung, vor der Drehbuchautoren im Exil
standen, nämlich die Abwesenheit von Heimat, von kultureller Identität
und vor allem den Verlust der Sprache zu überwinden sowie das Gespür
für die Themen und Emotionen der »neuen Heimat« zu entwickeln,
gelang nur wenigen Autoren wirklich.

Dieses FILMEXIL-Heft geht der Karriere von Drehbuchautoren im Exil
beispielhaft nach. Im Mittelpunkt des Heftes steht dabei der Lebensweg
des Publizisten und Drehbuchautors Willy Haas, der vor den Nazis über
Prag nach Indien flüchtete und dort Mitarbeiter einer Filmproduktion
wurde, für die er erfolgreich – so ist zu fragen – Drehbücher schrieb.

Im Mittelpunkt des Hefts steht der Abdruck eines von Willy Haas 1938 in
der Moskauer Exilzeitschrift »Das Wort« veröffentlichten filmtheoretischen
Essays. Günter Agde liefert hierzu den kulturpolitischen Kontext. Darüber
hinaus wird erstmals in einem Beitrag von Christoph von Ungern-Sternberg,
der vor Ort recherchieren konnte, das indische Exil dieses herausragenden
deutschen Autors beschrieben. Nicole Brunnhuber widmet sich der
Darstellung von Arbeit und Karriere exilierter Autorinnen in Hollywood,
so etwa den amerikanischen Projekten von Vicki Baum, Gina Kaus,
Irmgard von Cube und Victoria Wolff.

edition text + kritik
Postfach 80 05 29 | 81605 München | Levelingstraße 6a | 81673 München
info@etk-muenchen.de | www.etk-muenchen.de

www.ingramcontent.com/pod-product-compliance
Lightning Source LLC
Chambersburg PA
CBHW020502270326
41926CB00008B/711